# 헌법 해설 문답서

**헌법 해설 문답서**

지 은 이·정진모
발      행·교회헌법상담 연구소
편집디자인·자연DPS


펴 낸 이·성상건
펴 낸 날·2024년 7월 25일
펴 낸 곳·도서출판 나눔사
주      소·(우) 10270 경기도 고양시 덕양구 푸른마을로 15
              301동 1505호
전      화·02)359-3429   팩스 02)355-3429
등록번호·2-489호(1988년 2월 16일)
이 메 일·nanumsa@hanmail.net

ISBN  978-89-7027-878-0  93230

값 40,000원

잘못된 책은 바꾸어 드립니다.

# 헌법 해설 문답서

정진모 지음

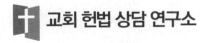
교회 헌법 상담 연구소

나눔사

105회 재판국장 정진모 목사
106회 재판국장 남서호 목사
107회 재판국장 이두형 목사와 함께

정진모 목사　　　　　이두형 목사　　　　　남서호 목사

107회 총회재판국 워크숍에서 강의하는 모습 (정진모 목사)

제106회 총회재판국 워크숍
재판국장 남서호 목사
강　사 정진모 목사

강사 배광식 목사          국장 남서호 목사와 국원들과 함께
강사 정진모 목사

108회 총회재판국 워크숍
재판국장 권재호 목사
총회장 오정호 목사
강　사 신현만 목사
강　사 정진모 목사

강 사 정진모 목사

우리 총회를 섬기시는 많은 목사님들과 장로님들.

귀하신 정진모 목사님의 헌법 강의와 질의 토론 답변을 통하여 교회를 세워 나가는데 함께 하심에 깊이 감사인사를 드립니다.

교회나 노회 또 총회를 섬기는데 법을 제대로 알고 적용하면 다툼이나 분쟁 은 자연히 없어지리라 생각합니다. 이미 참 많은 분들이 헌법 상담 연구소를 통 하여 정 소장님의 밝고 명쾌한 답변을 듣고 감탄했습니다. 우리 헌법 상담 연구 소는 총회의 어떤 도움도 없으며 순수한 자율적 모임이요 우리의 궁금증을 정치 적 부분에 있어서 시원하게 풀어서 해결시켜 드릴 것입니다.

우리 모두 정 소장님을 만난 것은 하나님의 은혜요 축복입니다. 금번 출간되 는 이 귀한 서적은 우리 총회를 바르게 세워나가는 지침서가 될 것입니다.

주후 2024년  7월 25일
교회 헌법 상담 연구소 이사장 박병석 목사

　'교회 헌법 상담 문답서'는 대한예수교장로회(합동)헌법에 대한 해설 문답서입니다. 교회에서 목회하는 선후배 목사님들이 목양에 집중하여 영혼구원에 전념해야 하는데 뜻하지 않게 '행정건, 재판건'들로 인하여 교회가 혼란하므로 목회자와 장로님들이 당황하여 교회 헌법에 대하여 많은 자문을 해오고 있습니다.

　그동안 제95회 총회서기, 헌법위원회 설립연구위원회 위원장, 제105회 총회 재판국장을 역임하고, 총회재판국 워크숍에서 연속 강의를 하고 있는 소문을 듣고 많은 상담을 해오고 있는 중 '교회 헌법 상담 연구소'개설(開設) 요청을 받고 2023년 초(初)에 시작하였다. 교회정치, 삼심제 치리회의 재판 어떻게 할까? 의 '헌법강의 및 질의, 상담, 토론, 답변'을 해오고 있는 중, 뜻있는 분들이 자원(自願)하여 이 사회가 조직되고 이사장님과 많은 회원들이 '헌법 상담 문답서 발간'을 요청하여 '헌법 해설 문답서'를 출판하게 되었습니다.


　본 문답서의 특징은 헌법내용 중 「장로회정치, 헌법적규칙, 권징조례, 예배모범 '정치문답조례'를 참고하고 '역대 총회결의'」를 기초로하여 그동안 강의와 상담한 것을 정리하여 책으로 발간(發刊)하게 되었으며 금번에 출판되는 '헌법 해설 문답서'가 목사님, 장로님들 곁에서 교회문제를 헌법적으로 질서 있게 해결하는 데에 조금이라도 도움이 되어 '교회가 화목하고 질서 있게 세워' 나가게 된다면 저자로서 큰 보람과 기쁨으로 생각 합니다.

금번에 출판되는 '헌법 해설 문답서' 내용 구성을 보면

제1부는　헌법의 '교회정치' 부분이 문답식(問答式)으로 구성되었고

제2부는　헌법, '교회정치를 중심으로' 108회 총회재판국의 강의(講義)내용이며

제3부는　교회헌법 권징부분, 법률용어(法律用語)의 뜻을 기록하였으며

제4부는　헌법 권징조례를 중심으로 '삼심재판(三審裁判)'에 관한 내용으로 구성
　　　　하였고 '권징양식'이 준비되어 있다.

제5부는　대한예수교장로회총회 '주요 결의사항'을 총회 '제1회부터~108회'까지
　　　　요약하여 독자들이 참고가 되도록 편의를 제공하였다.

제6부는　교회 현장에서 일어나는 각종(各種) 문제에 대하여 질의한 것을 '헌법과
　　　　규칙, 총회 결의'에 근거하여 상담 및 답변한 것을 '현장감 있게 가감 없
　　　　이 구성' 함으로 독자들에게 흥미있게 읽고 도움이 될것으로 확신(確信)
　　　　합니다.


　'교회 헌법 상담 연구소'에서는 더 좋은 상담과 강의와 자료를 통하여 연구하
며 발전하여 나가도록 최선을 다하겠습니다.

　본 문답서가 발간하도록 아낌없는 후원과 기도를 해주신 580여명의 회원들과
본 연구소 박병석 이사장님, 이사님들, 교정 원고 정리로, 도와준 견상민 목사님과
황공주 권사님, 나눔사 출판사 사장 성상건장로님께 진심으로 감사를 드리며 일생
동안 기도해 주시고 천국 가신 어머니 강순여 권사님, 묵묵히 내조해 준 아내에게
감사한 마음을 표하고 싶다.

　앞으로 더 좋은 '헌법 해설 문답서'가 나올 수 있도록 계속 연구할 것을 약속드
리며 발간사에 갈음합니다.


주후 2024년 7월 25일

교회 헌법 상담 연구소장 정진모 목사

# 차 례

# 제1부
# 정치(政治)

## 제2부
## 제108회기 총회 재판국 워크숍 강의

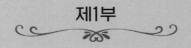

# 제1부

# 정치(政治)

# 제1부
## 정치(政治)

### 총론(總論)

**1문]** 교회정치 제도는 몇 가지가 있습니까?

주후1517년 신구분파로 나누어진 기독교는 다시 수다한 교파를 이룩하여 각각 자기들의 신경, 의식, 규칙, 정치제도가 있어 그 교훈과 지도하는 것이 다른바 이를 다음과 같이 구분한다.

1. 교황정치

   로마 카톨릭 교회와 희랍정교의 정치로 교황전제로 산하 전 교회를 관리하는 정치이다.[1]

2. 감독정치

   감독이 교회를 주관하는 정치로 감독교회와 감리교회에서 쓰고 있는 정치이다.

3. 자유정치

   다른 회의 관할과 치리를 받지 아니하고 각개 지교회가 자유로 행정 하는 정치이다.

4. 조합정치

   조합정치는 자유정치와 방불하나 각 지 교회 대표로 조직된 연합회가 있어 피

---

1) 교황, 감독정치는 모든 권력이 교황과 감독에 집중되어 밑으로 내려올수록 약해진다. 이종일. 憲法正解 p.28

차 유익한 문제를 의논하나 그러나 산하 교회에 명령하거나 주관하는 일은 없고 모든 치리하는 일과 권징과 예식과 도리 해석을 각 교회가 자유로 하는 정치이다.[2]

5. 장로회 정치

지 교회 교인들이 장로를 선택하여 당회를 조직하고 그 당회로 치리권을 행사케 하는 주권이 교인들에게 있는 민주적인 정치이다.

당회는 치리장로와 목사인 강도장로 두 반으로 조직되어 지 교회를 주관하고 그 상회로서 노회 대회 및 총회가 있어 3심제의 치리회가 있다.

장로회정치는 웨스터민스터 헌법을 기본으로 한다. 이 헌법은 영국 정부의 주관으로 120명의 목사와 30명의 장로들이 1643년에 런던 웨스트민스터 예배당에 모여서 이 장로회 헌법을 초안하고 영국의 각 노회와 대회에 수의 가결한 연후에 총회가 완전히 교회헌법으로 채용 공포한 것이다. 본 대한예수교 장로회 헌법도 1912년 총회가 조직되고 1917년 제6회 총회 때 본 총회의 헌법을 제정할 때에 이 웨스트민스터 헌법을 기초로 하여 수정 편성한 것이다.[3]

**2문]** 장로회 정치의 8개조는 무엇인가?

# 제1장 원리(原理)

8개조가 있고, 이 원리를 알아야 교회의 성질을 알 수 있다.

### 제1조 양심자유

양심의 주재는 하나님이시고 그가 양심을 주사 신앙, 예배, 성경에 위반되거나 과분한 명령을 받지 않게 하셨으므로 일반 인류종교에 관계되는 모든 사건에

---

2) 자유정치와 조합정치는 상회 가 없는 개 교회 독립 정치이다. lbid
3) 장로회정치는 모든 주권이 교인으로부터 나옴. 노회 대회 총회가 있지만 교리수호, 헌법질서 차원유지. lbid

대하여 속박을 받지 않고 각기 양심대로 판단할 권리가 있은즉 누구든지 이 권리를 침해하지 못한다. 그러므로 양심자유는 어느 속박을 받지 않고 상회결의, 명령이라도 성경에 위배 된다면 불복종할 권리가 있음을 천명한 것이다. 예를 들면 총회에서 신사참배를 결의했다면 성경에 위반되므로 불복종할 권이 있는 것이다.[4]

## 제2조 교회자유

국가나 그 어느 외부의 권력에 의하지 않고 교회의 설립조직 및 제반규칙을 정할 자유가 교회에 있고 교인의 입회, 퇴회, 입교 직원의 자격과 임면 및 교회 행정의 일체를 교회가 그 규칙을 정할 자유가 교회에 있다.[5] 정교분리의 원칙이 대한민국헌법(大韓民國 憲法)에도 있다.[6]

## 제3조 직원과 그 책임

교회에 머리되신 예수님께서 그 지체된 교회에 덕을 세우기 위하여 직원을 설치하고 복음전파, 성례시행 신자에게 진리본분준수, 관리하게 하시고 교우 중에 거짓도리를 신앙하는 자가 있으면 교회를 대표한 직원과 치리회가 당연히 책망하거나 출교할 것이다. 그러나 성경에 교훈한 법을 따라 해야 한다. '교회를 대표한 당회에서(노회 혹은 총회)성경과 권징조례에 의해 절차에 따라 범죄자(犯罪者)를 치리할 수 있다.'[7]

## 제4조 진리와 행위의 관계

진리와 행위는 불가분리 관계로 진리는 성경에 기초하며 과실로 그 나무를 아는 것처럼 믿음 있다고 하는 신자는 열매로 믿음의 행위를 보여야 한다. 그렇지 못한 믿음은 거짓이고 패리하고 더 해로운 것은 없다.

---

4)    lbid p.30
5)    lbid p.31
6)    대한민국헌법 제20조 1)모든 국민은 종교의 자유를 가짐. 2) 국교 인정되지 않고 종교와 정치는 분리된다.
7)    예장합동헌법, 권징조례의해 치리 혹은 시벌(참고: 당회, 노회, 총회 삼심제가 있다)

## 제5조 직원 자격

1. 교회 도리를 완전히 신복하는 자에게 직원을 세우도록 규칙을 제정해야 한다. 규칙제정은 헌법에 위반되지 않아야 한다.

2. 성품과 의견이 달라도 양보, 순종, 협동심이 있는 자를 교회직원으로 선정하고 서로 의견이 다른 것은 성도와 교회가 용납하여야 한다.

## 제6조 직원 선거권

교회의 직원의 성격 자격과 권한과 선거의 위임하는 규례는 성경을 참고하여 직원을(목사, 장로, 집사, 권사 등) 선정하는 권한은 그 회(당회, 노회, 총회)에 있다.[8]

## 제7조 치리권

치리권은 하나님의 명령대로 준봉 전달하는 것뿐이다. 치리회의 유일한 법칙은 성경이다. 양심을 속일 목적으로 자의로 제정할 권리가 없고 오직 하나님의 계시한 뜻 성경에 입각하여야 하며 헌법에 근거하여 제정해야 한다.(정문22문)

## 제8조 권징

1. 교회의 권징은 도덕상 신령한 것으로 국법상의 시벌이 아니다.

2. 효력은 정치의 공정과 모든 사람의 공인과 만국교회의 머리 되시는 구주 예수님의 권고를 순종하고 은총에 참여하는데 있다.

3. 권징목적은 진리수호, 선행, 성결수호, 범죄자 회개시키는데 목적이 있다.[9]

___

**3문]** 교회(敎會)는 무엇인가?


# 제2장 교회(敎會)


## 제1조 교회설립(敎會設立)

---

8)    헌법정치 제13장1조 참고(목사, 장로, 집사, 선거)21장1조5항(목사청빙참고)
9)    헌법권징조례 제1장제2조 참고하라.p.205

1. 설립자: 예수 그리스도 (정조2:16조)

2. 시기: 아담 범죄 이후 구속의 약속을 주신 때부터 (창3:15 6:18) (정조17문)

3. 기독교회의 설립시기: 오순절 성령강림으로부터(행1:8 2:1-4) (정조18)

4. 교회의 여러 가지 명칭: 하나님의 교회, 그리스도의 몸, 성령의 전, 거룩한 공회

## 4문] 교회 구별(區別)은 몇 가지인가?

### 제2조 교회 구별

1) 유형교회: 온 세계에 흩어져 있는 교회, 삼위일체 하나님을 공경하는 그리스도 인이라 칭한다.

2) 무형교회: 무형교회 교인은 하나님만 아신다.

## 5문] 교회 집회를 한 곳에 모일 수 있는가?

### 제3조 교회 집회(集會)

1. 교회는 하나이나 대중이 한 곳에 모여 회집 할 수 없으므로

2. 각 처에 지 교회를 설립하는 것이 성경(聖經)적이다.(갈1:22)

## 6문] 각 지 교회는 무엇을 말하고 있는가?

### 제4조 각(各) 지 교회(支 敎會)

1. 의의: 예수 믿는다고 공언하는 자들이 일정한 장소에서 예배를 드리고 교회헌 법에 복종하여 시간을 정하여 공동예배로 회집하면 이를 지 교회라 한다.

2. 지 교회 설립

노회 결의로 하는 것이요, 목사라 할지라도 개인의 자유로는 설립할 수 없다. 목사가 지 교회를 설립하고자 하면 관할 노회에 청원하여 허락을 받아야 한 다.(정조 제2장27,28)[10]

---

10)  교회설립: 정치문답례 제2장27조부터 참고할 것

1) 미조직교회 설립도 노회 청원하여 허락을 받아야 한다.

   일정한 장소준비, 장년신자 15명 이상 될 때 교회신설을 원하면 시찰회를 경유하여 노회 청원하여 인가를 받아야 한다. 15명 미만은 기도 처소로 불러야 함.(헌규1조)[11]

   ① 허위 교회: 담임 목사가 없는 교회

   ② 미조직 교회: 장로가 없는 교회

**7문]** 제3장 교회 직원 중(中) 창설 직원은 무엇을 말하는가?

# 제3장 교회 직원

## 제1조 교회 창설(創設) 직원

유형 교회를 최초로 창설한자들을 가리킨다. 오순절 이후 사도들과 이에 준하는 즉 주님이 함께하므로 이적을 행할 권능이 있는 자들 각 나라 중에서 선발하사 한 몸이 되게 하고 교회를 세운 자들을 가리킨다.(계7:9 고전10:17)

**8문]** 교회의 항존직은 누구인가?

## 제2조 교회의 항존직(恒存職)

1. 장로(행20:17)와

2. 집사이다.

3. 장로는 두 반이 있다

   1) 강도와 치리를 겸한 자를 목사라 하고

   2) 치리만 하는 자를 장로라 하며 교인의 대표자이다.

   3) 항존직의 시무 연한은 만 70세이다.

---

11)  미조직교회설립: 헌법규칙1조 참고할 것

① 면직이나 사직하지 않는 한 만 70세까지이고 직분 자체는 종신직이다. 그 시무 연한은 만 70세로 제한하고 있다. 만 70세에 대한 유권해석은 만 71세 생일 前(전)날까지로 제93회 총회결의대로 93회 총회 이후부터 시행하고 있다.

牧師(목사): 강도와 치리를 겸한 자로 교회의 대표자가 된다.

長老(장로): 목사와 합력하여 치리권을 행사하며 교인의 대표이다.

執事(집사): 목사를 도와 교회에서 위임하는 구제 경비 금전출납을 맡고 보고하는 직분으로 안수하여 세운 항존직이다. 선거임기 자유휴직과 사직 권고휴직과 사직 등은 장로에 관한 것과 동일하다.

② 항존직은 1922년판 헌법에는 교회에 항존할 직임(職任)으로 되어 있고, 1930년 판에는 교회 항존한 직원(職員)으로 되어있다. 2018년 헌법 개정판 헌법은 항존직으로 되어 있다. 여기에서 말하는 항존직은 개인보다는 교회안에서 항상 존재(存在)하여야 하는 통상적 직원(職員)을 의미한다. 즉 목사와 장로 집사를 말한다.(정문68문)

설교하는 목사와 목사를 합력하는 교인의 대표인 장로와 구제 및 봉사를 담당하는 집사는 항상 존재해야 할 직분이기 때문이다.(정문69문)

## 9문] 교회의 임시직원은 누구를 말하는가?

### 제3조 교회의 임시직원

교회 사정에 의하여 직원을 안수 없이 임시로 설치한다. 임시직의 연한도 만70세이다.

### 1. 傳道師(전도사)

당회의 추천으로 노회가 고시하여 자격을 인가한다. 인가 후 유급 교역자로 당회나 목사의 관리 하에 지 교회 시무를 방조하게 한다.

1) 권한: 당회회원은 되지 못하나 특별한 이유가 있으면 언권방청이 되고 미조직 교회에서는 당회장의 허락으로 제직회 임시회장이 될 수 있다. 전도사는 당회가 있는 제직회에서는 회원이 될 수 없다. 1929년 제18회 총회는 여전도사의 강도권을 결의한 바 당회가 형편을 쫓아 유익하도록 강도(講道)시킬 수 있다고 결의한 바가 있다.

2) 자격: 신학생과 신학 졸업자로 노회가 고시인가 하되 특별한 경우에는 이 한도에서 벗어난다. 단, 다른 노회에서 전도사 고시 받은 자와(치리회 동일체 원칙) 총회신학교를 졸업한자는 필답고사를 면제한다. 면접만으로 노회가 인정하면 된다.

2. 전도인(傳導人)

남녀 전도인은 유급 사역자로 불신자에게 전도하는 자니 그 사업상황을 파송기관에 보고한다. 전도사는 노회고시로 인가하되 전도인은 당회에서 채용한다. 전도사는 자격기준이 있지만 전도인은 자격기준이 없다. 전도사는 권한이 부여되나 전도인은 아무 권한이 없다.

3. 권사(勸師)

1) 권사의 직무와 권한

당회의 지도아래 교인을 방문하되 환자, 환난을 당하는 자, 믿음이 연약한 교인들을 돌보아 권면하는 자로 제직회원이 된다.

(정치21장2조1항)

헌법(憲法) 초기부터 권사의 명칭을 권사(勸事)가 아니라 권사(勸師)로 명칭하였다. 목회자를 돕는 영혼 돌봄 심방사역이다. 권사 직책명은 1930년 최초로 나타났고 연합제직회 주일학교 교육 전도현황 보고를 위해 권사라는 직책을 두게 되었다. 권사직이 독립된 임시직의 명으로 나타난 최초헌법은 1960년 판이다. 임시직원으로 안수 받지 아니한 종신직으로 규정하였다.

1964년에 와서 권사자격과 직무에 대해 규정하였다.

2) 권사의 자격과 선거와 임기

① 자격: 여신도 중 만 45세 이상 된 입교인으로 행위가 성경에 적합하고 교인의 모범이 되며 본 교회에 충성되게 봉사하는 자

② 선거: 공동의회에서 투표수 3분의 2이상 찬성을 얻어야 한다.
(단, 당회가 공동의회에 후보를 추천 할 수 있다.)

③ 임기: 권사는 안수 없는 종신직원으로 만 70세까지 시무 할 수 있다.(단, 은퇴 후에는 은퇴권사가 된다.)[12]

3) 무임 권사

타 교회에서 이명 와서 아직 취임을 받지 못한 권사.

(단70세 미만 된 권사는 공동의회에서 피선되면 취임식을 하므로 시무 권사가 될 수 있다.)

4) 은퇴권사

권사가 연로하여 퇴임한 권사이다.

5) 명예권사

당회가 다년간 교회에 봉사한 자 여(女)신도 중에 60세 이상 된 입교인으로 행위가 성경에 적합하고 모범된 자를 임명할 수 있다. 봉사하는 일은 시무권사와 동일하다.(1999년 84회 총회결의) 시무권사는 취임식, 명예권사는 추대식을 교회 예식서에 따라 하고 있다.

4. 남녀 서리집사

교회 혹은 목사나 당회가 신실한 남녀로 선정하여 집사 직무를 하게 하는 자니 그 임기는 1개년이다. 다시 임명받지 못하면 자동 해임된다.

안수 없는 종신직인 권사는 임시직이지만 종신직이므로 재판에 의해서만 해임(解任) 된다. 임의로 할 수 없다.

---

12) 정치13장1조(선거방법) 21장1조1-5(공동의회) 1장6조(직원선정권한은그회에있다) 비교 참고할것

임시직인 전도사와 전도인은 당회 결의로 해임이 가능하다. 서리집사도 임명된 후는 임기가 1년이므로 1년 내에 해임 할 수 없고 해임조건이 생기면 재판을 통해서만 해임할 수 있다.

## 10문] 교회 준직원은 누구인가?

### 제4조 준직원(準職員)

준직원이란? 예비 직원이란 의미가 있다

강도사와 목사 후보생이다. 준직원이란 명칭의 뜻은,

1. 강도사는 당회추천으로 총회고시로 노회에서 강도사 인허를 받고, 그 지도대로 일하되 교회의 치리권(治理權)은 없다. 강도사는 노회관할 하에 임직 때까지 지 교회서 목사를 도우며 훈련을 받는다.(정문581문답)

    강도사는 강도사 고시 합격 후 1년 이상 본직에 대한 경험을 수양한 후 목사고시에 응시할 수 있다.(정치14장1조) 강도사 인허 후라도 덕을 세우지 못하거나 실적이 없으면 인허를 취소할 수 있다.(정치 14장 8조)

2. 목사 후보생: 목사가 되기 위하여 당회장의 추천을 받아 노회의 고시와 허락으로 위탁된 총회신학교에서 신학을 연구하는 신학생이다.(정치14장1조, 2조. 정문547) 미조직교회 시무할 때는 당회장의 허락으로 제직회의 직무를 수행한다.

3. 강도사와 목사 후보생은 개인으로는 그 당회 관리 아래 있고 직무상으로는 노회 관리 아래 있다.

    1) 강도사 고시 인허 및 절차

        노회장 추천으로 총회 고시에 응시하고 당회장 추천으로 노회에서 인허를 받는다. 그러나 헌법에는 당회장 추천으로 되어있으니 헌법과 현실이 모순된다. 강도사 고시 합격자는 당회장 추천으로 노회에서 인허를 받는다.

2) 강도사 고시 제출서류

노회장 추천서, 본인 이력서, 신학 졸업증명서, 고시 청원서(본인)

고시과목: 조직신학, 교회헌법(정치)교회사, 논문, 주해, 강도(설교)

3) 인허서약 : 정제14:5조 참조

4) 강도사 이명

타 노회로 이명 가려면 관할 노회에 이명 청원을 해야 한다.

5) 강도사 인허 취소: 강도사가 4년간 강도 하는데 덕을 세우지 못하거나 다른 일을 하면 노회 결의에 의해 인허취소 될 수 있다. (정치14장8조)[13]

6) 목사 후보생

① 목사직을 희망하는 자, 노회에서 목사 후보생고시 합격, 노회 위탁으로 총회 신학교를 입학해 수학하여야 한다.

② 관할 및 이명

개인으로는 당회관리, 직무상으로는 노회관리 아래 있다. 이명도 노회에 청원해야[14] 한다.

---

**11문]** 목사에 대하여 헌법 정치는 어떻게 말하고 있는가?

# 제4장 '목사(牧師)'

### 제1조 목사의 의의(意義)

목사는 노회 안수로 임직을 받고 복음전파 성례거행 교회를 치리하는 교회에서 가장 유익하고 중요한 영광스러운 직분이다.(롬11:13) 성경에 여러가지 칭호가 많다 .

---

13)  이종일, 교회헌법정해, 성광문화사 pp.39-40.
14)  정치제10장6조3항 교육, 이명, 권징하는것은 노회직무 참고 정제14:2조 이명청원 참고.

## 12문] 목사(牧師)의 직무(職務)상 칭호(稱號)는 무엇인가?

1. 목자(牧者): 목양하며 양 무리를 감시하는 뜻에서(벧전5:2-4)

2. 그리스도의 종, 그리스도의 사역자. 신약의 집사

   (빌1:1 고전4:1 고후3:6) 봉사하는 의미에서

3. 장로(長老): 말씀을 가르치는 장로(딤전5:17) 모든 사람의 모범이 되고 치리하는 자.(벧전 5:1-3)

4. 사자(使者): 하나님이 보낸 교회의 사자라는 의미에서(계2:1)

5. 사신(使臣): 복음의 사신: 복음전파와 화목의 사명을 주신 의미에서(고후5:20엡6:20)

6. 교사(敎師): 정직한 교훈, 책망하여 각성하게 하는 뜻에서

7. 전도인(傳導人): 구원의 복음을 전하다는 의미에서(딤후4:5)

8. 청지기: 하나님의 오묘한 말씀을 맡은 의미에서 청지기라 한다.

   (눅12:42 고전4:1-2)

## 13문] 목사의 자격은 어떻게 됩니까?

### 제2조 목사의 자격(資格)

1. 총신신대원 졸업, 학식 풍부, 행실 선량, 신앙 진실, 교수에 능한 자.

   복음에 적합한 자로 존절함과 성결함을 나타내야, 자기가정 잘 다스리고, 외인(外人)에게 칭찬을 받아야. 연령은 만 29세 이상자로 한다.

   단, 군목과 선교사는 만 27세 이상자로 한다.(딤전3:1-7)

2. 형식요건: 총신졸업, 강도사 고시합격, 노회에서 강도사 인허 받음. 1년 이상 교역한 자. 노회시행 목사고시 합격한 자, 청빙을 받은 자(정치15장1조)[15]

---

15)  정치15장1조 목사자격참조.

## 14문] 목사의 직무는 무엇인가?

### 제3조 목사의 직무(職務)

목사 되는 자에게 각각 다른 은혜를 주사 상당한 사역을 하게 하심, 교회는 저희 재능대로 목사나 교사나 그 밖의 다른 직무를 맡길 수 있다.(엡4:11)

1. 지 교회 관리, 양무리 위해 기도, 하나님 말씀 교훈 강도, 찬송, 성례를 거행하는 일, 하나님을 대리하여 축복하고, 어린이와 청년을 교육하며 고시하고 교우 심방, 궁핍한 자와 병자, 환난 당하는 자를 위로하고, 장로와 합력하여 치리권을 행사한다.
2. 교훈하는 직무로 성경의 씨를 뿌리고 결실하도록 힘쓴다.
3. 선교사로 외국에서 선교할 때는 "성례거행, 교회 설립하고 조직할 권한"이 있다.
4. 목사가 "기독교신문, 서적에 관한사무"를 시무하는 경우에 교회에 덕의(德義)를 세우고 복음 전하는데 유익하도록 힘써야 한다.
5. 기독교 교육지도자로 "지 교회나 교회에 관계되는 기독교 교육기관에서 청빙을 받으면" 교육하는 일로 시무할 수 있다.
6. 강도사가 위에 2,4,5항의 직무를 당할 때 노회의 고시를 받고 지 교회 목사가 될 자격까지 충분한 줄로 인정하면 목사로 임직할 수 있다.[16]
7. 동성애자와 본 교단의 교리에 위배되는 이단에 속한 자가 요청하는 집례를 거부하고 교회에서 추방할 수 있다.

## 15문] 목사의 칭호의 종류는 몇 가지인가?

### 제4조 목사의 칭호(稱號)

목사가 담임한 시무나 형편으로 다음과 같은 칭호가 있다.

---

16)   대한예수교장로회헌법정치4장3조 참조

1. 위임(委任)목사

　한 지 교회나 1구역(4 지 교회까지 좋으나 그중 조직된 교회가 하나 이상 됨을 요함)
의 청빙으로 노회의 위임을 받은 목사다.

　특별한 이유가 없으면 그 담임한 교회를 만 70세까지 시무한다.(만70세 유권해
석: 만 71세 생일전날까지 총회103,106결의) 위임목사가 본 교회를 떠나 1년 이상
결근하게 되면 자동적으로 그 위임은 해제된다. 그러나 안식년 제도가 생긴
다음 교회와 노회의 허락으로 1년간 쉴 수 있다. (1975년 제60회 총회결의) "위
임목사를 담임목사라 한다."[17] (정치문답4장70조)

　담임목사는 지 교회 위임 청빙으로 노회의 위임을 받아 그 지 교회를 시무하
는 목사를 담임목사라 한다. 그러므로 위임목사란 법적인 뜻이 있고 담임목사
란 시무적인 목회의 뜻이다.

**16문]** 1) 위임투표(청빙) 절차는 어떠한가?

　(1) 당회결의로 청빙목사의 성명과 청빙을 위한 공동의회 소집을 1주일 전
　　 에 광고 할 것.

　(2) 노회안에 목사 중 청빙된 임시당회장이 강도한 후 회의법대로 진행(회
　　 원호명, 개회선언, 안건상정)하여 목사청빙에 대하여 가부를 물은 후 과반
　　 수가 찬성하면 투표한다.

　(3) 회장이 투, 개표 위원을 자벽 후 기도하고 투표한 후 총 투표의 3분긔
　　 2이상이 찬성하면 가결된다. 단, 반대자가 소수라 할지라도 심히 반대
　　 하면　연기하라고 권고하고 받아들여지지 아니하면 가결을 선포하고
　　 청빙서를 작성하여 투표자의 서명날인을 받은 후 회장도 날인하여 청
　　 빙서를 작성한다.

　(4) 청빙서는 투표자뿐만이 아니라 무흠 입교자 과반수의 날인을 요하며

---

17)　정치문답조례 제4장70조

투표에 불참한 자라도 날인 할 수 있다.(정치15:2.3조)

**17문]** 2) 위임예식(정제15:10조참조) 절차는 어떠한가?

   (1) 위임식은 그 시무할 교회서 행한다,

   (2) 노회에서 위임국을 설치하여 행한다.(통상적으로 시찰장을 위임국장을 세워 위원을 선정하여 예식을 행한다. 그러나 노회가 결의 혹은 임명해야 한다.) 위임식 후 위임목사가 되며 당회장권이 주어진다.

**18문]** 3) 위임해제에 대한 총회결의는 무엇인가?

합법적으로 노회가 위임했으면 폐당회가 되어도 목사위임은 해제되지 않는다. 단 2년 내에 당회 조직 되지 않으면 자동 위임해제 된다.(제60회 총회결의)

**19문]** 4) 위임해제 사유(정조9장330조)는 무엇인가?

위임해제는 충분한 사유가 있을 때 노회가 진행한다.

   (1) 목사의 사면 청원이 있는 경우

      목사가 사정이 있어 교회와의 위임계약을 해약하고자 하는 경우이다.

   (2) 교인들이 해임 청원이 있을 때

      목사는 시무를 계속 원하나 교인들이 해임을 원하는 경우이다.(정조 598,599,378).

   (3) 목사와 교인이 함께 서면으로 청원하는 경우 쌍방 합의에 의해

   (4) 목사와 교인이 불합하지 않아도 노회가 해임하는 것이 합당한 경우 노회가 직권으로 해약 결정할 수 있다.

   (5) 타 교회가 그 목사를 청빙하고자 할 때 노회가 해임할 수 있는데 청빙 받은 목사의 동의가 있어야 한다.

(6) 목사가 피소 되었을 때 목사가 피소되어 교회에 유익이 되지 못할 때 노회가 해임 할 수 있다.(정조 330조 7항)

(7) 총회가 그 목사를 다른 일에 필요로 하는 경우

(8) 그러나 노회가 해임을 결정해도 불복(不服) 할 의사가 있으면 쌍방 어느 편이든 상회에 소원할 수 있다.(정조17장549조하단, 600조)

**20문]** 5) 목사가 교회와 불협하여 목사 자신이 사면을 청원할 때의 사유(정조17장 590)

(1) 목사의 의무를 감당치 아니할 때

(2) 목사 가족의 질병, 행동에 대해 교인이 원망하는 경우

(3) 교회가 계약대로 할지라도 만족한 생활비를 지급하지 않는 경우

(4) 계약을 위반하고 정한 목사 사례비를 드리지 아니 하는 경우

(5) 교인이 뭇 사람 앞에서 목사를 모욕하는 경우이다.

(6) 교회가 목사 해임 청원사유 (정조17장595조)

① 목사사례비를 드릴 힘이 없는 경우

② 목사의 개인적 성질이나 신분상의 일이 있어 유익이 없는 경우

③ 목사가 당회의 다수 안건에 대해 장로들의 의견을 묵살하는 경우 당회가 목사에게 사임을 권고 할 수 있다.

**21문]** 6) 목사가 사임을 거부할 때 어떻게 할 수 있는가?(정조17장595조)

(1) 당회가 해임청원 결의 후 노회에 청원 및 문의할 수 있다.(정조595조) 본 노회 목사 중 1인을 임시 당회장을 청하든지, 장로 중 1인이 임시회장이 되어 가부결정 후 노회에 청원 및 문의 할 수 있다.(정조17장598 정조15장538의4)

(2) 공동의회가 목사해임을 노회에 청원할 수 있다.(정조595조) 회장은 노

회 소속 목사 중 1인, 혹은 장로 중 1인이 본 안건에 대해 임시회장이 될 수 있다.

(3) 총 투표수 3분의 2이상의 찬성과 무흠 입교인 과반수 이상의 서명 날인으로 청원해야 한다.

(4) 공동의회 하지 않고도 무흠 입교인 연서로 청원이 가능하다. 청원자는 과반수 이상 많을수록 좋다.(정조378조 3항)

(5) 목사는 상회에 항고할 수 있다.(정조17장600조)

**22문]** 7) 목사가 휴양(정치제17장5조) 할 사유는 무엇인가?

(1) 신체상 장애가 있을 때

(2) 신학, 연구, 기타 사정이 있을 때

(3) 본 교회 결근할 경우 조치를 취해야 한다.

(4) 2개월 이상이 될 경우 노회 승인이 있어야 한다. 1년이 경과할 때 그 교회 위임이 해제된다.(정치 4장4조1항 후반)

(5) 목사의 안식년 유학이 있을 경우는 교회와 합의하여 노회의 승낙을 받으면 담임은 계속된다.

**23문]** 8) 시무 사면과 후임자 청빙에 대하여 절차는 어떠한가?

공동의회 후는 시무사면서와 청빙자의 청빙 서류를 노회에 제출하고 노회에서는 사면부터 허락하고 청빙청원을 허락하면 된다. 그러면 허위 교회가 되지 않고 공백도 없다.

**24문]** 시무목사 에 대한 헌법적 내용은 무엇인가?

2. 시무목사

1) 조직교회 시무목사는 공동의회에서 출석교인 3분의 2이상의 가결로 청빙

을 받으나 그 시무 기간은 1년간이요

2) 조직교회에서는 위임목사를 청함이 원칙이나 부득이한 형편이면 다시 공동 의회에서 3분의 2가결로 계속시무를 청원하면 1년간 더 허락 할 수 있다.

3) "조직교회에서는 임시목사 시무기한이(1년) 끝나고 또 1년 더 청빙을 못 받고, 위임 청빙도 못 받으면 자동적으로 시무가 소멸되어 그 교회에서 강도할 수 없고 무임목사가 된다. 그러므로 조직교회에서는 처음부터 위임목사로 청함이 바람직하다"[18]

4) 단 미조직교회에서 시무목사 시무 기간은 3년이요, 연기를 청원할 때는 당회장이 노회에 더 청원할 수 있다.(이때 당회장은 공동의회의 3분의 2 가결로 당회장이 노회에 청원해야 하는가?)

5) 제105회 총회보고서 p.113. 총회촬요p.69에 총회결의는

   (1) 시무연기청원은 임기 3년 마치기 전에 청원하는 것이 마땅하다.

   (2) 시무목사에게 당회장권이 주어졌을 경우 대리 당회장으로 연기 청원 할 수 있으나 당회장권이 주어지지 않았을 경우 노회파송 당회장으로 연기 청원해야 한다.

6) 단, 임기 3년이 경과한 후에는 노회파송 당회장으로 공동의회를 실시한 후 시무연장 청원해야 한다.(총회 95회에서 헌법개정 통과된 개정안이다.)

7) "시무목사는 노회의 특별한 결정이 없으면 당회권과 교회치리권이 없다. 노회에서 당회장권을 줄 때만이 행사 할 수 있다.(정치15장12조)"[19] 세례교인 25명이 되면 장로를 선택하여 당회를 조직하고 위임목사로 청빙 되는 것이 장로회 정치의 근본원리에 맞는 것이다. 세울 수 있는데도 세우지 않으면 노회는 세울 것을 권면하거나 명할 수 있다.

---

18) 정조4장71조
19) 정치15장12조1항

**25문]** 부목사에 대하여 역할 범위는 무엇입니까?

3. 부목사(4장4조3항)

  1) 위임목사를 보좌하는 임시목사이다.

  2) 당회결의로 청빙을 해야 한다.(노회청원서제출)

  3) 계속시무하게 하려면 매년 당회장이 노회에 청원하여 승낙을 받아야 한다. 매년 청원하여 승낙 받으면 정회원이 된다.(105회 재판국 판결이 채용되어 노회에서 투표권이 있다.) 시무기간이 1년이므로(임시목사) 노회 허락을 못 받으면 사실상 법적(法的)으로 무임(無任)이 되는 것이다.

  4) 부목사는 "당회원이 될 수 없고 당회에 참여할 권이 없고 치리권이 없고 담임목사의 지도대로 해야 한다."[20]

  5) 당회장이 없는 경우에는 "당회의 청원으로 임시회장이 될 수 있고"[21]

  6) 부목사는 위임목사기 해임되면 잔여 시무 기간만 시무할 수 있고 그 기간이 끝나면 허위교회 상태이므로 계속 시무청원 할 수 없으니 부목사가 종료된다.


**26문]** 원로목사 가 되려면 자격요건이 무엇인가?

4. 원로목사(元老牧師)-(정제4장4조4항)

  1) 동일한 교회에서 20년 이상 시무한 목사(전도사, 강도사가 아닌 치리권을 가지고 당회장 목사로 20년 계속 시무해야 임시목사, 위임목사 기간포함)시무기산일은 시무목사는 노회에서 시무목사로 부임하여 허락을 받은 시점이고 위임목사로 부임하여 위임식 공포한 때부터 기산일이 된다. 시무는 부임 20년으로 가결하다.(96회 총회 결의) 진주노회가 질의한 답변에서 시무목사는 원로목사가 될 수 없다고 105회총회가 결의하였다. 선 결의보다 후 결의가

---

20) 정치문답조례 제4장75조하단
21) 정조제9장제204조

유효하다.

2) 연로하여 노회에 시무사면을 제출하려 할 때 본 교회에서 명예적 관계를 보존 하고자 하면 공동의회를 소집해야 한다.

본 조항은 원로 목사가 되려는 자는 노회에 시무사면을 할 때 공동의회에서 참석 수 과반수로 결정 한 후 노회에 청원하여 노회 결정으로 원로목사의 명예직이 주어진다. 은퇴 후에는 원로목사가 될 수 없는 조항이다.

3) 소집된 공동의회에서 생활비를 작정하여 원로목사로 투표하여 과반수로 결정한 후 노회에 청원한다.(다수가결로 가능하다.)

4) 청원된 서류에 의해 노회의 결정으로 원로목사의 명예직을 준다.

5) 단, 정년이 지나면 노회의 언권만 있다.(70세 이후는 모든 공직을 받을 수 없다)

6) 시무목사는 아니나 "정년 이전의 원로목사는 회원권이 구비된다"(정제10장3조)

## 27문] 무임목사는 어느 목사를 말하는가?

5. 무임목사(無任牧師)-(정제4장4조5항)

1) 담임한 시무가 없는 목사

2) 노회의 언권은 있으나 가부권이 없다.

"언권회원뿐이지 총대권은 없다"[22]

5년간 무임으로 있으면 노회는 사직을 권고하도록 하고 있다.

## 28문] 전도목사의 자격과 임무가 무엇인가요?

6. 전도목사(傳道牧師)-(정제4장4조6항)

1) 교회 없는 지방에 파송되어 교회를 설립하고

2) 노회의 결의로 그 설립한 교회를 조직하며 성례를 행하고 교회의 부흥회도 인도한다.

---

22) 정치10장3조하단

3) 단, 노회의 언권은 있으나 결의권은 없다.

4) 지 교회나 기관에서 전도비를 지원하여 노회 파송을 받아야 한다. 사실상 목회하고 지 교회에서 사례를 받는 것은 헌법정신에 어긋난다.

## 29문] 교단 기관목사의 자격은 어떠한가?

7. 교단 기관목사 (정제 4장4조 7항)

1) 노회의 허락을 받고

2) 총회나 노회 및 교회 관계기관에서 행정과 신문과 서적 및 복음사역에 종사하는 목사다.

3) "기관목사는 지 교회 위임목사가 될 수 없고 임시로 시무할 수 있다. 즉 임시목사는 될 수 있다"[23](정치제15장12조2항)

4) 노회 회원권은 구비된다(정제10장3조)

## 30문] 군종목사는 누구를 말하는가?

8. 군종목사(정제 4장 4조 8항)

1) 노회에서 안수를 받고 배속된 군인교회에서 목회와 전도를 하며 성례를 행한다.

2) 노회 회원권을 구비한다.(정제10장3조)

## 31문] 군 선교사는 무엇 하는 분인가?

9. 군 선교사

본 교단에서 강도사 고시에 합격하고 목사 안수를 받은 후 군인 교회를 섬기는 목사이다.(노회 회원이 된다.)

---

23) 정제15장12조2항

**32문]** 교육목사는 무엇 하는 목사인가?

10. 교육목사 (정제4장4조9항)

　　1) 노회의 허락을 받아 노회 총회에 교육기관에서 청빙되어 성경과 기독교 교리를 교수하는 목사이다.

　　2) 노회 회원권을 구비한 목사로 볼 수 있다.(정제10장3조)

　　3) 교회 내에 교육목사를 말하지 아니한다.


**33문]** 선교사는 어느 일을 하나요?

11. 선교사(정제4장4조10항)

　　다른 민족을 위하여 외지에 파송을 받은 목사이다.

　　1) 외국에서 원주민을 상대하여 선교해야 한다. 헌법적 의미이다.

　　2) 외지에 파송 받아야 한다.

　　　외지란 외국을 의미한다. 외국에서 외국 사람을 상대하여 복음을 전하고 교회를 설립하고 성례를 행하는 목사이다.


**34문]** 은퇴목사는 어느 목사를 말하는가?

12. 은퇴목사

　　목사가 연로하여 시무를 사면한 목사이다.

　　만 70세로 정년이 되어 은퇴를 하거나 정년 이전에 사정에 의하여 은퇴를 한 목사는 무임목사와 같이 정치10장3조에 의하여 노회의 언권회원이다. 정년 이전 은퇴목사는 지 교회 청빙으로 다시 지 교회로 부임하여 당회장, 담임 혹은 시무목사가 될 수 있다.

**35문]** 치리장로란 어느 장로를 말하는가?

# 제5장 치리장로

## 제1조 장로직의 기원

1) 율법시대에 교회를 관리하는 장로가 있었던 것 같이 복음 시대에도 있게 한다.

2) 목사와 협력하여 교회를 치리하도록 세운 장로가 치리장로이다. 그러므로 치리장로는 목사의 일에 협력자가 되어야한다. 세우는 이유와 목적은 협력하게 하기 위해서이다. 모세가 천부장 백부장을 세운 목적도 지도자를 협력하게 하기위한 것이다. 장로가 비록 치리회에서 목사와 동등한 치리권을 가진다 할지라도 언제나 목사의 협력자임을 잊어서는 안 되고 명심해야 한다.

## 제2조 장로의 권한

1) 강도와 교훈(설교)은 그의 전무 책임이 아니다.

2) 각 치리회(당회, 노회, 총회)에서는 목사와 같은 권한으로 각항 사무를 처리한다.(딤전5:17, 롬12:7-8)

   목사는 하나님을 대리하는 교회의 대표자요, 목자요.(정제4장3조1항)

   장로는 교인의 대표자요, 교인임을 알아야 한다.

   목사는 하나님의 사자요, 교회의 대표요, 장로는 양육 받는 교인의 대표요, 양중에 큰 양임을 기억해야 한다. 그러므로 목사를 협력하는 것을 잊어서는 안 된다.

3) 장로는 당회장이 될 수 없다.(정제9장3조4조)

   그러나 예외적인 경우가 있다 "회장 될 목사가 없을 때 당회와 공동의회에서는 본 노회 내에 목사 1인을 청하여 당회장이 되게 하고 그럴만한 목사가 없을 때 혹은 그렇게 하기 어려운 경우 회장이 될 목사가 없을 때 장로 중 1인을 선정하여 해 안건을 결의하기 위한 당회와 공동의회에 임시 의장이 될 수 있다."[24](정조제15장538조4항 제17장598하단 정문 99문답)

## 제3조 장로의 자격(資格)

1) 만 35세 이상 된 남자 중 입교인으로 흠 없이 5년을 경과한자.

연령을 만 35세로 정한 이유는 교인을 지도할 수 있는 신덕의 경륜이 있어야 하므로 남자만 장로가 되는 이유는 성경에 초대교회로부터 여자를 장로로 세운 일이 없기 때문이다. 성경의 교훈이기 때문(딤전3:2) 이는 남녀차별이 아니라 하나님이 주신 사역의 분업으로 봐야한다. 남녀평등과는 별개 문제이다.

▶ 무흠한 자란: 교회에서 범죄로 인한 치리를 받지 않은 자. 국법상 유죄판결을 받지 않은 자. 본 교단 교회에서 처벌받지 않은 무흠 5년을 말한다.(74회 총회결의)

▶ 입교 후 5년을 경과한 자란: 세례 받은 후 5년 이상. 6개월 이상 충성을 다한 자 이어야한다.(헌규3조2항)

2) 상당한 식견과 통솔력이 있는 자

3) 딤전3:1-7에 해당한자로 한다.

## 제4조 장로(長老)의 직무(職務)

1. 교회의 신령적 관계를 총찰한다.

치리장로는 교인의 택함을 받고 '교인의 대표자로' 목사와 협동하여 행정과 권징을 관리하며 지 교회 혹은 전국교회의 신령적 관계를 총찰한다.

2. 도리오해나 도덕상 부패를 방지한다.

주께 부탁받은 양무리가 도리오해나 도덕상 부패에 이르지 않기 위하여 당회로나 개인으로 선히 권면하되 회개하지 않는 자가 있을 때는 당회에 보고 한다.

---

24)  정조15장538조 4항, 598조

3. 교우를 심방하되 위로, 교훈, 간호한다.

   특별히 병자와 조상자를 위로하며 무식한자와 어린아이를 가르치며 간호할 것이니 평신도보다 장로는 '신분상 의무와 직무상 책임'이 더욱 중하다.

4. 교인의 신앙을 살피고 위하여 기도한다.

   장로는 교인과 함께 기도하며 위하여 기도하고 교인 중에 강도의 결과를 찾아 본다.

5. 특별히 심방할 자를 목사에게 보고한다.

   병환자, 슬픔을 당한 자, 회개하는 자와 구조 받아야 할 자가 있는 때에는 목사에게 보고한다.

## 36문] 원로장로란 누구인가?

### 제5조 원로 장로(元老長老)

1) 동일한 교회에서 20년 이상 시무한 자.

2) 연로하여 시무를 사면할 때 '그 교회가' '그의 명예를' 보존하기 위하여

3) 공동의회의 결의로 원로장로로 추대 할 수 있다.

4) 단, 당회의 언권회원이 된다.

   교회에서는 이러한 장로를 원로장로로 추대해 주는 것이 좋고 본인은 처분만 바랄 따름이지 기어코 해달라고 할 필요는 없을 것이다.

   ▶ 언권회원이란-결의권, 피 선거권, 선거권이 없는 언권회원이다.

   언권회원이지만 당연직 언권회원이 아니라 당회의 허락이 있어야 한다.

5) 원로장로 제직회 발언건은 헌법정치 제21장2조에 근거 원로장로라도 정년 이전에는 발언권이 있고 정년 이후에는 발언권이 없음을 가결하다.(95회 총회결의)

### 제6조 은퇴장로

1. 연로하여 퇴임한 장로이다. 만 70세가 넘으면 당회나 제직회에 발언권이 없다.

2. 70세 이전이라도 연로하거나 신병이나 교인 태반이 시무를 원치 않아 시무하기 어려워 시무 사면을 청원하면 당회결의로 은퇴장로가 된다.(정치 제13장5조)

### 제7조 협동장로

무임 장로 중에서 본 교단 교회에서 이명 온 무임 장로 중에서 '당회 의결로 협동 장로로 선임한다. 당회의 언권회원이 된다. 여기서 무임 장로는 타 교회에서 이명하여 왔으나 아직 교인들의 투표를 받지 아니한 무임장로를 의미한다.

**37문]** 1. 무임장로(헌규9조 정조5장93조)의 의미는 무엇인가?

1) 본 교회를 떠나 타교회로 이명하여 아직 그 교회의 투표로 위임식을 행치 않는 장로를 무임장로라 하고, 투표를 받아 시무하기 까지는 아무 권리가 없고 상회에 파견되는 대표도 못된다.

2) 본 교회를 떠나 이명이든 이탈이든 타 교회로 갔다가 6개월 이상 지나 다시 돌아와도 무임장로일 뿐이다. 시무장로가 되려면 처음부터 다시 절차를 받아야 한다.(정치9장 5조 4항)

3) 성찬예식을 거행할 때 필요하면 무임장로에게 성찬 나누는 일을 맡길 수 있다.

**38문]** 2. 봉사하는 장로의 자세는 어떠해야 하나?

1) 교인의 대표인 장로는 (큰 양으로) 양무리의 본이 되어야 한다.

2) 양무리를 위하여 모든 일에 삼가야(교인들의 영적생활과 유익을 주는 입장을 생각해야)

3) 주장하는 자세가 아니고 자원하는 마음으로 해야 그리고 겸손함으로

4) 아론과 훌처럼 목회자를 협력해야 한다.(목회계획에)

**39문]** 장로에게 어떻게 대해주어야 하는가?

1) 귀하게 여겨주라.(살전5:13)

2) 알아주라.(살전5:13)

3) 존경해 주라.(딤전5:17)

**40문]** 집사란 무엇하는 직분인가?

# 제6장 집사(執事)

### 제1조 집사직(職)

집사직은 목사와 장로직과 구별되는 직분이니 무흠한 남(男) 교인으로 그 지 교회 교인들의 택함을 받고, 목사에게 안수임직을 받은 교회 "항존(恒存)"[25] 직이다.[26] 서리집사와는 다른 임직한 집사를 말한다.(3장3조4항)

### 제2조 집사의 자격(資格)

집사는 선한 명예와 진실한 믿음과 지혜와 분별력이 있어 존중(尊崇)을 받고 행위가 복음에 합당하며 그 생활이 다른 사람의 모범이 될 만한 자 중에서 선택한다. 봉사적 의무는 일반 신자의 마땅히 행할 본분(本分)인즉 집사 된 자는 더욱 그러하다.(딤전3:8-13)[27]

믿음과 성령 충만해야 하고 일구이언(一口二言)하지 말고 성도들의 모범이 되고 술에 인 박이지 말아야 한다. 헌법적 규칙은 2조 5항 음주 흡연을 금하고 있다.

### 제3조 집사의 직무(職務)

목사 장로와 합력(合力)하여[28] 빈핍 곤궁한자를 권고하며 환자와 갇힌 자와 과

---

25) 항존(恒存)직:항상 존재 해야하는 직분(한번직분받으면은퇴까지 직을 보장을의미하지 않는다).
26) 시무년한은 만70세 생년월일로한다.(만 71세 생일 전)
27) 자격(資格)은 딤전 3:8-13절에 해당한자로.무흠기간은 5장3조대로 남자교인으로 5년이 경과해야함.
28) 목사장로와 힘을 합하면서 직무에 충실해야한다. 동 떨어진 행동을 하면 안된다.(당회지도받으면서)

부와 고아와 모든 환난 당한 자를 위문하되 당회 감독 아래서 행하며 교회에서 수금한 구제비와 일반재정을 수납(受納) 지출(支出)한다.(행6:1-3)

집사의 직무는 단독직무가 아니고 목사 장로와 협력해야 한다.

목회자와 당회원이 협력자이므로 당회의 감독 하에서 수임된 직무를 수행해야 한다. 재정 수납(受納) 지출(支出) 역시 공동의회 결의와 당회의 감독 하에 이루어진다.

### 제4조 집사의 칭호(稱號)

1. 시무집사: 본 교회에서 임직 혹은 취임 받아 시무하고 있는(안수) 집사

2. 휴직집사: 본 교회에서 집사로 시무하다가 휴직 중에 있거나 혹은 사임된 자. 유기휴직은 휴직기간이 지나면 당회장의 선언으로 시무집사가 된다. 무기휴직은 당회결의로 시무를 허락할 수 있다.(정치13:5조)

3. 은퇴집사: 연로하여 은퇴한 집사

4. 무임집사: 타 교회에서 이명와서 아직 취임을 받지 못한 집사이니.

> 만 70세 미만인자는 서리 집사직을 맡을 수 있고 본 교회 전입하여 만 2년이 경과하고 공동의회에서 집사로 피선되면 취임식만 행하고 안수 없이 시무(안수)집사가 된다.(헌규8조참고)[29]

---

**41문]** 교회 예배의식은 어떻게 진행하는가?

## 제7장 교회 예배의식 (禮拜儀式)

교회는 마땅히 교회 머리되신 그리스도의 설립하신 예배의식을 준수할지니 그 예식은 아래와 같다.

---

[29] 집사선거 및 임직:당회결의로 공동의회에서 총투표3분의2찬성으로 지교회세례교인의 택함을받아야 함. 6개월이상 당회가 교육한후 임직식행하여 안수집사(시무,장립)가된다.(정치13:1조참고.당회가 후보를 추천할수있다.) "권고휴직사직"은 13장6조참고

1.  기도(행6:4,딤전2:1)

    89회 총회는 '중보기도' 대신 용어를 '이웃을 위한 기도'로 사용한다고 결의하였다. 딤전2:1대로 '도고'란 용어로 사용함이 좋다.

2.  찬송(골3:16 4:6 시9:11,엡5:19)

    불신자의 집필시는 찬송가에서 빼기로 하였다.(제25회총회결의)

    '어둔 밤 마음에 잠겨' 찬송가는 교회에서 부르지 않기로 하였다.

    (88년제72회총회결의) 예배 시는 찬송가만 사용하고 몸가짐은 예배 모범대로 하기로 하다.(78회 총회 결의) 열린예배 금지하기로 하다.(84회총회결의)

3.  성경낭독(행15:21,눅4:16-17)

    엄숙하고 경건하게, 목사나 그밖에 허락을 받은 자, 한글성경을 낭독한다.

4.  성경해석과 강도(딛1:9 9:20,10:4,눅24:47 딤후4:2) 예배모범 6장에 근거하여 한다.

5.  세례(마28:19-20 막16:15-16)

    세례는 예배모범 9장과 헌법적 규칙 6조에 의하여 한다.

    목사가 회중 앞에서 베푼다. 특별한 경우는(환자) 당회결정으로 사가에서 베풀 수 있다.

6.  성찬(고전11:23,28)

    성찬은 1년에 2회 이상하도록 헌법적 규칙에 기록 되어있다.

    1년에 몇 회 하는 것은 당회가 정하는 대로 하면 된다.(예배모범11장1항)

7.  금식과 감사(눅5:35,빌4:6,딤전2:1 시50:14, 95:2)

8.  성경문답(히5:21,딤후3:14,17)

9.  헌금(행11:27,30,고전16:1-14 갈2:10,6:6)

    헌금기도 역시 예수님의 이름으로 끝을 맺고 축도로 들어가야 한다. (85총회결의)

10. 권징(히13:17,살전5:12-13 고전5:4-5 딤전 5:4-5 딤전1:20,5:12) 정당한 권징은 필요하다.

    권징 목적은 신령적 유익을 도모하는 것이다.

시행은 권징조례에 의해 합법적으로 이루어져야 한다.

11. 축복(고후13:13,엡1:2)

축복기도는 고린도후서 13:13대로 '있을 찌어다'로 해야 한다.

총회는 목사가 예배를 폐할 때 삼위 이름으로 축도할 때 예배모범에 있는 대로 '있을지어다'로 일치하게 실시하도록 각(各)노회에 시달하도록 가결하였다.(1960년 45회총회)

---

**42문]** 교회 정치와 치리회는 필요한가?

# 제8장 교회 정치(政治)와 치리회(治理會)

## 제1조 정치의 필요

교회를 치리함에는 '정치와 조직'이 있어야 한다.(고전14:40)

모든 것을 적당하게 하고 질서대로 하라. 정당한 사리(事理)와 성경교훈과 사도시대 교회의 행사에 의지한즉 "교회 치리권은 개인에게 있지 않고 당회, 노회, 대회, 총회에 있다.(행15:6)"[30]

그 치리권은 개인에게 있는 것이 아니라 교인들이 투표하고 교회와 노회에서 위임한 목사 장로 구성된 당회 노회 총회를 통하여 행하는 것이 치리회(治理會)이다.

## 제2조 치리회의 성질과 관할

교회 각 치리 회원은 목사와 장로이다.

각 회가 다 노회적 성질이 있으며 같은 자격으로 조직한 것이므로 같은 권리가 있으나 그 치리의 범위는 교회헌법에 규정하였다.

1. 교회의 교리와 정치에 대하여 쟁론(爭論)사건이 발생하면 성경교훈대로 교회

---

30) 당회의 상회는 노회대회및총회로 3심제의 치리회가있다. 정치총론 5항참고

의 성결과 화평을 성취하기 위하여 "순서(順序)에 따라 상회에 상소(上訴)함이 가하며,"[31] 각 치리회는 각 사건을 적법(適法)하게 처리하기 위하여 관할 범위를 정할 것이요, 각 회는 고유한 특권이 있으나 순서대로 상회의 검사와 관할을 받는다.

2. 각 치리회는 각립(各立)한 개체가 아니요, 서로 연합한 것이니 "어떤 회에서 어떤 일을 처결하든지 그 결정은 법대로 대표된 치리회로 행사하게 하는 것인즉 전국교회의 결정이 된다."[32]

   이것은 치리회(治理會) 동일체(同一體)원리이므로 총회산하 노회 당회결정은 전국 교회 결정이 된다.

## 제3조 치리회의 회집

당회와 노회는 매년 1회 이상, 대회와 총회는 매년 1회 회집하되 기도로 개회와 폐회한다. 당회 노회는 필요하면 몇 번이라도 소집 할 수 있으나 총회는 1년에 한번 모였다고 폐회할 때 파회(罷會)가 되므로 다시 총회로 모일 수 없다. 파회 후에는 총회가 맡겨준 상비부, 위원회 상설부서에서 처리한다. 총회상설 재판국도 총회에서 접수된 것만 판결(判決)할 수 있다.

## 제4조 치리회의 권한

1. 교회 각 치리회는 국법상 시벌을 과하는 권한이 없고(눅12:2-14 요18:36) 오직 도덕과 신령상 사건에 대하여 교인으로 그리스도의 법을 순종케 하는 것뿐이다.(행15:1,32)

2. 만일 불복하거나 불법한자가 있으면 교인의 특권을 향유(享有)하지 못하게 하며 성경의 권위를 보장하기 위하여 수합(收合)하여 시벌(施罰)하며(관계자에게

---

31) 헌법적규칙3조1항 교인은 교회헌법대로 순서를 따라 청원 소원 상소할 권리가 있다.
권징조례85조 소원에대한 통지서와 이유서는 하회결정후 10일내로 작성하여 그회 서기에게 제출할것이요 시무불능 경우 회장에게 제출한다. 권징조례96조 상소인은 하회판결후10일이내 상소이유설명서를 본회서기에게 제출한다.

32) 정치8장2조2항하단:삼심제 의 치리회의 결정은 소원이나 상소가 없는이상 전국교회의 결정이 된다(이것을 치리회 동일체(同一體)의 원칙)단,이상이있으면 순서따라 상회에 상소하므로 그리스도의 공회가 나타나도록 하는것이다. 상소치 않는 한 삼심제 는 당회 판결도 노회, 총회판결 효과나 똑같다.

증거제출 요구권)

3. 교회정치와 규례(規例)를 범한 자를 소환하여 심사하기도 하며 관할아래 있는 교인을 소환하여 증거를 제출하게도 할 수 있다.

4. 가장 중한 벌은 교리(敎理)에 패역한 자와 회개(悔改)하지 않은 자를 교인 중에서 출교(黜敎)할뿐이다.(마18:15-17, 고전5:4-5)

5. 교회 권징은 신중하고 적법(適法)하게 시행되어야 한다.(정문제213문답)

6. 각 치리회가 다스리는 것은 국법이 아니라 교회헌법으로 하는 것이다.(정문203문) 국법은 사람을 위하여 사람들이 만든 법(法)이지만 교회법은 성경에 근거하여 개인의 신앙과 교회질서를 위하여 만든 것으로 국법(國法)과 교회법(敎會法)이 충돌(衝突)할 수도 있다.

7. 치리회는 헌법에 의해 정당한 결정을 해야 한다. 특히 교회 재정횡령은 형법의 적용을 받는다.

8. 지 교회의 정관은 비영리법인에 관한 민법(民法)의 적용을 받는다는 것을 유의(有意)해야 한다.

9. 목사의 국가 정치참여는 공직이나 정당 활동 사회정치에 종사하는 자는 사직(辭職)하여야 한다.(제38회총회결의)

10. 교회 교인이 사회법에 고발하는 경우 "상습적으로 사회법에 고발하는 자는 권징하기로" 결의하였다.(제81회, 91회총회결의)

11. 당회, 노회, 총회, 결정 혹은 판결에 이의가 있으면 반드시 소속노회를 통하여 정식 절차를 밟아서 이의를 제기하도록 하였다. 절차 없이 사회법에 직접 고소하는 자는 패소(敗訴)할시 소송비용 일체변상, 소속노회가 면직하도록 하고 불이행시 노회는 5년간 총대권 정지하기로 가결하였다.(제97회총회결의)

12. 총회임원 및 직원을 사회법에 고소자는 104회 총회결의중 사회법 고소자 시행세칙 적용을 받는다.

**43문]** 삼심제 중 일심(一審)인 당회(堂會)는 무엇 하는 곳인가?

# 제9장 당회(堂會)

## 제1조 당회의 조직

"당회는 지 교회의 목사와 치리장로로 조직하되 세례교인 25인 이상을 요하고 (행14:23딛1:5) 장로의 증원도 이에 준한다."[33]

## 제2조 당회의 성수

당회에 장로 2인이 있으면 장로 1인과 당회장의 출석으로 성수가 되고 장로 3인이 있으면 장로 과반수와 목사 1인이 출석하여야 성수가 된다.

"장로 1인만 있는 경우에도 모든 당회 일을 행하되 그 장로 치리문제나 다른 사건에 있어 장로가 반대할 때에는 노회에 보고하여 처리한다."[34]

1인 장로를 치리해야할 경우 장로가 본인 치리에 반대하면 당사자 제척(除斥)원리에 따라 노회에 보고하여 위탁(委託) 처리한다.

만약 1인 장로가 치리에 자복하고 책벌 받을 때까지 순종하면 목사가 치리하고 불복하면 상고(上告)할 일이다 (1919년 제8회결의)

**44문]** 당회장의 종류는 몇 가지로 구분 됩니까?

## 제3조 당회장 (堂會長)

"당회장은 그 교회의 대표자로 그 지 교회 담임(위임)목사가 된다.

(당연직, 직무상 당회장)"[35]

---

33) 장로가택은 세례교인 25인을 기준으로 1명씩 더 증원하려 할 때 가택청원하면 노회가 살피고 허락 할 수 있다. 장로교 정치는 대의정치이므로 세례교인 25명 이상이 되면 교인대표를 세워 교회를 치리하도록 당회 조직이 원칙 되어져야 한다. 단, 목사가 반드시 있어야 당회구성이 되고 시무목사는 노회 허락이 있어야 당회장권이 주어진다. 위임목사는 자동, 부목사는 당회장이 될 수 없음.
34) 완전당회가 조직되려면 장로 2인이 있어야 한다.
35) 임명 당회장: 임시목사는 노회결의로 당회장을 허락하여야 당회장권이 있다.

특별한 경우는 "당회 결의로 본 교회 목사가 그 노회에 속한 목사 1인을 청하여 대리회장이"[36] 되게 할 수 있으며 본 교회 목사가 신병이 있거나 출타한 때에도 그러하다.

1) 당회장은 목사만 될 수 있다.(9장4조)
2) 당연직 당회장은 지 교회 담임한 위임목사가 된다.
3) 당회장 본인 문제를 취급할 때 당회가 당회결의로 본 교회 목사가 그 노회에 속한 목사 1인을 청하여 대리 당회장이 되게 할 수 있다.
4) 본 교회 당회장이 신병이 있거나 출타한 때에도 그러하다.
5) 당회장이 출타하였을 경우 장로들의 결의로 당회장이 아닌 임시 사회권을 줄 수 있으나 일반적인 행사와 행정건만 다룰 수 있다.(정문 제220문)

### 제4조 당회 임시회장(臨時會長)

당회장은 목사가 되는 것이므로 어떤 교회서든지 목사가 없으면 그 교회에서 목사를 청빙할 때까지 "노회가 당회장 될 사람을 파송할 것이요"[37] 노회의 파송이 없는 경우에는 "그 당회가 회집할 때마다 임시 당회장 목사"[38]를 청할 수 있으나 "부득이한 경우에는 당회장 될 목사가 없을지라도 재판사건과 중대사건 외에는"[39] 당회가 사무를 처리 할 수 있다.

1) 대리당회장
당회장이 있을 때 당회가 결의하여 초청한 목사가 대리당회장이다.
(1) 목사가 출타할 경우
(2) 목사가 신병이 있는 경우

---

36) 대리 당회장: 특별한 경우란 당회장 자신의 문제나 이와 연관된 안건으로 당회장이 사회함이 부적절한 경우를 뜻한다. 대리 당회장은 일종의 임시 당회장이다.
37) 노회가 파송한 당회장이다. 임시 당회장이 아니다.
38) 임시 당회장 "지교회 당회가 요청이 있어간 당회장," 당회가 필하면 임시 당회장직도 끝난다.
39) 당회가 처리할 수 있는 경우는*담임목사가없어야, 노회 파송 당회장도 없어야,부득이하고 긴급한 사건이라야.(정조196문 장로 중에서 당일 임시회장으로 정하고 사건을 처리할 수 있다) 재판 건이나 중대한 사건이 아니어야 한다.

(3) 당회장 본인에 관한 사항을 취급할 경우

(4) 기타 특별한 경우

2) 임시당회장

당회장이 없을 때 당회가 초청한 당회장(정치9장4조)

노회가 당회장을 파송하지 않는 경우 당회회집이 필요할 때 타 노회에 속한 목사는 임시당회장으로 정할 수 없다.(정문223)

## 45문] 당회의 직무는 무엇인가?

### 제5조 당회의 직무(職務)

1. 교인의 신앙과 행위를 총찰.

   신령상 모든 사무를 처리하는 것이니(히13:17) 교인의 지식과 신앙상 행위를 총찰(總察)한다.

2. 교인의 입회와 퇴회(退會)

   학습, 입교할 자 고시, 입교된 부모를 권하여 어린자녀로 세례받게 하고 주소 변경 교인에게는 증서를(학습, 세례, 입교, 유아세례) 접수 또는 교부하며 제명도 한다.

3. 예배와 성례거행

   목사가 없을 때는 노회의 지도로 다른 목사를 청하여 강도하게 하며 성례를 시행한다.

4. 장로(長老)와 집사(執事)임직(任職)

   장로 집사 선택하여 반년 이상 교양하고 장로는 노회 승인과 고시한 후에 임직하며 집사는 당회 고시한 후 임직 한다.

   *타 교회에서 이명 와서 아직 취임하지 못한 안수집사는 무임집사이다. 만 70세 미만인 집사는 서리 집사직을 맡을 수 있고 본 교회에 전입하여 만 2년이 경과하고 공동의회에서 집사로 피선되면 취임식만 행하고 안수 없이 시무집사

가 된다.(정치6장4조4항참고)

**46문]** 장로 임직절차는 어떻게 됩니까?

1) 세례교인 25인이 있을 때
2) 당회결의로 노회에 선택청원 하여 허락(許諾) 받는다.
3) 당회는 공동의회 날짜를 결의한다.
4) 공동의회 1주일 전에 광고한다.
5) 공동의회에서 투표수 3분의 2이상의 찬성투표를 받아야 한다.
6) 당회가 6개월 이상 교양(敎養)한 후 노회의 장로고시에 합격하여야 한다.
7) 노회의 합격자 발표 후 당회가 장립일자를 잡아서 교회광고 후 장립식을 하고 공포하므로 시무장로가 된다.

**47문]** 집사 임직절차는 어떻게 됩니까?

1) 당회 결의가 있어야 한다.
2) 공동의회에서 투표수 3분의 2이상 찬성표 받은 자.
3) 당회가 6개월 이상 교양한 후
4) 당회가 고시 후 합격하면
5) 당회가 교회에서 안수 임직하면 시무집사가 된다.

5. 각 항 헌금 수집하는 일을 주장
   헌금 수집 할 날짜와 방침을 작정한다.

6. 권징(勸懲)하는 일

**48문]** 권징하는 일이 무엇인가?

범죄자와 증인을 소환 심사함. 필요한 경우는 본 교회 교인이 아니더라도 증인으로 소환심문(審問)할 수 있다. 범죄 한 증거가 명백한 때는 권징절차를 밟아 권징 하여 법질서를 확립해야한다.

## 49문] 당회 권징 종류는 몇 가지가 있는가?

1. 권계(勸誡): 훈계

2. 견책(譴責): 꾸짖고 따져 규명함.

3. 수찬정지: 受餐停止: 성찬 받지 못함.

4. 제명(除名): 명단에서 뺌.

5. 출교(黜敎): 교회에서 내쫓음.

6. 회개(悔改)하는 자를 해벌(解罰): 벌을 풀다.

   (살전5:12-13 살후:3:6 14-15 고전11:27-30)

   예배모범17장 해벌 참고 할 것

## 50문] 권징조례 35조의 당회가 정하는 책벌은 몇 가지가 있는가?

   1) 권계  2) 견책  3) 정직  4) 면직  5) 수찬정지  6) 제명  7) 출교이다.

   (1) 당회의 권징대상은 장로, 안수집사, 권사, 서리집사, 세례교인 성도에게
      적용된다.

   (2) 이들의 원심치리회(재판회)는 당회이기 때문이다.

7. 신령적 유익을 도모하며 각 기관을 감독한다.

   교인심방, 성경 가르침, 주일학교 주관, 남, 여전도회와 각 기관을 감독함.

8. 노회에 총대를 파송하며 청원과 보고를 받는다.

   1) "노회에 파송할 총대장로를 선정하며"[40)

   2) 청원서 제출

   3) 교회 정황을 노회에 보고한다.

   4) 장로 총대는 각 지 교회에서 당회가 파송한 총대를 노회 서기가 호명한 때

---

40) 노회에 파송할 총대장로를 선정하지 않고 노회에 파송치 않으면 당회장이 직무유기죄를 범하는 것이다.

부터 노회 회원권이 부여 된다.(정문 282) 당회의 노회 총대 파송은 선택사항이 아니라 반드시 파송 하여야 할 당회의 의무이다.(정문 283) 노회 청원은 목사 개인이 아니라 당회 결의에 의하여 당회록에 기록된 대로 청원해야 한다.

## 51문] 당회의 권한은 무엇인가?

### 제6조 당회의 권한

1. 당회는 예배모범에 의해 의지하여 예배의식을 전관하되
2. 모든 회집시간과 처소를 작정할 것이요
3. "교회에 속한 토지 가옥에 관한 일도 장리(掌理)한다.(처리한다)"[41]
4. 교회 부동산은 누구의 명의로 되었든지 민법 276조에 따라 공동의회 결의에 의해서 처리할 수 있다.
5. 당회는 교회 재산의 중요한 결정은 공동의회 결의를 거쳐야 한다.

### 제7조 당회 회집(會集)

1. 당회는 1년에 1회 이상을 정기회로 회집,
2. 임시당회
   ① "본 교회 목사가 필요한 줄로 인정"할 때
   ② 장로 과반수 이상이 청구 할 때와
   ③ 상회가 회집을 명할 때에 소집한다
   ④ 만일 목사가 없는 경우에는 필요에 응하여 장로 과반수(過半數)가 소집할 수 있다.[42]

---

41) 노회직무 제10장6조8항: 어느 지 교회에 속한 것을 물론하고 '토지 혹 가옥 사건에 대하여 변론이 나면 노회가 처단할 권한'이 있다.(처단: 결단하여 처분함)
42) ①-③은 반드시 소집의무를 가진 강제규정이요,④는-소집할 수 있다로 임의규정으로 보아야 한다. 긴급성과 부득이한 경우 장로 중 1인을 임시의장으로 세워 사무를 처리할 수 있다.(정제9장4조정조 196,198,616조)
특주: 폐당회란? 담임목사가 사면한 경우 시무장로가 있다가 유고로 전무하게 되면 사실상 당회가 없어진 경우. *폐당회가 되면 빠른 시일에 장로 선출하여 당회를 복구해야한다.

## 52문] 당회 회록은 어떻게 기록할까?

### 제8조 당회 회의록

1. 당회록에는 결의사항이 명백히 기록하고 회록과 재판회록은 1년1차씩 노회 검사를 받는다.

2. 모든 회록은 제안(提案)자의 이름을 기록하지 않고 결의된 내용만 기록 하면 된다.(1912년 제2회 총회결의)

3. 정정할 때는 서기가 줄을 긋고 정정한 글자가 보이도록 줄로 긋고 서기가 날인 해야 한다.

4. 회의록 내에 여백을 두면 안 되고 반드시 마감 표시를 해야 한다.(정문 291-292)

### 제9조 각종 명부록 비치(備置)

1. 학습인 명부  2. 입교인 명부  3. 책벌 및 해벌인 명부

4. 별 명부  5. 별세인 명부  6. 이명, 접수 명부  7. 혼인 명부

8. 유아세례 명부

성명은 호적대로 기록하되 여자와 아이는 친족의 성명도 기록한다.

교인 관리의 명부는 필수이다. 헌법(憲法)이 정한 명부는 정확히 작성하여 비치 해야 한다.(정문298문)

### 제10조 연합 당회

도시에 당회가 2개 이상 있으면 교회 공동사업의 편리를 위해 연합당회를 조직 할 수 있나니 그 회원은 각 당회원으로 하며 본회는 치리권은 없으나 협동사무 기타 유익을 서로 도모할 수 있다.

---

합법적으로 위임목사가 된 후 폐당회가 되어도 위임은 2년 동안은 해제되지 않고 유효하다. 그러나 2년 내에 장로를 세우지 않으면 자동 위임이 해제된다.(1975. 제60회 총회 결의, 유권해석)

**53문]** 삼심제 중 이심(二審)인 노회(老會)는 무엇 하는 곳인가?

# 제10장 노회(老會)

## 제1조 노회의 요의(要義)

그리스도의 몸 된 교회가 나뉘어 여러 지교회가 되었으니(행6:1-69:31,21:20) 자칫하면 교회가 하나 됨의 성질을 상실할 수 있다. 그렇기 때문에 일정한 단위로 묶어 모여 하나의 치리회가 곧 노회가 된다.

노회는 도리의 순전을 보전, 권징을 동일하게 하며, 신앙과 지식과 바른 도리를 합심하여 발휘하며 배도함과 부도덕을 금지할 것이요, 이를 성취 하려면 노회와 같은 상회가 있는 것이 긴요하다. 에베소교회에도 많은 지교회가 있고 노회가 있는 증거가 있다. (행19:18,20 고전16:8 9,19 행18:19,24-26 20:17-18 25-31 36-37 계2:1-6)

**54문]** 노회조직은 어떻게 이루어집니까?

## 제2조 노회 조직

"노회는 일정한 지방 안에 있는 모든 목사와 각 당회에서 총대로 세례교인 200명 미만이면 1인, 200명 이상 500명 미만이면 2인, 500명 이상 1,000명 미만은 3인, 1,000명 이상은 4명씩 파송하는 장로로 조직한다.

노회조직은 단, 21당회 이상을 요한다."[43]

1. 노회는 일정한 지방 안에 21당회 이상 조직된 교회를 필요로 하고 노회 관할

---

43) 노회조직 요건은? 1)일정한 지역이 있어야(이북출신목사와 장로가 있기에 무지역 노회가 있지만원칙은 없어야 68회총회는 무지역은 가급적 속한 시일 내에 지역노회로 귀속키로 결의하였다.) 2)목사와 장로로 조직한다. 3)21당회를 요한다.(노회의 난립을 막기 위해)효력은 공포일로부터 발효된다. 단서조항이 없으므로 21당회 미만인 노회들을 어떻게 할 것인가? 입법취지를 살리려면 21당회가 되도록 합병내지 조종이 필요한 것이 숙제로 남는다.

(정문316문) 아래 있는 해노회 소속된 목사와 각 당회에서 파송한 총대 장로로 조직한다. 미조직교회가 아무리 많아도 노회를 조직할 수 없다.

2. 본 교단은 6.25이후 피난 온 노회들에 한하여 무지역 노회를 인정하여 왔다.(1953년 38회 총회) 무지역 노회는 가급적으로 지역노회 귀속하기로 하였다.(1983년 제68회 총회)

3. 본 교단은 무지역 노회 이적(移積)과 목사 이명(移名)을 동시에 할 수 있도록 결의하였다.

4. 무지역 노회 목사는 이명 없이 지역노회 가입할 수 없으며 본인의 이명 청원이 있을시 이명하여 주는 것이 1988년 제73회 총회결의이다. 무지역 노회 소속한 교회와 목사가 지역노회로 이적 건은 공동의회 결의로 청원하면 교회와 목사를 이명하여 주기로 가결하다. 단, 고의로 이명하여 주지 않을 시는 지역노회 결의로 이명한다.(2001년 86회 총회)

## 55문] 회원 자격은 어떻게 됩니까?

### 제3조 회원 자격

지 교회 시무목사와(위임목사, 시무목사) 정년 이전의 원로목사와 총회나 노회가 파송한 기관 사무를 위임한 목사는 회원권을 구비하고(선거권, 피선거권, 발언권, 결의권) 그 밖에 목사는 언권회원이 되며 총대권은 없다.

1. 모든 목사의 소속은 노회이다. 소속 목사는 자동 회원이 된다. 목사가 면직되거나 자유, 혹은 권고에 의하여 사직을 하면(정제17장4조) 평신도의 신분으로 돌아가나 시무를 않거나 만 70세가 되어 은퇴해도 목사이므로 그 소속은 노회에 있는 것이다. 그러므로 노회 회원이요, 평신도는 지 교회 회원이다. 70세 정년이라고 하여도 항존직에는 변함이 없으므로 목사는 목사인 것이다. 다만 무임목사로 노회회원이라도 제한된 회원으로 구분이 되는 것뿐이다.

1) 정회원(회원권을 완전히 구비한 회원)

① 지 교회 시무목사란 위임목사를 말한다.

② 미조직교회의 당회장권을 허락받은 시무목사

③ 위임목사를 보좌하기 위해 매년 당회장이 노회에 청원하여 승낙 받은 부목사들을 말한다.

④ 정년 이전 원로목사

⑤ 총회나 노회가 파송한 기관 사무를 위임한 목사(정제4장4조7항총회나 노회 및 교회 관계기관에서 행정과 신문과 서적 및 복음사역에 종사하는 목사이다.)

8항, 종군목사(노회안수를 받고 배속된 군인교회에서 목회와 전도를 하며 성례를 행한다)

9항, 군 선교사(군인선교를 섬기는 목사)

10항, 교육목사(노회 허락받아 교육기관에서 성경, 교리를 교수하는 목사다)

2) 언권회원

70세 이상 된 원로목사, 70세 이상 된 은퇴목사는 무임목사다. 그러므로 언권회원이 된다. 공직과 선거권, 피 선거권만 없다.(78총회결의. 유권권해석) 그러므로 회원 총수에 들어간다. 다만 구분되는 회원이다.

3) 호명하지 않는 회원

회원명부에서 삭제되어 별명부에 기록된 사람, 전혀 연락이 안되는 사람 (정조제346): 별명부, 이명서를 보낸 경우 접수통지 안 온 경우

(권징11장109조)

## 제4조 총대

총대장로는 서기가 호명한 후부터 회원권이 있다.

목사는 노회소속으로 자동회원 이지만 장로는 당회장의 총대 파송으로 서기가 천서를 접수 호명 후부터 회원권 향유함(정제10장4조)

## 56문] 노회의 성수는 어떻게 되나?

### 제5조 노회의 성수

1. 노회가 예정한 장소와 날짜에 모여야 한다.
2. 본 노회 속한 정회원 되는 목사와 총대장로 각 3인 이상이 회집하면 성수가 되니
3. 노회의 일체 사무를 처리 할 수 있다.

   노회개회 성수는 재적수에 관계없이 목사 3인, 장로 3인 이상만 모이면 된다. 호명 때 성수만 되면 개회할 수 있으며 안건을 처리할 수 있다.

## 57문] 노회의 직무는 무엇인가?

### 제6조 노회의 직무(職務)

1. 지 교회 및 교역자 총괄한다.

   노회는 그 구역에 있는 당회와 지 교회와 목사와 강도사와 전도사와 목사 후보생과 미조직 교회를 총찰한다.
2. 헌의 안건 및 재판건 처리한다.

   각 당회에서 규칙대로 제출하는 안건을 접수하고 처리. 노회는 각 당회에서 규칙대로 제출하는 헌의와 청원과 상소 및 소원과 고소와 문의와 위탁판결을 접수하여 처리하며 재판건은 노회의 결의대로 권징조례에 의하여 재판국에 위임 처리하게 할 수 있다. 상소건 등은 접수하여 상회에 보낸다. 접수를 거부할 수 없다 거부하면 상소인은 부전을 부처 상소할 수 밖에 없다.
3. 각종 고시 및 인사 행정건 권징을 관장한다.

   목사후보생을 고시하여 받고 그 교육 이명, 권징하는 것과 강도사를 인허하고 이명, 권징, 면직을 관리하며 지 교회 장로선거를 승인하며 피택 장로를 고시하여 임직을 허락하고 전도사를 고시하여 인가하며 목사 지원자의 고시 임직, 위임, 해임, 전임, 이명, 권징을 관리하며(딤전4:14 행13:2-3) 당회록과 재판회록

을 검열하여 처리사건에 찬부(贊否)를 표하며 도리와 권징에 관한 합당한 문의를 해석 한다.(행15:10갈2:2-5)

4. 교회의 신성과 화평을 방해하는 언행을 방지하며 (행15:22.24)교회의 실정과 폐해(害)를 감시하고 교정하기 위하여 각 지 교회를 시찰한다.
   (행20:17,30,6:2, 15:30)

5. 지 교회를 설립, 분립, 합병, 폐지 및 당회를 조직하는 것과 지 교회와 미조직 교회의 목사의 청빙과 전도와 학교와 재정일체 사항의 처리 방침을 지도 "방조"[44] 한다.

6. 본 노회의 헌의와 청원을 상회에 올려 보내며 상회에서 내려 보내는 공한(公翰)을 접수하여 그 지휘를 봉행하며 교회 일을 질서 있게 처리하며(고전14:33,40) 전도사업을 직접 경영하며 상회 총대를 선정 파송함과 범사에 관한 각 교회의 신령적 유익을 도모한다.

7. 목사고시를 행하되 그 과목은 신조, 권징조례, 예배모범, 목회학, 면접 등이다.

8. 어느 지 교회 속한 것은 물론하고 토지 혹 가옥 사건에 대하여 변론이 나면 노회가 "처단"[45]할 권한이 있다.

9. 노회는 교회를 감독하는 치리권을 행사하기 위하여 그 소속 목사 및 장로 중에서 시찰위원을 선택하여 지 교회 및 미조직교회를 순찰하고 모든 일을 협의하여 노회의 치리하는 것을 보조 할 것이니 위원의 정원과 시찰할 구역은 노회에서 작정한다.
   시찰위원은 치리회가 아니니 목사청빙 청원을 가납 하거나 목사에게 직전하지 못하고 노회가 모이지 아니하는 동안 임시목사라도 택하여 세울 권한이 없다. 그러나 허의 당회에서 강도할 목사를 청하는 일을 같이 의논할 수 있고 또 그 지방의 목사와 강도사의 일할 처소와 봉급에 대하여 경영하여 노회에 보고한다.

---

44) 방조란: 어떤 일을 거들어서 도와줌. 방조법: 범죄행위를 도와줌(32조2항)
45) 처단(處斷): 결단하여 처분함.

10. 노회는 허위교회를 돌아보기 위하여 시찰위원 혹은 특별위원에게 위탁하여 임시로 목사를 택하게 할 수 있고 혹 임시당회장도 택하게 할 수 있다. 시찰위원을 두는 목적: 교회와 당회를 돌아보고, 교회 형편을 시찰하는 것. 시찰위원은 청함이 없어도 당회와 연합당회, 제직회와 부속한 각 회에 언권 방청원으로 출석할 수 있고 투표권은 없다. 각 당회는 장로, 전도사를 선정함에 있어 시찰과 협의함이 가하다. 시찰 내 교회 형편과 위탁받은 사건에 대하여 노회에 보고 헌법에 의하여 얻은 직접청구권은 침해하지 못한다.[46]

11. 시찰위원은 가끔 목사와 교회를 순찰하여 교회형편, 재정, 전도형편, 주일학교 및 교회소속 각 회 형편을 시찰하고 목회의 결과와 그 교회장로와 당회와 제직회와 교회대표자들의 제출하는 문의 및 청원서를 경유하여 노회에 제출한다.

## 58문] 노회록과 각종보고를 상회인 총회에 보고할 것은 무엇인가?

### 제7조 노회록과 보고

강도사, 전도사인허, 목사임직, 이명, 별세, 후보생의 명부, 교회설립, 분립, 합병, 각 교회에 정황과 처리한 사건을 기록하여 매년 상회에 보고한다.[47]

## 59문] 노회가 보관하는 각종 명부는 무엇인가?

### 제8조 노회가 보관하는 각종 명부

1) 시무목사  2) 무임목사  3) 원로목사  4) 공로목사  5) 전도사
6) 목사 후보생  7) 강도사

---

46) 청구권: 헌법으로 보장된 각 교회의 권한은 침해할 수 없다.
47) 상회에 보고: 노회 후 결과를 총회에 보고해야 한다.

## 60문] 노회 회집은 어떻게 이루어집니까?

### 제9조 노회 회집

1. 정기노회

   예정한 날짜, 장소에 회집한다.(노회규칙참조)

   대개 1개월 전(前)에 소집통지서 발송.

   회의정족수: 목사 3인, 장로 3인 이상 회집하면 성수가 된다.(제10장5조)

2. 임시노회

   1) 각 다른 교회 지 교회 목사 3인과 각 다른 지 교회 장로 3인의 청원이 있어
      야 한다.

      청원(請願)이란? 각기 다른 3당회의 청원을 의미한다. 각기 3안건의 청원이
      있어야 한다는 의미도 있는 것이다. 이것은 임시노회의 신중하게 하기 위함
      이다.

   2) 회장이 위 조건이 충족되면 임시회를 소집할 수 있다.(회장유고시는 부회장
      또는 서기가 대리 소집할 수 있다.)

   3) 임시회의 소집통지서에 회의할 안건과 회집날짜를 개회 10일 선기하여 노
      회 각 회원에게 통지한다.

   4) 통지서에 기재한 안건만 의결한다.[48] (정문416문답)

      노회원의 출석의무[49] 정년 은퇴한 목사의 신분[50]

---

[48]  案件上程: 의안을 회의에 내어놓음. 시회의는 통지서에 기재한 안건만 처리 한다.
      議決: 안건에 대해 의논하고 결정함.
[49]  노회원의 출석의무(정조10장346)
      노회 불참회원은 조사하여 상당한 불참이유가 없으면 시별할 것이다. 먼 곳에 가있으면서 노회에 통지
      하지 않으면 그 성명을 명부에서 삭제하고 특별 명부에 기록하여야 한다.
[50]  정년 은퇴한 목사의 신분
      정년 은퇴한 목사라도 면직이나 사직을 당한일이 없으면(17장3조-4조) 목사의 소속인 노회회원 목사
      이다. 무임목사의 신분으로 언권회원이 된다. 상비부원은 될 수 있고 발언과 결의권은 있고 상비부 임
      원은 될 수 없다.
      이유?: 목사는 항존직이므로(정제3장2조) 은퇴했으므로 다만 공직만 맡지 못하는 무임목사가 된다.

## 61문] 대회는 무엇 하는 곳인가?

# 제11장 대회

장로회 정치제도는 당회, 노회, 대회, 총회로 되어있으나 삼심제의 재판 체계를 가지고 있다.(정치총론 5항 참조)

당회에서 제기되는 교인들의 재판은 삼심제 원리에 의하여 대회가 최종심이 되고 노회에서 제기되는 목사의 재판과 교회와 헌법에 관계되는 사건은 삼심제 원리에 의하여 총회가 최종심의(審議)가 된다.

헌법(憲法)상은 대회가 있으나 실제로는 대회가 조직되지 못하고 있기 때문이다. 대회제는 1922년 제헌헌법정치 제11장에서는 조선교회에서는 대회를 아직 조직하지 아니함으로 정치가 없음이라고 규정하였다. 1928년1차 개헌에 이어 1934년판 헌법에서는 이 구절을 삭제하였고 1964년 헌법에서는 11장6조에서 대회제 조항을 신설하였다. 1968년 53회 총회에서는 대회제 실시를 결의하되 중부대회를 조직하였으나 지역노회와 무지역 노회 관계로 1972년 57회 총회에서 폐지하되 휴전선이 해결되기까지 거론하지 않기로 결의하였다.

그 후 계속 헌법대로 대회제 실시를 하자는 헌의가 총회에 가끔 올라왔으나 부결되어 오늘에 이르고 있다.

## 62문] 대회조직은 어떻게 됩니까?

### 제1조 대회 조직

대회는 1지방 안에 3개 이상 노회 됨을 요할 때 관할하는 회로서 각 노회에서 파송하는 총대목사와 장로로 조직하되 목사와 장로는 그 수를 서로 같게 한다.(정문 426문)

총대는 매 당회에서 5당회에 목사 장로 각 1인씩 비율로 파송한다.

3당회 이상이면 목사 장로 각 1인씩 더 택하고 3당회가 미급(未及)되는 노회는 목사 장로 각 1인씩 언권회원으로 참여한다.

단, 1당회에 총대 목사 장로 각 1인을 초과하지 못한다.

대회조직은 총회가 설립하며 대회의 지역도 총회가 결정한다.(정문427) 단, 노회에서 파송하는 총대목사와 장로로 조직하며 그 수(數)를 같게 한다.(정문 426,429)

## 제2조 개회 성수(成數)

예정한 날짜와 장소에 목사 7인과 장로 3인 이상 회집하면 개회 성수가 된다. 단, 출석목사 7인 중 3인 이상이 동일한 노회소속이면 성수가 될 수 없다. 성수 미달이면 아무런 사무도 처결하지 못한다.

다시 회집할 시일과 장소는 작정할 수 있다.(정문제430문)

## 제3조 언권 방청

다른 노회 목사나 또는 서로 교통하는 교파목사를 언권방청원으로 허락할 수 있다. 노회와 총회처럼 대회의 결의에 의해서 된다.(정문423.437.465)

## 63문] 대회 권한과 직무는 어디 까지 입니까?

## 제4조 대회 권한과 직무(職務)

1. 노회 판결에 대한 공소 및 상고를 수리 처결한다.
2. 모든 하회 문의에 대하여 결정 지시권이 있다.
3. 각 노회록 검사 인준한다.
4. 각 노회 법규를 위반한 사실이 있으면 교정하게하고 교회헌법을 잘 준수하게 한다.
5. 노회를 설립, 합병, 분설하며 노회구역을 변경하는 일을 행할 수 있다.
6. 교회의 건덕과 유익될 일을 각 교회에 권장하며 총회에 헌의 할 수 있다.
7. 대회는 고소, 소원, 공소, 상고에 대한 결정을 전권으로 행하되 직접 판결하든

지 또한 하회에 반환할 수 있다.

8. 대회에 제기한 상고 고소 문의한 안건이 교회의 도리나 헌법에 관계 되는 일이 아니면 대회가 최종 심의회가 된다.

9. 당회는 교인을 노회는 목사를 직접 재판할 수 있으나 대회는 노회에서 판결한 데 대하여 불복 상고한 것이나 노회에서 제출한 문의 같은 문서를 받은 후에야 재판할 수 있다.

10. 대회가 하회에 대하여 만일 불법한 사건이 있는 줄 알 때에는 상고하는 일이 없을지라도 자세히 조사하며 하회 회록을 검사하며 과연 사실이 있으면 심사 교정하든지 하회에 명령하여 교정하게 한다.

11. 대회는 재판국을 두어(목사장로, 9인이상) 권징조례대로 재판한다.
    재판국 개회성수는 국원 4분의 3이상이 출석하여야 개심하며 재판국 판결은 법규에 대한 사건 외에는 변경하지 못한다. 그러나 대회가 직접 재판회로 다시 일일이 재판한 후에야 재판국 판결을 변경할 수 있다.

12. 대회는 총회에 헌의와 청원을 제출할 수 있고, 다른 노회나 대회의 헌의에 대하여 동의를 표할 수 있다.

## 제5조 대회 회집

대회는 매년 정기회로 1회 회집하고, 필요한때는 임시회도 계속회도 할 수 있다. 임시회는 2개 노회의 목사장로 각 3인의 청원에 의하여 회장이 임시회를 소집한다. 임시회는 개회 10일 전에 회집통지서와 의안(議案)을 관하 각 회원에게 통고하고 통지서에 기재한 안건만 의결(議決)한다.(정문436.449)

## 제6조 회록 및 보고

서기는 회의록을 작성보관하며 특별히 재판기록을 자세히 하여 총회의 검사를 받으며 대회 상황을 총회에 보고한다.(정문 454.455)

**64문]** 삼심제(三審制)의 최고심인 총회(總會)는 무엇 하는 곳인가?

# 제12장 총회(總會)

### 제1조 총회의 정의(定議)

총회는 대한예수교 장로회의 모든 지 교회 및 치리회(治理會)의 최고(最高)회니 그 명칭은 대한예수교 장로회 총회(總會)라고 한다.

총회는 삼심제하의 최고 치리회이다. 상소건에 대해서 총회의 처결은 전체 교회의 결정이 된다. 다시 변경할 회가 없다.

총회재판국 판결(判決)이 총회에서 채택(採擇)결의되면 그대로 시행(施行)해야 한다. 총회는 개회가 되고 마치면 폐회를 선언하지 않고 파회(罷會)를 선언한다.

**65문]** 총회의 조직(組織)은 어떻게 이루어지나?

### 제2조 총회 조직(組織)

1) 총회는 각 노회에서 파송한 목사와 장로로 조직하되

2) 목사와 장로는 그 수(數)를 서로 같게 하고

3) 총대는 각 노회 지방의 매 7당회에서 목사1인 장로1인씩 파송하되

4) 노회가 투표 선거하여 개회(開會) 2개월 전에 총회서기에게 송달(送達)하고

5) 차점(次點)순으로 부 총대 몇 사람을 정해둔다.

6) 단 7당회 못되는 경우는 4당회 이상에는 목사 장로 각(各) 1인씩 더 파송할 수 있다.

7) 3당회 이하 되는 노회는 목사 장로 각 1인씩 언권회원으로 참석한다.

8) 총회총대는 1당회(堂會)에서 각 1인 이상을 초과하지 못한다.

9) 총대선출 방법은 노회원 총대 목사 장로의 무기명 비밀투표에 의하여 헌법적 규칙 7조 1항에 의거, 노회 규칙에 규정된 대로 총대를 선출한다.

10) 부총대는 총대 중에 유고(有故)시 즉 특별한 일이나 사고가 있을 때를 대비하여 차점 순으로 미리 정해두는 예비총대이다.

총회는 각(各) 노회에서 헌법에 규정(規定)한대로 목사와 장로를 투표로 선정하여 파송된 자들로 조직(組織)한다.

## 제3조 총회의 성수(成數)

예정한 날짜에 노회의 과반수(過半數)와 총대 목사 장로 각(各) 과반수(過半數)가 출석하면 개회할 성수가 되어 일반 회무를 처리한다. 과반수(過半數)가 안 되면 시일을 정하여 연기할 수 있다.(정문 467문답)

---

## 66문] 총회의 직무(職務)는 무엇인가?

### 제4조 총회의 직무(職務)

1) 총회는 소속교회 및 치리회의 모든 사무와 그 연합관계를 총찰하며

2) 하회(下會)에서 합법적(合法的)으로 제출(提出)하는 헌의(獻議)와 청원(請願)과 상고(上告)와 소원(訴願)과 고소(告訴)와 문의(問議)와 위탁(委託)판결(判決)을 접수(接受)하여 처리(處理)하고, 1869년 이후는 총회규모가 커지고 가중된 업무로 인해 상소, 소원, 위탁판결의 청원 재판건은 총회에서 선정한 재판국에 사건을 위임했다.(정문478문)

3) 각(各) 회록을 검열(檢閱)하여 찬부(贊否)를 표하고

4) 산하 각 교회 간에 서로 연락하며 교통하며 신뢰(信賴)하게 한다.

총회개회 후 당석에서 제안하여 제출하는 안건은 총대회원 100이상의 연서로 개회 후 48시간 내에 제출 하여야 한다.(총회규칙 29조)

---

## 67문] 총회의 권한(權限)은 어디까지 인가?

### 제5조 총회의 권한(權限)

1. 총회는 교회헌법(신조,요리문답,정치,권징조례,예배모범)을 해석(解釋)할 전권(全權)

이 있고, 교리(教理)와 권징(權懲)에 관한 쟁론(爭論)을 판단(判斷)하고 지 교회와 노회의 오해와 부도덕한 행위를 경책(警責)하며 권계(勸戒)하며 변증(辨證)한다.

2, 총회는 노회(老會)대회 설립(設立), 합병(合倂), 분립(分立) 하기도하며 폐지(廢止)하는 것과 구역(區域)을 작정하며 강도사 지원자를 고시하며 전국교회를 통솔하며 본 총회와 다른 교파 교회 간에 정한 규례(規例)에 의하여 교통(交通)한다.

3. 교회를 분열하게 하는 쟁단을 진압하며 전 교회를 위하여 품행을 단정하게 하고 인애와 성실과 성결한 덕을 권장하기 위하여 의안(議案)을 제출하여 실행하도록 계도(計圖)한다.

4. 어느 교회든지 교회재산에 대하여 쟁론이 있어 노회가 결정한 후 총회에 상고하면 이것을 접수하여 판결(判決)한다.

5. 내외지 전도(傳道)사업이나 기타 중대사건을 주관할 위원(委員)을 설치할 수 있으며(상비부설치권, 특별위원회 설치권, 신학교 설립권한은 총회의 특권이다.) 신학교와 대학교를 설립할 수 있다.

6. 총회 재산은 총회(總會)소유(所有)로 한다. 총회유지 재단에 등록하면 총회 재산이 된다.

## 제6조 총회의 회집(會集)

1. 총회는 매년 정례(定例)로 회집하되 예정된 날짜에 회집한다.(장소 미 기재됨)
   회장이 출석하지 못하면 부회장 혹은 전(前) 회장이 개회하고 신 회장이 선거할 때까지 시무할 것이다.

2. 회장 유고시 의장 대리서열
   1) 부회장  2) 직전 회장 유고시  3) 밑에서 위로 증경회장 순
   4) 증경회장 모두 유고시  5) 최선(最先) 임직목사 총대가 의장이 되어
   6) 새 회장을 선택할 때까지 사회권이 있다.(1918년제7회 총회결의. 정문 809) 임

시총회는 소집할 수 없다.(정문 503)

3. 각 총대는 서기가 천서를 접수 호명(呼名)한 후부터 회원권이 있다.

### 제7조 개회(開會), 폐회(閉會), 의식(儀式)

총회가 기도로 개회하고 폐회하기로 결정한 후는 회장이 선언하기를 "교회가 나에게 위탁한 권세로 지금 총회는 파(罷)함이 가 한 줄로 알며 이 총회같이 조직한 총회가 다시 아무 날 아무 곳에서 회집을 요하노라." 한 후에 기도함과 감사함과 축도로 산회(散會)한다. 총회 폐회는 파회이다. 폐회되는 순간부터 없어진다. 산회 후에는 총회에서 조직되고 결의 된 것을 각 상비부와 위원회를 통하여 하도록 되어있다.(정문 제 469,512)

총회임원회 역시 수임사항만 임원회를 가동한다. 임원 2명 이하로 구성된 소위원회를 구성하여 수임 받은 안건만 처리한다.(총회규칙7장24조)

---

**68문]** 장로 집사 선거 및 임직 을 어떻게 진행합니까?

# 제13장 장로 집사 선거 및 임직

### 제1조 선거 방법

1. 치리 장로와 집사는 각 지 교회가 공동의회 규칙에 의하여 선거한다.
   투표 3분의 2찬성을 요한다. 단, 당회가 후보를 추천할 수 있다.

2. 선거에 들어가기 전 당회가 할 일은 무엇인가?
   1) 선택할 장로 집사 권사의 수를 정하여 추천할 수 있다
   2) 장로 1인 선출시 세례교인 25명이 되어야 한다.
   3) 장로증원도 마찬가지이다.(정치 9장 1조)

3. 장로 선택이나 증원청원서를 노회에 제출하고 허락받은 후 선거를 해야 한다.

4. 선거는 인위적인 운동을 금하고 기도하면서 해야 한다. 헌법적 규칙 7조1항을

참고 해야 한다.

5. 선거권자와 피 선거권자를 선별해야 한다.

   1) 선거권자 자격

     (1) 무흠 입교인 이어야 한다.

       권징5장35조의 처벌을 안 받은 자, 헌법적 규칙에 의거 권리가 중지되지 않은 자, 무고히 6개월 이상 본 교회 출석 한자,(헌법규칙3조2항) 교리 적으로 이단에 빠지지 않은 자.

     (2) 본 교회 소속교인 이어야 한다.

       정문102문 장로는 본 교회 교인이 선출 한다. 세례 받지 못한 교인은 투표권이 없다. 제517문에 누가 장로와 집사를 투표하느냐? 무흠 입교인만이 투표할 수 있다. 당회록과 교인명부에 기록된 자가 투표권이 있다.

**69문]** 피 선거권자의 자격(資格)은 어떠한가?

     (1) 본 교회 소속 교인

     (2) 남자라야 한다. (딤전3:2)

       미혼 장로는 77회 총회와 95회총회 때까지 피선거권을 인정하지 않았으나 2011년도 제96회 총회에서는 장립도 가능하도록 결의하였다.

     (3) 35세 이상 된 자라야 한다.

     (4) 흠 없이 5년을 경과해야 한다. 새로 입교한 자도 말지니(딤전3:6)=입교한지 5년은 되어야 할 것이다.

     (5) 해벌 후 5년이 경과 되어야 한다. 유아세례 반대하는 자도 안 되고, 회중 가운데 무임목사는 지 교회 회원이 될 수 없고 장로에도 자격이 없다.(정문103문)

     (6) 상당한 식견과 통솔력이 있어야 한다.(딤전3:2-5)

     (7) 당회가 후보를 추천할 수 있다.(자격있는 자를 추천해야한다.)

6. 선거일과 장소

   당회가 공동의회 소집 결의하고,(정문281) 정치21장1조 사항에 근거 당회는 개회할 날짜와 장소와 의안을 1주일 전에 교회에 광고하고 작정한 시간에 출석하는 대로 개회하되 회집수가 너무 적으면 회장은 권하여 다른 날에 회집 한다.(정문515)

7. 공동의회 규칙에 관한 선거는 장치 제21장 1조3항에 근거 개회성수, 선거투표하고 인위적인 선거운동을 금하는 헌법규칙 7조1항을 참고하면서 정당한 무기명 비밀 투표를 해야 한다.

**70문]** 선거 결과 진행절차는 무엇인가?

8. 선거결과

   1) 당선확정-3분 2이상 득표하면 당선 확정이 된다.

   2) 회장은 당선 확정 된 자를 발표하고 당선자를 공포해야 한다.

   3) 만약 투표자가 재검을 요청하거나 이의가 있으면 회장은 즉시 선거위원에게 재검표를 명하고 이의가 무엇인가를 경청해야 한다.

   4) 불법 선거가 들어나면 무효가 된다.

      (1) 당회결의나 상회 지시 없이 교인들 임의로 모여서 행한 선거,

      (2) 헌법대로 하지 않고 임의로 정하여 행한 선거,

      (3) 1798년 교인의 선거 없이 담임목사가 임명한 경우는 장로가 아니고 일반교인에 불과하다.(정문516)

      (4) 선거운동에 불법이 있어 고발된 경우 증거가 확실하면 엄밀히 심사하여 당선무효하고 재선거를 실시해야 한다.

      (5) 피선거권이 없는 자가 당선된 경우 무효 처리할 수 있다.

      (6) 무효표와 유효표가 뒤섞여 당선 되었다면 당선무효시키고 공개적으로 재검표를 실시해야 한다.(헌법적 규칙 7조 3항 4항을 참조한다.)

## 제2조 임직 승낙

치리 장로 집사를 선거하여 노회가 고시하여 합격하고 승인하고 그 후 당회가 임직해야 한다. 선거가 끝나고 고시 합격하고, 임직시키려 해도 본인이 승낙하지 않으면 억지로 임직을 시키면 안 된다.

정치 9장5조 4항에 근거 6개월 교육받은 후 이력서 호적등본 당회장 추천서 공동 의회록을 첨부하여 노회고시에 합격하고 발표 후 본인이 승낙하고 임직식을 해야 한다.

## 71문] 임직 순서는 어떻게 됩니까?

## 제3조 임직 순서

교회가 당회가 정한 날짜와 장소에 모여 개회하고 목사가 강도한 후 장로 혹 집사의 근원 성질에 대해 품행에 대해 간단히 설명하고 교회 앞에서 피선(被選)자를 기립하게 하고 서약을 하게한다.

서약은 헌법 정치13장 3조에 기록 된 대로 5항까지

1) 서약하게 하고 교인들도 승낙 서약케 하고

2) 당회장이 안수 기도하고 치리 장로 혹 집사에 대해

3) 악수례를 행하고(공식적으로 인정하는 절차 (정문528문)

4) 공포한다.

5) 새로 임직한자와 교인에게 합당한 말로 권면한다.

   반드시 임직식을 행하고 공포해야 효력이 발생된다. 단, 주일날 임직은 104회 총회가 금하였으므로 피해야 한다. 교회 형편에 따라 낮에나 밤 시간에도 정할 수 있으나 주일날 임직식 관계로 총회 재판국에 소송한 노회도 있어 무효로 하고 다시 하도록 지시한 경우도 있다. 임직 순서는 헌법과 총회 교육부에서 발행한 표준예식서를 참고해야한다. 임직식 집례는 당회장이 행한다.

## 72문] 치리 장로도 시무 투표 할수 있는가?

### 제4조 임기(任期)

치리장로 집사직의 임기는 만 70세이다. 단, 7년에 1차씩 시무 투표할 수 있고, 그 표결수는 과반수(過半數)를 요한다.

<70세 정년제는 1993년 헌법 개정됨. 은퇴하면 시무권은 없어져도 그 직함은 종신직으로 그대로 존속한다.>

교회 항존직 시무 연한은 만 71세 생일 하루 전이다.(2013년98회총회결의)

1) 장로 시무투표에 대하여: 시무를 묻는 투표이다. 법(法)조문에는 "7년에 1차씩 시무 투표할 수 있고" 그 표결수는 과반수를 요한다고 하였다.

2) 이 말은 시무투표를 해야 한다가 아니라 할 수 있고 란 말에 주목해야 한다.(1999년 제84회총회) 2000년 85총회에서 수정된 7년에 1차씩 시무 투표할 수 있고, 했으니 기준년도는 헌법제정 공포일 2000년 9월부터 시행토록 해야 한다. 교회가 특별한 상황이 아니면 수습이 먼저고 그 다음은 자진 사퇴하게 하는 것이 좋고, 신임을 물어 퇴출시키는 극단의 경우는 할 수 있으면 피하는 것이 좋다.


## 73문] 자유 휴직과 사직(辭職)은 무엇입니까?

### 제5조 자유 휴직과 사직

1) 자유 휴직이란 ?

누가 권하거나 재판에 의해 직을 면하는 것이 아니고, 자기가 자의로 일정 기간 동안 직분을 쉬겠다고 유기 휴직서를 청원해야 한다. 기간이 지나면 당회 시무 결의로 당회장의 선언으로 시무하게 된다.

2) 자유 사직이란?

사직은 임직 자체를 포기하는 것이 되므로 나중에 다시 복직하려면 안수

도 다시 받고 임직식을 새로 해야 한다. 자유휴직, 자유사직, 사면서를 분별
하여 제출 할 줄 알아야 한다.

3) 장로와 집사의 휴직이나 사직의 조건은 무엇인가?

노혼(老昏)으로 질병, 정신이 없는 경우, 장기간 치유해야 할 경우, 이단이나
악행은 없어도 교회 태반(太半)이(반수이상) 그 시무를 원치 아니할 때, 본인
청원에 의하여 휴직과 사직을 당회가 심사하여 당회결의로 처리한다. 아무
이유 없이 휴직과 사직을 청원하면 안 된다.(정문 108 문답)

## 74문] 권고휴직(休職)과 사직(辭職)이란 무엇이 다른가?

### 제6조 권고 휴직과 사직

1) 권고사직 이란?

장로나 집사가 범죄는 없을지라도 전 조항 5조와 같이 덕을 세우지 못하게
된 경우 재판절차가 아닌 당회가 협의 결정하여 권고휴직 혹 사직하게 하
고 그 사실을 회록에 기록한다. 행정 결정을 한다. 교회에 계속 누를 끼치
는 경우 휴직이나 사직을 권할 필요가 있다.(정문 531) 당회가 그 사실을 알
려 주어야 한다.(정문535) 본인이 원치 않으면 상회에 소원할 수 있다. (정치
13장6조) 범죄 때문이라면 법적인 처벌과 치리를 받아야 한다.

2) 휴직장로 복직은 어떻게 되나?

자유, 권고 휴직이 유기(有期)인 경우 종료되면 당회장의 선언으로 시무하게
한다. 무기휴직은 당회결의로 휴직 되었으므로 당회 시무결의로 다시 시무
하게 한다.

3) 권고사직 장로의 복직은?

당회의 권함을 받아 사직한 장로를 복직하게 하려면 본 교회가 다시 투표
하여 3분의 2득표하면 다시 위임하는 장립식을 해야 한다.

**75문]** 장로선거 및 임직(정치13장)의 절차는 어떻게 합니까?

1. 장로선거 및 임직의 자세한 절차

　　장로회 정치는 교인이 그 대표를 선출하여 당회를 구성하고 당회가 교회를 치리하게 하는 대의정치 제도이다. 이런 의미에서 장로회는 민주적 정치 제도이다. 세례 교인 25인 되면 목사는 장로 1인 선택청원을 노회에 해야 한다.

　　세례교인 100명이 되어도 장로감이 없어 장로를 안 세운다면 몰라도 있는데도 안 세운다면 장로교의 근본원리를 부인하는 목사인 것이다.

　1) 선거 진행은?

　　세례교인 25인을 기준하여 장로 1인씩 증원할 수 있다. 당회결의로 증선청원할 수 있다. 청원 허락받은 수대로 무기명 투표로 3분의 2이상의 찬성을 얻은 자가 피택된다. 단, 당회가 후보를 추천할 수 있다.(단, 당회가 후보를 추천할 수 있다.) 예) 배수공천 혹은 적으면 3배수 공천이 좋다.

　2) 임직승낙 및 고시는 어떻게 진행하는가?

　　본인이 임직승낙을 해야 한다. 6개월 이상 당회장한테 교육을 받아야 한다. 노회에 장로고시에 합격을 해야 한다. 고시과목은 각 노회규칙으로 정할 것이다. 치리회에서 목사와 같은 권한으로 각항 사무를 처리한다고 하였으므로 장로직무의 성질상으로 볼 때 헌법, 권징조례, 예배모범, 성경, 신조, 대소요리문답, 상식, 면접정도는 보아야 할 것이다.

　3) 장로 장립의 절차는?

　　당회결의로 장립일시를 정하고 강도와 서약 후 당회장이 안수하여 장립한다.

　4) 장로의 임기(정치13:4조) 치리장로 임기는 만 70세이다.

　　단 7년에 1차씩 시무 투표할 수 있고, 그 표결 수는 과반수를 요한다. 과반수를 못 얻으면 시무가 정지되고 얻으면 시무를 계속할 수 있다.

**76문]** 장로 시무 투표하는 이유는 민주주의 원리에 맞기 때문인가?

2. 장로 사무 투표하는 이유는?

   1) 장로는 교인의 대표이므로 교인에게 묻는 것이다. 목사는 노회가 세웠고 교회의 대표요 하나님의 사자이므로 장로와 다르다. 노회가 관리한다.

   2) 목사의 치리에 협력하지 않은 때나 직무 이행을 하지 않을 때, 교인에게서 존경이 멀어질 때 교인의 신임을 묻는 것이다. 안 할 수도 있는 융통성 조항이다. 하는 것이 교회에 유익하면 하는 것이다.

**77문]** 시무 투표 요건은 무엇인가?

3. 장로 시무투표 요건

   1) 당회결의가 있을 때: 본인은 본인 문제이므로 제척 사유가 되므로 본 안건을 다루 는 당회에 참여 할 수 없다.

   2) 제직회 청원이 있을 때: 제직회 결의로 시무투표 청원이 있을 때

   3) 무흠 입교인 3분의 1이상의 청원이 있을 때(서면으로 서명날인 하여야 함.) 당회는 이러한 청원이 있으면 소집해야한다, 소집하지 아니하면 상회에 고소 또는 소원 할 수 있다. 상회가 명령하면 공동의회를 소집해야 하고 그때도 당회가 불복종하면 상회가 직접 소집을 하고 그 당회를 명령 불복종 치리를 받아야 할 것이다.

4. 불신임 받은 장로의 신분은?

   무임장로가 된다. 다시 시무장로가 되려면 다시 절차를 밟아야 한다.

**78문]** 자유휴직과 사직(정치13장5조)의 요건은 무엇인가?

5. 자유 휴직과 사직 요건?

   1) 노혼으로 신병으로 시무할 수 없는 경우

   2) 교회원 태반이 시무를 원치 않을 경우

3) 본인의 청원에 의하여 휴직과 사직을 당회 결의로 처리한다.

6. 권고 휴직과 사직(정치13장6조)은?

　교회에 덕을 세우지 못하는 경우 당회가 협의 결정하여 휴직 혹 사직케 하고 그 사실을 회록에 기재한다. 본인이 원하지 않으면 소원할 수 있다.

**79문]** 장로에 대한 노회 치리권의 특례(정조5장96,106,487)는 무엇인가?

7. 장로에 대한 노회 치리권 특례는?

　장로에 대한 재판은 지 교회 소속이므로 당회의 고유권한이다.

　그러나 노회 그 장로에 대한 재판을 그 교회 당회가 할 경우 공정한 재판을 할 수 없다고 판단 될 때 또는 특별한 사정이 있을 때 노회가 직접 재판 할 수 있다. 하회가 그 책임을 이행하지 않으므로 문제가 될 경우 처리할 수 있고 처리할 것을 지시할 수 있다.(76조-77조)

　정조 5장 96조에 장로가 피고가 되어 재판하는 경우는 노회가 마땅히 그 재판을 주관한다. 196조에는 장로에 대하여 재판 할 일이 있으면 노회가 마땅히 그 사건을 처리 할 것이니 라고 하였다.

　정조 487조에 노회가 교회를 치리 하는 중에 교회를 시찰하여 직원을 해면할 수 있다. 노회는 당회의 위탁판결 청원이 없어도 장로를 심문하고 면직 할 수 있다. 이 경우 노회의 결정을 당회에 명하여 시행토록 할 수 있다.(정조5장96조 권징19조)

**80문]** 면직장로의 복직(정조25장100,101)은 어떻게 됩니까?

1) 정직당한 장로가 회개하면 본 당회가 해벌하고 직무를 수행 할 수 있다.

2) 면직당한 경우는 교인의 투표를 받아 처음 장로 될 때와 같이 절차를 밟아 장로로 임직해야 한다.

**81문]** 장로가 이명서 없이 타 교회로 가면 어떻게 치리 하는가?

사직을 권하든지 무례한 행위를 재판하든지 본 교회로 돌아오도록 권면하여도 듣지 않으면 치리 할 수 있다.(정조489문)

**82문]** 목사 후보생과 강도사에 대하여 설명이 필요한가요?

# 제14장 목사 후보생과 강도사

## 제1조 양성의 요의

성경에 명한대로 노회가 목사지원자를 먼저 시험하고(딤전3:6딤후2:2) 신학교에 입학하도록 추천해야 한다.(정문 제376)

총신입학 후에도 노회가 관리하고 총신 졸업생을 총회가 강도사 고시하고, 노회가 강도사로 인허한 후 그 강도사는 특별한 이유가 없으면 총회고시 합격 후 1개년 이상 노회지도 아래서 본직의 경험을 수양한 후에야 노회에서 실시하는 목사고시에 응할 수 있다.

## 제2조 관할

본 노회 소속된 자로 그 노회 관하에서 지도 양성을 받아야 한다.

1. 혹 편의를 인하여 다른 노회에서 양성을 받고자 하면 본 노회 혹 본 노회 관할 아래 있는 무흠 목사 2인의 추천서를 얻어 그 노회에 제출한다.

2. 천서는 그 사람의 무흠 교인 된 것과 모범적 신앙과 기타 목사 됨에 합당한 자격 유무(有無)를 증명한다.

3. 누구든지 총회가 인정하는 어느 신학교에 입학 할 때는 마땅히 본 노회에 청원서를 제출하여 노회 관할 아래 속한 목사후보생이 되고 대한예수교 장로회 노회 지도 아래서 수양 받지 아니한 자는 신학 졸업 후 노회 관할 아래 목사 후보생으로 1년간 총회신학교에서 신학과 교회헌법을 수업한 후에 강도사 고

시 자격을 얻을 수 있다.

## 제3조 강도사 고시 및 인허

강도사 고시 청원하는 자는 덕행, 단정 무흠을 증명하는 당회증명과 노회추천서 및 지원서와 이력서를 제출해야 한다.

총회는 그 사람의 신덕과 종교상 이력을 시험하고 문의를 하며 성역을 구하는 이유를 묻는 면접을 하고 그 고시는 신중히 하고 강도사 인허는 노회가 한다.

## 83문] 고시 종목의 종류는 무엇인가요?

## 제4조 고시 종목

고시 종류는 구두(口頭)와 필기 2종이 있다. 고시 과목은 다음과 같다.

1. 조직신학   2. 교회헌법   3. 교회사   4. 논문   5. 주해(註解)

6. 강도(講道)(설교)이다.

고시부장은 강도사 지원자의 실지능력을 알아보기 위하여 고시 5개월 전에 아래와 같은 고시 문제를 미리 준다.

1) 논문   2) 주해(註解)   3) 강도(講道): (설교)

## 제5조 인허 서약

노회는 강도사 인허할 자에게 아래와 같이 서약하게 한다.

1.  신구약 성경은 하나님의 말씀이요, 정확무오한 유일의 법칙으로 믿느뇨?

2.  장로회 신조와 웨스트민스터 신도개요 및 대, 소요리 문답은 신구약 성경의 교훈한 도리를 총괄한 것으로 알고 성실한 마음으로 받아 자기의 사용할 것으로 승낙하느뇨?

3.  교회의 화평과 연합과 성결함을 도모하기로 맹세하느뇨?

4.  주 안에서 본 노회 치리를 복종하고 다른 노회 이거 할 때는 그 노회의 치리를 복종하기로 맹세 하느뇨 ?

강도사 인허는 매우 중요하다. 서약을 통하여 다짐을 확인하고 목사안수를 전

제하고 인허를 해야지 목사안수를 거부하는 자에게는 인허할 필요가 없다.(정
문 346.576)

## 84문] 강도사 인허식은 중요한가요?

### 제6조 인허식

서약 한 후 회장이 기도하고 그 사람에게 선언한다.

교회가 "덕을 세우기 위하여 주신 권세와 주 예수 그리스도의 이름으로 우리가
하나님의 지도하시는 곳에서 복음을 전파하기 위하여 그대에게 강도사 인허를
주고, 이일을 선히 성취하기 위하여 하나님께서 그대에게 복을 주시며 그리스
도의 성령이 충만하기를 바라노라." 아멘.

인허식 순서는 정문 521문과 총회 발행 예식서를 참고하면 된다.

강도사고시 합격 후 인허를 받지 못하면 무허가 강도사로 강도할 공인의 자격
이 없는 것이다. 설교권이 없는 자가 설교하는 것은 적절하지않다.

### 제7조 인허 후 이전

강도사가 타 노회로 이거 하고자 하면 본 노회 허락을 받은 후에 그 강도사 인허
증서와 본 노회 서기가 날인 한 이명서를 가지고 가면 그 노회가 접수 처리한다.

### 제8조 인허 취소

강도사가 4년간 강도하는데 덕(德)을 세우지 못하면 노회 결의에 의하여 인허
를 취소할 수 있다. 강도사가 4년 동안 지 교회 청빙을 받지 못하면 취소 할 수
있다. 예배 시간 행한 설교가 교회에 덕을 세우지 못하면 그 인허를 취소할 수
있다. 당회로 하여금 강력한 권징을 받도록 할 수 있다.(정문 586)

재 인허할 조건이 되면 노회 결의로 다시 인허 할 수 있다.(정문585)

**85문]** 목사, 선교사 선거 및 임직은 어떻게 진행 됩니까?

# 제15장 목사, 선교사 선거 및 임직

## 제1조 목사 자격

총신대학교 신학대학원 졸업, 총회에서 시행하는 강도사 고시에 합격하고 1년 이상 교역에 종사하고 노회 목사고시에 합격 되고 청빙을 받은 자라야 한다.

정치 4장2조에도 목사의 자격에 대하여 말하고 있다. 목사의 자질과 인격적으로 갖추어야 할 내적 요건을 규정하고 있다.

교회청빙과 위임 없는 장립은 무임 목사 등을 양산하기 때문이다.

타 교단 신학교를 졸업한자는 정치 15장 13조를 이행하여야 한다.

## 제2조 목사 선거

지 교회에서 목사를 청빙 하고자 하는 경우에는 당회의 결의로, 공동의회를 소집하고, 임시 당회장이 강도한 후 공포하기를 교회에서 원하면 목사 청빙할일에 대하여 투표할 것이다. 라고 그 의견을 물어 과반수가 찬성하면 즉시 투표한다.

1. 목사청빙 절차 (정문 590문)

   1) 당회가 담임목사를 청빙하는 방법 종류

      추천자 혹은 지원자를 주일날마다 설교하게 하고 선택하는 방법이 있다.

   2) 조직교회라도 시무목사로 청빙하여 1년간 사역하게 하고 당회와 시무 목사가 뜻이 맞으면 위임목사로 청빙하는 방법이 있다.

      미조직 교회에서는 3년간 시무목사로 택하여 사역하게 향후 만기로 종결하거나 위임목사로 청빙하는 방법이다.

   3) 당회가 청빙위원회를 구성하는 경우다.

      청빙 될 수 없는 사람을 주일마다 설교를 하게하고, 청빙위원회에 신문 공고하고 지원자들을 위원회에서 심의하고 1사람을 최종으로 선택하여 당회

결의로 공동의회를 소집하여 3분 2찬성 가결표로 청빙하고 서류를 갖추어 노회에 제출한다.

## 제3조 청빙 준비

1. 투표하여 3분의 2가 가(可)의 결과가 나와야 한다.
2. 소수가 불허라고 심히 반대하면 냉각기를 갖고 잘 설명한 후에 공포하고 청빙 준비를 속히 해야 한다.
3. 규칙대로 청빙서를 작성한다.
4. 청빙서 뒷면에 각 투표자로 서명 날인 하게 회장도 날인하여 공동의회 정황을 명백히 기록하고 찬성 반대자의 숫자를 기록 한다
5. 청빙서는 2통을 작성하여 노회에 제출하며 노회는 1부는 노회에 보관하고 1부는 노회가 청빙받은 목사에게 준다.

## 제4조 청빙 서식

00곳 00교회 교인들은 귀하께서 목사의 재덕과 능력을 구비하여 우리 영혼의 신령적 유익을 선히 나누어 주실 줄로 확신하여 귀하를 본 교회 (담임목사 혹은 시무목사)로 청빙하오며 겸하여 귀하께서 담임 시무기간 중에는 본 교인들이 모든 일에 편의와 위로를 도모하며 주 안에서 순복하며 주택과 매달 생활비 00를 드리기로 서약하는 동시에 이를 확실히 증명하기 위하여 서명 날인하여 청원 하오니 허락하심을 바라나이다.

년 월 일<br>
각교인 연서날인<br>
증인. 공동의회장 서명날인<br>
귀하

청빙서에는 목사생활비와 00개월 드린다는 것을 명기해야 한다.

1) 청빙서는 청빙한 교회와 청빙한 목사와의 계약서와 같다.
2) 목양(牧養)하고 교회에서 생활비 받는 것은 당연한 성경적이다.(고전9장4-9)

3) 노회는 청빙서를 제출하면 생활비기록을 살피고 청빙자에게도
   알리고 만족할 때 승인한다.(정문 601문)

2. 청빙서는 청빙한 교회 소속인 노회에 제출한다.

   1) 목사는 교회로부터 직접 받지 못한다.(정치15장6조.정문610문)

   2) 청빙된 자가 강도사이면 고시하고 장립식과 위임식을 거행한다.

3. 타 노회 속한 목사 청빙할 경우

   1) 지 교회가 청빙할 자를 공동의회에서 결정하고 청빙서를 본 노회에 보내면
      본 노회가 결의하고 서기는 청빙서를 청빙된 소속 노회에 보내고 그 노회
      에서 청빙된 목사에게 주고 승낙하면서 이명서 청원서를 제출하면 접수 후
      청빙교회 소속 노회로 이명을 보내 청빙을  도와주어야 한다.

   2) 오늘날 교회와 노회들이 위 1)과 같은 절차를 생략 하지 말고 지켜야 한다.

## 제5조 청빙 승낙

   1) 어느 목사나 강도사가 청빙서를 드리면 그 교회가 원하는 줄로 인정한다.

   2) 그 목사나 강도사가 청빙서를 받아 접수하면 승낙하는 것으로 인정한다.

   3) 강도사가 청빙서를 받아 목사로 임직할 경우 노회는 구애되는 것이 없으면 동
      시에 위임식까지 행한다.

   4) 목사임직은 노회석상에서 행하고 위임식은 노회가 위임국을 설치하여 위임
      국장이 주관하여 청빙하는 교회당에서 행해야 한다.

## 제6조 청빙서 제정(提呈)

1. 노회가 청빙받은 자를 관할하는 노회에 드릴 것이요 노회가 청빙 받은 자에
   게 노회를 경유하여 전할 때 청빙서를 받는다. 노회를 경유하지 않고는 청빙서
   를 직접 받지 못한다.

2. 청빙받은 목사나 강도사가 어느 교회에 청빙 받아 부임할 때 청빙서를 받고
   가야 한다.(정문 제607문)

## 제7조 서약 변경

1. 교회는 청빙서에 기록된 대로 목사의 봉급 즉 생활비를 지급해야한다.

2. 청빙서에 서약한대로 드려야 한다. 교회 공동의회에서 통과되고 서명 날인하여 노회에 제출되어 승낙을 얻어 본 교회 목사에게 청빙서를 전하여 부임하여 목회사역에 대한 봉급을 지급하는 것이다. 개인이나 재정부에서 일방적으로 변경이나 삭감하지 못 한다.

3. 봉급을 변경 할 때는 목사와 교회가 합의해야 한다. 합의하지 않으면 반드시 정식으로 공개된 공동의회에서 결정해야 한다. 그리고 노회는 반드시 실피고 관여할 수 있다.(정문 601, 603, 610)

## 86문] 다른 노회 사역자 청빙은 어떻게 이뤄집니까?

## 제8조 다른 노회 사역자 청빙

1. 지 교회가 공동의회에서 결정 후 목사에 대한 청빙서를 본 노회서기에게 송달한다.

2. 본 노회는 결의 후 즉시 청빙된 목사의 소속 노회에 통보한다. 노회는 청빙된 목사에게 청빙서를 주어 수락하면 그를 현재 교회에서 사면케 하고 이명서를 본인에게 교부한다.(정치제16장3조) 그리고 청빙을 허락한다.

3. 이명서는 청빙된 교회가 속한 노회에 접수되므로 노회회원과 청빙 된 교회 담임목사 혹은 당회장이 노회 허락으로 될 수 있는 것이다.

## 제9조 임직 준비

1. 노회는 청빙 받은 자가 성직을 받을만한 자격자인 줄 확인해야 한다.

2. 확인되면 편의를 따라 임직식을 교회나 노회 당석에서 행하고 위임식은 시무할 교회에서 거행하되 그 교회 교인들은 이것을 위하여 준비 기도를 할 것이다. (행13:2-3)

   1) 장립이나 위임식은 주일날은 금하고 있으므로 하지 말아야 한다.

      (정문 618문, 1999년 제84회 총회결의)

2) 명칭에 대해 신중해야 한다.

　(1) 임직 감사예배, 위임 감사예배, 라는 명칭을 붙이고 행사를 한다. 예식
　　 과 예배를 함께할 수 없고 구분 되어야 한다.

　(2) 예배의 대상은 하나님이시다. 임직의 대상은 임직 받는 사람이다. 임직
　　 식은 임직식으로 끝나고 감사 예배는 예배로 하나님께 감사와 영광을
　　 돌려야 한다.

## 87문] 제10조 임직예식의 절차는 어떻게 진행 됩니까?

### 제10조 임직 예식

1. 서약

　노회는 예정한 회원으로 임직에 적합하도록 강도(講道)한 후 회장이 청빙 받은
　자를 기립하게 한 후 다음과 같이 서약한다.

1) 신, 구약 성경은 하나님의 말씀이요 정확 무오한 유일의 법칙으로 믿느뇨?

2) 본 장로회 신조와 웨스트민스터 신도개요 및 대 소요리 문답은 신구약 성
　경의 교훈한 도리를 총괄한 것으로 알고 성실한 마음으로 받아 신종 하느
　뇨?

3) 본 장로회 정치와 권징 조례와 예배 모범을 정당한 것으로 승낙하느뇨?

4) 주안에서 같은 직원 된 형제들과 동심 협력하기로  맹세하느뇨?

5) 목사의 성직을 구한 것이 하나님을 사랑하는 마음과 그 독생자 예수의 복
　음을 전포(傳布)하여 하나님의 영광을 나타내고자 하는 본심(本心)에서 발
　생 하는 줄 자인(自認)하느뇨?

6) 어떠한 핍박이나 반대를 당할지라도 인내하고 충심으로 복음의 진리를 보
　호하며 교회의 성결과 화평을 힘써 도모하며 근실히 역사하기로 작정하느
　뇨?

7) 신자요 겸하여 목사가 되겠은 즉 자기의 본분과 다른 사람에 대한 의무와

직무에 대한 책임을 성실히 실행하여 복음을 영화롭게 하며 하나님께서 그대에게 명하사 관리하게하신 교회 앞에 경건한 모범을 세우기로 승낙 하느뇨?

2. 안수(按手)

   1) 회장은 서약을 마친 후 청빙 받은 자를 등단시켜 꿇어앉게 하고 사도의 규례에 의하여 노회 대표자의 안수와 함께 회장이 기도하고 목사로 임직한 후 악수례를 향하여 말하기를 성역에 동사자가 되었으니 악수로 치하 하노라 한다.(갈2:9 행1:25)정문626문

3. 공포

4. 권유(권면)

   회장 혹은 다른 목사가 신임목사에게 권면 할 것이요, 노회는 그 사건을 자세히 기록한다.

**88문]** 목사 임직식의 진행 순서는 어떻게 진행합니까?

5. 목사 임직식 진행순서

   1) 노회가 정한 시일과 장소에 회집 한다.

   2) 일반예배 순서대로 하고 노회장이나 임원 중 사회하게 하고 노회장이나 증경 노회장 혹은 내빈을 청하여 설교하게 할 수 있다.(정문 620문)

   3) 목사임직 순서는 서약, 안수, 악수례, 공포, 권면, 찬송, 신임목사 축도로 마친다. 진행상황을 노회록에 기록한다.

**89문]** 위임예식의 진행순서는 어떻게 진행 되나요?

**제11조 위임 예식**

   노회는 예정한 날짜와 장소에서 노회 전체로나 혹은 위원으로 예식을 다음과 같이 행한다.

1. 목사서약

   1) 귀하가 청빙서를 받을 때에 원하던 대로 이 지교회의 목사 직무를 담임하기로 작정하느뇨?

   2) 이 직무를 받는 것은 진실로 하나님께 영광 돌리며 교회에 유익하고 자 함이니 본심으로 작정 하느뇨?

   3) 하나님의 도와주시는 은혜를 받은 대로 이 교회에 대하여 충심으로 목사의 직분을 다하고 모든 일에 근신 단정하여 그리스도의 복음 사역에 부합하도록 행하며 목사로 임직하던 때에 승낙 한 대로 행하기를 맹세 하느뇨? 단, 전임하는 목사를 위임하는 때에도 위와 같이 서약한다.

2. 교인서약

   본 교회 교인들은 기립하게 한 후에 다음과 같이 서약한다.

   1) OO교회 여러분은 목사로 청빙한 OO씨를 본 교회 목사로 받겠느뇨?

   2) 여러분은 겸손하고 사랑하는 마음으로 그의 교훈하는 진리를 받으며 치리를 복종하기로 승낙하느뇨?

   3) 목사가 수고 할 때에 위로하며 여러분을 가르치고 인도하며 신령한 덕을 세우기 위하여 진력 할 때에는 도와주기로 작정 하느뇨?

   4) 여러분은 저기 본 교회 목사로 재직(在職)중에 한결같이 그 허락한 생활비를 의수(依數)히 지급(支給)하며 주의 도에 영광이 되며 목사에게 안위가 되도록 모든 요긴한 일에 도와주기로 맹세하느뇨?

   5) 공포: 내가 교회의 머리되신 주 예수 그리스도의 이름과 노회의 권위로 목사 OO씨를 본 교회 목사로 위임됨을 공포하노라.

   이와 같이 서약을 마친 후에 회장이나 다른 순서 맡은 목사가 신임목사와 교회에게 정중히 권면한 후에 축도로 폐식 한다.

**90문]** 목사 위임식이 왜 중요 한가?

목사와 교인이 서로 목양 관계가 목회 신학적으로 확증되는 예식이기 때문이다. 교회는 주님의 교회요, 신부요, 자기양을 목사에게 위탁하는 것이다. 목사 위임식은 교인들이 서약하고 순종 복종한다는 예식으로 목양권 시무권 치리권이 발생되기 때문이다. 시무목사에게는 위임식을 하지 않으므로 권징이나 정치를 집행하는 권한이 없기 때문이다.(정문 656)1. 위임(委任)의 뜻

1. 위임이란 넓은 의미에서 교회 직원에게 직무를 맡기는 것이다. 위임이란 법적으로 목사에게만 적용되는 것이 아니다. 안수집사에게도 장로에게도 사용한다.(헌법적 규칙 제8조) 좁은 의미에서 안수하여 임직하는 임직 자에게 이 용어를 사용하였고, 특히 목사위임에 전적으로 사용하였다. 목사위임은 목사에게 지 교회를 맡기는 예식이다.

2. 위임의 중요(重要)성
   위임식을 하지 않으면 지교회의 목양권, 시무권, 치리권이 발생하지 않으므로 위임식은 중요하다.

**91문]** 위임예식순서 진행은 어떻게 합니까?

3. 위임예식 순서
   1) 위임국장이 개회한다.
   2) 찬송, 성경봉독, 기도
   3) 설교: 설교자
   4) 위임서약 문답(헌법정치15장 10조 11조1항 정문 648)
   5) 교인에 대한 서약 문답(정치 15장 11조 2항 정문 649 문답)
   6) 자세한 것은 총회 표준예식서 위임순서를 참고하여 진행하면 된다.
   7) 위임국장이 공포한다.

## 92문] 시무목사의 권한(權限)이 무엇입니까?

### 제12조 시무목사의 권한(權限)

1. 특별한 이유가 있으면 조직한 교회는 1년간 시무목사로 시무하게 할 수 있고 만기 후에는 다시 노회에서 1년간 시무목사로 시무하게 할 수 있고 만기 후에는 다시 노회에 3년간 더 승낙을 받을 것이요 노회 결의로 당회장권을 줄 수 있다.

2. 교회 각 기관에 종사하는 목사는 지 교회 위임목사가 될 수 없고 임시로 시무할 수 있다.

    1) 권한

    (1) 당연직 당회장권은 위임목사에게만 있다.

    (2) 시무목사는 당회가 조직되지 않아 당회장권이 없다.

    (3) 다만 노회가 시무목사에게 당회장권을 줄 때만이 당회장이다.

    (4) 시무목사는 행정 치리권만 부여하고 권징 치리권은 없는 것이다.

    (5) 치리권은 개인에게 있지 않고 당회에 있기 때문이다.(정치8장1조)

    (6) 시무목사는 총회 총대권도 없다.(87회 총회)

    (7) 조직 교회에서는 위임서약을 통해 위임목사가 되므로 권한이 많이 부여된다. 시무목사에게는 위임서약이 없으므로 권한이 적은 것이다.

    2) 시무 목사의 임기

    (1) 조직교회는 1년, 한 번 더 공동의회 결의로 노회에서 1년 승낙을 받을 수 있다.

    (2) 미조직 교회 시무목사는 3년이다. 임기만료 전 대리 당회장을 통해 노회에 청원하여 더 승낙 을 받아야 한다.(정치4장4조)

    3) 기관에 종사하는 목사도 위임목사는 안 되고 시무목사만 할 수 있다.

**93문]** 목사 전임(轉任)은 무엇을 말하는가?

# 제16장 목사의 전임(轉任)

### 제1조 '전임 승인'

1. 목사는 노회의 승낙이 없으면 다른 지 교회로 이전하지 못한다.
2. 노회를 경유 않고는 직접 받을 수 없다. 받는다면 불법으로 치리(治理)감이 된다.

### 제2조 본 노회 안에 전임

1. 본 교회 공동의회 청빙이 가결되면 청빙서와 청원서를 노회서기에게 송달한다.
2. 노회서기는 그 청빙 사유를 청빙 받은 목사와 해교회에 즉시 통보한다.
3. 청빙에 대해서 교회와 목사가 합의가 되면 노회는 그 교회를 사면 하게 하고 청빙을 허락한다.(정문 제641문) 합의가 안 되면 노회는 허락하지 않을 수 있다.
4. 위임목사로 임직 받은 지가 얼마 안 되면 옮기지 말아야 한다.

   특별한 일이 없으면 만70세까지 시무하라 헌법을 말하고 있기 때문이다. (헌법 정치4장4조1항) 더 나은 조건이라고 경솔하게 이전 이동하려고 처신하면 안된다.

**94문]** 다른 노회로 '전임' 절차는 어떻게 됩니까?

### 제3조 다른 노회로 전임

1. 다른 노회 청빙을 받아야 한다.
2. 청빙 받은 목사는 해교회와 합의한다.
3. 합의되면 노회는 그 교회를 사면하게 하고 청빙을 허락 한다.
4. 노회가 처리 할 때는 청빙을 허락하고 사면 처리하므로 목사의 공백을 막아

야 하는 지혜가 필요하고 이는 불법(不法)이 아니다. 다른 노회 사역자 청빙건에 법(法) 절차 유권 해석은 목사가 타 노회속한 교회의 청빙을 받아 이임 하려면 해 교회 합의가 전제되어야 하고 위임사면 청원과 이명 청원을 할 때는 노회가 사실을 확인하고 난 후 교회를 사면케 하고 이임 즉 전임을 승낙해야 한다. 사임서와 청빙서 이명청원서를 동시에 받아 접수하고 청빙허락 후, 시무 사면 사표 수리를 결정 하므로 공백을 두지 않는다.

**95문]** 제17장 '목사 사면(辭免) 및 사직(辭職)'은 무엇 입니까?

# 제17장 목사 사면 및 사직(辭職)

사면(辭免)과 사직(辭職)은 다르다. 사면은 사역을 그만두고 물러나는 것을 의미한다. 사직은 그 성직 자체를 그만두고 평신도가 되겠다는 것이다. 의미를 알고 제출해야 한다.

## 제1조 자유사면은 무엇인가 ?

자유사면은 권고사면이나 사직이 아니다. 권징에 의한 것이 아니고 자의(自意)에 의하여 사면하는 행위를 말한다.

1) 목사가 자유사면은 가능 한가 ?

(1) 어려운 사정이 있어야 한다.

본인질병, 가족건강이상, 교인들과의 싸움, 생활비 미지급할 때,

예배와 설교에 불평이 생길 때,

목사가 자유사면서를 노회에 제출할 수 있다.

(2) 제출하기 전 목사가 할 일은 무엇인가?

노회소속 목사와 협의한다. 본 교회 장로와 한, 두분께 조언을 구한다. 목사가 결단한 것을 당회에 알려준다. 그 후 노회에 사면서를 제출한다.

2) 노회가 사면서를 처리하기 전 할 일은 무엇인가?

   (1) 노회는 그 교회에 사실을 보고 하도록 명 할 수 있다.(정문 661문)

   (2) 교회(교인) 대표를 청한다. 목사 사면 이유를 묻는다.

   (3) 교회 대표가 오지 않거나 사면 이유가 충분하지 못하면 사면을
      승낙하고 회록에 기록한다.

## 96문] 권고사면은 무엇인가 ?

### 제2조 권고 사면

목사의 권고사면은 지 교회가 목사를 환영하지 않고, 해약 즉 해임을 원하는 경우이다. 교인 다수가 해임을 원해도 유임시키는 경우도 있고 다수가 환영해도 해임해야 할 경우도 있을 것이다.

  1) 노회는 지 교회가 목사를 환영하지 않아 해약하고자 청원서가 들어와도 노회가 목사와 교회(교인) 대표자를 불러 설명을 들은 후 처리해야 한다.

  2) 지 교회는 해약 청원하기 전에 할일은 무엇인가?

    기도하면서 목사를 도움의 길 을 찾는다.

    재정상 어려움을 해결하기 위해 목사 협의한다.

    목사의 부족을 협력하면서 목사에게 알린다.

    장로들은 목사의 결점을 찾아 비난과 공격할 권한은 없고

    함께 다스리며 신령적 유익을 도모해야 한다.

  3) 노회가 할 일은 무엇인가?

   (1) 해약 청원이 있어도 쌍방을 불러 사실하고 청원이 합당하다
      생각하면 불복이 있어도 해약할 수 있다.(정문 665문)

   (2) 교인 다수가 해약 청원이 있을 경우
      노회는 목사 해임을 신중히 처리해야한다. 교인의 불법은 없는지, 교인서
      약을 위반 하지는 아니했는지 철저히 조사하고 교회나 교인이 불법을 한

경우는 목사를 보호해야 한다.(정문 666)

(3) 교인 소수가 목사를 해약하기 위해 청원하는 경우

교인 소수가 청원했어도 노회가 합당하다고 인정되면 해약할 수 있다. 교회가 불복 한다면 교회는 상회에 소원할 수 있다.

(4) 목사가 해임을 반대할 경우에도 해임하는 것이 목사와 교회를 위해 합당하다고 인정되면 노회가 해임(解任)할 수 있다. 그러나 목사도 불복 하면 총회에 소원(訴願)할 수 있다.

## 97문] 자유사직(辭職)이란 무엇인가?

### 제3조 자유 사직(辭職)

목사가 그 시무로 교회에 유익을 주지 못할 줄로 각오 할 때는 사직원을 노회에 제출해야 한다. 노회는 이를 협의하여 결정해야 한다.

1) 목사의 자유사직이란?

목사 본인이 청원에 의하여 목사직을 그만 두려고 사직서를 노회에 제출하는 경우이다.

2) 목사직을 그만 둔다는 것은 정말 안타까운 일이다.

노회는 당장 처리하지 말고 1년간 유예기간을 둔 다음에도 사직에 변함이 없다면 사직을 허락하고 명부에서 삭제하고 입교인의 이명서를 주어 본인이 원하는 교회로 보낸다. 목사가 평신도로 돌아가면 목사라는 칭호를 붙일 수 없다.(권징조례 52조)

목사가 다시 되고 싶으면 다시 절차를 밟아 장립해야 한다.

## 98문] 권고사직 이란 무엇인가?

### 제4조 권고사직(辭職)

1) 목사가 성직에 상당한 자격과 성적이 없으면 사직을 권고할 수 있다.

2) 심신(心身)이 건강한데도 사역할 곳이 있어도 5년간 무임목사로 있다면 노회는 사직을 권고해야 한다.

3) 사역할 곳이 있어도 사역하지 않고 다른 직업을 가지고 있으면 권징 시벌을 해야 한다.(정문 380)

4) 목사는 자기 직분을 임의로 사직할 수 없다.( 정문 379 )

## 99문] 목사의 휴양의 조건과 절차는 무엇인가?

### 제5조 목사의 휴양

1) 조건(條件)

   (1) 시무목사가 신체 섭양(攝養)이 필요할 때

   (2) 신학 연구가 필요할 때

   (3) 기타 사정이 있어야 한다.

2) 절차(節次)

   (1) 본 당회와 협의해야 한다.

   (2) 2개월 이상 휴식을 할 때에는 노회에 승낙을 받아야 한다.

   (3) 1년 이상 경과(經過)할 때는 당회가 허락해도 위임이 자동적(自動的) 해제된다

   (4) 안식년 제도를 선용한다 해도 1년 이하로 연구나 쉼을 가져야 한다.

총회 60회 결의로 안식년 실시하기로 한 바가 있다. 교회 형편대로 참고해서 실시하는 것이 좋다.

# 제18장 선교사(宣教師)

## 제1조 선교사 (宣教師)

1. 선교사의 의의(義意)

   1) 총회는 교회를 설립하기 위하여 내외(內外)지를 물론하고 다른 민족에게 선교사를 파송할 수 있다.

   2) 이일을 위하여 노회에 위탁하여 지교회의 청빙이 없어도 선교사로 임직할 수 있다.

   3) 선교사로 원하지 않는 자를 강권하여 임직하여 파송할 수는 없다.

   4) 자원하는 자라야 파송함이 옳고 선교사의 봉급과 기타 비용은 파송하는 치리회 즉 교회나 노회가 담당한다.

2. 선교사의 자격은 어떻게 되나?

   1) 총신대학 신학대학원 졸업자

   2) 총회 강도사고시 합격자

   3) 만 27세 이상인자.

   4) 정치 제4장 2조에 해당한 자.

   5) 총회 세계선교 훈련원을 수료한 자.

3. 선교사의 임직은 목사 임직식과 같은 순서로 진행한다.

   1) 선교사 서약은 정문 제 621문과 같이 하되 8항의 서약은 바꾸어서 한다. 귀하가 선교사의 직분을 받고 하나님의 은혜로 인하여 본 직에 관한 범사를 힘써 행하기로 맹세 하느뇨?

   2) 지 교회나 연합을 하여 어느 기관이든지 선교사 파송을 청원할 때 노회는 허락하고 파송 할 수 있다.

3) 선교비는 파송교회나 총회 세계 선교회에 청원하여 협력을 주선 할 수 있다.

4) 선교사는 총회 세계선교회 운영 규칙을 준수해야 한다.

**101문]** 외국(外國) 선교사는 누구를 가리키나?

### 제2조 외국 선교사

외국 선교사는 곧 총회에 관계있는 선교사를 가리킨다.

본 총회 산하 외국 선교사는 본 조항을 참고하고 이행하면 된다.

**102문]** 회장과 서기의 역할은 무엇인가?

# 제19장 회장과 서기(書記)

### 제1조 회장(會長)

교회 각 치리회는 모든 사무를 질서 있고 신속하게 처리하기 위하여 회장을 선택 할 것이요, 그 임기는 그 회의 규칙대로 한다.

1) 회장(會長)이란 회무를 처리하기 위하여 회의를 주관하는 의장(議長)이다. 의장은 치리회의 모든 회의와 산하 위원회의 업무를 총괄해서 지도 지휘 한다. 의장(議長)은 1조대로 모든 사무를 질서 있고 신속하게 회의 규칙대로 처리해야 할 의무가 있다.

2) 헌법상 치리회장은 누구인가?
당회장 노회장 대회장 총회장으로 당회장을 제외하고 각 치리회가 정한 규칙대로 선거 한다.( 정문 806 808 )

3) 장로가 회장이 될 수가 있는가?
당회장은 항상 지 교회 담임목사가 된다. 특별한 경우 같은 노회소속 다른 목사가 대리 당회장이 될 수 있고, 공석 중에 임시 당회장을 청할 수도 있고 청할 수 없는 경우는 장로가 당회장은 아니고 임시회장으로 사회를 볼 수 있다. 장로가 당회장은 될 수가 없다.(정문 218,220 227 808)

노회장 총회장도 항상 목사이어야 한다.(811문) 회장이 읽어야 할 규칙은 각 치리회 보통 회의규칙이다. 1917년 6회 총회에서 1년 동안 임시로 준용하고 1918년 제7회 총회에서 회의규칙으로 정식 채용하고 회록에 부록케 하였다.(정문 제809 )

**103문]** 회장이 사회권을 상실했을 때 어떻게 해야 되나?

　4) 회장의 사회권 상실할 경우

　　⑴ 회장 자신의 신상 문제를 다룰 때

　　⑵ 회장이 소속한 노회의 소원건이나 상소건 을 다룰 때 제척 사유가 되므로

　　⑶ 회장이 심의 안건에 대해서 발언하고 싶을 때

　　⑷ 부회장한테 사회권을 넘겨서 그 안건 종결시 까지는 사회하지 못한다.

　　⑸ 부회장도 유고(有故) 시에는 출석 총대중 최후 증경 회장이나 최선(最先) 장립자 등 타인으로 사회하게 할 수 있다.(정문 제809문)

**104문]** '회장의 직권'으로 할 수 있는 일은 무엇인가?

**제2조 회장의 직권(職權)**

1. 회원으로 회칙을 지키게 한다.

2. 회의석 질서를 정동하며 개회와 폐회를 주관한다.

3. 순서대로 회무를 진행하되 신속한 방법으로 처리한다.

4. 각 회원이 다른 사람의 언권을 침해하지 못하게 한다.

5. 회장에게 언권을 얻어 승낙한 후 발언하게 한다.

6. 의안(議案)범위 밖에 탈선하지 않게 하고 회원 간에 모욕 풍자(諷刺)하여 무례한 말을 금한다.

7. 회무 진행 중에 퇴장을 금한다.

8. 가부를 물을 의제는 회중에게 밝히 설명한 후 가부를 표결한다.

9. 가부 동수일 경우는 회장이 결정하고(회장이 투표하지 않았을 경우) 회장이 원치 않으면 부결된다.

10. 회장은 매 사건을 결정 할 때마다 결정을 공포한다.

11. 특별한 경우 회의질서를 유지할 수 없는 경우 회장이 비상 정회를 선언 할 수 있다.

### 제3조 서기(書記)

각 치리회는 그 회의록과 일체 문부를 보관하기 위하여 서기를 선택하되 그 임기는 그 회의 규칙대로 한다.

## 105문] 서기의 임무는 무엇인가?

### 제4조 서기(書記) 임무

1. 서기는 회중 의사진행을 자세히 기록한다.

2. 일체 문부 서류를 보관한다.

3. 정당한 절차에 의하여 회의록 등본을 청구할 경우 회의 허락으로 등본하여 줄 수 있다.

4. 서기가 날인한 등본은 각 치리회는 원본과 같이 인정한다.

   거기의 날인이 없으면 불법 문서가 된다. 서기가 출타중이나 유고시에는 회장이 날인하므로 효력이 발생하고 서기가 현존(現存)할 때는 서기의 날인이 합법(合法)이 된다.(권징8장85,140조)

   모든 서류의 법적책임은 서기에게 있다. 치리회 서기는 당회서기 노회서기 총회서기가 있다. 각 치리회 서기는 헌법과 그 회 규칙에 따라 서기 임무를 감당해야 한다.

5. 회록 서기는 원 서기를 보조하며 회록을 작성하며 원 서기에게 교부하는 일종

의 보조 서기이다.

# 제20장 교회소속 각 회의 권리 및 책임

## 제1조 속회(屬會)의 조직

1) 속회의 뜻은 무엇인가?

속회란? 교회에 소속한 회를 말한다.

즉 당회 제직회 공동의회는 공조직이다. 그 밖에 남전도회, 여전도회, 주일

학교, 학생회, 대학부, 청년회 등을 조직하여 둘 수 있다.

2) 조직의 목적은 무엇인가?

전도사업, 자선사업, 성경적 교리를 가르치고 은혜 중에 믿음을 성장을 효

과적으로 달성하기 위한 목적으로 조직 할 수 있다.

성경(聖經)과 헌법의 가르침에 근거하여야 하고 운영되어야 한다.

3) 속회는 당회의 지도를 받아야 한다.

속회는 치리회의 관할 지도하에 존재할 수 있다. 당회원은 각 기관에 고문

을 정하여 지도할 수 있다. 지도의 내용으로는 속회 운영규칙을 제정하여

주고 학습과 세례 입교 등과 장로교의 역사성과 정체성을 교육하고 공 예

배와 참여와 성경공부 등을 지도한다.

## 제2조 속회 관리

어느 지교회든지 위에 기록된 대로 여러 회가 있으면 그 교회 당회의 치리와 관

할과 지도를 받을 것이요, 노회나 대회나 총회지경안에 보급하게 되면 그 치리

회 관할 아래 있다. 당회원이나 각기관에 고문을 정하여 연락 지도할 수 있다

### 제3조 속회의 권한(權限)

각 회는 그 명칭과 규칙을 정하는 것과 임원을 택하는 것과 재정 출납하는 것을 교회 헌법에 의하여 그 치리회의 검사와 감독과 지도를 받는다.

속회는 단독 권한이 없다. 본 조항은 "교회 헌법에 의하여" 치리회의 지도와 감독을 받는다는 뜻은 장로회 정치원리와 헌법을 벗어나지 않는 범위 내에서 조직이 되고 운영되어야 한다는 뜻이다.

---

**107문]** 의회(議會)란 무엇인가?

# 제21장 의회(議會)

### 제1조 공동의회

의회(議會)란 의미는? 지 교회 입교인들이 장로를 선택하여 당회를 조직하고 그 당회로 치리권을 행사하게 하는 주권이 교인들에게 있는 대의(代議)민주(民主) 민주 정치(政治) 원리를 채택한 장로교회의 세례교인으로 조직된 공동의회를 말한다. 공동의회에서 예산, 결산, 목사청빙, 해임, 장로 집사 권사선거, 시무 투표처리, 당회 제직회 교회 각 속회 보고를 청취하고 처리하는 공동의회 비중은 매우 크다. 교회 안에 의회는 당회 공동의회 제직회 등이 있고 상회로는 노회 총회가 있다.

1. 회원은 누구인가?

본 교회 무흠(無欠) 입교인 즉 세례교인은 다 자격이 있다.

시벌 중에는 교인은 회원권이 없다. 이명서를 가지고 와서 교적부에 등재 되어도 6개월 이상 본 교회 예배에 참여하지 않는 자는 회원권이 중지된다.(헌법적 규칙 제3조2항, 7조2항, )

2. 소집요건과 시기는 언제인가?

   1) 당회가 필요로 인정할 때

   2) 제직회 청원이 있을 때

   3) 무흠 입교인 3분 1이상의 청원이 있을 때

   4) 상회인 노회나 총회의 지시가 있을 때

   당회는 위와 같이 4가지 합법적인 소집요구와 요건이 될 때는 소집해주어야 한다. 거절하여 상회에 소원이 제기되지 않도록 해야 한다. 소집목적의 내용은 주로 예산안 처리, 청빙투표, 장로 집사 권사 선거투표, 그 밖에 공동의회에서 처리해야 할 안건 등이다.

3. 임원은 누구 인가?

   1) 지 교회의 당회장과 서기는 공동의회장과 서기를 겸한다.

   2) 미조직 교회에서는 당회장권을 허락받은 시무목사가 3년이 되어 다시 청빙을 위한 공동의회를 할 경우 대리 당회장을 청하여 진행하게 해야 한다. 본 교회 당회장은 제척 사유가 되기 때문이다.

   3) 조직교회 에서도 위임 청빙이나 사무 청빙 할 경우도 제척 사유가 되므로

   4) 회의록은 따로 작성하여 당회 서기가 보관한다.

4. 회집은 어떻게 해야 하나?

   1) 당회는 개회 일자와 장소 의안(議案)을 1주일 전에 교회에 광고해야 한다.

   2) 작정한 시간에 출석 하는 대로 개회하되 회집수가 너무 적으면 회장은 권하여 다른 날에 다시 회집한다.

   3) 공동의회 개회성수는 어떻게 되나?

   의사 정족수가 없고 출석하는 대로라고 하였다. 출석하는 수가 개회 성수가 된다. 일반적인 사안의 의결 정족수는 과반수로 되어있다. '너무 적으면' 이란 숫자는 회장이 자유로 판단 할 수 있다 라고 1924년 제13회 총회는 해석하였다.

5. 회의

   1) 연말 공동의회는 당회의 경과 상황을 들으며 제직회와 부속 각부서 회의 보고와 교회의 경비 결산과 예산서를 채용한다.

   2) 법대로 제출하는 사건을 의결한다.

   3) 일반 의결은 과반수로 하고 목사 청빙투표는 투표수 3분의 2이상의 가와 입교인 과반수의 승낙(承諾)을 요한다.

   4) 장로 집사 권사 선거에는 투표수 3분의2 이상의 가로 선정(選定) 한다.

   5) 부동산에 관한 것은 지 교회 정관 규정대로하고 없는 경우에는 공동의회 3분 2이상의 찬성으로 결정한다.

## 108문] 제직회는 무엇 하는 회의인가?

### 제2조 제직회

1. 조직(組織)

   1) 지 교회 당회원(시무장로), 장립집사, 시무권사를 합하여 제직회를 조직한다. 항존직을 중심으로 조직한다.(만71세 생일 전)

   2) 회장은 담임목사가 겸무하고 제직회 서기와 회계를 당회장이 임명 선정한다.

   3) 당회는 각각 제직회 사무를 처리하기 위하여 "서리 집사에게 제직 회원의 권리"를 줄 수 있다.

   4) 원로(元老)장로라도 정년 이전에는 발언권이 있고, 정년 이후에는 발언권이 없다.(95회 총회결의) 은퇴(隱退)한 자에게는 회원권이 상실된다.

2. 미 조직교회 제직회

   1) 미 조직교회에서는 목사, 전도사, 권사, 서리집사, 전도인들이 제직회 사무를 임시로 집행 한다.

   2) 미조직 교회에서는 당회장의 허락으로 전도사가 제직회 임시회장으로 제직회 사무를 처리한다.(정치 3장 3조 4항)

**109문]** 제직회는 재정처리가 주 업무(業務)가 됩니까? (정치 21장 2조 3항)

3. 재정처리

   1) 제직회는 공동의회에서 위임하는 금전을 처리한다.

   2) 구제와 경비에 관한 사건과 금전 출납은 모두 회에서 처리하며 회계는 회의 결의에 의하여 금전을 출납한다.

   3) 제직회는 매년 말 공동의회에서 1년간 경과상황과 일반수지(收支) 결산(決算)을 보고하며 익년(翌年)도(이듬해) 교회경비 예산을 편성 보고하여 공동의회 통과하며 회계 장부는 검사(檢査)를 받는다.

   4) 제직회가 교회 재정을 좌우지 하는 것이 아니고 공동의회에서 예산안 결의(決議)된 내용을 관리하며 처리한다.


**110문]** 제직회 개회(開會) 성수(成數)는 어떻게 됩니까?

4. 제직회 개회성수

   1) 회원 과반수 출석으로 회의 성수가 된다.

   2) 통상적인 사무 처리는 출석하는 회원으로 개회하여 처리할 수 있다 는 예외 규정을 두고 있다.

   3) 과반수 개회 성수를 필요로 하는 안건은 무엇인가?
      예결산 안건, 동산 처리안건, 공동의회 소집안건, 예산 외에 고액지출 안건 등이다.

   4) 제직회 의결 성수는 본 조항에 없으므로 만국 통상 회의법에 의하여 종 다수가결로 함이 옳다. 종 다수는 다수가결 원칙으로 찬성수가 1명이라도 많으면 가결되는 원칙이다.

5. 정기회

   1) 정기회는 매월1회 모이든지 1년에 4회 이상 모일 수 있다.

## 제3조 연합 제직회

연합 제직회는 지역 내에 같은 교단 교회들이 연합하여 당회를 조직하거나 연합 제직회를 조직하여 상호 친목을 도모하며 이단에 대한 공동 대처와 약한 농어촌 교회들이 서로 돕는 역할을 한다.

1. 조직

각 지방 시찰 내에 편리 한대로 연합제직회를 조직 할 수 있다.

회원은 목사 전도사 지 교회에서 파송한 총대 1인 이상으로 조직하되 임원은 투표로 선정한다. 그 회에서 회칙 따라 전형위원을 두어 선출하여 본 회 보고로 받을 수도 있다.

2. 직무(職務)

본 회에 치리권은 없으나 그 지방 내 합동 재정과 전도 부흥사업과 주일학교 및 기독교 교육에 관한 일을 의정(議政)할 수 있고 각 교회 상황 보고를 접수하고 교회 유익을 위하여 도모하는 일을 할 수 있다.

---

**111문]** 제22장 총회 총대는 어떻게 선출됩니까?

# 제22장 총회 총대

## 제1조 총회 총대 자격

1. 총회 총대는 총회 전(前) 정기노회에서 선택한다. 총회 6개월 이상을 격하여 택하지 못한다. 총회와 정기노회 사이 6개월 이내에 선출되어야 된다는 말이다.

2. 새로 조직한 노회 총대는 개회직후 임원 선거 전에 그 노회 설립보고를 먼저 받고 총대로 허락한다.

3. 총대된 장로 자격은 그 회에 속한 시무장로 회원으로 한다.

4. 총대 수는 7당회당 목사 1인 장로 1인 파송한다. 4당회 이상은 목사 장로 각 1 인씩 더 파송할 수 있다.

5. 총회 총대는 1당회에서 목사 장로 각1인을 초과하지 못한다.(정치12장 제2조)

## 제2조 총대 교체

1. 총회 원 총대가 출석하였다가 자기 임의로 부 총대와 교체하지 못한다.

2. 부득이한 때는 총회의 허락으로 부 총대와 교체할 수 있다.

   노회가 총대를 파송할 권리가 있다면 총회는 총대를 심사하고 천서할 권한이 있고 천서된 총대를 교체여부를 판단할 수 있는 권한이 총회에 있다.

3. 총회가 파하기 전에 총대가 총회장소를 떠나도 안 되고 총회가 파하기 전에 총 회 장소를 떠나면 안 된다. (정문 836,837문답)

## 제3조 언권(言權)회원

1. 본 총회의 파송으로 외국에서 선교하는 선교사

2. 파송 증서만 가지고 와서 본 총회 산하에서 선교에 종사하는 외국 선교사

3. 본 총회의 증경 총회장과 증경 부총회장

4. 단, 총회의 허락을 받아야 발언할 수 있다.

   언권회원이란 결의권과 피선거권이 없다. 예우하는 의미에서 언권만 허락하는 회원이다. 그런 의미에서 증경총회장과 장로 부총회장 선교사들에게 허락 하고 있는 것이다. 이것은 귀빈들에게 언권을 허락하는 제도이다. 언권회원이라 도 사사건건 나와 발언하는 것은 합당하지 않고 특별한 안건에 대하여 제한적 으로 언권을 허락해야 발언할 수 있다.

## 제4조  총대 여비

총대 여비는 파송한 노회에서 지급한다.

제2회 독 노회록에는 총대여비는 총회에서 지불하기로 가결하다 라고 되어있 다. 근래에 와서 노회가 지불하도록 법을 개정하였다.

# 제23장 헌법 개정(改定)

헌법의 기본 원리는 오직 성경이다. 총회 결의(決議)보다 중요한 것이 총회 규칙(規則)이고 규칙보다 중요한 것은 헌법(憲法)이다. 헌법보다 더 중요한 것은 성경(聖經)이다.

헌법을 어기는 결의는 다수가결로 결의되었어도 불법 결의가 되므로 무효가 되므로 번복(翻覆)되어야 한다. 헌법이 성경을 기초로 하여 제정되었으므로 헌법은 존중되어야 한다. 헌법을 개정하는 데에도 심사숙고(深思熟考)해서 결정해야 한다.

## 제1조 정치, 권징조례, 예배모범

1. 총회는 각 노회에 수의하여 노회 과반수와 모든 노회의 투표수 3분의 2이상의 가표를 받은 후에 변경할 수 있다.

2. 각 노회 서기는 투표의 가부(可否)를 총회 서기에게 보고하고 총회는 그 결과를 공포(公布)하고 실행(實行) 한다.

3. 개정 과정의 순서.

   1) 노회 개헌 헌의를 총회 제출한다.

   2) 노회수 3분의 1헌의

   3) 총회 과반수 결의

   4) 총회는 각 노회로 개정안을 수의토록 지시함

   5) 노회 과반수와 모든 노회 투표수 3분의 2이상의 가표

   6) 각 노회서기는 총회 서기에게 보고.

   7) 총회장의 공포로 개정이 확정 된다.

## 113문] 신조와 요리문답의 개정은 어떻게 이루어집니까?

### 신조와 요리문답을 개정하려 할 때는?

### 제2조 신조와 요리문답 개정 절차

1. 총회는 그 의견을 제출하고

2. 각 노회에 수의하여 노회 중 3분의 2와 모든 투표수 3분의 2의 가표를 받고 그 다음 회기에 채용(採用)하여야 한다.

3. 각 노회서기는 투표의 가부수를 총회 서기에게 보고한다.

### 제3조 총회는 신조나 요리문답을 개정하려면

1. 개정 하는 의안을 각 노회에 보내기 전에 특별위원 15인 이상 목사와 장로를 택하여 1년 그 문제를 연구하게 한다.

2. 15인 연구위원이 총회에 보고하게 한다.

3. 15인 위위원은 1노회 속한 2인 이상을 금한다.

### 제4조 소속 노회 3분 1이상 헌의

1. 헌법을 개정하자는 헌의를 총회에 제출하면

2. 총회는 그 의안을 각 노회에 보내고

3. 그 결정은 위의 제 1, 2조를 준용한다.

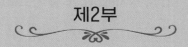

# 제2부

# 제108회기 총회 재판국 워크숍 강의
## (헌법, 정치(政治)를 중심으로)

# 제2부
## 제108회기 총회 재판국 워크숍 강의
### (헌법, 정치(政治)를 중심으로)

> **총론(總論)**
>
> 주후 1517년 신구 2대 분파로 나누어진 기독교는 많은 교파로 나누어져 각각(各各) 자기들의 신경, 의식, 규칙, 정치제도가 있다 정치제도는 다음과 같다.

1. 교황(敎皇)정치란 ?

   카톨릭과 희랍정교의 정치로 교황전제로 전 교회를 관리하는 정치(政治)이다.(교황감독 정치는 모든 권력이 교황과 감독에게 집중되어 밑으로 내려올수록 약해진다.)

2. 감독(監督)정치란?

   감독이 교회를 주관하는 감독정치로 감독교회와 감리교회에서 쓰고 있는 정치이다.

3. 자유(自由)정치란?

   다른 회의 관할과 치리를 받지 않고 각 개, 지 교회가 자유로 행정(行政)하는 정치이다.

4. 조합정치란?

   자유정치와 방불(髣髴)하나 각 지 교회 대표로 조직된 연합회가 있어 피차 유익한 문제를 의논하나 산하 교회에 명령하거나 주관하는 권한은 없고 치리,

권징, 예식, 도리해석을 각 교회가 자유로 하는 정치이다.

(자유정치와 조합정치는 상회가 없는 개 교회 독립(獨立) 정치이다.)

## [1문] 장로회 정치란 무엇인가?

5. 장로회정치(長老會政治)란?

본 교단은 장로회정치제도를 따른다. 장로회(長老會)정치제도(政治制度)는 어떠한가?

1) 교인들이 장로를 선택하여 당회(堂會)를 조직(組織)한다

2) 당회(堂會)로 치리권(治理權)을 행사하게 하고 주권이 교인들에게 있는 민주정치(民主政治)이다.

3) 당회(堂會)는 치리(治理)장로와 목사(牧師)인 강도(講道)장로 두 반으로 조직되어 지 교회를 주관하고 당회(堂會)의 상회(上會)로 노회(老會) 대회 및 총회(總會) 삼심제(三審制)의 치리회(治理會)가 있다.

4) 이러한 정책은 모세, 사도 때부터 있던 성경적 제도요(출3:16, 18:25,민11:6. 행14:23 16:4 딛1:5 벧전5:1 약5:14 딤전5:17)

5) 이 장로회정치는 웨스트민스터 헌법(憲法)을 기본으로 한 것이다. 이 헌법은 영국정부의 주관으로 120명의 목사와 30명의 장로들이 1643년 런던 웨스트민스터 예배당에 모여 장로회헌법(憲法)을 초안(草案)하고 영국 각 노회와 대회에 수의 가결 한 후에 총회가 완전히 교회헌법으로 채용 공포한 것이다.

6) 본 대한예수교장로회 헌법(憲法)도 1912년 총회가 조직되고 1917년 제6회 총회 때 본 총회의 헌법을 제정할 때에 이 웨스트민스터 헌법을 기초로 수정 편성한 것이다.

**2문]** 목사 장로의 치리권 발생근거는 어디에 있는가?

1. **목사장로의 치리권(治理權)의 발생(發生)근거**

   1) 치리권은 지 교회 교인(教人)들에게서 나온다.(헌법총론 5항)
      치리권이란 행정권과 권징권을 의미한다.

   2) 그러나 대의정치(代議政治)의 원리에 의거 교인(教人)의 주권(主權)행사 인 투표를 통하여 교회 대표인 위임목사를 청빙하고 위임식을 통하여 위임(委任)목사(牧師)와 장로(長老)를 피택하여 장립(將立) 후 당회(堂會)를 조직케 한다.

   3) 이 치리권(治理權)은 개인에게 있지 않고 당회(堂會), 노회(老會), 대회 및 총회(總會)와 같은 치리회(治理會)에 있다.(정치8장1조-2조)
      교인들로부터 치리에 복종하겠다는 서약을 받은 위임목사, 장로만이 치리권이 있다.(정치13장3조 장로서약, 15장11조2항 목사서약)

   4) 장로의 치리권의 근거는 교인(教人)에게 있고 목사의 치리권의 근거는 교인들과 동시(同時)에 노회로부터 위임받은 치리권(治理權)이다.

   5) 치리권은 당회장이라 할지라도 단독으로 행사할 수 없고 목사와 장로로 구성된 당회(堂會)결의에 의해 이루어져야 한다.

   6) 상호견제와 협력으로 조화(造化)를 이루어가는 것이 장로회 정치의 핵심이다.

   7) 시무목사와 부목사에게 당회권이 없는 이유가 여기에 있다. 시무목사에게 노회가 별도로 당회장권을 부여하지 않는 이상은 당회장이 될 수 없는 것이다. 그러나 노회가 시무목사에게 "노회 결의로 당회장권을 줄 수 있다."(정치15장12조1항) 목회 행정에 어려움이 없도록 당회장 권(權)을 주고 있다. 노회가 당회장권(權)을 줄때만이 가능하다. 장로가 없기 때문에 교인의 기본권이 침해되지 않도록 해야 한다. 그러지 않으면 시무 연기청원이 어려워진다.(정치4장4조2항)

① 임시 당회장은 지 교회 투표권이 없으며 시무목사는 임시 당회장이 될 수 없다. 임시 당회장은 재판권이 없다.(제103회총회결의)

8) 위임목사, 치리장로도 사명을 바로 감당하지 않으면 치리권을 회수(回收)할 수 있는 것이다.

① 장로(長老)에게는 단, 7년에 1차씩 시무투표 할 수 있고 그 표결 수는 과반수(過半數)를 요(要)한다는 제도이다.(정치13장4조)

② 목사에 대해서는 위임(委任)해약(解約) 청원제도가 있다. "지 교회 목사를 환영하지 아니하여 해약(解約)하고자 할 때는 노회가 목사와 교회 대표자의 설명을 들은 후 처리한다."(정치제17장2조)로 되어있는 권고사면(勸告辭免) 제도이다.

③ 본인이 신병으로 시무할 수 없거나 교회원 태반이 그 시무를 원하지 아니할 때 본인의 청원에 의하여 휴직과 사직(辭職)서를 당회에 제출하면 당회 결의로 처리한다.(정치13장5조 장로,집사)

④ 교회에 덕(德)을 세우지 못하게 된 경우도 당회가 협의(協議)결정 하여 휴직(休職) 혹 사직(辭職)하게 할 수 있다. 본인이 원치 않으면 상회에 소원(訴願)할 수 있다.(정치13장6조)

목사나 장로나 주권을 위임하는 권한도 해제하는 권한도 교인들에게 있다, 교만(驕慢)과 경솔은 금물이고 겸손하게 사명을 감당해야 한다.

---

**3문] 목사 장로의 치리권의 동등하다는 의미는 무엇인가?**

## 2. 목사와 장로의 치리권(治理權)이 동등하다는 의미(意味)

목사 1명의 치리권(治理權)과 여러 명의 장로 치리권이 동등(同等)하다는 의미이다. 예를 들면 당회장 목사 1명의 치리권과 당회원 10명-100명 치리권과 동등하게 1:1이라는 말이다. 장로회 정치 이념(理念)이 훼손(毀損)하지 않기 위함이다. 목사(牧師)에게 이렇게 권한이 부여되는 이유는 무엇일까?

1) 위임목사에게는 법(法)으로 정(定)한 당연직 당회장권(權)을 주었기 때문이다.(정치9장3조) 당회장은 교회의 대표자가 된다.

   장로가 아무리 많아도 당회장은 목사(牧師) 1명이다.

2) 목사에게는 목양권(牧養權)을 주었기 때문이다.

   목양권이란 강도(講道), 교훈권, 영적지도의 교사(教師)-(정치4장1조6 항)목자(牧者)라고 한다.(정치제4장1조1항) 장로에게는 치리권이 주어졌으나 가르침을 받는 교인의 대표(代表)임을 기억해야 한다.

3) 목사가 출석하므로 당회, 개회(開會)성수(成數)가 된다.

   당회는 장로(長老)회원이 아무리 많이 참석 하였을지라도 한 사람인 당회장 목사가 출석하지 않으면 개회 성수가 되지 않는다.(정치9장2조).

4) 동의(動議) 제청(提請) 및 가부(可否)를 묻는 권한 여부(與否)가 있다.

   ① 동의(動議)가 있어도 성경(聖經)에 위배(違背)되고 헌법(憲法)과 규칙에 위법(違法)하고 목양에 위해(危害)되고 교회의 신령상 유익(有益)에 위배되면 양심(良心)자유원리(정치제1장1조)와 교회(教會)자유원리(정치제1장2조1항)에 따라 제청(提請)을 묻지 않을 권한(權限)이 있다. 당회(堂會)에서만 적용되는 것이다.

   노회(老會)와 총회(總會)에서는 목사 장로가 많으므로 적용(適用)되지 않는다.

   ② 그러나 당회에서 당회장 목사가 가부(可否)를 물었을 때는 자기의 뜻에 반하는 결의가 되어도 가결을 선포(宣布)해야 한다.

---

**4문]** 각(各) 치리회의 결정은 전국교회 결정이 되는가?

3. **각(各)치리회(治理會)의 결정은 전국교회 결정이 된다.**

   (정치제8장2조2항)

   1) '각 치리회는 각립(各立)한 개체(個體)가 아니기 때문에 법(法)대로 대표된

치리회에서 행한 결정은 전국교회의 결정(決定)이 된다.'(정치제8장2조2항)
법(法)이론상 치리회(治理會) 동일체(同一體)의 원칙이라고 한다.

2) 각(各) 지 교회의 헌법(憲法)대로 치리회(治理會)인 당회(堂會)결정은 행정(行政)건이든 재판(裁判)건이든 전국교회(全國敎會) 결정이 된다.

위법(違法)한 경우는 순서(順序)에 따라 상회에 상소(上訴) 혹은 소원(訴願)하면 된다.

예) A라는 교회에서 면직당한 사람을 B교회서 취임시킬 수 없는 것이다. 상회에 상소(上訴) 외에는 길이 없다.

---

**5문]** 당사자(當事者) 제척(除斥)원리 란 무슨 뜻인가?

### 4. 당사자(當事者) 제척(除斥)원리

어느 회의(會議)에서나 안건이 본인과 본인이 소속해 있는 단체에 관계되는 의안을 처리할 때는 신상발언 외에 언권과 결의권이 없다. 당사자(當事者)는 제외되고 배척(排斥)된다는 원리이다.

1) 본인 청빙 공동의회를 사회(司會)하고 공동의회 의장이 될 수 없다.

2) 본인에 관한 청빙서 청원이나 시무목사 연기청원도 대리 당회장 혹은 노회파송 당회장이 할 수 있다.(정치제9장3조)

3) 재판(裁判)사건도 자기가 고소인(告訴人)이나 피고소(被告訴)인이 될 경우 자기문제를 재판할 수 없고, 본인에 관한 심의(審議)에 있어서 회원(會員)권이 정지된다. 권징91조에 소원자나 피소원자는 그 사건 심의(審議)중에는 회원권이 정지된다고 하였다. 권징74조에도 상회가 하회회의록에 대하여 가부를 결정할 때도 그 하회 총대에게는 가부권이 없다. 권징98조에도 상소인 피상소인도 그 사건을 심의하는 상회회의석에 회원권이 정지되므로 회의석(會議席)에 참여할 수 없고 이석(移席)해야 올바른 결정을 할 수 있기 때문이다. 당사자 제척원리는 목사와 장로가 동일한 적용을

받는다.

4) 목사와 장로가 대립적인 소송관계에 있다면 당사자 제척원리에 따라 하회는 상회에 위탁판결을 서면으로 청원해야 한다.(권징78조-83조)

**6문]** 교인의 의무를 불이행 했을 때 처벌 할 수 있는가?

## 5. 교인의 의무를 불이행 했을 때 처벌

1) 교인의 의무(헌법규칙제2조)

① 교회가 정한 예배, 기도회 모든 집회 출석하여야한다.

② 노력과 협력 거룩한 교제로 교회발전에 진력하며 선행으로 하나님을 영화롭게 한다.

③ 교회 경비와 사업비를 협조하며 자선과 전도사업, 모든 선한 일에 금전을 아끼지 말아야한다.

④ 성경을 배우고 전하고 실행하기를 힘써 예수 그리스도 정신을 우리 생활에서 나타나야 한다.

⑤ 교회의 직원으로 성일을 범하거나 미신행위, 음주, 흡연, 구타하는 등의 행동이나 고의로 교회의 의무금(義務金)을 드리지 않는 자는 직임(職任)을 면(免)함이 당연하고 교인으로 의무 불이행자로 간주한다.

⑥ 교인은 진리를 보수(保守)하고 교회 법규(法規)를 잘 지키며 교회 헌법(憲法)에 의지하여 치리(治理)함을 복종(服從)해야 한다. 위와 같이 장로, 집사, 권사로 교인의 의무규정을 이행하지 않으면 먼저 권고하고 듣지 않으면 행정 조치로 휴직이나 사직케 할 수 있다.(정치13장6조)

헌법적 규칙 5항 위반(違反)은 직임(職任)을 면(免)하라고 하였다.

고의적으로 주일성수 위반, 십일조 불이행은 성경 위반이다.(출20:8,말 3:8)

권징1장3조의 성경위반 범죄에 해당되고 임직서약 위반 이 된다.(정치제13장3조3항-4항) 권고하고 지도하되 듣지 않으면 위반 조항에 의거 기소한 후 재판(裁判)회를 열어 직(職)을 면(免)하는 책벌을 할 수 있다. 시벌에 대한 불만이 있으면 상회에 상소(上訴)하는 것은 본인의 자유이다.

고소, 상소, 소원건이 접수되면 재판국을 조직, 혹은 상설 재판국에서 심의(審議)하여 판결(判決)해야 한다.

가) 노회에서 고소건, 상소건, 소원권, 위탁 판결건을 전권위원회를 구성하여 재판권을 주어 재판하는 것은 헌법위반이고 그 판결은 무효이다.

나) 전권위원회(행정)와 재판국을 동시에 구성할 수 없다.

가급적 재판에 이르지 않게 하려면 고소 전(前) 조사처리 위원회(委員會)를 두어 조사하고 조사 처리결과를 보고하면서 해결(解決)되지 않고. 재판할 수밖에 없을 때 재판국 설치 필요성(必要性)을 보고하여 고소장을 접수 혹은 기소(起訴)위원을 선정 기소 후에 노회 결의에 따라 권징조례 절차대로 재판국을 설치해야 합법(合法)이 된다.

## 7문] 주일날은 임직식을 할 수 없는가?

⑦ 주일날 임직식을 할 수 없음을 결의하다.(41회, 63회, 84회, 104회)-총회결의 위반으로 00노회에서 소송이 접수되어 총회 재판국에서 무효로 판결한 예가 있다.(103총회재판국)

⑧ 주일예배 외(外)에 임직식, 야외예배 할 수 없음.(제41회총회, 63회총회, 84회확인)

⑨ 통합측과 교단교류는 총회 허락 없이 안 됨.(82회결의) 개 교회 강단교류는 본 교단과 신앙고백이 같고 성경관, 구원관이 동일한 복음주

의적 개혁주의 신앙을 고수하는 건전한 교단으로 당회장이 책임지고 교류가능 하도록 하다.(82회총회,84회총회결의)

**8문]** 공동의회에 대하여 자세하게 알려 주세요?

## 6. 공동의회에 대하여

1) 소집요건(召集要件)은 당회가 필요로 인정할 때, 제직회청원이 있을 때, 무흠 입교인 3분의 1이상 청원이 있을 때, 상회의 명령이 있을 때, 당회(堂會) 결의(決議)로 1주일(主日) 전(前)에 주일예배 마치기 전(前) 광고하고 다음 주일 예배 후 공동의회 소집한다.(24시간×7=168시간) 무흠 입교인은 다 회원자격이 있다.(정치21장1조,2조)

당회가 상회의 명령에 불복하면 권징4장19조에 의거 직접 소집하여 안건을 상회가 직접(直接)처결권이 있다.

2) 회원(會員)권

무흠(無欠) 입교인(세례)은 회원권이 있다. 무고히 6개월 이상 본 교회 예배에 출석치 않는 자는 권리가 중지된다.(헌법규칙3조1.2항: 선거권, 피선거권, 청원, 소원, 상소,) 의무이행하지 않는 자는 권리도 없다는 규정이다. 6개월 이상 본 교회에 예배에 참석 못해도 면책되는 경우는 병로(病老), 여행(旅行) 부득이한 사유이다. 다른 교회를 출석하였거나 고의성이 인정되면 이명서 없이 관할 이탈한 흠(欠)이 있으므로 회원권이 소멸(消滅)되었다고 할 수 있다. 중간에 한두 번 참여했으면 그날부터 기산일(起算日)이 되어 6개월 이어야한다.

**9문]** 이명 온 교인에게 선거권과 피 선거권이 있는가요?

3) 이명 온 교인의 선거권(選擧權)과 피 선거권(被選擧權)은?

① 장로자격은 만35세 이상 된 자, 남자 입교인(세례)으로 흠 없이 5년경

과, 상당한 식견 통솔력(딤전3:1-7) 해당자로 한다.(정치5장3조)

② 무흠(無欠)이란 권징조례에 의한 책벌을 받지 않은 자를 의미한다.

   5년의 기산일(起算日)은 세례(洗禮)받은 날부터 5년 경과, 책벌 받은
   자는 해벌(解罰) 다음날부터 5년 경과이다. 우리 헌법(憲法)은 기간에
   대한 제한규정은 없다.

③ 한 교회에서 꼭 5년은 아니다. 이사 왔으면 전(前) 교회에서 세례일자,
   혹은 무흠을 계산하면 된다.

④ 교인의 입회, 퇴회 결의권은 당회에 있다.

   합법적(合法的)인 이명서를 접수시켰으면 피 선거권이 주어진다.(정치9
   장5조2항) 피택되면 반년 즉, 6개월 이상 교육, 교양이 있어야 한다.(정
   치9장5조4항)

⑤ 목사 후보생이 된 장로의 신분은 장로이다. 당회에 관리에 있기 때문
   이다.(정치3장4조3항) 새로운 직분이 주어질 때 장로직은 자동적(自動
   的)으로 해제(解除)된다.

**10문]** 장로, 집사 피택의 추천권은 어디에 있는가요?

7.  **장로, 집사 선거의 추천권은 당회(堂會)에 있다.**

   1) 정치 제13장1조에 치리장로와 집사선거는 공동의회 규칙에 의하여 선거
      하되 3분의 2 이상의 찬성을 요한다. "단, 당회가 후보를 추천할 수 있다"
      고 하였다.

   2) 후보추천 숫자는 헌법에는 없어 당회 재량에 있지만 1명 피택이라면 2
      명, 2명 피택이면 3~4명은 추천하여 교인들에게 선택권(選擇權)을 주어
      야 한다.

**11문]** 목사청빙 투표의 절차는 어떻게 됩니까?

8. **목사(牧師)청빙 투표는 어떻게 하는가?**

1) 당회결의로 공동의회 소집

① 대리(임시) 당회장이 강도 후 공포하길 교회가 원하면 목사청빙에 대해서 투표할 것이라고 묻는다.

② 과반수가 찬성하면 즉시 투표한다.(정치15장2조)

2) 목사청빙은 한사람만 청빙하므로 2사람 이상 추천(推薦)하고 한사람만 택하는 것이 아니고 한사람을 놓고 가부(可否)를 묻는 투표를 하는 것이다.(출석(出席)수 3분의 2 이상 가(可)득표)=(정치15장3조)의장은 가결(可決) 혹은 부결(否決)을 선포(宣布)해야 한다.

3) 당회 혹은 청빙위원회에서는 목사 1명을 추천하여 공동의회 내놓고 위임목사 혹은 시무목사로 청빙할 것을 가부로 결정 후 투표로 들어가야 한다. 투표결과 3분 2 가(可)로 통과되면 청빙서를 작성하여 규칙대로 청빙서를 작성하여 노회에 제출한다.(정치15장3조-4조)

4) 노회가 허락하고 본인도 청빙서를 받고 승낙하면 동시에 혹은 즉시 위임식을 하면 된다.(정치15장5조) 청빙 받은 목사가 타 노회이면 관할 노회에 드리고 그 노회(老會)가 청빙 받은 자에게 전달한다. 노회를 경 유하지 않고는 직접 받지 못한다.(정치15장6조)

**12문]** 위임목사가 후임목사 청빙을 위한 공동의회를 할 수 있는가요?

9. **위임목사가 사임 전(前)에 후임목사 청빙을 위한 공동의회를 할 수 없다.**

제104회 총회는 위임목사는 사임 전에 후임목사 청빙을 위한 공동의회를 할 수 없도록 결의 하였다. 단, 공동의회 광고는 당회 결의로 하므로 장로이든 목사이든 문제가 되지 않는다.

**13문]** 목사 위임식은 어디에서 주관 합니까?

10. **목사의 위임식(委任式)은 노회(老會)권한이다.**

1) 위임목사 청빙은 당회결의, 공동의회소집, 대리 당회장 혹은 노회파송 당회장이 공동의회 투표를 주관하고 3분 2 이상 가(可)로 투표 통과되면 청빙서를 노회에 제출하여 허락을 받아 청빙하는 목사에게 전(傳)한다 (정치 15장2조-6조)

그 후 노회의 권한으로 위임예식을 행하는 날짜와 장소를 결정하고 위임국을 설치하여 위임예식을 진행한다.

위임식은 노회가 위임국을 통하여 정치15장11조에 의거 목사와 교인에게 서약을 한 후 공포하고 권면한다.

이와 같이 위임청빙이 통과되면 위임식은 교회나 당회에서 거부할 수 없는 노회 권한이다. 특별한 경우 위임식을 노회허락으로 1년은 연기 할 수 있으나 효력은 1년이므로 1년 더 연기할 수 없다.

노회는 1년 이내로 위임식을 할 수 있도록 해야 한다. 특별한 이유가 없으면 그 담임한 교회를 만 70세까지 시무한다.

본 교회를 떠나 1년 이상 결근하면 자동 그 위임이 해제된다.

(헌법4장4조1항)

**14문]** 편목의 목사임직 위임기산 시점은 언제인가?

2) 편목의 목사임직과 위임기간은 정치15장13조에 의하여 하기로 하되 강도사 인허(認許)때부터 교단(敎團) 가입으로 한다.(82총회결의)

**15문]** 위임목사 해임도 가능한가요?

11. **위임목사 해임(解任)은 가능한가?**

1) 정치 17장1조는 어려운 사정이 본 교회 있으므로 위임목사 자신이 사면

(해약)청원을 노회에 제출할 수 있다. 노회는 교회대표를 불러 사면이유를 물어본 후 사면여부를 처리한다.

2) 정치17장2조는 지(支) 교회가 위임목사 해약을 청원할 수 있다.

노회는 목사와 교회 대표자(교인)를 불러 설명을 듣고 처리할 수 있는 권한이 노회에 있다. 노회는 특별한 사유가 있는지 살펴야 한다. (정문590문 참고)

3) 정치4장4조는 지 교회가 목사를 환영하지 않는 특별한 사유가 있어야 한다. 정문595문은 재정상 어려움, 목사자격 부족, 신령적 해(害)가 있는 경우, 장로가 목사에 좋은 언어로 도와주어도 듣지 않는 경우 공동의회를 통하여 청원할 수 있다.

4) 특별한 이유 없이 위임식 때 약속한대로 목사나 교인은 서약(誓約)을 위반(違反)하면 안 된다.(정치15장11조2항) 노회는 이 부분을 살펴 조정하고 선하게 처리하기를 힘써야 한다.

5) 교회가 특별한 이유 없이 위임서약 위반(違反)은 실사(實査)하여 당회(堂會)가 권징(勸懲)함이 마땅하다.(J.A하지 정문 596-597)

목사해임 청원은 신중을 기하고 장로와 다스리는 직임을 받은 공동책임과 연대 의식을 가지고 목사의 부족을 도와주기 힘써야 한다.

**16문] 목사 위임, 해임 절차가 어떻게 됩니까?**

6) 위임목사 해임(解任)절차

(1) 위임목사가 사면코자 청원할 때 정문592문 따라

① 소속 목사들과 협의하고

② 본 교회 장로 한, 두 분과 의논하고

③ 목사가 결심한 바를 당회에 알리고

④ 노회에 사면 청원 할 것을 공개하고

⑤ 사면청원 이유를 기록하여

⑥ 노회에 청원서를 제출한다.

(2) 교회가 위임목사 해임을 청원할 때

▶ 정문595문 교회가 목사와 더불어 불협하면

① 당회가 화목하게 하고 화목이 안 되면

② 당회가 목사에 대하여 해임을 권고(勸告)하는 것이 가하고

③ 목사가 해임코자 아니 할 때는 본 당회(堂會)가 가부(可否)를 결정 한 후 노회(老會)에 문의하고

④ 당회 혹 공동의회가 그 목사의 해임(解任)을 노회에 청원(請願)할 수 있다.

⑤ 해임이 노회에 접수되면 노회가 그 목사에게 사실을 사문(査問)하고

⑥ 그 청원이 합당하면 목사가 불복(不服)할 찌라도 해임(解任)하는 것이 가하니라.

▶ 정문596문 교회가 목사와 불협한 일이 없는데 해임 하려고 있다고 핑계하고 조작(造作)할 수 있느뇨?

위임서약 위반(違反)으로 당회가 해당자들을 불러 심판(審判)한 후에 시벌(施罰)해야 한다.

▶ 정문597문 목사 해임을 위하여 목사 생활비를 감(減)할 수 있나?

이는 청빙서 계약과 위임서약에 위배(違背)되는 일로 행할 수 없다.

▶ 정문598문 목사 임면(任免)즉 해임에 대한 결정을 하기위하여 공동의회가 회집할 때 그 목사가 공동의회 회장이 될 수 있나요?

공동 회장되는 것이 옳지 않다. 공동의회 소집은 그 목사에게 있지 않고 그 당회에 있다. 그 목사는 공동의회 참여 않고 당회가 본 노회의 다른 목사로 당회장을 청원하여 진행하게 할 수 있다.

▶ 정문599문 본 교회 교인 중 소수(少數)가 목사해임을 구하여도 노회가 해임할 권(權)이 있는가?

특별한 연고가 있으면 해임(解任)할 수 있다. 이러한 일을 결정할 때에 청원자의 다소를 불구하고 오직 교회의 형편(形便)에 의하여 결정하는 것이 가하다. 그러나 교회가 부당하다고 생각하면 항소(抗疏)권리가 있다.

▶ 정문600문 목사가 불복해도 노회는 해임할 권이 있느뇨?

목사해임이 교회 형편상 합당하면 목사의 항의를 불구하고 노회가 해임할 수 있다. 목사는 불복하고 항소할 권(權)이 있다.

▶ 정문601문 허위(虛位)교회가 된 것을 노회에서 해임이 해결되면 회장이 광고하고 위원 1인을 해교회로 파송하여 강도(講道)케 한 후 해목사의 해임(解任)을 공포(公布)한다.

## 17문] 목사 해임 청원절차는 어떻게 됩니까?

(3) 목사 해임(解任) 청원절차(節次)

① 공동의회 또는 당회결의로 연서하여 청원할 수 있다.

이때 장로는 목사와 함께 다스리는 자로 중재(仲裁)하여 화목(和睦)하도록 한다.

② 안 될 경우 당회가 목사에게 사면 권고한다.

③ 당회결의로 권징조례9장78조,80조에 근거 노회에 위탁 청원하여 노회의 중재와 지도를 구한다.

④ 당회나 공동의회가 결의하여 노회에 해임청원을 제출한다.

⑤ 목사해임 청원건 심의하기 위해서는 당회 공동의회에 담임목사는 제척사유이므로 출석이 필요하지 않다. 공동의회 소집권한은 목사 개인이 아니라 당회에 있다.(당회의결의 정치9장3조, 치리회의결

의 권징40조. 94조 목사 자신의 문제 건은 공동의회의장이 될 수 없다)

⑥ 공동의회소집 권한도 당회에 있다. 소속노회목사 중 1인은 청하여 처리할 수 있다.(정문598)

⑦ 노회의 처리에 따른다.(정문595문)

⑧ 당회결의로 청원할 때는 장로 과반수 이상의 연명으로 당회를 소집하고(정치9장7조)

⑨ 당회장은 제척사유가 되므로 본 노회 목사 중 1인을 임시당회장으로 청할 수 있고 장로 1인 중 임시의장으로 선출하여 사무를 처리할 수 있다.(정문 205조4항: 장로임시의장, 538조4항, 정치9장4조: 당회사무처리)

⑩ 가결 정족수(定足數)는 일반 의결로 과반수(過半數)의 찬성으로 가결된다.

(4) 노회에 사면 혹은 해임청원이 접수되면

① 쌍방을 불러 사실(査實)하고 권면하여 위임서약을 이행토록 한다.(정문593문)

② 쌍방이 동의했으면 당일 해임처리 결의 할 수 있다.

③ 어느 일방이 이의나 반항하면 중재기간을 가진 후 노회가 최종 처리 할 수 있다.

④ 노회결정에 불복(不服)의사가 있으면 상회로 소원(訴願)할 수 있다.

⑤ 만약 교회나 교인이 불협을 조작하여 해임 청원한 것이 발견되면 정치15장11조2항에 의거 위임서약 위반(違反)으로 간주되어 권징1장3조에 의거 징계할 수 있다.

**18문]** 장로와 목사의 해임과 해제는 다른 것이 무엇인가?

(5) 장로(長老)와 목사의 해임, 해제는 어떻게 다른가?

장로는 주권자인 교인들에게 투표를 통하여 치리권을 위임받고 서약을 받았으니 문제가 있으면 교인이 치리권을 신임투표를 통하여 교회가 해제 할 수 있다.

정치 제13장4조에는 단, 7년에 1차씩 시무 투표할 수 있고 그 표결 수는 과반수(過半數)를 요(要)한다고 하였다.

가) 장로에 대한 시무투표청원은 누가 할 수 있는가?

① 당회 결의로 할 수 있다.

② 당회원 중 특정 회원에 대하여 시무투표를 할 필요가 있다고 인정되어 제안하면 헌법(憲法)사항이므로 당회의 결의로 공동의회 소집하여 공동의회에서 결정하면 된다.

③ 당사자는 제척사유이므로 본 안건에 심의(審議)할 수 없다.

④ 장로가 1인이면 노회에 보고하여 처리할 수 있다.(정체9장2조) 장로 2인이면 장로 1인과 목사가 처리할 수 있다.

나) 제직회 결의나 무흠 입교인 3분의 1로 발의하여 공동의회 소집을 당회로 청원할 수 있다.

다) 당회는 청원을 접수하여 공동의회를 소집하여 한다.

라) 만약 거부하면 헌법(憲法)위반(違反)으로 당회 직무유기가 되어 처벌의 대상이 될 것이다. 헌법적(憲法的)규칙 제3조는 "교회의 주권과 모든 권리는 교인에게 있다."라고 하였다. 교인의 기본 권리 중 헌법대로 순서(順序)를 따라 청원, 소원, 상소 할 권리가 있기 때문이다.(헌규3조1항)

마) 목사(牧師)는 교회가 청빙을 하였어도 노회에 청원하여 허락받아 노회가 위임예식을 행하였으니 노회로부터 지 교회의 치리권

을 위임 받았으니 노회만이 해제여부를 결정 할 수 있다. 그리고 내 양(羊)을 먹이라고 주님으로부터 목양권을 위임 받았으니 경솔하게 처리 할 수 없다. 다만 목사가 문제가 있으면 지 교회가 목사를 환영하지 않을 때는 지 교회가 시무 투표 할 수 없고 노회에 해약 청원을 할 수 있는 것이다.(정치 제17장2조)

## 19문] 폐 당회 위임목사 신분은 어떻게 됩니까?

7) 폐당회가 된 위임목사 신분은 어떻게 되나?

① 제60회 총회에서 조직교회 당회로 있을 때 합법적으로 청빙되어 노회가 위임하였으면 폐당회가 되었다 하더라도 그 목사의 위임은 해제되지 않으므로 위임목사 신분이 유지된다.

② 2년 내에 당회가 복구되지 않으면 자동 위임해제 된다.

정문32문에 조직 당회가 이루어진 교회에서 장로가 사망하거나 타처로 이사하면 지교회가 폐지되느냐? 노회가 특별위원으로 그 교회를 주관하되 속히 직원을 택하도록 할 것이요 폐지되지 아니한다고 하였다.

③ 102회 총회에서도 폐당회가 되어도 2년까지는 위임목사의 신분이 유지되는 확인 결의를 하였다.

④ 2년 내에 조직교회가 되면 위임식을 행하지 않고 위임목사 신분이 자동 회복(回復)된 것이요, 조직교회이다.

8) 편목은 헌법대로 제안수를 받지 않고 정치15장13조를 충족하면 안수 없이 서약으로 목사자격이 주어지고 노회 승인을 거쳐 위임식을 했으면 위임목사 자격(資格)이 주어진다.(제101회 총회결의)

9) 헌법대로 여자(女子) 목사(牧師)는 불가하다.(95회총회결의)

**20문]** 원로목사와 원로장로가 되려면 자격과 절차는 무엇입니까?

## 12. 원로목사와 원로장로가 되려면 자격과 절차

1) 원로목사(元老牧師)=헌법정치4장4조

① 동일한 교회에서 20년 이상 시무한 목사

시무기산일은 시무목사는 노회에서 시무목사로 부임 허락을 받은 시점이고 위임 목사로 부임하여 위임식 공포한 때부터 기산일(起算日)이 된다. 시무(視務)는 부임 20년으로 가결하다.(96회총회결의) 그러나 진주노회가 질의한 답변에서 시무목사는 원로목사가 될 수 없다고 105회 총회에서 결의하였다. 회의법상 선 결의가 유효하다.

② 연로하거나, 정년만기 되어

③ 시무를 사면을 노회에 제출 하려할 때

④ 본 교회에서 명예를 보존하고자 하면

⑤ 공동의회를 소집하여 생활비를 작정하여

⑥ 원로목사로 투표한다.

⑦ 투표수는 과반수로 결정한 후 노회에 청원하여 노회의 결정으로 원로목사의 명예직을 준다.

⑧ 목사 사면서를 제출한다.

단, 정년이 지나면 노회의 언권만 있다.(정치4장4조)치리권이 없다. 당회에 요청 없이는 당회에 참여할 수 없다.(정문86문)

원로목사가 후임자에게 목양에 어려움을 주면 안 된다.

⑨ 정년 만 70세란? 만 71세 생일 전날까지로 해석한 93회 총회결의대로 하다.(제96회총회결의) 교단 기관목사도 70세 정년제도가 적용되는 것으로 가결되다.(85회총회결의)

⑩ 제101회 총회는 원로목사건은 헌법4장4조대로 하기로 가결하다. 노회에 목사시무 사면(辭免)서 제출(提出)하기 전(前)에 해야 한다. 사면

서 제출하여 은퇴 후에는 할 수 없는 헌법(憲法)조항(條項)이고 총회 결의다. 정년이전 원로목사를 임시당회장으로 파송할 수 있다.(제106회총회결의) ❶원로목사 추대전(前) 3년 동안 동역케 하는 후임목사는 제88회 총회결의 부목사는 동일교회 담임목사로 청빙할 수 없다를 적용받지 않는다. 후임목사로 동역케 하는 목사의 경우는 허락하기로 결의하다.

2) 원로장로(元老長老)=헌법정치5장5조

① 동일한 교회에서 20년 이상 시무한자(장로의 시무기산일도 장로장립식 공포 때 시점이다.)

② 연로하거나 정년 되어 시무를 사임할 때

③ 그 교회가 명예를 보존하기 위해

④ 공동의회결의로 원로장로로 추대할 수 있다.(결의 정족수는 과반(過半)으로 보면 적법(適法)하다 할 수 있다.)

⑤ 단, 당회의 언권회원이 된다.

제101회 총회는 원로장로 추대건은 은퇴 당시에만 할 수 있다고 헌법대로 결의하였다.(97회 총회결의는 교회 형편 따라 하기로 하다. 라고 헌법에 위배(違背)되는 결의를 하였었다)

원로장로는 당회의 언권 회원이다. 정년이전의 원로장로는 제직회의 결의권을 구비 하였지만 정년이후의 원로장로는 제직회의 회원도 될 수 없고 발언권도 없다.(헌법정치21장2조)-(제95회총회결의)

⑥ 제101회 총회는 헌법(憲法)대로 명예장로는 세울 수 없다라고 결의하였다.

---

**21문]** 부목사의 법적 신분의 위치는 무엇입니까?

## 13. 부목사의 법적(法的) 신분은 어떠한가?(정치 4장4조3항)

1) 부목사는 위임목사를 보좌하는 임시목사이다.

2) 당회결의로 청빙한다.

3) 계속 시무하게 하려면 매년 당회장이 노회에 청원하여 승낙을 받는다.

4) 매년 당회장이 노회에 청원하여 승낙 받으면 부목사는 정회원이다.

   (정치4장4조3항) 재판국 판결을 채용하다.(105회총회결의)

5) 부목사는 제직회원이 될 수 없다.

   정치21장2조1항에 제직회 조직 규정에는 부목사는 제직회원 자격에 들어있지 않다.

6) 부목사 청빙 시 해교회에서 보내온 청빙서와 당회록 사본을 관할 노회에서 요청하면 첨부해야한다.(86총회결의)

---

**22문]** 시무목사의 법적(法的) 신분과 시무기간이 어떻게 됩니까?

## 14. 시무(視務)목사의 법적신분(法的身分)과 시무기간(정치4장4조2항)

1) 조직교회 시무목사

   ① 공동의회에서 출석교인 3분의 2 이상의 찬성을 가결로 청빙을 받아야 한다. 시무기간은 1년이다.

   ② 조직교회에서 위임목사를 청함이 원칙이다.

   ③ 부득이한 형편이면 다시 공동의회에서 3분의 2 가결로 계속 시무를 청원하면 1년간 더 허락할 수 있다. 2년이 다가기 전(前) 위임목사청빙이 이루어져야 한다. 그렇지 않으면 무임(無任)목사가 되어 사임하고 떠나야 된다.

2) 미조직교회 시무목사

   ① 시무기간은 3년이다.

   ② 연기를 청원할 때는 당회장이 노회에 더 청원할 수 있다.

   ③ 시무목사 연기청원에 대하여

105회 총회 결의는 아래와 같다. (보고서 p.113. 촬요 p.60에 보면)

① 시무연기청원은 임기 3년 마치기 전 청원해야 한다.

② 시무목사에게 당회장권을 주었을 경우 대리 당회장으로 연기청원 할 수 있다.

③ 당회장권이 주어지지 않았을 때 노회파송 당회장이 연기 청원해야 한다.

④ 단, 임기 3년이 경과 유효기간이 지나간 후에는 노회 파송당회장으로 공동의회를 실시한 후 시무연장 청원해야한다.(95회총회결의,p.60 헌법개정통과/총대1431명 중 1023명 찬성)

3) 미혼 목사안수의 건은 미혼 목사안수 가함으로 결의(決議)하다.(제102회총회결의)

---

23문] 당회장 종류는 몇 가지가 있습니까?

## 15. 당회장 종류(정치제9장 3조-4조)

1) 당연직 당회장

당회장은 지 교회대표로 그 지 교회 담임목사(위임목사)가 된다. 노회에 별도 허락이 없이 자동적으로 당회장이 된다.

위임목사 자체가 교인들의 치리권 복종서약이 있으므로 위임식과 함께 치리권 (목양권, 행정권, 권징권) 부여하고 있기 때문이다.

2) 대리 당회장(정치9장3조)

특별한 경우 당회결의로 본 교회 목사가 그 노회에 속한 목사 1인을 청하여 대리 당회장이 되게 할 수 있다.(신병이나, 출타할 때도 그러하다)

3) 노회파송 당회장

목사가 없으면 그 교회에서 '목사를 청빙할 때까지 노회가 당회장 될 사람을 파송할 것이요' 라고 하였다.(정치9장4조상)

4) 임시당회장

'노회가 파송이 없는 경우 그 당회가 회집할 때마다 임시당회장 목사를 청할 수 있으나 부득이한 경우에는 당회장 될 목사가 없을지라도 재판사건과 중대사건 외에는 당회가 사무를 처리할 수 있다.'(정치9장4조하)

5) 시무목사 당회장권

교인들로부터 복종 서약을 받지 않았으므로(정치15:11조2항) 목양권만 있지 치리권은 없다. 그러나 노회가 직권으로 당회권을 허락하여 줄때만이 당회장이 될 수 있다.(정치15장12조1항) 조직교회 유효기간은 1년이다. 미조직교회 시무연기 청원한 시무목사는 유효기간이 3년이다.

6) 장로 임시의장 특례

중대 사건 외에 당회가 사무를(일반적인것, 통상적인것) 처리하기 위해서 회집될 때 임시회의 의장으로 선출하여 사회를 보게 할 수 있다. 단, 재판사건과 중대사건은 취급할 수 없다.(정치9장4조하, 정문196,198,1930년제19회총회) 회의를 마치면 임시회장은 종료된다.

---

**24문]** 장로 2인과 장로 1인 참여의 회의(會議)법이 어떻게 되나요?

### 16. 장로 2인과 당회장 1인 참석할 때 회의법(會議法)

1) 장로 2인 중 1명이 동의하고 1명은 반대일 때 당회장이 제청하고 가부를 물을 수 있다.

2) 장로 2인 중 장로 1인과 당회장 목사가 권고사직 혹은 권고휴직을 시켰어도 그 결의는 유효하다.

3) 장로 2인이 있으면 장로 1인 출석으로 성수가 된다고 정치 제9장2조는 기록되어있으므로 성수(成數)가 된다는 말은 당회의 모든 사무(事務)를 처리(處理)할 수 있기 때문이다.

**25문]** 무임 집사, 무임 장로가 시무장로가 되는 절차가 어떻게 됩니까?

17. **본 교단교회에서 이명 온 무임집사, 무임장로가 시무장로가 되는 절차(節次)**

무임장로: 당회 결의로 제직회원에 참여시킬 수 있다. 성찬 나누는 일을 맡길 수 있다.(헌규 9조)

무임집사: 당회 결의로 서리집사 임무를 맡길 수 있다.

1) 무임에서 시무장로가 되는 절차(節次)-

    (1) 안수는 다시 받지 않는다.

    (2) 다른 임직 절차는 처음처럼 밟아야 한다.

    (3) 미조직교회는 당회장이 노회에 선택 청원을 하여 허락을 받는다.

    (4) 조직교회에서는 당회결의로 장로가택(증원)청원을 해야 한다.(9장1조)

    (5) 당회결의로 공동의회일시, 장소, 안건을 1주일 전에 교회에 광고한 후 공동의회 규칙에 의거(정치21장1조-5조) 투표하여 총 투표수 3분의 2 이상 득표로 피택되고 노회에 장로고시 청원을 하여 본 교단 소속인지 왜? 이명을 왔는지 면접시험 합격하여 노회 보고된 후(승인) 당회결의로 임직식을 거행하므로 시무장로가 된다. 무임장로인 경우는 안수는 다시 받지 않고 취임식만 행한다.(정치9장5조4항)

    (노회 규칙에 명시되어 있으면 노회규칙을 참고할 수 있다-단, 헌법에 위배되지 않아야 한다)

    ① 본 교단에서 인정할 수 없는 타 교단 장로라면 모든 헌법적 절차를 다시 받고 고시 과목도 모두 시험을 보아야 한다. 본 교단에서 인정할 수 없는 교단교회에서 안수 받았다면 안수도 다시 받게 할 수 있다.

    ② 본 교단 교회에서 이명 온 무임 안수집사 역시 당회 결의로 공동의회에서 투표 3분의 2 가표를 얻으면 안수 없이 임직예식만 하여 취임하게한다.(헌규제8조)

2) 이명서 없이 타 교회로 출석하였다가 본교회로 다시 온 장로의 신분은?

①  이명서를 가지고 갔으면 본 교회에서는 시무(視務)가 해제된다. 이명 간 교회에서 시무장로로 취임(就任)하기 전에는 무임(無任)장로가 된다.

②  이명서 없이 자의로 타 교회로 갔다면 본 당회는 그 장로에게 본 교회 출석과 시무를 권하고 듣지 않으면 교인명부에서 삭제하는 행정(行政)사항으로 제명(除名)을 해야 한다.

③  이명서 없이 나중에 본 교회로 돌아왔다 할지라도 헌법적 규칙3조2항에 의고 선거권 피 선거권이 중지되고 7조에 의거 당회권과 일반 교인의 권리가 중지되고(선거권 피선거권) 권징108조의 입법(立法)목적에 비추어볼 때 무임(無任)장로(長老)가 된다.

3) 목사 이명에 대하여

①  소속노회에 이명청원을 한다. 허락받아 이명서를 교부한다. 이명서에는 인적사항, 지위, 권징유무기록, 이명 갈 노회명 반드시 기록, 지정된 노회만 이명서를 접수할 수 있다.(권징110조) 이명서 접수 후는 이명서 발부된 노회에 접수증을 회부(回附)한다.

②  1년 내로 이명서를 본 노회로 환부하면 노회는 회록에 기록하고 그 회원권은 여전히 지속된다(권제109조)

③  이명서는 본인이 청원하고 이명서 발급은 이명 가는 노회서기에게 이명서를 송부하고 접수한 노회서기는 접수증을 보내므로 종결(終結)된다. 1년 이내 환부(還付)하면 노회는 이 사건을 회록에 기입하고 그 회원권은 여전히 지속한다.

---

**26문]** 헌법(憲法)에서 말하는 목사와 장로의 구별은 어떠합니까?

## 18. 헌법정치 편에서 말하는 목사와 장로의 구별은 어떠한가?

헌법 정치3장2조는 "장로는 두 반이 있으니 강도(講道)와 치리(治理)를 겸한

자를 목사(牧師)라하고 치리(治理)만 하는 자를 장로(長老)라 일컫나니 교인(教人)의 대표자(代表者)"이다

1) 목사(牧師)는 목양의 강도권과 치리권을 겸한 자이고 장로(長老)는 치리권만 있다. 주께서 '내 양을 치고 먹이라'는 목양권이란?

   ① 강도권 ② 교훈권 ③ 성례권 ④ 축도권이 있다.

2) 목사는 교회의 대표자요 장로는 교인의 대표자이다.

   목사는 하나님을 대리(代理)하여 축복(祝福)(정치4장3조1항)하는 당회장(堂會長)이요, 교회 담임목사(擔任牧師)는 교회(教會)의 대표자(代表者)(정치9장3조)이다.

3) 목사 위임식(委任式)은 노회(老會)가(정치10장6조3항)하고, 장로장립(將立)식은 교회가(정치9장5조) 장로와 집사임직을 진행한다. 목사의 소속은 노회(老會)요, 장로의 소속은 교회의 당회(堂會)이기 때문이다.(권징19조)

   목사(牧師)는 장로를 안수(按手)하여 세우나 장로(長老)가 목사를 안수하여 세울 수 없는 것이다.

   ① 주일날 위임식은 불법이므로 징계를 해야 한다. 위임식 후 노회에 보고 해야 한다.(제88회총회결의)

4) 합법적(合法的)으로 안수 받은 목사는 세례(洗禮)와 학습(學習)식과 성례(聖禮)식을 집례(執禮)할 수 있으나(예배모범11장 1번2항) 장로는 분병 분잔 위원으로 협력한다.(예배모범11장5번6항)

5) 목사는 치리회(治理會)장이 될 수 있으나 장로는 되지 못한다.

6) 본 총회가 허용(許容)하지 않은 여(女)목사와 여(女)장로는 강단에 세울 수 없다. 여 교역자가 여전도회 임원이 될 수 없다.(제85회 총회결의)

**27문]** 당회(堂會) 의 직무는 무엇입니까?

### 19. 당회의 직무(職務)

1) 교인의 신앙과 행위를 총찰(總察)한다.

2) 교인의 입회퇴회(학습, 세례, 유아세례, 교인 이명접수, 교부, 제명)

3) 예배와 성례거행

4) 장로 외 집사, 권사, 임직순서에 따라 임직한다.

5) 헌금수집 날짜와 방침 정함

6) 권징(勸懲)하는 일(권계(勸戒), 견책(譴責), 수찬정지, 제명(除名), 출교(黜敎), 회개하는 자 해벌(解罰)한다.(살전5:12-13.살후3:6,14-15고전11:27-30)

7) 신령적 유익을 도모하며 각 기관을 감독, 심방, 성경가르침, 주일학교, 남, 여전도회. 면려회와 각 기관을 감독한다.

8) 노회에 총대파송, 청원과 보고를 한다. 교회 정황을 노회에 보고한다. 당회결의로 여러 회를 조직하고 치리와 관할감독 관리할 수 있다.(정치제20장1조-3조) 본 교회 부속회에 처리한 사건을 당회에 보고와 검사와 감독, 지도 할 수 있다.(권징72조) 착오된 부분은 변경, 개정 지시할 수 있다.(권징75조)

**28문]** 제 2심 치리회(治理會)인 노회(老會)의 의미는 무엇입니까?

### 20. 노회(老會)=(정치제10장)

1) 노회 조직은 21당회 이상을 요한다.(2조)

2) 회원자격(3조)

① 지 교회 시무(視務)목사(위임목사, 조직교회 당회장권을 허락받은 시무목사, 미조직교회 당회장권을 허락받은 시무목사, 위임목사 보좌하기위해 허락받은 부목사이다)

❶ 매년 노회에 시무청원한 부목사는 정회원이다.(헌법정치4장4조3

항,105회총회재판국판결 채택)

② 정년 이전의 원로목사

③ 총회나 노회가 파송한 기관 사무를 위임한 목사이다.

④ 그밖에 목사는 언권(言權)회원이고 총대권은 없다.

(전도목사, 무임목사, 은퇴목사, 정년이지난 원로목사)

은퇴목사는 모든 직분을 맡을 수 없으나 노회 발언권(發言權)은 있다.(79회총회결의) 면직된 목사는 강단에 설 수 없고 엄히 처리하기로 하다.(78회총회)

3) 총대장로는 노회서기가 천서를 접수하여 호명(呼名)한 때부터 회원권이 있다.(4조)

4) 노회성수(5조)

① 예정된 장소와 예정된 날짜에 모여야 한다. 바꾸어 모이면 개회(開會) 못한다.

② 재적수에 관계없이 본 노회에 속한 정회원 되는 목사와 총대장로 각 3인 이상이 회집하면 개회할 성수가 되어 노회의 일체 사무를 처리할 수 있다.

5) 노회의 직무(職務)=(6조)

① 당회와 지 교회 및 교역자를 총찰한다.

② 각 당회에서 규칙대로 제출하는 헌의청원상소 및 소원고소와 문의 위탁판결을 접수하여 처리한다.

③ 재판건은 노회의 결의대로 권징조례에 의하여 재판국에 위임 처리하게 할 수 있다.(재판국구성) 상소(上訴)건 등은 접수하여 상회에 보낸다.

④ 목사후보생고시, 교육, 이명, 권징, 강도사인허, 이명, 권징, 면직을 관리. 지 교회 장로선거 승인(承認)피택장로 고시하여 임직을 허락하고

전도사를 고시하여 인가(認可)하며 목사고시, 임직, 위임, 해임, 전임, 이명, 권징을 관리하며(딤전4:14 행13:2-3) 당회록과 재판회록을 검열하여 처리사건에 찬부(贊否)를 표하며 도리와 권징에 관한 합당한 문의를 해석(解釋)한다.

가) 지역노회에서 무지역 노회로 갈 수 없다. 무지역 노회에서 무지역 노회로 절차를 밟아갈 수 있다.(88총회결의)

나) 지역노회 소속한 교회와 목사가 지역노회 이적(移籍)건은 공동의회결의로 청원하면 교회와 목사를 이명하여 주기로 가결하다. 단, 고의로 이명하여 주지 않을 시는 지역노회 결의로 이명한다.(86회총회결의)

⑤ 지 교회를 설립, 분립, 합병 폐지 및 당회를 조직(組織)하는 것과 지 교회와 미조직교회의 목사의 청빙과 전도와 학교와 재정일체사항의 처리방침을 지도방조(傍助)한다. ❶분쟁사고노회 경우 노회수습메뉴엘 9항의 분쟁사고지정 후 분쟁이 해결되지 않는 노회의 폐지청원기간을 만 2년에서 만 6개월로 수정청원의건은 임원회 맡겨 처리하기로 가결하다.(제106회 총회결의)

⑥ 본 노회의 청원과 헌의를 상회에 보내고 성회에서 내려오는 공한(公翰)을 접수하며 그 지휘를 봉행(奉行)하며 교회 일을 질서 있게 처리한다.(고전14:33,40) 전도사업, 상회총대를 선정하여 파송한다.

⑦ 목사고시 과목: 신조, 권징조례, 예배모범, 목회학, 면접 등이다.

⑧ 지 교회에 속한 토지 가옥에 대한 사건이 생겨 변론(辯論)이 나면 노회가 지도할 권한이 있다.

⑨ 시찰위원을 선택하여 지 교회 미조직 교회를 순찰하고 모든 일을 협의(協議) 노회치리(治理)를 돕는다. 목사청빙 청원 가납하여 목사에게 직전(直前)하지 못하고 임시목사 택할 권한이 없다. 목사, 강도사의 일

할 처소와 봉급 경영(經營)을 노회에 보고(報告)하는 일만 할 수 있다.

⑩ 노회는 교회를 돌보게 하기 위하여 시찰위원에게 위탁하여 당회장 선정 등 교회형편을 돌보고 보고하게 할 수 있다. 시찰회가 위탁받은 사건이라도 직접 처리 못하고 노회에 보고한다. 당회나 헌법에 의하여 얻은 노회에 직접(直接)청구권(請求權)을 침해하지만 다만 경유(經由)하여 보고 할 따름이다.

## 29문] 임시노회에서 무엇을 처리 합니까?

### 21. 임시노회(정치10장8조)

정기노회에서 모든 안건을 심의하는 것이 원칙이다. 임시노회 소집요건은 엄격하게 구분되어 있다.

1) 임시노회는 "특별한 사건이 있는 경우에는"소집할 수 있다

특별한 사건이란? 정기회까지 지체할 수 없는 경우이다.

지나간 정기회(定期會)때 모르던 일이 발생하여 오는 정기회 때까지 지체할 수 없는 안건이라면 임시노회를 소집할 수 있다

재판사건은 임시회에서 심판하지 않는 것이 좋고 특별한 증거가 있어 정기회 때까지 기다릴 경우 증거(證據)인멸(湮滅)로 소멸(消滅)될 듯 하면 임시회에서 다룰 수 있다.(정문원저. 제382문 번역417문.1978년제63회총회결의)

2) 특별한 사건이 있는 경우에 각(各) 다른 지 교회 목사 3인과 각(各) 다른 지 교회 장로 3인의 청원에 의하여 회장이 임시회를 소집할 수 있다.

3) 안건, 회집일자, 개회 10일 선기(先期)하여 각(各) 회원에게 통지하고 통지서에 기재안 안건만 의결(議決)한다. 통지서에 없는 안건은 심의하지 못한다. 선기(先期)란 약속한 기한보다 앞선다는 의미로 민법(民法)에서는 도달(到達)주의를 채택(採擇)하고 있으므로 임시노회 소집통지 발송 10일 이후에 모여야 한다.

4) 임시노회소집은 강제 규정이 아니라 임의규정이다. 소집이 정당하면 소
집하고 소집청원이 정당하지 않거나 특별한 사건이 아니라고 판단되면
소집하지 않을 수 있다. 청원인은 상회에 소원(訴願)할 수 있다.

## 22. 상회에 노회록 보고(정치10장7조)

강도사, 전도사 인허와, 목사임직과 이명과 별세와 후보생의 명부와 교회설
립, 분립(分立), 합병(合倂)과 각 교회 정황과 처리하는 사건을 일일이 기록하
여 매년 상회에 보고한다.

## 23. 노회가 보관하는 명부는 무엇인가?

시무목사, 무임, 원로, 전도사, 목사후보생, 강도사 명부를 비치한다.

---

**30문]** 최고 치리회(治理會)인 총회는 무엇 하는 곳입니까?

## 24. 총회(總會)에 대하여(정치 제12장)

총회는 산하 모든 지 교회 및 치리회(治理會)의 최고(最高)회이다. 그 명칭은
대한예수교장로회 총회라 한다.(제1조)

1) 총회조직은 어떻게 이루어지나?(제2조)

① 목사장로 동수로 조직한다.

② 총대는 각 노회 산하교회 7당회에서 목사 1인 장로 1인씩 파송하되
노회가 투표하여 선출한다.

③ 선출한 총대를 노회는 개회 2개월 전에 총회서기에게 송달(送達)하고
차점(次點)순으로 부 총대 몇 사람을 정해둔다.

④ 7당회 못되는 경우 4당회 이상에는 목사장로 1인씩 총대를 더 파송할
수 있다.

⑤ 3당회 이하 되는 노회는 목사장로 1인씩 언권회원으로 참석한다.

⑥ 총회총대는 1당회(堂會)에 목사장로 각(各)1인을 초과하지 못한다.

2) 총대파송 기준은 어떻게 되나?

① 총회 전 정기노회에서 선택하여야 한다.

② 총회 개회 6개월 이상을 격(隔)하여 택하지 못한다.(정치22장1조1항) 총회와 정기노회 사이 기간이 6개월 이내(以內)여야 된다는 말이다.

③ 영주권(永住權)자도 상비부장, 총회임원 입후보 자격을 주기로 가결하여 노회 정회원인 영주권(永住權)자는 총대로 선출될 수 있다.(2009년제92회총회)

④ 총대선출 방법은 무기명 비밀투표로(정치12장2조) 선거하거나 노회 규칙에 규정된 대로 총대를 선출한다.

⑤ 총대변경은 총회개회일로부터 7일전까지만 변경할 수 있다. 총회 현장에는 변경이 불가하다.(제106총회)

⑥ 총회 원 총대가 출석하였다가 자기 임의로 부 총대와 교체하지 못한다. 부득이한 때에는 총회의 허락으로 부 총대와 교체할 수 있다.(정치22장2조)

3) 총회 성수(成數)는 어떻게 되나?

총회는 예정된 날짜에 노회수의 과반수와 총대목사, 장로 재적 과반수가 출석하면 개회성수가 되고 일반 회무를 처리한다.

① 현행 헌법에 '장소'가 누락된 것은 헌법 개정 때 넣어야한다.

② 만일 총회 출석수가 성수에 미달하면 시일(時日)을 정하고 연기 할 수 있다.(정문완역판467)

③ 재적 과반수 출석에 과반수 결의는 법적인 효력을 발생한다. 과반수가 안 되는 경우는 소송하면 법적(法的)으로 무효(無效)가 된다.

---

**31문) 총회의 직무는 무엇입니까?**

4) 총회의 직무(職務)(정치제12장4조)

하회에서 합법적으로 제출하는 헌의와 청원, 상고(上告), 소원(所願), 고소

(告訴), 문의(問議), 위탁판결을 접수(接受)하여 처리하고 각(各)하회록을 검열하여 찬부(贊否)를 표하고 산하 각 교회 간에 서로 연락 교통하며 신뢰(信賴)하게 한다.

① 총회개회 후 48시간 이내 총대 100명 이상이 사인하여 제출된 긴급동의(緊急動議)안을 접수하여 처리한다.(총회규칙29조)

② 헌의부를 통과할 모든 문서는 총회개회 10일 전(前)까지 총회서기에게 제출해야 한다.(총규29조)

③ 총회는 원심치리권이 없으므로 하회의 처결에 대해 소원과 상소가 없는 경우에 직접처리 할 수 없다. 교인이나 목사의 소원(所願), 상고(上告)가 있으면 교인이나 목사의 재판사건은 심심제도에 의하여 총회 재판국에서 판단하여 판결(判決)해야 한다.

④ 총회 재판(裁判)회에서 죄를 범(犯)했을 경우 즉결 처단할 수 있다. 즉결사건이 아닌 경우 총회는 기소(起訴)위원을 선정하여 목사와 장로 총대의 원심치리회로 각각(各各) 고소(告訴)할 수 있다.

　　신자들이 세상법정(法庭)에 고소(告訴)하여 판단을 구하는 것은 하나님께 영광이 되지 못한다(고전6:1-7)

⑤ 총회현장의 현행범(現行犯)은 치리회(治理會)로 변경(變更)하여 권징조례에 근거 기소(起訴)위원을 선정하여 처리하고 하회에 명하여 처리하게 하고 듣지 않으면 권징19조에 의거 상회가 직접 처리한다.

⑥ 총회산하기관 상비부와 특별위원회의 활동을 보고받고 의결한다.

---

**32문]** 총회(總會)의 권한(權限)은 어디까지 인가?

　5) 총회 권한(權限)(정치12장5조)

　　① 총회는 헌법을 해석할 전권이 있다.-총회결의에 있어서 헌법에 위배되지 않는 결의를 해야 한다. 권징에 관한 쟁론(爭論)을 판단하고 지

교회와 노회의 오해(誤解)와 부도덕(不道德)한 행위를 경책(警責)하며 권계(勸戒)하며 변증(辨證)한다

② 노회, 대회를 설립, 합병, 분립, 폐지, 구역을 작정, 강도사고시, 전국교회통솔, 다른 교파와 교회 간에 정한 규례에 따라 교통한다.

③ 교회를 분열하게 하는 쟁단을 진압하며, 전 교회 품행단정, 인애(仁愛)와 성실 성결한 덕을 권장하기 위하여 의안(議案)을 제출하여 실행하도록 계도(啓導)한다.(헌법의 계도(計圖)는 틀림, 개정 시 고쳐야함)

④ 교회재산에 있어 쟁론을 노회가 결정 한 후 총회에 상고(上告)하면 접수판결 한다,

⑤ 내외지에 전도사업이나 기타 중대사건을 주관할 위원을 설치(設置)할 수 있으며 신학교(神學校)와 대학교(大學校)를 설립할 수 있다

⑥ 총회의 재산(財産)은 총회(總會)소유(所有)로 한다.

6) 총회 회집(정치제12장6조)

총회는 매년 1회 회집(會集)하되 예정(豫程)한 일자에 회장(會長)이 출석 못하면 부회장(副會長) 혹은 전(前) 회장이 개회(開會)하고 신(新) 회장을 선거(選擧)할 때까지 시무(視務)한다. 각 총대는 서기가 천서를 접수 호명(呼名)한 후부터 회원(會原)권이 있다. 회장, 부회장, 직전회장도 유고(有故) 시는 밑에서 위로 증경회장 순으로 사회(司會)본다.

증경회장 모두 유고(有故)시에는 최선(最先) 임직목사 총대가 의장이 되어 새 회장 선출될 때까지 사회(司會)를 본다.(1918년 제7회총회결의,정문완역본809문) 임시총회는 소집할 수 없다.(완역본 정문503문)

---

**33문]** 총회 개회, 폐회, 파회(罷會)의식은 어떠한가?

7) 개회(開會) 폐회(閉會)의식(儀式)-정치12장7조

총회가 기도로 개회한다. 폐회하기로 결정한 후 회장이 선언하길 "교회

가 나에게 위탁한 권세로 지금 총회는 파(罷)함이 가한 줄 알며 이 총회 같이 조직한 총회가 다시 아무 날 아무 곳에서 회집함을 요하노라"한 후에 기도함과 감사함과 축도로 산회(散會)한다.

① 총회(總會)의 폐회(閉會)는 파회(罷會)이다.

② 파회(罷會)란 폐회되는 순간부터 없어진다는 뜻이다. 파회 한 후 지교회나 노회 일에 관여할 수 없다.

③ 총회는 해마다 새로 조직되는 회합(會合)이다.

④ 산회(散會) 후에 각 상비부와 각 위원회를 통해 총회가 맡겨준 범위(範圍)안에서 사역(事役)하는것이 법(法)이다.(완역본정문469,512)
총회 임원회에 일임(一任)하지 않은 안건은 처리(處理)할 수 없고 총회 결의에 의해 수임(受任)안건만 처리할 수 있다.(총회규칙24조)

## 34문] 헌법(憲法) 개정 절차는 어떻게 됩니까?

8) 헌법개정 절차(節次)

① 정치, 권징, 예배 모범은 총회산하 각 노회에 수의하여 노회 과반수와 모든 노회의 투표수 3분의 2 이상의 가표를 받은 후에 변경할 것이요, 각(各) 노회서기는 투표의 가부를 총회서기에게 보고하고 총회는 그 결과를 공포 실행한다.(정치23장1조)

② 신조와 요리문답
총회는 그 의견을 제출하고 각 노회에 수의하여 노회 중 3분의 2와 모든 투표수 3분의 2가 표를 받고 그 다음 회(會)가 채용(採用)하여야 한다. 각(各) 노회서기는 투표의 가부수를 서면으로 총회서기에게 보고한다.(정치제23장2조)

③ 총회는 신조나 요리문답을 재정하는 의안(議案)을 각 노회에 보내기 전 특별위원 15인 이상 목사와 장로를 택하여 1년간 그 문제를 연구하게

한 후 총회 때 보고 하도록 할 것이요, 그 위원은 1노회에 속한 회원 2인 이상 됨을 금한다.

④ 소속노회 3분의 1 이상이 헌법 개정하자는 헌의를 총회에 제출하면 총회는 그 의안을 각 노회에 보내고 그 결정은 위의 1-2조에 준용(準用)한다.

**35문]** 회장과 서기는 회의 중심(中心)적인 임원(任員)인가?

## 25. 회장(會長)과 서기(書記)에 대하여

회장(會長)

1) 교회 각 치리회는 사무를 질서 있고 신속하게 처리하기 위하여 회장을 선택한다. 임기는 회의 규칙대로 한다. 회장은 회의를 주관하는 직책이다. 영어로는 의장(議長)이라고 부른다.

2) 회장의 선거는 각 치리회가 규칙이나 회칙에 정한대로 선거한다.(정문 806,808)

3) 회장이 읽어야 할 규칙

1918년 제7회 총회에서 본 총회의 규칙으로 정식 채용하고 회록에 부록케 하였다.(정문 제809문)

4) 회장이 사회를 볼 수 없을 때

부회장, 직전회장 순서나 최선(最先) 장립자가 신 회장 선출시까지 사회를 본다.(정문 809문)

5) 회장의 직권

① 회칙을 지키게 한다.

② 회석의 질서를 정돈한다.

③ 개회, 폐회를 주관한다.

④ 순서대로 회무를 진행 지도한다.

⑤ 잘 의논 후 신속한 방법으로 처리한다.

⑥ 각 회원이 다른 회원의 언권을 침해한다.

⑦ 회장의 언권 승낙 후 발언(發言)하게 한다.

⑧ 의안(議案)범위밖에 탈선하지 않게 한다.

⑨ 회원 간의 무례한 말과 모욕(侮辱)을 금한다.

⑩ 회무 중 퇴장을 금하게 한다.

⑪ 가부에 대한 의제(議題)설명 후에 가부 표결(票決)한다.

⑫ 가부동수인 때는 회장이 결정한다. 회장이 원치 않으면 부결, 원하면 가결(可決)된다.

⑬ 회장은 매사건마다 결정된 것을 공포(公布)해야 한다.

⑭ 특별한일로 회의질서가 유지할 수 없는 경우에는 회장이 비상(非常) 정회(停會)를 선언할 수 있다.(헌법정치 제19장제1.2조,정문805문답)

서기(書記)

1) 각 치리회 회의록은 보관하기 위해 서기를 선택한다. 임기는 회의규칙대로 한다.

2) 서기는 회의진행과 결의사항을 잘 기록한다. 모든 서류는 보관한다.

3) 회록 등본을 청구하면 회의 허락으로 등본하여 줄 수 있다.

4) 서기가 날인한 등본(謄本)은 각 치리회가 원본(原本)으로 인정한다.
   (정치제19장3조4조)

---

**36문]** 공동의회 회집과 임원은 어떻게 됩니까?

## 26. 공동의회 회집과 회의

1. 무흠 세례교인은 공동의회 회원이다.

2. 공동의회 소집요건은 무엇인가?

3. 당회가 필요로 인정할 때 당회결의로 소집한다.

4. 당회결의가 없는 공동의회는 무효이다. 절차상 흠결이 있기 때문이다.
(정치21장2조 위반이다.(정치21장 1조-2조)

공동의회 임원

1. 당회장은 회장과 서기를 겸한다.

2. 당회는 개회할 일자 장소 의안을 1주일 전 광고한다,

3. 작정한 시간에 개회하되 회집수가 너무 적으면 회장은 권하여 다른 날에 회집한다.

4. 일반의결은 과반수로 하되 목사 청빙투표는 투표수 3분의 2이상의 가로 선정한다. (정치21장 2,3,4,5)

**37문] 제직회의에서 하는 일은 무엇인가?**

## 27. 제직회에 대하여

1) 조직은 지 교회 당회원과 집사와 권사를 합하여 조직한다. 회장은 담임 목사가 겸무하고 서기와 회계를 선정한다.

당회는 각각 그 형편에 의하여 제직회 사무를 처리하기 위하여 서리집사 에게 제직회 권리를 줄 수 있다.

* 원로장로라도 정년 이전에는 발언권이 있고 정년 이후에는 발언권이 없음을 가결하다.(제95회 총회결의)

2) 미조직교회는 목사, 전도사, 권사, 서리집사, 전도인들이 제직회 사무를 임 시로 집행한다.

3) 제직회는 재정처리 업무가 주 업무(業務)이다.(정치21장1주-2조)

   (1) 공동의회에서 위임한 업무를 처리한다.

   (2) 구제경비, 금전출납은 회에서 처리하며 회계는 회의결의에 의해서 처 리한다.

   (3) 제직회는 매년 연말 공동의회에서 1년간 경과 상황과 일반 수지결산

을 보고하며 예산을 편성하여 회에서 통과 된 대로  회계는 지출한다. 회계는 장부의 검사를 받는다.

* 헌법에는 없지만 교회규칙, 혹은 정관을 제정하여 재정부를 두어 부장과 수입, 지출회계를 두어 헌금을 정리하고 재정부장과 당회장의 결재를 받아 지출하므로 효과적으로 운영할 수 있다.

4) 제직회 개회성수는 과반수 출석으로 개회 성수가 되나 통상적인 사무처리는 출석하는 회원으로 개회하여 처리할 수 있다.

5) 정기회로 매월 1회 1년에 4회 이상 정기제직회로 모이면 된다.

**38문]** 장로 임기와 신임투표는 꼭 해야 됩니까?

### 28. 장로임기 시무투표(정치13:4조)

치리 장로는 집사의 임기는 만 70세이다. 단, 7년에 1차씩 시무투표 할 수 있고 그 표결 수는 과반수이다. (2000년85회 총회에 개정)

항존직 시무 연한은 만 70세, 유권해석은 2013년 98회 총회결의는 만71세 생일 하루 전(前)이다. 단, 7년에 1차씩 시무투표 해야 한다 가 아니라 '할 수 있고'라고 하였다.(84회총회 결의)

교회 특별한 상황이면 해야 하고 그러나 수습을 잘하여 스스로 자유 사면 하도록 하는 것이 신임투표를 통하여 퇴출시키는 것 보다 낫다.

시무투표에서 과반수가 되지못하면 불신임(不信任)되어 시무가 정지된다. 다시 시무장로가 되려면 공동의회에서 3분의 2가 되어야 한다.

(정문 544문)

**39문]** 장로 자유휴직과 사직은 어떻게 다른가요?

### 29. 장로 자유휴직(休職)과 사직(辭職)(정치13장5조)

1) 자유휴직이란,

누가 권하거나 재판에 의해서 직을 면하는 것이 아니고, 가기가 자의(自意)로 일정기간 동안 직분을 쉬겠다고 유기휴직서를 청원해야 한다. 기간이 지나면 당회 시무결의로 당회장의 선언으로 시무하게 된다.

2) 자유사직이란?

사직은 임직 자체를 포기하는 것이 되므로 나중에 다시 복직 하려면 안수도 다시 받고 임직을 새로 받아야 한다. 자유휴직, 자유사직, 사면서를 분별(分別)하여 제출해야 한다.

3) 장로와 집사의 휴직이나 사직의 조건은 무엇인가?

① 노혼(老昏): 늙어 질병이 있어 정신이 없는 경우, 장기간 치유해야 할 경우

② 이단이나 악행(惡行)은 없어도 교회 태반(太半)이(반수이상) 그 시무를 원치 아니할 때

③ 본인 청원에 의하여 휴직과 사직을 당회가 심사하여 당회결의로 처리한다.

\* 아무 이유 없이 휴직 사직 사면을 청원하면 안 된다. (정문108문답)

---

**40문]** 권고휴직과 사직은 어떻게 다릅니까?

## 30. 권고(勸告)휴직과 사직(辭職)(정치13장6조)

1) 권고사직이란?

범죄는 없을지라도 전(前)조항(條項)5조와 같이 교회에 덕을 세우지 못하게 된 경우, 재판절차가 아닌 당회의 협의하여 행정결정에 의하여 권고휴직 혹은 사직케 하는 것이다.

계속 실수로 교회에 누를 끼칠 경우 어찌할 수 없어 휴직이나 사직을 권할 필요가 있다.(정문 531문) 당회가 그 사실을 알려 주어야 한다. (정문535문)

본인이 원치 않으면 상회에 소원(訴願)할 수 있다.(정치13장6조)

범죄(犯罪)때문 이라면 법적인 판결과 치리를 받아야 한다.(정문536)

2) 휴직 장로복직은 어떻게 되나?

자유, 권고, 휴직이 유기(有期)인 경우 종료되면 당회장의 선언으로 시무하게 된다. 무기휴직은 당회결의로 휴직되었으므로 당회시무 결의로 다시 시무하게 된다.

3) 권고사직 장로의 복직(復職)은?

당회의 권함을 받아 사직한 장로를 복직하게 하려면 본 교회가 다시 투표하여 3분의 2 득표하여 다시 위임(委任)해야 한다.(정문539)

**41문]** 미조직교회 설립의 조건은 무엇입니까?

## 31. 미조직 교회 설립(設立)절차는 어떻게 되나요?

1) 모이는 장소가 있어야 한다.

2) 장년신자 세례교인 15명이상 되어야 한다. 15명 미만은 기도처로 부근교회 도움을 받아 설립요건을 갖추도록 한다.

3) 구역시찰 경유를 하고 노회 청원하여 허락을 받아야 한다.

4) 회 설립 청원서 양식에 기재할 사항

교회주소 명칭, 장년신자 수, 가정 수, 유년주교 학생수, 예배당 평수,건물 소유자, 신설교회 명칭, 교회유지 방법, 부근 교회와의 거리, 구역 가호수.(도시는 제외)

5) 노회는 청원서를 받아 기재한 사항이 적법한지 살펴보고 가부를 결정해야 한다.

6) 장년신자의 의미는 헌법적 규칙6조2항,3항에 따라 만 6세까지 유아 세례를 만 7세부터 13세까지는 어린이 세례를 줄 수 있으되 부모 중 한편만 믿고 세례교인이면 줄 수 있고 부모의 부재시는 당회의 허락으로 가능하다. 유아세례나 어린이 세례를 받은 자가 만 14세가 되면 장년교인

의 모든 권리와 의무도 가진다.

7) 노회에서 설립위원을 선정, 설립예배를 드리며 교회 헌법과 노회규칙 준수를 서약케 하고 교회가 설립된 것을 공포해야 한다.(헌법적 규칙제1조)

## 42문] 교인의 의무는 무엇인가?

1. 헌법적 규칙 2조 교인의 의무

1항) 교회의 정한 예배와 기도회 모든 집회에 출석해야 한다.

2항) 교회에 노력과 협력, 거룩한 교제, 교회발전에 진력, 사랑과 선행으로 하나님을 영화롭게 해야 한다.

3항) 교회의 경비, 사업비에 성심으로 협조하며, 자선, 전도사업과 선한일 에 노력과 금전을 아끼지 않아야 한다.

4항) 성경을 배우고 전하고, 성경말씀대로 실행하기를 힘써 배우며 전하고 성경말씀대로 실행하기를 힘쓰며 예수 그리스도의 정신을 우리 생활로서 나타내야 한다.

## 43문] 직분(職分)을 면(免)할 수 있는 범죄는 무엇인가?

5항) 교회 직원으로 ①성일 범하거나(주일성수). ②미신(迷信)행위. ③음주. ④흡연. ⑤구타하는 등의 행동. ⑥고의(故意)로 교회 의무금(십일조)을 드리지 않는 자는 ⑦직임(職任) 면(免)함이 당연하다.

해직(解職): 직책에서 물러나게 할 수 있다.

5항을 행하는 자는 교인으로서 의무를 이행하지 않는 자로 알고 처벌할 수 있는 조항(條項)이다.

면직(免職): 직무에서 물러나게 함.

정직(停職)이나 면직(免職)할 경우 재판국(회)이나 사법치리회로 변격하여 권징조례 절차를 밟아 시벌(施罰)해야 한다.

6항) 교인은 진리(眞理)보수(保守)하고 교회법규(法規)를 잘 지키며 교회(敎會)헌법(憲法)에 의지하여 치리(治理)함을 순히 복종(服從)하여야 한다.

## 44문] 교인의 권리는 무엇인가?

### 3조 교인의 권리(權利)

교회의 주권과 모든 권리는 교인에게 있다.

1항) 교인은 교회의 헌법대로 순서를 따라 청원(請願), 소원(訴願), 상소(上訴)할 권리가 있다.

2항) 교인은 지 교회에서 법규(法規)대로 선거 및 피 선거권이 있다. 그러나 무고(無故)히 6개월 이상 본 교회 예배에 계속 출석치 아니한 교인은 위 1항, 2항(청원, 소원, 상소, 선거권 피선거권)의 권리(權利)가 중지된다.

3항) 무흠 입교인은 성찬에 참여하는 권한이 있다.

4항) 교인은 교회를 위하여 분량(分量)에 따라 일할 특권이 있다.

### 4조 주일 예배회

3항) 주일예배 시간에는 예배와 성례 외 다른 예식은 다른 날에 행하되 가급적 간단히 행함이 좋다.

4항) 주일예배에는 개인(個人)을 기념, 축하, 위안, 치하(致賀)하는 예배를 행하지 말고 온전히 하나님께만 예배 하여야 한다.

5항) 주일에 음식을 사먹거나 모든 매매하는 일은 하지 말며, 연회(宴會)나 세속적 쾌락을 삼가며 위문, 기도, 성경과 종교서적열람(閱覽)하는 시간으로 경건하고 거룩하게 보내야 한다.

6항) 예배당 구내(區內)에 개인을 위하여 송덕비(頌德碑)공로, 기념비(記念碑) 동상(銅像)을 세우지 않는다.

## 45문] 무임(無任)집사란 누구를 말합니까?

**8조 무임(無任)집사**

1) 안수집사가 다른 교회로 이거하여 무임 집사인 경우에 그 교회가 투표로나 당회의 결의로나 서리집사의 임무를 맡길 수 있고

2) 안수집사로 투표를 받으면 위임예식만 행하고

3) 안수(按手)는 다시 하지 않는다.

## 46문] 무임장로가 할 수 있는 일은 무엇인가?

**9조 무임(無任)장로**

1) 교회를 잘 봉사할 수 있는 무임장로가 있는 경우에 당회의 결의로 그 장로를 제직회의 회원으로 참여 시킬 수 있다.

2) 성찬예식 거행할 때 필요하면 무임장로에게 성찬 나누는 일을 맡길 수 있다.

## 32. <'질의 답변으로 된 "총회 중요 정치"에 관한 결의사항 요약'>

(108회 총회부터 76회 총회까지)

1) 총회세계선교회 노회파송이사 총회총대가 아니어도 선정은 가능하다로 결의하다.(108회)

2) 주기도문, 사도신경, 축도는 총회결의대로 전국교회에 제시하기로 하다.

3) 총회헌법을 위반한 변호인 관련 제97회 105회 총회결의 취소의 건은 총회 결의대로 하기로 하다.

4) 총회 정책연구소 신설의 건은 허락하기로 하다.

5) 통일목회개발원 설립의 건은 설립하기로 결의하다.

6) 여성안수 허용의 건은 여성사역자 TFT 구성키로 결정하다.

7) 총회 준비위원회 조직 및 운영 금지의 건은 현행대로 하되 위원은 15인 이내로 하기로 결정하다.

8) 분쟁사고노회 수습 메뉴엘 개정을 위한 설치건은 시행세칙 4장15조 개정건은 5인 특별위원 구성키로 하다.

9) 목회자 재교육을 위한 목양아카데미 설치의견은 필요예산 3억원을 총회 발전기금에서 지출하되 총회 임원회에 맡겨 시행키로 하다.

10) 총회 표준성경주석 발간 청원의견은 총신대학교와 협력하여 진행키로 하다.

11) 총회 행사시 책정된 강사비와 설교비를 2배로 상향 조정의견은 상향조정 하되 재정부로 보내기로 하다.

12) 선관위, 재판국원환원의 건은 총회 규칙부로 보내기로 가결하다.

13) 총회재판국 신뢰회복조치 시행의견은 5인 구성키로 하다.

14) 총회재판국 판례집, 양형기준표제작의건 총회재판국으로 보내 반드시 시행토록 결의하다.

15) 전남제일노회 분립위원 5인 선정키로 하다.

16) 서울 한동노회 분립위건 5인 선정키로 결의하다.

17) 정년지난 은퇴목사가 후임목사를 청빙하지 않고 임시당회장의 위임으로 계속 목회가 가능한지의 건은 불가(不可)로 결정하다.

18) 시무목사의 위임청빙선거시 대리당회장과 임시당회장 중 공동의회 주관 자의 질의건은 시무목사에게 노회가 당회장권을 부여했다면 대리당회 장이 시무목사에게 노회가 당회장권을 부여 안했을 경우는 임시당회장 이 공동의회를 주관한다.

19) 부목사의 시무계속 청원시 당회결의인지 당회장 청원인지 질의건은 당회 결의에 따라 당회장이 청원 한다로 결의하다.

20) 총회 헌의안은 헌의부를 거처 결의가 있거나 긴급동의안에서 결의가 있 어야 한다.

21) 총신대 지원을 위해 총회 발전기금에서 10억원 지원키로 하다.

22) 총회발전기금 중에서 은급재단으로 50억원을 지원키로 결정하다.

23) 총회발전기금 중에서 기독신문 정상화를 위해 2억원 지원키로 하다. (1)-(23번)=108회 총회 결의

24) 언론인(言論人)은 총회총대가 될 수 없다. 발행인은 포함되지 않음.(107회) 총대변경은 총회 개회일부터 7일 전까지만 변경할 수 있다.

    21당회 미만노회는 총회총대를 제한하고 당회수에 의하여 옵서보로 참석만 허락하고 상비부원 및 특별위원 참여를 제한키로 하다.(105회)

25) 정년이전 원로목사를 임시당회장으로 파송할 수 있다.(106회)

26) 헌법권징141조의 환부(還付)에 대한 유권해석은 총회 재판국이 총회에 보고할 때 환부(還付)는 총회 재판국으로 보내는 것이다.(105회)

27) 언론인은 헌법 권징제79조에 의거 총회산하 모든 재판의 변호(辯護)를 금지하기로 하다.(105회)

28) 총회재판국 판결의 판례집은 발간은 기각하고 판결문만 송부하되 총회 보고 전에는 효력이 없고 보고 후에 효력이 있다.(105회)

29) 재판국에 계류중인 사건은 화해중재 위원회로 이첩하지 않고 교리재판은 가급적 신학부에 의뢰하여 그 해석에 근거하여 재판하던지 총회재판국 자체적으로 개혁주의 신학자를 선정하여 이를 근거로 진행하는 것이 바람직할 것이다.(105회)

30) 당회장이 매년 노회에 시무 청원하여 승낙을 받았으면 부목사는 정회원이다.(정치4장4조3항) -(105회)

31) 여성 강도권은 허락하되 시행은 1년 더 연구토록 하다. (105회)

32) 시무목사 연기청원은 임기 3년 마치기전에 청원하는 것이 마땅하다.
    ① 시무목사에게 당회장권을 주었을 경우 대리당회장으로 연기청원 할 수 있다.
    ② 당회장권이 주어지지 않았을 경우 노회파송 당회장으로 연기청원 해

야 한다.

③ 단, 임기3년이 경과하여 유효기간이 지난 후에는 노회 파송당회장으로 공동의회를 실시한 후 시무연장을 청원해야 한다.(105회총회결의서)

33) 외국 시민권자 본 교단에서 목사임직을 받은 외국 시민권자가 지 교회 청빙을 받으면 담임목사직을 시무할 수 있다.(104회)

① 외국 시민권자 당회장, 담임목사 허용건은 1년 이내 한국 국적을 취득하는 조건으로 허락하기로 결의하다.(98회)

34) 위임목사는 사임 전에 공동의회를 소집하고 사회를 볼 수 없다.(104회)

35) 노회간 불법 이적 및 이명은 금하며 이를 위반한 것이 발견되면 즉시 원노회로 환부(還付)하기로 하다.(104회)

36) 동사목사건-원로목사 추대 전 3년 동안 동역케 하는 후임 목사는 제88회 결의. 부목사는 동일교회 담임목사로 청빙할 수 없다를 적용받지 않는다는 결의 청원건은 허락하기로 가결하다.(104회)

37) 총회를 상대로 한 소송형태

(1) 총회 결의에 대한소송, 선출직 선거에 대한 소송 전, 현직 총회임원에 대한 소송은 총회 임원회결의로 총회가 소송비용을 부담하며 대응한다.

(2) 총회재판국 판결에 대한 소송, 노회, 교회, 개인 간 분쟁은 행정처리와 관련하여 총회 전 현직총회임원, 직원에 대한 소송은 당사자가 대응토록 위임-소송비용은 당사자가 부담한다. 단, 소의 이익 당사자가 없는 경우 총회가 대응하고 소송비용도 총회가 부담한다.

(3) 사회 소송 제기자에 대한 조치

① 행정조치

노회에 대해 통보하고 각종 청원서 질의 등 제출서류 접수 정지, 각종 증명 발급중지.

② 권징조례 징계조치

목사=소송 접수일로부터 소송노회 공직, 총회 총대권 2년 정지 처리기간은 통보일로부터 45일 이내이고 하회가 불이행시 노회의 총회 총대권 정지. 장로 당회직무와 노회총대권 2년 정지

③ 치리회 재판(상소, 소원)계류 중인 사건에 대하여=사회소송을 제기할 경우 해당 재판국에 사실을 통보하여 권징조례76조에 의거 상소를 기각할 수 있다. 재판의 계류 중에 있는 건을 인쇄하여 출간 혹은 복사해서 직간접적으로 선전하면 치리회를 모욕하는 일이니 그 행동을 치리하고 그 상소를 기각할 수 있다.

(4) 사회 법정판결에 대한 조치(措置)

① 소송 제기자 패소 시(무혐의판결포함) 소송비용 일체를 변상하고 총대건 외 추가 징계한다.(당회책벌은 권징35조 참고)

총회임원 중 기소위원으로 하여 해당 치리회에 재판안건으로 상정. 해당치리회는 기소장을 받은 날로부터 45일 이내에 처리하여 상회에 보고토록 한다. 해당치리회가 불이행 시 상회가 직접 처결토록 한다.(권징19조)

② 소송 제기자 승소(勝訴)시=총대권 즉시회복, 각심 판결일로부터 효력발생 및 정지, 절차에 따른 해벌 및 결의사항 변경.(104회)

38) 주일날 임직식을 할 수 없다(104회)

(1) 주일예배 시간에는 예배(禮拜)와 성례(聖禮)외에 다른 예식은 다른 날에 행하되 가급적 간단히 행함이 좋다.(헌규4조3항)

(2) 주일예배시간에 어떤 개인을 기념, 축하, 위안, 치하하는 예배를 행하지 말고 온전히 하나님께만 예배하여야 한다.(헌규4조4항)

39) 위임목사 외 사무목사 임시당회장 재판권 금지의 건은 헌법대로 재판권(裁判權)없음을 가결하다.

40) 총회총대는 조직(組織)교회(敎會) 위임(委任)목사 또는 시무장로 이어야하고 헌법과 총회규칙에 흠결(欠缺)이 없어야 한다.(총회규칙1장3조,제103회)

41) 임시 당회장에게 지 교회의 목사 청빙 투표권이 있는지 질의건과 위임받지 않는 시무목사가 임시당회장이 될 수 있는지 질의 건은 불가(不可)한 것으로 가결(可決)하다.(103회)

　① 임시목사가 조사처리위원, 재판국 국원이 될 수 있는지 질의 건은 불가함으로 가결하다.(98회)

42) 목사의 이중직금지는 지 교회 담임목사직과 겸하여 다른 직업 공무원, 사업체대표, 전임교원, 정규직원들을 가질 수 없다.(신설, 총회규칙3조)

43) 총회재판국원을 겁박(劫迫)하는 개인 및 노회에 대하여 총회천서제한 및 행정제재를 요청하니 허락하기로 가결 하다.
(권징76조,98회,103회총회결의.)

44) 편목은 헌법대로 재 안수를 받지 않고 정치15장13조를 충족하면 안수 없이 서약과 강도사 인준으로 목사 자격이 주어지고 노회승인을 거쳐 위임식을 했으면 위임목사 자격이 있다.(103회)

45) 폐당회가 되어 2년 위임 해제가 유보되고 있는 위임목사의 노회장과 총회총대 제한의 건은 위임목사직은 유지되나 노회장과 총회총대는 불가하다. 2년 대회 당회가 복구되지 않으면 자동 위임이 해제된다. 2년 내에 장로를 세워 복구되면 위임식 거행할 것 없이 위임목사이다.(102회.60회)

46) 남울산 노회는 총회재판국 판결을 불이행으로 천서를 제한 요청했으나 지시사항을 이행하였으므로 노회에 천서하기로 하다.(102회)

47) 미혼목사 안수의건은 미혼목사 안수 가함으로 결의하다.

48) 사회법 고소자 관련: 총회결의에 대하여 교회법을 경유하지 않거나 교회재판 중 사법으로 갈 경우는 접수일로부터 2년간 총대권을 정지한다.(101회)

49) 기소 위원선정은 매회 때마다 총회 파회 전 임원회가 3인을 선임하여 본 회의 허락을 받도록 가결(可決)하다.

50) 원로장로 추대건: 김제 노회장 강동현씨가 헌의한 장로은퇴 후 공동의회 를 통해 원로장로로 추대 할 수 있는지 질의건은 동일교회 20년 이상 시 무(始務)한자가 헌법대로 은퇴할 당시에만 할 수 있다로 가결하다. (헌법정 치5장5조)=101회 결의

   (1) 원로장로제직회 발언권 대구중노회헌의, 원로장로 제직회 발언건 에 대한 질의건은 헌법정치21장2조에 근거 원로장로라도 정년 이전 에는 발언권이 있고 정년 이후에는 발언권이 없으며 라고 가결하다.

   (2) 무임장로 복직(復職)의 건
   (이리노회)/노회에서 장로선택 허락받은 6명 속에 무임장로를 포함시 켜 투표를 해야 하며 재신임 투표 시에는 3의 2 찬성으로 하며 당회 결의만으로는 복권(復權)이 불가능(不可能) 하다.

   ① 97회 결의는 이리 노회장 조덕영씨 헌의=원로목사, 원로장로 추 대를 위한 공동의회 시점이 법적 은퇴일 이전인지 이후인지 시 무 사임된 자를 원로장로, 원로목사로 추대(推戴)할 수 있는지 해 석건은 교회 형편대로 하기로 하다.

   ② 97회 결의는 헌법위배 결의이고, 97회 선 결의보다 제101회 총 회의 후 결의가 유효하다.

51) 원로목사 관련: 서경노회 김윤식씨가 헌의한 20년 이상 시무목사였던 자 가 원로목사가 될 수 있는지, 된다면 노회에서 원로 목사와 동일한지, 또 한 원로 목사의 한계 및 범위 관련 질의건은 헌법대로 가결 하다.
헌법4장4조는 동일한 교회에서 20년 이상 시무한 목사, 노회에 사면서 를 제출 하려할 때 공동의회소집 생활비를 작정하고 투표하여 과반수로 결정한 후 노회 청원하면 노회 결정으로 원로목사의 명예직을 준다. 단,

정년이지나면 노회의 언권만 있다 라고 하였다.

① 시무라는 내용해석/서수원노회 시무 20년 건 헌의. 헌법정치4장 4조 4항 중 시무(始務)라는 내용은 위임목사 20년인지, 시무목사 20년인지 질의건은 시무는 부임 20년으로 가결하다.(96회)

② 원로목사건/동대전노회 원철목사 헌의/원로목사 헌의건은 헌법대로 하는 것이 가한 줄 아오며 단, 93회 이전대로 하되 시행은 96회 때부터 시행하기로 하다.(95회)

③ 진주노회에서 질의한 시무목사 원로목사 추대건은 105회총회에서 헌법대로하기로 한 것은 시무목사는 원로목사가 될 수 없다는 것임을 답변하기로 하다. 단, 이전에 교회의 형편 따라 시행한 경우가 있다면 소급적용하지 않기로 가결하다.

52) 교단 탈퇴: 교단을 탈퇴한 목사나 교회가 재 가입할 경우 소속 되었던 노회로만 가입할 수 있다.(100회)

53) 예배모범 축복(祝福)을 축도(祝禱)로 수정하여 노회에 수의하기로 하다.(100회)

54) 노회 파송당회장은 정치9장3조-4조의 담임목사가 갖는 권한과 동일함을 가결하다.(100회)

55) 총회 사무국이 노회의 이명, 이적 확인서 없이 정보변경은 불허(不許)하기로 하다.(100회)

56) 타 노회소속 처벌: 타 노회가 '소속이 안 된 회원을 처벌할 수 없음'을 가결하다.(100회)

57) 은퇴 장로건, 20년 안된 은퇴 장로의 언권회원 인정의 건은 헌법대로 하기로 하다.

58) 명예장로관련, 만 70세 이상 남자 집사에게 명예장로 허락건은 헌법대로 하기로 가결하다.(안됨)

① 헌법대로 명예장로 세울 수 없는 것으로 가결하다.(97회결의)

59) 한기총 탈퇴건

예장합동이 이단으로 규정한 다락방과 박윤식씨 이단해제 등 회원교단 결의를 무시하는 이단옹호 행태에 대한 것으로 탈퇴 결의하다.(99회)

60) 카톨릭 천주교의 영세를 인정 않기로 하다.(99회)

천주교에서 영세 받은 자가 지 교회 등록했을 경우 세례교인으로 인정할 수 있는 질의 건은 입교(入敎)하도록 결의하다.(98회)

61) 총회재판국장 장로선출 금지의건은 헌법대로 안 되는 것을 결의하다.(99회)

62) 세습(世襲)이란 용어 사용 건은 금지(禁止)하기로 하고 헌법(憲法)대로 하기로 가결하다.(99회)

63) 시무목사공포건

총회헌법 임시목사 명칭을 시무목사로 변경하고 임기3년으로 개정 공포하다. 95, 96회 총회결의대로 시행하기로 가결하고 노회 수의과정이 완료 되었으므로 총회장이 시행을 공포(公布)하다.(98회총회장 안명환)

① 시무목사에 대한 헌법 개정안

헌법4장4조2항 조직교회 시무목사는 공동의회에서 출석교인 3분의 2 이상의 가결로 청빙을 받으나 그 시무기간은 1년간이요, 조직교회에서는 위임목사 청빙이 원칙이나 부득이한 형편이면 다시 공동의회에서 3분의 2 가결로 계속시무를 청원하면 1년간 더 허락할 수 있다. 단, 미조직 교회에서 시무목사 시무기간은 3년이요. 연기를 청원(請願)할 때에는 당회장이 노회에 더 청원 할 수 있다.(95회)

② 시무목사 권한/ 당회장권 허락/ 정치15장 12조

(1항) 특별한 이유가 있으면 노회 허락으로 조직교회는 1년간 시무목사로 시무하게 할 수 있고, 만기 후에는 다시 노회에서 1년간 더 승낙을 받을 것이요, 미조직교회는 3년간 시무목사로 시

무하게 할 수 있고 만기 후에는 다시 노회에 3년간 승낙을 받을 것이요, 노회결의로 당회장권을 줄 수 있다.

(2항) 교회 각 기관에서 종사하는 목사는 지 교회 위임목사가 될 수 없고 임시로 시무할 수 있다.

64) 은퇴자 공직(公職)배제(排除)

총회산하 기관에서 만70세 은퇴자는 모든 공직에서 배제키로 결의하다.(총장, 이사장, 상비부, 특별위원)=98회 총회

65) 총신대, 칼빈대, 광신대, 대신대, 전임교수는 기관목사이므로 담임목사가 될 수 없고 총회총대, 총회내의 각종 직책을 맡을 수 없다.(98회총회)

66) 정년이후에는 교단 내의 모든 공직(公職)을 가질 수 없음을 가결하다.(고문, 지도위원만 가능)

67) 해벌에 관하여

권징6장41조의 정직기간은 제한이 없고 무흠한 자의 해벌은 해당 치리회에 속한 권한(權限)인 것으로 가결하다.

68) 임원후보관련/ 위임목사 몇 년에 관한 개정의건은

동일 노회 혹은 동일교회로 개정하고 규칙부로 하여금 본회기내 수정하여 보고 하도록 가결하다.

69) 사회법정 고소자 관련

① 노회나 총회 결정사항에 대하여 이의가 있을시 반드시 소속노회를 통하여 정식절차를 밟아 이의제기 하도록 하고 절차 없이 사회법정에 직접 고소하는 자는 패소할시 당사자에게 소송비용 일체를 변상토록하고 소송노회가 면직하도록 하고 노회는 5년간 총대권을 정지하기로 가결하다. (97회)

② 총회와 노회 공무 중에는 원고, 피고간 관계 된 자들은 투서, 진정서, 긴급동의안 어떤 의견도 접수 불가하기로 가결하다. 세상법정 고소자

가 패소할 경우 소속 노회 당회로 패소에 대한 재판국을 열어 총회 임
원회에서 위원을 파송하여 원고를 대행하게 하며

③ 총회가 패소(敗訴)할 경우 고발자의 모든 신분을 원상회복(回復)하고
합당한 배상(賠償)을 해주기로 가결하다.

70) 대전중부노회는 합동당시
허입(許入)되었으므로 지역노회로 인정하기로 하다.

71) 미혼목사 및 장로안수건(2건)/서울남노회장 미혼목사 안수청원건은 허락
하기로 가결하다.(96회)(97회)

① 미혼목사 장로장립의견/여수노회/헌법정치4장2조,5장3조에 의거
안수장립이 불가한 것으로 하되 적용은 95회총회 파회(罷會)부터 적
용하기로 가결하다.

② 서울노회장 95회총회 미혼목사 및 장로안수 불가결의에 대한 철회
(撤回)요청건은 허락하기로 가결하다.(96회)

② 목사사모 타 교단에서 안수의견/동대전노회
헌법대로 여자(女子)목사는 불가하며 실태조사는 총회 임원회에 맡
겨 처리하기로 가결하다.(95회)

72) 군산노회 헌의목사 칭호건
헌법정치4장4조8항 종군목사를 군종(軍宗)목사(牧師)로 수정하고 군 선
교사 삽입건은 허락하기로 가결하다.(96회)

① 군종목사 안수연령 단축의견/현행 30세를 29세로 수정하기로 가결
하다.(96회)

73) 장로 무흠에 대한 질의건
정치5장3조 장로자격에서 무흠(無欠) 5년이 타 교회 출석기간 포함인지
해 교회 출석만 인정하는지의 질의건은 "본 교단 이명서를 첨부하여 이
동한 경우에 인정하기로 가결하다."

74) 부목사 정회원건

　　매년 당회에서 청빙청원을 하고 노회에 허락을 받은 부목사이면 시무목사이므로 정회원으로 인정하는 것으로 가결(可決)하다 (96회)

75) 임시목사총대건

　　노회장과 총대 허락의건은 87회, 93회 총회결의대로 불가하기로 가결하다.

76) 개인이 총회에 제출한 안건/경기노회

　　개인이 제출한 안건을 총회가 접수처리 할 수 있는지 건은 합법적(合法的)인 부전지가 있는 경우는 가능한 것으로 확인하다.(94회)

77) 행정보류에 대한 총회 유권해석/경기노회/

　　헌법 권징조례54조를 준용한 경우에는 가능함을 확인하다.(94회)

78) 총회임원이중직 관련/경기, 동대구노회

　　담임목사 이중직은 금하나 총신과 지방 신학교 석좌교수 및 강의전담 교수와 총회산하 비정규직은 할 수 있으며 제94회총회 이전의 정관으로 하기로 가결하다.(94회)

79) 헌법 해설집은 발행하지 않기로 가결하다.

80) 노회징계 해벌조치/김제중앙교회건

　　노회가 징계한 것은 모두 해벌 조치하고 양측 모든 고소고발은 취소한다.

81) 장로(長老)불법공동의회/서울동노회

　　당회결의 없이 공동의회를 개최한 것과 장로가 공동의회 의장이 되어 공동의회를 개최한 것은 불법(不法)무효(無效)이다.(94회)

82) 정치문답조례번역/위원장 이정호 청원

　　정치문답조례 /J.A하지 번역출판은 허락하기로 하고 재정청원은 재정부로 보내기로 가결하다.(93회)

83) 찬송가 "어둔 밤 마음에 잠겨" 부르지 않기로 한 73회 결의.

　　성서를 성경으로 호칭한 62회 결의를 재확인하고 가사를 수정해야할 찬

송가에 대한 총회위원회에 맡겨 수정 요청하기로 하다.(93회)

84) 담임(擔任)목사 (牧師)청빙 불가(不可)건

교육목사, 음악목사, 협동목사 등도 부목사와 같이 담임목사 청빙이 불가함을 가결 하다(93회)

85) 편 목사(牧師)인 경우 원로목사 기준 건

편목일 경우 강도사 인허 기준에서 동일교회 20년 이상 건은 헌법대로 하기로 가결하다.(93회)

86) 87회 결의대로 임시목사 노회장과 총대가 될 수 없음을 가결하다.

87) 목사정년 만 70세에 대한 유권해석

만 71세가 되는 생일 전날까지이다. 93회총회 이후부터 적용키로 하다. 만(滿)이라함은 생일을 기산일로 하여 다음생일 전(前)까지이다. 만 70세까지란 만 70시작점에서 364일로 만 71세가 되는 생일(生日) 전(前)일까지이다.

88) 영주권자도 총회 상비부 및 총회 임원후보자 자격을 주기로 하다.

89) 총회개회 시 직접호명 방식을 명단제출 합산방식으로 규칙개정하다.(92회)

90) 합동위원회 처리는 받고

미진한 부분은(위원장 황승기) 정리를 위해 1년간 연장하고 위원선정은 총회 임원회에 맡기기로 하다.(91회)

91) 규칙 개정건은 90회총회에서 결의한대로 총무임기 5년 담임으로 하기로 하다.(91회)

92) 목사자격관련/목포새노회

헌법개정 될 때까지 합동 결의대로 시행하기로 하다.(91회)

93) 세상법정 고소관련

총회헌법과 규칙 등 교회내의 법, 질서에 의한 충분한 소송절차 없이 총회산하 각급치리회(총회, 노회, 교회) 및 각급기관과 속회와 그 소속 인사를 사회법정에 고소하는 자는 법원고소 접수일로부터 총회 총대권을 3년간 정지하고 피소된 해당 각급 치리회 및 기관과 속회의 모든 직무와 자격과 권한을 3년간 정지키로 하다.(91회)

94) 사고 노회시벌 효력건

분규 당시 양측 쌍방 치리사항은 화합과 함께 원인무효가 된 것을 답변하고 기각하기로 하다.(91회)

95) 서북노회 폐지건

서북노회로 하여금 총회석상에서 공식 사과하고 신문에 사과광고를 게재하고 소송비용은 서북노회에서 부담하기로 하며 차후에 민형사상 어떤 소송도 내지 않기로 공식문서로 총회에 제출하고 마무리하기로 하다.(91회)

96) 개혁교단 합동추진위원장 서기행목사 보고를 받다.(보고서 555-557)

합의각서 5가지 사항과 합동선언문은 제90회 총회총대 일동 (2005년9월27일)제90회 보고서 p.56-57참고할 것

97) 면직(免職)목사

적법절차에 의해 면직 확정된 목사는 교단산하 모든 교회에서 성례나 예배를 집례 할 수 없다.

98) 촬요는 회의결의서, 절차는 회의순서로 용어 변경하여 사용하기로 하다.

99) 위임목사 청빙건-위임식을 안했을 경우 당회장 불허(不許)

위임목사 청빙은 했으나 위임식을 거행하지 않았기 때문에 당회장이 될 수 없으므로 중요한 치리권을 행사할 수 없는 것으로 결의하다.

100) 원로목사, 원로장로 당회 참여건

정치문답 86문대로(J.A하지 완역판)원로목사는 당회의 요청이 없으면 당회에 참석하지 못하고 교회 내에 어떤 치리권도 가지지 못한다. 자동회원이 아니다. 허락을 받으면 무슨 사건이나 언권(言權)으로 행할 수 있다.(90회)

101) 협동장로는 정치5장7조 무임장로 중에서 당회의결로 협동장로로 선임하고 당회의 언권회원이 된다.(90회)

102) 시무장로시무투표건
2000년 9월부터 7년에 1차씩 시무투표 시행하기로 하다. 85회 총회에서 수정된(2,000) 7년에 1차씩 시무투표의 기준연도는 헌법개정 공포 2000년 9월부터 시행키로 하다.(90회)

103) 총무 선출건은 3개구도로 시행하기로 하다. 임기는 단임 5년, 목사장립 15년, 50세 이상, 노회에서 10년 이상 시무중인 목사, 총대경력 7년 이상(90회총회)

104) 무지역 노회도 헌법의 조건을 갖추면 분립할 수 있다.(2004년89회서기행총회장)

105) 개역성경을 강단용으로 사용하고 개역개정판 성경은 공적예배에 사용하지 않기로 하다.(89회)

106) 회의용어 중 현대용어로 자벽을 지명으로, 지시위원을 광고위원으로, 수정하기로 하다. 증경, 고퇴용어는 그대로 사용하기로 하다. 중보기도 대신-이웃을 위한 기도로 사용하는 것으로 받다.(89회)

107) 마량진 한국최초성경전래지 기념사업의 채택건은 허락하기로 가결 하다. (89회총회2004년도/충청노회 이기우, 헌의자: 정진모)

108) 목사장로 가운 착용건
예배 시 가운 착용의 신학적 정립에 대한 관한 건은 해 당회에 결정에 따라 진행하기로 하다.(89회)

109) 교역자 최저생활비 헌의건/충청노회 임헌균, 헌의 발의자: 정진모
교역자 최저생활비 결정에 대안 헌의안은 연구위원 5인 선정하기로 결의하다.(서공섭, 이기택, 김주락, 송정현, 최윤수)=88회총회2003년.

110) 지역노회 교회는 무지역 노회로 갈 수 없다.

무지역 노회에서 무지역 노회로 절차를 밟아 갈 수 있다.(88회)

111) 부목사 이명건, 투표건

이명하지 않는 부목사가 전(前) 노회에 선거권이 있는가? 없다.(88회)

112) 주일날 위임식한 목사는 합법인가? 위임목사이나 징계를 해야 한다.(88회)

113) 목사가 위임하고 그 사실을 보고하지 않는 사람은 위임목사인가?

위임은 노회가 선언하는 것이다.=88회총회-(노회장이나 서기, 위임목사, 조직교회 행정정리가 필요하다.)

114) 결혼식에서 성찬 분배 할 수 없다.(88회)

115) 임시목사가 재 청빙 없이 계속시무 가능한지 질의 건은 법대로 하기로 하다.(불가능)

116) 미조직교회 임시목사 노회장과 총회총대 불가능하다.(88회)

117) 총회부동산 매매 시(유지재단, 은급재단) 총회 승인받은 후 이행토록하다.(88회)

118) 예장합동 혁신총회 이단성이 있는 것으로 가결하다.(신학부보고88회)

119) 세례교인 의무금을 세례교인 헌금으로 변경, 농어촌 3000원, 시(市)지역 5,000원 특별시 7,000원으로 한다. 미실시하면 총대권을 제한한다.

120) 교회간 거리측정은 대지간 직선거리 3,00미터 이상으로 한다.(86회)

121) 무지역노회 지역노회 이적건

성남노회 정평수/무지역노회 소속한 교회와 목사가 지역노회로 이적건은 공동의회 결의로 청원하면 교회와 목사를 이명하여 주기로 가결하다. 단, 고의로 이명하여 주지 않을 시는 지역노회 결의로 이명한다.(86회)

122) 부목사 청빙 시 노회 서류요구에 교회는 순종건

부목사 청빙 시 해교회에서 보내온 청빙서와 당회록 사본을 목사관 할 노회에 보낼 필요가 있느냐 질의는 정치4장4조3항대로 청빙이 가능하지만 관할노회에서 당회록 사본을 요청하면 첨부해야한다.(86회)

123) 팩스 전산문서는 참고문서로 가능하나 원본 문서만 정식문서로 인정할 수 없다.(86회)

124) 공로목사 칭호건

헌법 개정 전 공로목사는 이력에는 들어갈 수 있어도 현재는 공로목사 없다로 결의되다.(86회)

125) 군목회원은 정치4장4조8항에 의거 노회회원권이 있는 것으로 확인하다.(86회)

126) 한기총과 한장연에 속한 교파와는 연합운동을 지속키로 하다.(86회)

127) 세례교인 의무금 불이행 교회는 총대권을 제한 및 제 증명 발급 중지키로 하다.(86회)

128) 본 총회가 허용하지 않는 여(女)목사와 여(女)장로는 강단에 세울 수 없다.(85회)

129) 여(女)교역자가 여전도회 임원회 될 수 없다.(85회)

130) 주초(酒草)교직자

본 총회가 설정한 윤리에 위배된 주초(酒草)교직자는 강단에 세움을 금한다.(85회)

131) 교회거리 제한 우선권은 교회설립이 우선이다.(85회)

132) 목사결혼 주례 건은

신자에게, 당회장 재량으로 하기로 하다.(85회)

133) 헌금(獻金)기도를 예수님의 이름으로 기도합니다. 로 끝맺지 않고 바로 축도(祝禱)로 들어가는 것은 잘못이다.(85회)

134) 강단교류는 해당회에 위임한 대로 하되

제82회 총회결의대로 하는 것을 재확인한다. 본 교단과 신앙고백이 같고 성경관, 구원관이 동일한 복음주의적이고 개혁주의적인 신앙을 고수하는 건전한 교단은 해 교회 당회장이 책임지고 교류할 수 있다.(85회)

135) 70세 정년 되는 해에 임원 후보로 나오는 것은 불가(不可)하기로 가결하다.(85회)

136) 본 교단 기관목사도 70세 정년제도가 적용되는 것으로 가결하다.(85회)

137) 예배시간 설교에 대한 고소건 대구노회 김성덕
예배시간 설교에 대한 고소(告訴)할 수 없음으로 기각(棄却)하기로 가결하다.(85회)

138) 주일예배 외에 임직식, 야외예배 할 수 없음.(41회, 63회총회결의, 84회 확인)

139) 교단 통합측과 교단교류는 총회 허락 없이 할 수 없음.
(82회 결의대로 개 교회 강단교류는 당회장 책임 하에 교류)=84회

140) 열린 예배는 금지하기로 하다.(84회)

141) 하나님의 호칭은 하느님이 아니라 '하나님'이 정당하다.(84회)

142) 기독교의 장례는 매장을 원칙(原則)으로 하되 할 수 없는 경우에 화장도 가능하다.(84회)

143) 공로목사헌법조항삭제/정치4장4조5항 공로목사 전항 삭제키로 하다.(84회)

144) 공로, 원로목사는 70세 이내에서만 활동할 수 있다.(84회)

145) 장로(長老)가 노회(老會)안에서 이명 없이 취임할 때 고시부에 면접을 하는지에 대한 건은 해노회(老會) 규칙(規則)대로 하기로 가결하다.(84회)

146) 교회노회탈퇴건
탈퇴 및 가입건은 탈퇴 및 가입에 대한 적법성에 대한질의는 1개월 이내 탈퇴이전 노회로 소속토록 가결하다.(84회)

147) 사순절을 성경적 절기로 지키는 것은 바람직하지 않으며 더 연구하기로 하다.(83회)

148) 시무장로가 유급전도사건/시무장로가 유급전도사로 시무하면 총대 또는 총회총대가 될 수 없다.(83회)

149) 타 교단과 강단교류

본 교단 신앙고백이 같고 성경관 구원관이 동일한 복음주의적이고 개혁주의적인 신앙을 고수하는 건전한 교단으로 해교회 당회장이 책임지고 교류하도록 하다.(82회)

150) 개혁 합신측과 본 총회 출신은 영입하기로 하다.(82회)

151) 편목의 목사임직과 위임 기산은

정치15장13조에 의하여 하기로 하되 강도사 인허(認許)때부터 교단 가입으로 한다.(82회)

152) 외국인국적을 가진 목사후보생은

총신신학생은 각 노회로 보내어 관리(管理)하기로 하다.(82회)

153) 류광수 다락방을 이단으로 규정하고 관련된 자를 각 노회별로 시벌(施罰)키로 하다.(82회)

154) 목사가 불신자 주례를 할 수 없다.(81회)

155) 소위 무료신학교 이만희는 일고의 신학적 신앙으로 가치 없는 집단으로 밝히다.(80회)

156) 미조직교회도 안수집사를 세우도록 가결하다.(80회)

157) 시찰별 총회총대 선출건

해노회 현장에서 하지 않고 각 시찰단위로 선출하는 것은 헌법정신에 위배(違背)되는 것으로 가결하다.(80회)

158) 지역노회 경내 타 지역노회 소속교회는 해당지역 노회로 보내기로 가결하다.(79회)(단, 무지역 노회제외. 분립당시 총회가 인정한 것은 제외)=79회

159) 은퇴 장로가 교회주보에 기재하고 당회석에 앉을 수 있는가의 질의는 해당회에 맡겨 처리하기로 가결하다.(79회)

160) 헌법개정 전 원로 장로추대건/ 원로장로 추대투표는 과반수로하고 헌법개정 전에 추대한 장로는 개정 후에도 유효함을 가결하다.

현재 헌법(憲法)은 (2023년) 공동의회 결의로 추대 할 수 있다 라고 하였다. 투표(投票)란 단어가 없다.

161) 주일오후 예배 폐지할 수 있는가?

질의는 한국교회 전통적인 것으로 시행하기로 가결하다.(79회) 주일 오후 예배는 한국교회 전통적인 것으로 시행하기로 하다.(77회)

162) 은퇴 목사가 모든 직분은 맡을 수 없으나 노회 발언권(發言權)은 있다.(79회)

163) 외국인 본 교단 목사안수건

본 교단이 시행하는 강도사고시에 본국인과 같은 절차를 거쳐야 한다.(79회)

164) 공천 위원회는 총회 10일 전에 모이기로 하다.(78회)

165) 예배 시 악기상과 복음성가 사용건 /찬송가만 사용하고 예배 시 몸가짐은 예배 모범에 따르도록 하다.(78회)

166) 면직된 목사는 강단에 설수 없으므로 엄히 처리하기로 하다.(78회)

167) 각 교회 경상비 0.2%를 은급기금으로 납부토록 하다.(78회)

76회 은급기금 조성위해 교회경상비 0.2%로 책정하여 납부키로 하다.(76회)

168) 이장림을 이단으로 규정하다. 할렐루야 생수기도원

생수에 신유 능력에 대한 건은 비성경적이므로 금지(禁止)하기로 하다.(76회)

169) 공 예배 시 성경은 개역 성경만을 사용하기로 하다.(76회)

170) 기독신보 사장과 주필은 다른 부서의 일에 개입하지 않기로 하다.

171) 총신과 지방 신학 이사는 겸직하지 않기로 결의하다.

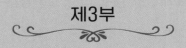

# 교회헌법, 법률용어(法律用語)
## (교회헌법, 형사, 민사, 교통법규 등)

# 제3부
## 교회헌법, 법률용어(法律用語)
### (교회헌법, 형사, 민사, 교통법규 등)

교회헌법 정치 및 권징조례에 근거한 법률용어와 민법(民法), 형법(刑法), 교통법규(交通法規)에서 말하는 법률용어의 뜻을 고찰(考察)하므로 재판(裁判)에 유익(有益)을 주고자 한다.

## 1. 교회(教會)헌법에 근거(根據)한 법률용어(法律用語)

1) **권징(勸懲)이란?**

   권선징악(勸善懲惡)의 준말로, 착한일은 권장하고 악한일은 징계(懲戒)한다는 뜻이다.

2) **행정(行政)치리회(治理會)**

   행정치리는 소원(訴願)건으로 처리한다.

3) **권징(勸懲)치리권(治理權)**

   권징치리는 고소(告訴)건으로 재판(裁判)으로만 처리한다.

4) **범죄(犯罪)-권징3조**

   성경과 헌법에 위반되는 것은 범죄(犯罪)이다.

5) **재판건(裁判件)-권징4조**

   성경과 헌법위반으로 고소자가 소송을 제기하는 사건이다.

6) 행정건(行政件)-권징5조

치리회(治理會)인 당회, 노회, 대회, 총회가 범한 행정상의 불법을 말한다. 불법에 대하여 부당한 행정처분에 대하여 취소, 변경을 구하는 것이 행정권 소원(訴願)이라 한다.

7) 원고(原告)-권징7조

소송을 제기한 사람을 가리킨다. 원고가 없으면 피고도 없으므로 재판을 못한다.

8) 피고(被告)-권징7조

소송을 당한 사람을 가리킨다.

9) 실증(實證)

확실한 증거, 사실을 바탕으로 한 증거물.(證據物)

10) 고소(告訴)-권징7조, 16조

피해(被害)자가 교회법(敎會法) 절차에 따라 당회(堂會) 혹은 노회(老會) 고소장을 제출하는 자를 가리킨다.

11) 고발(告發), 기소(起訴)인-권징10조, 11조, 12조.

피해자 이 외 제 3자가 고소(告訴)하는 것을 고발(告發)이라 하고, 권징10조-12조에는 기소(起訴)인이라 하고 기소자가 원고(原告)가 된다고 하였다.

12) 화해(和解)-권징10조

분쟁을 그치기로 약속한 계약이다.

13) 기소 위원-권징12조

소송(訴訟)을 제기하는 자가 없어도 재판할 필요가 있다고 인정될 치리회가 기소(起訴)위원을 선정하여 원고(原告)가 되게 한다.

14) 변호인(辯護人)-권징12조

형사소송(刑事訴訟)에서 '피의자(被疑者)나 피고인(被告人)의 이익을 보호'하는 보조자로서 변호(辯護)를 담당하는 사람.

15) 피의자(被疑者):

범죄혐의는 받았으니 아직 기소되지 않은 사람.

16) 피고인(被告人):

형사소송(刑事訴訟)에서 죄를 범했다고 검사(檢事)로 부터 공소(公訴)제기를
당한 사람.

17) 공소(公訴):

검사가 특정 형사(刑事)사건에 대하여 법원에 그 재판을 청구(請求)하는 일.

18) 송달(送達)-권징12조

소송 관계의 서류를 일정한 방식에 따라 당사자나 소송 관계인에게 보내는 일.

19) 조사(照査)변명(辨明)-권징=13조

헛소문을 퍼뜨리는 자로 명예가 훼손되니 조사를 통하여 옳고, 그름을 밝
혀 달라고 하는 일.

20) 종결(終結)-권징13조

사건(事件)을 마무리하고 끝내는 일.

21) 소송(訴訟)제기(提起)-권징14조

소송을 일으키는 일. 소송을 제기하는 일.

22) 자의(自意)-권징15조

자기 생각이나 의견.

23) 기각(棄却)-권징14조

법원이 소송을 심리한 결과 이유가 없거나, 적법(適法)하지 않다고 판단하여
물리치는 일이다. 더 이상 그 사건을 다루지 않고 돌려보낸다. 기각 사유와
근거 법조문(法條文)이 정확해야 한다.

24) 교회헌법의 기각(棄却)의 의미는 상소를 기각(棄却) 한다(권징 76조)는 용
어(用語)는 하회 재판이 적법(適法)하게 이루어 졌다고 판단 될 때이다.

① 민사소송법에는 법원이 소송당사자의 신청내용을 종국적인 재판에서

이유 없다고 배척하고 사건을 종료한다.

② 형사소송법에서는 부적당 소송으로 판단하여 상소기각, 공소기각 한다.(형소 20조, 270조, 272조)

## 25) 개심(開審)하기 전(前)-권징15조

재판을 열고 심리하기 전(前)을 의미(意味) 한다.

## 26) 고소장(告訴狀)-권징16조

① 고소장에는 피고인의 범죄 죄상을 분명하게 기록해야 한다.

② 죄증(罪證)설명서(說明書)를 육하원칙에 의하여 상세히 기록하고,

③ 증인의 성명, 소속을 분명하게 기록한다.

## 27) 병합심리(倂合審理)-권징17조

① 고소장(告訴狀)은 한 장이지만, 1조에 한 가지 범죄사건만 기록하되 한사람 1인에 대하여 여러 가지 범행(犯行)을 동시(同時)에 고소(告訴)할 수 있다.

② 매 사건마다 죄증설명서를 각기 제출한다. 치리회(治理會)는 결의로 그 모든 사건을 병합(倂合) 심리(審理)하고 일시에 한 재판국에서 동시에 축조하여 가부 재판할 수 있다. 판결은 각 죄목(罪目)별로 유무(有無)를 판결(判決)해야 한다.

## 28) 축조(逐條)란-권징17조

조목(條目)마다 가부(可否)로 결정 한다.

## 29) 화해(和解)진술서(陳述書)-권징18조

당사자(當事者)끼리 화해(和解)하였다는 것을 증명하는 서류이다. 고소 서류 중에 화해(和解)시도(試圖) 했다는 증거서류를 제출(提出)해야 한다.

## 30) 직접(直接) 처결(處決)권-권징19조

상회가 하회에 명령하여 처리하라는 사건을 하회가 순종 않고, 부주의로 처결하지 않으면 직접 처결권이 있다. 교인의 원심(原審)재판권은 당회, 항소(抗訴)재판권은 노회(老會), 상고(上告)재판권(裁判權)은 총회(總會)에 있다.

31) 재판회(裁判會)-권징20조

행정(行政)치리회에서 재판권(裁判權)을 행사하려면 재판회로 변격(變格)하여야 한다.

32) 심문(審問)-권징20조

법원(法院)이나 재판(裁判)국에서 이해 당사자에게, 원고, 피고에게 자세히 따져서 묻고 진술(陳述)하도록 함.

33) 교부(交付)-권징20조

증명서(證明書) 및 서류(書類)를 발급(發給)하여 줌.

34) 소환(召喚)장-권징21조

재판국애서 재판하기 전 원, 피고에게 최후 주소지로 보내야 한다.

송달 불응 시는 배달증명(配達證明)으로 우송(郵送)해야 한다.

35) 의식(儀式)송달(送達)-권징21조

의식송달 증거가 있어야 한다. 민법(民法)의 통지 발생효력은 발송한 날이 아니라 도달(到達)한 날이다.(민법(民法)111조)

36) 시벌(施罰)-권징22조

위법한 범죄자에 베푸는 벌칙이다.(권징34조,35조,41조,47조)

37) 궐석재판(闕席裁判)-권징22조

피고가 두 번 이상 재판국에 출석을 불응하면 재판국이 직권으로 변호인을 선임하고(국선과 같음) 변호인의 변론을 듣고 궐석재판(闕席裁判)할 수 있다.

38) 대리인(代理人)-권징23조

남을 대신하여 의사 표시하는 법정(法定) 대리인(代理人)이 있다.

39) 각하(却下)-권징23조

각하(却下)란 민사소송법상 소송요건, 상소요건을 갖추지 않은 까닭으로 소송신청을 배척한다.(소송종료)-예: 공소기각, 상소기각이다.(민사소송법373조, 430조)

40) 적법(適法)-권징23조3항

법규(法規)에 맞음.

41) 대질심문(對質審問)-권징24조

원고, 피고 증인들을 대면시켜 서면이나 말로 진술할 기회를 주는 것이다.

42) 채납(採納)-권징24조

의견이나 요구들을 재판국에서 선택하여 받아드리는 것을 말한다.

43) 재판(裁判)기록(記錄)-권 25조

재판회(국) 서기는 재판 회의록을 상세하게 기록하고 서명날인 하여야 한다.
완전재판 기록이 된다.

44) 변호인(辯護人) 선임계-권징27조

원고와 피고의 변호인이 되려면 변호인 선임(選任)계를 치리회(治理會)에 제
출하고 허락을 받아야 한다. 본 교단(敎團)에 소속(所屬)한 목사(牧師) 장로
(長老)로 헌법(憲法)을 잘 아는 자라야 한다.

45) 항의(抗議)-권징28조

반대의 뜻을 주장함. 항변(抗辯): 대항하여 별개의 뜻을 주장함.

46) 이의(異義)-권징27조

다른 뜻이나 의견

47) 비밀(秘密)재판(裁判)회-권징32조, 정문212-213문

비공개(非公開)로 재판할 경우 비공개로 회집(會集)할 권리가 있다.

48) 시벌(施罰)/벌을 집행함. 해벌(解罰): 형벌을 풀어줌-권징31조

예배모범 16장, 17장의 규정대로 처리해야 한다.

49) 판결문(判決文)-권징30조

판결문에는 주문과 주문 이유서가 있어야 하고 재판국원들의 도장이 찍힌
문서를 원, 피고 하회에 통지(通知)해야 한다.

## 50) 재판(裁判)귀결(歸結)-권징33조

재판이 결론이나 결말이 나기까지를 말한다.

## 51) 피의자 직무정지(職務停止)-권징33조

피의자의 직무가 정지(停止)되어 진행(進行)할 수 없다.

## 52) 묵비권(黙秘權)-권징34조

교회재판에서는 응답하기를 불응(不應)하면 회개하고 당회에 복종할 때까지 시벌한다. 사회재판은 묵비권이 인정되지만 교회재판은 묵비권이 인정되지 않고 처벌받는다.

## 53) 당회의 시벌(施罰)과 해벌(解罰)-권징35조

(평신도에게 권징의 종류)

① 권계(勸戒): 잘못을 지적하고 훈계(訓戒)하는 시벌.(施罰)

② 견책(譴責): 징계처분의 하나로 잘못을 꾸짖고 견책, 앞으로 다시는 그런 일이 없도록 하는 시벌.

③ 정직(停職): 일정한 기간 직무(職務)를 정지(停止) 시킴, 그 직무에 종사 못하게 하는 권징(勸懲)이다.

④ 면직(免職): 직분을 박탈하여 직무에서 물러가 직분이 없는 평신도의 신분으로 돌아감.

예) 목사, 장로가 면직되면 평신도 신분이 된다.

⑤ 수찬 정지: 성찬에 참여하지 못하게 하는 시벌.(施罰)

⑥ 제명(除名): 명단에 빼어 자격을 박탈함. 행정치리나 권징치리로 할 수 있다.(권징 52,53.54조)

⑦ 출교(黜敎): 회개치 않는 자에게 신자를 박탈하여 교적에서 제하고 교회에서 추방한다.

## 54) 공포(公布):

널리 알림-권징36조

55) 투표권(投票權)-권징40조

투표할 수 있는 권리가 있는 자.

56) 이단(異端)-권징42조

성경에 어긋난 교리(敎理)를 주장(主張)하고 믿는 자.

57) 고소(告訴)취하(取下) 권면-권징43조

신청했던 서류, 소송을 취하함.

58) 목사(牧師)해직(解職)-권징44조

악행(惡行)을 인하여 직책에서 물러나게 함.

노회는 해직을 선언(宣言)해야 한다.

59) 복직(復職)-권징44조

면직했던 자가 다시 복직(復職)되어 원래 직분으로 회복(回復)함.

목사의 복직권은 당초 면직한 치리회에 있다.

60) 담임(擔任)해제(解除)-권징45조

정직(停職) 당하면 일정기간 직분을 감당하지 못한다. 상소한다는 통지가 있

으면 해제 못한다.

61) 피소(被訴)된 목사 직무정지(職務停止)

피소(被訴): 제소당한 자. 고소(告訴)당한 자에게 노회(老會)가 피소된 목사의

직무를 임시 정지(停止)한다.

62) 즉결(卽決)처단-권징48조

치리회(治理會) 석상에서 범죄 한 현장(現場)범에게 그 자리, 현장(現場)에서

즉시 처결(處決)함.

63) 자복(自服)-권징48조

자백하여 회개하고 복종함.

64) 재삼(再三)탐문(探問)-권징50조

두, 세번 찾아가서 듣고 확인함.

65) 책벌(責罰)인 명부-권징50조

죄를 지어 벌 받은 시벌 명부.(名簿).

66) 범과(犯過)-권징51조

잘못을 저지름.

67) 무흠(無欠)목사-권징52조

시벌이나 징계 받지 않은 흠이 없는 목사.

68) 유예(猶豫)-권징52조

집행유예(執行猶豫)의 준말로 시일을 늦추거나 미룸.

69) 관찰(觀察)-권징52조

사물을 주의 깊게 살핌.

70) 목사사직(辭職)-권징52조

맡은 직무를 내놓고 물러남-사직 수리하면 평신도가 되어 소원하는 지교회
로 보낸다.

71) 착수(着手)한 송사안건(訟事案件)-권징53조

소송을 시작한 안건을 말한다.

72) 관할(管轄)배척-권징54조

① 소속한 치리회에 지도를 받지 않고 벗어나는 행위 즉 행정보류나 탈퇴
이다.(교회, 노회. 총회= 행정보류 탈퇴)-제명(除名)할 수 있다.

② 불법으로 교회분립하는 행동으로 안건이 중대하면 면직할것이다.(권징42조)

73) 증인(證人)-권징55조

현장을 목격(目擊)하여 증명(證明) 할 수 있는 사람.

74) 증거(證據採用)-권징55조

믿을만한 증거가 있을 때 채택(採擇)하여 사용한다.

75) 증인선서(證人宣誓)-권징62조

하나님의 존재(存在)를 믿고 성실한 증인(證人)이 될 것을 맹세(盟誓)함.

76) 책벌(責罰)받은 자-권징57조

　　재판에 의해 시벌 중에 있는 자.(책벌(責罰): 죄과를 꾸짖어 벌함)

77) 원본(原本)-권징64조

　　근본(根本)이 되는 서류나 문건(文件)을 말한다.

78) 공술(供述)-권징65조

　　진술(陳述)을 의미(意味)한다.

79) 족부족(足不足)-권징66조

　　수집한 증거가 본건에 대한 관계 유무와 신용(信用)의 족부족은 본 재판회
　　가 판단(判斷)한다. 족부족이란? 족함과 부족함이다.

80) 입증(立證)-권징67조

　　증거(證據)가 확실함.

81) 징벌(懲罰)-권징68조

　　부정(不淨), 부당(不當)한 행위(行爲)에 대해 벌을 줌.

82) 재심(再審)청구권(請求權)-권징69조

　　다시 심사해 달라고 재차 재판국에 청구함.

83) 긴중(緊重)-권징70조

　　긴중한 증거가 새로 발견 될 때-재심청구 할 수 있다.

84) 차서(次序)-권징71조

　　차서에 따라 상회에 상소(上訴)할 수 있다.

　　상소 방법: 검사와 교정, 위탁판결, 소원, 상소

85) 하회 회의록(會議錄) 검사(檢査)-권징72조

　　노회는 당회록을 검사하고 총회는 노회록을 검사를 명할 수 있다.

　　(정치8장2조1항,점문206문)

86) 하회 총대 가부권 중지-권징74조

　　상회가 하회 회의록에 대하여 가부(可否) 결정할 때 하회 총대에게는 가부

권이 없다.

### 87) 상회의 계책(戒責)권의 의미-권징75조

하회회록이 잘못 되었으면 경고하고 책임을 물을 수 있다. 개정을 하여 보고 하게한다. 하회 판결은 상회의 상고(上告)를 접수처리를 위한 재판을 통하여만 변경(變更)할 수 있다. 절차를 생략하고 변경할 수 없다

### 88) 환송(還送)-권징76조

하회에 환송(還送)하여 처단할 것을 지도할 수 있다.

### 89) 판결(判決) 전 선전금지(宣傳禁止)-권징76조

판결 전 원, 피고는 복사하여 유인물 배포나 홍보 선전하면 상소를 기각할 수 있다.

### 90) 회의록(會議錄)누락-권징77조

처결한 사건을 회록에 누락하였든지 잘못 기록한 것을 상회가 확인 하 면 그 사건을 처리하되 76조를 적용(適用)한다.

### 91) 위탁판결(委託判決) -권징78조-83조

하회가 상회에 서면으로 제출하는 것인데 본회에서 결정하기 어려운 재판 사건에 대하여 지도를 구하거나-상회에서 선결(先決)하는 것이 합당한 안건 은 위탁판결을 구한다.(79조)-위탁판결의 범위는 지도 혹은 직접 상회의 심사와 판결을 구할 경우는 그 사건은 상회에 전부 위임한다.(80조)

### 92) 소원(訴願)-권징84조-93조

서면으로 상회에 제출하는 것으로 하회의 위법한 행동이나 결정에 대하여 변경을 구하는 것이다. 폐회 후 그 회를 대리하는 재판국에서 행정사건을 결정했을 때에도 상회에 소원(訴願) 할 수 있다.

### 93) 상소(上訴)-권징94조

일반법원-하급 판결을 따르지 않고 상급 법원의 심리 판결을 청구(請求)하는 일.(예: 지방밥원-고등법원-대법원)

권징조례94조는 상소(上訴)는 하회에서 판결한 재판사건에 대하여 서면으로 상회에 제출하는 것으로 원, 피고를 불문하고 다 상소를 제기하는 자는 상소인이라 하고 상소를 당한 자는 피 상소인 이라 한다. 상소 목적은 하회 판결을 취소(무효)하거나 변경(變更)을 목적으로 한다.

## 94) 항소심(抗訴審)과 증거(證據)조-권징94조1항

항소심(抗訴審) 즉 제 2심에서는 부득이한 경우 증명할 수 있는 근거 즉 증거조를 취급(取扱)할 수 있다.

## 95) 상고심(上告審)-권징94조1항

상고심(上告審) 즉 총회 재판국에서는 증거조를 폐하고 법률심(法律審) 으로 한다. 대법원(大法院)과 같다.

## 96) 부전지(附箋紙)-권징94조3항

소원(訴願)건이나 상소(上訴)건의 서류를 하회 서기(書記)가 접수(接受)를 거부할 때 거부 이유를 정확히 써서 상회 서기에게 접수를 시켜 항소심(抗訴審)이나 상고심(上告審)의 판결(判決)을 받기 위한 절차 중 하나이다. "상소인이 소속된 하회가 상소인의 상소 통지서 접수를 거부하면 부전(附箋)하여 상회에 상소 할 수 있다."(권징94조3항)

## 97) 상소(上訴)기일(期日)-권징96조

상소인은 하회 판결 후 10일 이내(以內)에 상소 통지서와 상소 이유 설명서(說明書)를 본회 서기에게 제출한다.(접수)-서기는 상회 서기에게 교부(交附)해야 한다. 상소기일이 지나면 상소건을 취급 할 수 없다.

## 98) 재판(裁判)절차(節次)-권징99조

99조대로 하면 된다.

## 99) 판결(判決)용어(用語)-권징99조

① 기각(棄却)

합법적인 절차를 따르지 않은 상소는 기각할 수 있다. 원고가 불출석, 재판기록이 없을 때, 증언 증거를 제시하지 못할 때, 하회판결이 충분하다고 판단할 때 상소를 기각하면 '하회 판결(判決)을 인정'하게 된다.(정문339문)

② 취소(取消)(무효)

상소(上訴)가 이유 있다고 인정하면 하회판결 중 잘못된 것을 밝히고 하회 판결을 취소(무효)할 수 있고, 판결을 변경하여 하회로 환송할 수 있다.

③ 변경(變更)

하회 판결을 변경하여 판결하는 것이다.(예: 면직을 정직으로)

④ 갱심(更審)

원심 판결을 취소하여 하회로 환송하여 다시 고쳐서 법대로 심의 재판하도록 한다. 대법원의 파기(破棄) 환송(還送)과 같다.

법(法): 파기환송은 소송법에서 상소법원에서 상소 이유 있다고 인정해서 원심판결을 취소(무효)하여 하회로 보낸다.

100) 그밖에 시벌(施罰)-권징100조

권계, 견책이 아닌 시벌을 가리킨다. 그 외 시벌은 아래와 같다.

① 수찬정지. 정직, 면직, 출교(41조)

② 정직, 면직, 수찬정지, 제명, 출교(권징35조) 등의 시벌(施罰)은 상회 판결나기까지 결정대로 한다.

101) 하회판결 상회제출 의무-권징101조

상소가 제기되면 하회 재판사건 기록 전부와 일체 서류를 상회에 올려 보낸다. 제출치 않으면 상회는 하회를 책하고 올려 보낼 때까지 하회결정을 정지(停止)시킨다.

102) 이의(異意)-권징102조

다른 의견이나 의사를 말하는 것으로 "어느 치리회서든지 의안결정 할 때에 회원 중에 1인 이상 되는 소수가 다수의 결정에 동의하지 아니함을 표시(標示)한다."(권징102조)

103) 항의(抗議)-권징103조

반대의 뜻을 강력하게 주장하는 뜻으로 항의(抗議)라 함은 이의(異意)보
다 더 엄중한 것으로 회의 행사나 결정에 대하여 과실 되는 것을 증명하
고 문서로 항의서 이유서를 첨부하여 제출(提出)한다.

104) 이의권, 항의권-권징106조

재판국 판결한 사건에 대하여 10일 이내에 이의와 항의서를 작성하여 재
판국 서기에게 교부하며 재판국에서는 판결 후 20일 이내에 답변서(答辯
書)를 작성하여 재판국 서기에게 교부한다.

105) 소속 치리회 재판(裁判)-권징107조

목사나 교인은 어느 곳에서 범죄 하였든지 소속 치리회에서 재판을 받게
된다. 교인은 당회(堂會), 목사는 노회(老會)이다.(정문252문)

106) 이적(移籍)이명-권징107조-112조

소속을 옮기는 것을 의미 한다. 교회이명-노회이명

107) 이주(移住)-다른 곳으로 이사 감-권징113조-115조

이명서 접수 여부에 따라 소속이 확정된다. 노회나 교회를 옮길 때 에는
이명서도 함께 발송(發送)되고 접수 처리하여 소통(疏通)해야 한다.

108) 교회법(敎會法)-공소시효(公訴時效)-권징116조

① 교회법상 공소시효(公訴時效)는 범죄사건 발각(發覺) 후 1년, 발생 후 3
년 안에는 이명자의 범죄 안건을 권징하기 위하여 재판(裁判)을 할 수
있다는 의미이다.

② 3년을 경과(經過)하면 개심(開審)할 수 없다.

③ 단, 범죄사건이 교회에 중대한 영향을 미치게 할 범행은 공소시효(公
訴時效)가 없다는 조항(條項)이다.

109) 본 관내(管內) 목사와 장로-권징117조

소속한 본 노회 내에 목사와 장로를 의미한다.

110) 노회 재판사건 직할(直轄)심리-권징117조

노회 현장에서 치리회로 변격(變格)하여 직접(直接) 심의(審議) 권징(勸懲)을 의미(意味)한다.-권징 치리회 변격하여 당석(當席)재판.

111) 재판국에 위탁(委託) 심리판결-권징117조

노회 재판(裁判)사건을 재판국을 설치하여 사건을 위탁(委託)하면 위탁 받은 사건만 재판할 수 있다는 것이다.

112) 노회 재판국 권한(權限)-권징118조,121조2항

위탁받은 사건은 본 회와 동일하고 헌법(憲法)과 노회 규칙(規則)을 사용하여 판결한 재판은 공포 때부터 노회판결(判決)로 인정한다.

113) 노회 개회 중 재판국을 설치하여 위탁받은 안건-권징121조

개회 중 재판국을 조직 설치한 후 사건을 위탁하여 즉시 재판국에서 판결하여 개회 중 보고하면 본 노회로 판결로 인정한다.

121조 1항 노회재판국 보고를 전부 채용(採用), 취소(取消), 안건전부를 재판 규칙대로 직접 심리 처결(處決)할 수 있다.

114) 노회판결문, 본 노회 서기, 원, 피고에게 교부(交附)-권징122조

재판국 서기는 판결에 대하여 상세한 기록과 회장(국장) 서기가 등본날인(捺印)하고 원, 피고. 본 노회 서기에게 교부(交付) 한다.

115) 총회 상설(常設) 재판국-권징134조

총회 재판국 항상 설치된 재판국이다.

조직(組織): 목사8인, 장로7인 국원을 선정한다. 한 노회 속한 자 2인을 초과(超過)하지 못한다. 다른 상비부 재직(在職)한 자는 재판국원이 되지 못한다. 총회 파(破)한 후(後) 결원은 총회장이 지명(指命)한다. 위탁받은 사건만 재판(裁判)한다.

116) 총회재판국 판결권한(權限)-권징135조

국장 서기 조직 후. 위탁받은 사건의 판결은 본회와 동일하며 헌법과 총회

194

규칙을 사용하여 판결하고 총회 보고한다.

117) **총회재판국원 성수(成數)-권징136조**

15명 중 11인으로 정하되 그 중 목사 6인 장로 5인 이어야한다.

118) **총회재판국 판결문 효력(效力)-권징138조**

총회가 채용할 때까지는 효력이 없다. 재산권의 판결은 예외로 한다.

119) **총회 판결문 작성(作成)과 교부-권징139조**

재판국 서기는 재판 사건의 진행과, 판결문을 상세히 조서(調書)에 기록하고 국장과 서기는 등본 날인(捺印)하고 원, 피고 총회 서기에게 각(各) 1통씩 교부한다.

120) **총회재판국판결 총회보고 및 검사(檢査)-권징141조-143조**

3가지 중 1가지 선택(選擇)하여 결의해야 한다.

채용(採用): 재판국 판결대로 채용

환부(還付): 총회 재판국으로 보냄

특별 재판국 설치: 총회 재판에 문제가 있을 때

위 3가지 중 하나를 택하지 않고 변경하여 결의하는 것은 중대한 위법(違法) 결정이 된다.

121) **치리회 간 재판 규례-권징144조-146조**

① 어느 회든지 동등한 회-서른 다른 각 노회-각 당회 간 소원(願)할일이 생기면(84조,93조참고) 한층 높은 상회에 기소한다.

② 발생 후 1년 이내에 피고 된 서기와 상회 서기에게 통지(通知)한다.

③ 대리위원, 변호인 선정할 수 있다.

④ 소원을 접수한 사회는 조사하여 상당한 이유가 있으면 피고회의 결정을 전부 혹 1부를 취소하거나 변경하고, 피소회의에 대하여 처리할 방법을 지시한다. 원, 피고는 부당하다 생각되면 상회에 취소할 수 있다.

## 2. 일반 형사소송법(刑事訴訟法), 민사소송법(民事訴訟法), 교통법규(交通法規)의 법률용어(法律用語)

▶ **고소(告訴)=형소(刑訴)223조**

피해자 본인이 범죄사실을 조사기관에 신고하여 범인의 소추(訴追)구하는 의사 표시이다.(법정대리인(法定代理人), 기타 일정한 자가 할 수 있다.)

▶ **고발(告發)=형소(刑訴)234조**

고소와 달리 범인 및 고소권자 이 외의 제 3자는 누구나 할 수 있다.

▶ **불구속입건(不拘束立件)**

피의자의 범죄사실을 인정하여 사건을 성립하되 구속하지 않고 입건하는 것.

▶ **형사(刑事)입건**

고소와 같이 취급된다. 수사기관이 수사를 개시하여 형사사건이 되는 것을 말한다.

▶ **사건송치(事件送致)송치**

경찰서(警察署)에서 수사가 끝난 사건(事件)을 그 서류를 갖추어 관할 지방 검찰청(檢察廳)에 보내는 것을 말한다.

▶ **송치(送致)**

수사기관에서 검찰청으로-검찰청에서 다른 검찰청으로 보내는 것.

▶ **소환(召喚)=형소(刑訴)68조**

법원은 피고인을 소환할 수 있다. 출석치 않으면 법원은 50만원 이하의 과태료에 처하고 출석하지 않으므로 발생되는 비용의 배상을 명할 수 있다.(형소 151조①)이의 있으면 항고할 수 있다.

증언(證言)거부(형소150조), 거부사유를 제출해야 한다.

▶ **약식기소(略式起訴)**

공판(公判)을 열지 아니하고 서면(書面)심리(審理)에 의하여 결정한다.

재판의 결과와 같은 효력을 지닌다. 주로 벌금에 해당 할 때 한다.

▶ **기각(棄却)**

1. 민사소송법상 법원이 소송 당사자의 신청내용을 종국적 재판에서 이유 없다고 배척함.(소송종료)
2. 형사 소송법상: 부적당(不適當)한 소송 행위에 대하여 재판으로 이를 무효 선언하는 일.(상소기각, 공소기각)-(형사소송법 20조270조,272조)

▶ **각하(却下)**

민사소송법상 소송요건, 상소의 요건을 갖추지 않은 까닭으로 부(不)적법(適法) 함으로 소송신청을 배척하는 재판에 사용된다.(민사소송법373조,430조) 상소(上訴)기각(棄却)은 부적법(不適法)을 포함한다.

(형사소송법22조,322조,344조)

▶ **환부(還付)**

도로 돌려줌

▶ **채용(採用)**

그대로 받아드림

▶ **채택(採擇)**

골라서 선택함

▶ **무혐의(無嫌疑)**

의심할 여지없음, 죄가 없음, 무혐의(無嫌疑).

▶ **구속영장(拘束令狀) 실질심사(審査)**

구속영장이 청구된 피의자에 대하여 법관이 수사 기록에만 의지 않고 구속여 부를 판단하기 위하여 필요한 사항에 대하여 직접 피의자를 심문할 수 있다.

▶ **구속(拘束)**

형사소송법상의 구인과 구금을 포함하는 말로 하나는 피의자를 구속하는 재판의 뜻이 있고, 이 재판을 집행하는 사실행위를 의미한다. 구속은 헌법상 보장된 신체의 자유를 침해하는 강제집행으로 엄격한 요건과 절차를 필요로 한다.(憲12조①②) 구속사유는 1) 죄를 범한 의심할 만한 상당한 이유가 있고, 도망 또는 증거(證據)인멸(湮滅)의 염려가 있고 50만원 이하의 벌금에 해당하는 범죄에 대하여 주거(住居)부정(不定)에 경우에 한하여 구속할 수 있다.(형소(刑訴)70조, 201조)

### ▶ 불구속기소(不拘束起訴)

검사가 결정한다. 구속영장을 법원에 청구하지 않고 법원에 심판을 요구하는 일 그러나 법정 구속 되는 일도 있다.

### ▶ 구인(拘引)

법원에서 피고인이 소환(召喚)의 명을 받고도 정당한 이유 없이 출석하지 않을 때 구인(拘引)할 수 있다.

피고인 등을 일정한 장소에 실력을 행사하여 인도(引導)하는 강제처분(强制處分)이다. 구인할 때에는 구속영장이 있어야 하며 구속영장을 즉시 제시하고 구인한다.(형소(刑訴)73조,75조,85조,①②준용한다.(형소155조)

### ▶ 기소(起訴)

검사가 특별한 형사사건에 대하여 법원에 심판을 요구하는 일.

### ▶ 불기소처분(不起訴處分)

검사가 수사의 결과, 피의사건의 피의자에 대하여 공소를 제기하지 않기로 결정한 처분이다.

### ▶ 기소유예(起訴猶豫)=형소(刑訴)247조1항 형법(刑法)51조

검사는 범죄의 객관적 혐의가 충분하고 소송조건을 구비하고 있더라도 범인의 연령, 성행, 지능, 환경, 범행의 동기, 수단과 결과 등 범행 후의 정황 피해자의 관계(피해보상, 용서)등 범죄의 종류에 따라 소추를 필요로 하지 않을 때 이를 고려하여 검사가 공소를 제기(起訴)하지 않는다. 이를 기소유예처분이라 한다.-불기소(不起訴) 한번 기소유예를 하면 다시 같은 죄로 기소(起訴)하지 않는다. 주로 형사정책(刑事政策)상의 고려에 의한 것이다.

▶ 기소중지(起訴中止)

피의자 소재 불명 등의 사유로 수사를 종결 시킬 수 없을 경우에 하게 된다.

▶ 무혐의(無嫌疑)

혐의가 없음: 의심할 만한 혐의가 없음.

▶ 공소(公訴)-刑訴246조

공소는 검사(檢事)가 제기(提起)하여 준행한다.

▶ 공소장(公訴狀)

형소(刑訴)254조 1항에 검사가 공소를 제기함에는 공소장을 법원에 서면으로 제출하는 것을 말한다.

▶ 공소시효(公訴時效)

범죄를 저지른 후 일정기간이 지나면 검사의 공소권(公訴權)이 없어짐

예) 사형, 무기징역형, 15년.(형소249조)

▶ 집행유예(執行猶豫)-刑法62조

일단유죄를 인정하여 형을 선고하되 정상을 참작하여 일정한 요건 하에 일정한 기간을 경과하면 형의선고의 효력을 상실하게 된다. 3년 이하의 징역 금고의 형을 선고할 경우 51조를 참작하여 집행 유예할 수 있다.

▶ 금고형(禁錮刑)

형벌 중의 하나이다. 교도소에 수감되는 징역형과 비슷하나 강제노역을 시키지 않고 시킬 수 없다.(과실, 정치, 교통사고)

▶ 보석(保釋)

일정한 금액의 보증금(保證金)을 납부시키고. 이를 몰수할 것을 전제로 구속 중인 피고인을 석방하는 제도.

피고인, 변호인의 청구에 의하여 법원이 보석을 허가하는 경우, 법원의 직권으로 행하는 경우 금액은 범죄의 정황, 성질, 증거의 증명력, 피고인의 출석

에 충분한 액을 정하고 납부시킨 후에 석방한다.(형소98조,100조①) 보석청구
인: 피고인, 변호인, 법정대리인, 배우자, 직계가족, 형제자매(형소94조)

## ▶ 특정 범죄 가중처벌 법

1. 2조 뇌물죄에 대한 가중처벌

    1) 5천만원 이상인 때 - 무기 또는 10년 이상 징역

    2) 1천만원 이상 - 5천만원 미만, 5년 이상 유기징역

2. 3조 알선수재

    공무원 직무에 속한 사항의 알선에 관하여 금품, 이익수수, 요구, 약속한
    자는 5년 이하의 징역 또는 1천만원 이하의 벌금

3. 4조 2항 체포, 감금 등의 가중처벌

    사람을 감금한 자는 1 ~ 3년 이상 징역에 처함

4. 4조의 3항 공무상 비밀누설 가중처벌

    국회법 54조 2항의 위반 5년 이하, 500만 원 이하의 벌금에 처한다.

5. 5조 국고 등 손실

    1) 국고, 지방자치단체 손실 5억 원 이상인 때 무기, 5년 이상 징역

    2) 5천만원 이상 - 5억 원 미만 - 3년 이상 유기징역

6. 5조의 2항 약취, 유인

    약취 또는 유인한 미성년자를 살해할 목적인 때는 사형, 무기, 7년 이상 징역

7. 5조의 3항 도주차량 운전(逃走車輛 運轉))자 의 가중처벌(加重處罰)

    1) 도로교통법 제2조에 규정된 자동차, 원동기장치 자전거 또는 궤도차의
       교통으로 인하여 형법268조의 죄를 범한 당해 차량의 운전자(사고 운전
       자라함)가 피해자를 구호하는 등 도로교통법 제50조1항의 규정에 의한
       조치를 취하지 아니하고 도주한 때에는 다음의 구분에 따라 가중처벌
       한다.(2002.3.25일개정)

       (1) 피해자를 치사(致死)하고 도주하거나 도주 후에 피해자가 사망한 때

에는 무기 또는 5년 이상의 징역에 처한다.

(2) 피해자를 치상(致傷)한 때에는 1년 이상의 유기징역 또는 500만 원 이상 3천만 원 이하의 벌금에 처한다.

▶ **참고법률(參考法律)**

1. 형법267조 과실치사(過失致死)

   과실로 인하여 사람을 사망(死亡)에 이르게 한자는 2년 이하의 금고(禁錮) 또는 700만원 이하의 벌금(罰金)에 처한다.(95.12.29일 개정)

2. 형법268조 업무상과실(業務上過失), 중과실(重過失), 치사상(致死傷)

   업무상 과실 또는 중대한 과실로 인하여 사람을 사상(死傷)에 이르게 한자는 5년 이하 금고(禁錮) 또는 2천만 원 이하의 벌금에 처한다.(95.12.29개정)

▶ **도로교통법 제50조 사고발생시의 조치**

1. 50조 1항

   차의 교통으로 인하여 사람을 사상하거나 물건을 손괴한(교통사고) 때에는 그 차의 운전자 그 밖의 승무원(이하 운전자등)은 정차하여 사상자를 구호하는 등 필요한 조치를 하여야 한다.

2. 50조 2항

   현장 경찰공무원에게 혹은 가까운 경찰서(지서, 파출소, 출장소포함)지체 없이 사고 일어난 곳, 사상자 수, 부상정도, 손괴한 물건정도, 그 밖의 조치 상황 등을 신속히 신고하여야 한다. 다만 운행 중인 차만이 손괴된 것이 분명하고 도로에서의 위험방지와 소통을 위하여 필요한 조치를 한 때는 그렇지 아니하다.(95.1.5개정)

3. 50조 3항

   신고를 받은 경찰관은 운전자에게 현장 도착 할 때가 대기할 것을 명할 수 있다.

4. 50조 4항

경찰공무원은 운전자에게 부상자 구호와 교통안전상 필요한 지시를 명할 수 있다.

5. 50조 5항

긴급자동차, 부상자를 운반중인 차 및 우편물 자동차 등의 운전자는 긴급한 경우에는 승무원으로 하여금 1항2항의 조치를 취하게 하고 운전을 계속할 수 있다.

## ▶ 제51조 사고발생시의 조치방해의 금지

50조 1, 2항의 조치, 신고를 방해해서는 안 된다.

## ▶ 제106조 벌칙

50조 1항의 규정에 의한 조치를 아니한 사람은 5년 이하의 징역 1500만원 이하의 벌금의 형으로 벌한다.(99.1.29개정)

## ▶ 제108조 벌칙

1. 차의 운전자가 업무상 필요한 주의를 게을리 하거나 중대한 과실로 다른 사람의 건조물이나 그 밖의 재물을 손괴(損壞)한 때는 2년 이하의 금고나 500만원 이하의 벌금의 형으로 벌한다.(2001.12.31)

2. 사고 운전자가 피해자를 사고 장소로부터 옮겨 유기(遺棄)하고 도주한 때는 다음 구분에 따라 가중처벌한다.(95년8월4일개정)

   1) 피해자를 치사(致死)하고 도주하거나 피해자가 사망한때에는 사형, 무기 또는 5년 이상의 징역에 처한다.

   2) 피해자를 치상한 때에는 3년 이상의 유기징역에 속한다.(73.2,24신설)

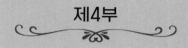

# 권징조례를 중심(中心)으로 "삼심제" 재판

# 제4부
## 권징조례를 중심(中心)으로 "삼심제" 재판


**1문]** 삼심제(三審制)란 무슨 제도인가?

# I. 삼심제

1) 당회(堂會) 노회(老會) 총회(總會) 치리회(治理會)를 의미한다.

치리회(治理會)는 행정(行政)치리회가 있고, 재판(裁判) 치리회가 있다.

2) 삼심제의 장로회 정치(政治)에 의거 재판에 관하여 살펴보고자 한다.(헌법(憲法) 정치총론 5항)


**2문]** 재판 안건이란 무엇을 말하는가?

1. 재판안건(裁判案件)

재판 할 수 있는 사건(事件)을 말한다.

1) 성경위반, 교회규칙, 교회관례에 위반되고 특별히 권징조례에 금지하고 있는 불법(不法)행위를 말한다.(권징4조)

2) 재판안건이 있어도 소송하는 원고(原告)가 없으면 재판국을 구성하여 재판할 수 없다.

**3문]** 제판건과 행정건이란 무엇을 말합니까?

2. 재판(裁判)건과 행정(行政)건 구분

  1) 재판건이란?

   권징 4조에 근거한 성경과 규칙, 관례 위반, 권징조례 위반의 불법행위로 고소(告訴)자가 소송(訴訟)을 제기한 것을 말한다.

  2) 행정(行政)건이란?(소원건)

   치리회(治理會)인 당회, 노회, 총회가 범한 행정상의 불법과 부당한 행정처분의 취소(取消), 변경(變更)을 구하는 것을 행정(行政)건이라 한다.

  3) 행정(行政)소송을 제기하는 것을 소원(訴願)이라 한다.(권징84조)

   (1) 소원은 서면으로 상회에 제출하는 것으로 피소된 치리회 회원이라 한다.

   (2) 시벌 중 이거나 안건 심의에 불참(不參)한 자는 소원을 제기할 수 없다.

   (3) 하회 관할에 속하여 그 치리권에 복종하는 자 중 1인 혹은 1인 이상이 행정사건에 대하여 위법한 행동 결정에 대하여 변경을 구하는 것이다.

   (4) 폐회 후 그 회를 대리하는 재판국 결정에 대한 행정사건도 본회 결정처럼 상회에 소원(訴願)할 수 있다.

   (5) 재판국에서 결정할 때 참여한 회원 중 3분의 1이 소원하는 일을 협의 가결 하였으면 상회가 그 소원을 조사결정 할 때까지 그 재판국 결정은 보류(保留)된다.(권징84조, 정문 제326문)

**4문]** 원고와 피고는 각각 누구를 말합니까?

3. 원고(原告)와 피고(被告)(권징 제2장 7조)

  1) 원고(原告)는 소송을 제기한 사람을 가리키고, 피고(被告)는 소송을 당한 사람을 가리킨다. 원고(原告)가 없으면 피고(被告)도 없으므로 재판(裁判)을 열 필요(必要)가 없다. 단, 권징(勸懲)할 필요가 있는 경우는 치리회(治理會)가(당

회, 노회) 원고(原告)로 기소(起訴)할 수 있다.(권징7조)

2) 증거가 확실할 때 재판을 열어야 한다. 증거 부족으로 중도에 폐지하여 권
징 효력을 상실하는 것보다 낫다.(권징8조)

## 5문] 화해 진술서가 재판에서 필요합니까?

4. 화해(和解) 진술(陳述)서

소송을 원고가 제기하면 치리회는 원고가 피고인에게 찾아가서 화목, 화해 진
술서를 받아오도록 하고 재판을 열지 말아야 한다. 쌍방 화해하는 것이 최상
이고 안 되면 재판해야 한다.(당회, 노회)- (권징9조,10조)

## 6문] 기소위원과 변호인의 역할이 무엇입니까?

5. 기소위원 과 변호인(辯護人) 선정

1) 치리회가 직접 기소(起訴)할 때는 치리회가 원고(原告)와 기소(起訴) 위원이
된다. 기소위원은 2-3명으로 선정하고 기소위원은 자초지종 원고가 되어
상회 판결나기까지 행사한다. 기소 위원은 상회 회원중 변호인(辯護人)을 청
구할 수 있고 그 청구를 허락하여(1인-2인) 기소 위원을 돕도록 한다.(권징11
조-12조)

2) 기소 위원은 원심 원고로, 고소장, 죄증 설명서, 제출(提出) 해야 한다.
예) 당회에서 기소 위원을 내어 재판한 것이 노회로 상소가 제기되면 당
회가 피고가 되는 것이 아니고 당회가 선정한 기소 위원이 피상소인
이 되어 재판 을 받게 된다. (권징12조) 기소인은 반드시 치리회에서 선
정한 기소 위원 이어야 한다. 자의(自意)로 기소 위원이 되어 소송한자
이면 개심 전(前)에 경계해야 한다. (권징15조)

(기소(起訴): 형사사건에 검사가 법원에 공소(公訴)를 제기함)

**7문]** 소송건 제기(提起)의 기각 사유는 무엇인가?

6. 소송(訴訟)제기 기각(棄却) 사유(권징14조)

　1) 피고에 대하여 평소 혐의가 있는 자.

　2) 성격이 불량한 자.

　3) 재판 혹은 처벌 중에 있는 자.

　4) 소송을 좋아하는 성질이 있는 자.

　5) 지각이 부족한 자.

　기각(棄却)이란 : 법원이 소송을 심리한 결과 적법하지 않을 때 인정하지 않고
　　　　　　　　버리고 물리치는 것이다.


**8문]** 고소장은 어떻게 작성 해야 합법적(合法的) 인가?

7. 고소장(告訴狀)

　고소장(告訴狀)과 죄증(罪證) 설명서 작성(作成)절차(권징 제16조)

　1) 죄상(罪狀)을 구체적으로 기록한다.(범죄에 관해)

　2) 죄증(罪證) 설명서가 있어야 한다.

　3) 범죄 한 증거를 상세히 기록한다.(날짜, 처소, 정형(定型))

　4) 각 조에 대한 증인의 성명을 자세히 기록한다.

　5) 고소장은 한사람에 대하여 여러 가지 범행(犯行)을 병합하여 동시에 고소
　　할 수 있고, 매사건 마다 죄증 설명서는 각각(各各)기록하되 한통에 다 기록
　　하여 제출한다. 그리하여 일시에 병합(倂合) 재판할 수 있다.
　　치리회(治理會)는 매 사건 마다 재판할 때 한 재판국에서 축조(逐條)하여 유무
　　죄(有無罪)를 각각(各各) 가부(可否) 결정하여 동시에 재판한다.(권징 17조).

　6) 고소하기 전 가해자(加害者)를 2-3명이 찾아가 권면하고 재차(再次)권면도
　　듣지 않으면 "화해 권면진술서"를 고소장과 함께 제출해야 한다.(마18:15-
　　17.권징18조)

**9문]** 목사와 평신도의 재판(裁判) 관할(管轄) 은 어디인가?

8. 목사와 평신도에 관한 재판관할(권징19조)

　　▶목사(牧師)

　　1) 목사는 평신도가 아니므로 노회가 원심 재판권(裁判權)을 행사 한다.

　　2) 목사에 대한 고소(告訴)는 노회로 해야 한다.

　　3) 장로교 재판은 원래 삼심제도(三審制度)가 원칙이나 대회제가 시행되지 않
　　　으므로 목사에 대한 사건은 원심이 노회(老會)이고 총회가 최종심(最終審)
　　　이 된다.

　　▶평신도(장로, 집사, 권사, 성도)

　　교인은 지 교회 소속 회원 임으로

　　1) 원심(原審) 재판권(裁判權)이 당회에 있다.

　　2) 항소심 (抗訴審) 재판권은 노회(老會)에 있다.

　　3) 상소(上訴)재판권 (裁判權)은 대회제가 실시되지 않으므로 총회(總會)에
　　　있다.

**10문]** 상회가 하회에 명령하는 처결권이 있습니까?

9. 상회가 하회에 명령하는 상회 처결권(處決權)

　　교인에 대한 원심재판권을 해당회(堂會)가 행사하지 않을 때 노회(老會)는 당회
　　(堂會)에 재판(裁判)할 것을 명(命)할 수 있다.

　　당회가 고의적(故意的)으로 노회가 명(命)한 기일에 재판(裁判)하지 않으면 노회
　　(老會)는 교인에 대한 사건을 직접(直接) 재판할 수 있다. (권징 19조 )

**11문]** 제1심인 당회(堂會)에 대해서 헌법적(憲法的)인 의미(意味)가 무엇입니까?

## II. 제1심 - 당회(堂會)

1. 제1심(一審): 평신도 원심(原審)인 당회 재판

    1) 치리권에는 행정치리권과 재판(裁判)권징(勸懲) 치리권(治理權)이 있다.

    2) 통상적으로 당회 노회 총회는 회집되면 자동적으로 행정치리회가 되어 접수된 안건 등을 처리한다. 그러나 재판건이 접수되면 행정치리회에서 처리할 수 없으므로 행정치리회에서 재판 권징 치리회로 바꾸는 변격(變格)결의를 하고 그때부터 재판회가 된다.

2. 당회(堂會) 재판 치리회 와 특별 규례 (권징5장)

    1) 당회 재판은 교인(敎人)중에 대한 범죄 사건으로 고소장(告訴狀)이 들어와야 한다.

    2) 당회 치리회가 재판회로 변격(變格)결의하고 재판회가 되어 사건을 다룬다.

    3) 치리회가 재판회(裁判會)로 변격되면 회장(會長)이 먼저 이유를 설명하고 정중히 처리할 것을 공포(公布)한다.

**12문]** 피고의 소환 불응죄는 어떻게 다루어져야 합니까?

3. 당회는 피고의 소환(召喚)불응(不應)할 때 처결(권징34조)

    1) 소환 불응죄는 권징22조,34,39,47조를 참조하여 처벌할 수 있다.

    2) 교회법(敎會法)은 묵비권(黙秘權)을 인정하지 않는다.

    응답 불응하면 회개하고 당회 복종할 때까지 시벌(施罰)할 수 있다.(권징34조) 신앙과 양심에 의해 하나님 앞에서 진술할 의무가 있다.

**13문]** 재판 절차는 어떻게 진행 됩니까?

   3) 재판(裁判)절차(節次) (권징20조)

     (1) 고소장과 죄증 설명서를 서기로 하여금 낭독하게 한다.

     (2) 원, 피고를 당석에서 심문할 수 있고(당석재판) 원, 피고 중 연기를 원하면 10일 이상 연기하여 일정을 정하고 명시(明示)된 사건만 처리 한다.

        ① 고소장과 죄증 설명서 1통을 피고(被告)에게 교부 할 것.

        ② 원, 피고에게 10일 이상 일정을 정하고 다음 회에 출석하라는 소환장(召喚狀)을 발부(發付) 할 것.

        ③ 소환장에는 그 치리회의 명칭(名稱)을 기록하고 서기가 날인(捺印)한다.

        ④ 원고 혹 피고에 의한 청구가 있으면 증인(證人)도 출석하게 한다. 피고는 자기 증인(證人)의 성명을 원고(原告)에게 알게 하지 아니하여도 무방하다. 당회는 필요에 따라 증인(證人)을 부를 수 있다.

     (3) 개심(開審) 하기 전(前) 의식송달 증거(證據)가 있어야 한다.(권징21조)

        ① 재판하기 전(前) 원, 피고에게 소환장을 보내야 한다.

        ② 소환장은 원, 피고 최후 주소지로 송달(送達)하여야 하고 송달 불응 시는 배달증명(配達證明)으로 보내 의식(儀式)송달(送達) 한 증거가 있어야 한다.

        ③ 민법(民法)의 통지 발생효력은 통지가 도달한 날부터 계산한다.

        ④ 소환 불응 시에는 재판을 유보해야 한다.

**14문]** 궐석 재판은 어느 때에 합니까?

     (4) 궐석재판(闕席裁判)은 무엇을 말하는가?(권징22조)

        ① 피고가 두 번째 소환을 받고도 출석하지 않으면 결석재판(缺席裁判)즉 궐석재판(闕席裁判)을 하여 판결 할 수 있다는 것이다.

② 재차 소환장 발송 시에는 당회는 권징 조례 제34조에 의해 시벌(施罰)할 것과 목사는 39조에 의해 정직(停職), 수찬정지 될 것과 제47조에 의하여 장로(長老) 집사(執事)에 대하여 권징 6장의 각조에 해당 한대로 적용 할 것을 기록하여 소환(召喚)장을 발부한다. 이러한 통지(通知)가 없이 시벌(施罰)하면 불법(不法)이 되고 무효(無效) 처리할 수 있다.

③ 처음 소환할 때는 10일 전에 도달(到達)해야 되고, 두 번째부터는 재판치리회의 형편대로 한다.

④ 피고가 2번 이상 출석 불응 시 궐석재판을 하려면 재판국 직권으로 피고(被告)를 위하여 변호할 자를 변호인(辯護人)을 선정(選定)한다. 그 변호인의 설명을 들은 후 궐석재판을 할 수 있다. 형사 재판에서 변호사를 선임하지 못했을 때 법원(法院)이 국선 변호사를 선임하는 제도와 동일하다고 볼 수 있다.

## 15문] 피고인의 출석과 심문은 어떻게 해야 합니까?

4. 피고인(被告人)의 출석과 소원 및 심문(審問)(권징23조)

1) 피고인은 소환장에 정한 기일에 출석해야 하고 사고가 있으면 대리인으로 출석하게 한다.

2) 피고가 소원(항의)할 수 있는 조건이 무엇인가?
   본 조항의 소원은 하회의 부당한 처결의 시정과 변경을 상회에 요구하는 제9장 94조의 소원이 아니라 행정상 하자가 있을 때 소원할 수 있다.
   (1) 치리회가 정식집회나 회의가 아닐 때
   (2) 소송사건에 대하여 비법(非法) 즉 불법의 간섭이 될 때,

3) 고소장, 죄증 설명서가 양식이 위반되고 헌법(憲法)적용이 부적당(不適當)한 줄로 인정할 때-재판국에 소원 항의가 들어오면 치리회는 재판을 열지 말

고 소원에 대하여 원고 및 피고의 변명을 듣고 재판을

(1) 각하(却下)-취급하지 않는다.(물리침)

(2) 사건이 변질 되지 않는 범위 안에서 개정(改正)을 허락한다.

4) 치리회가 재판 시에는 피고에게 고소장에 대해 적법(適法)한가?

사실 여부에 대하여 승인 여부를 심문(審問)해야 한다. 피고로부터 진술을 듣고 재판하여 처리해야 한다. 이러한 절차가 생략되면 그 재판은 불법(不法)이 된다.

## 16문] 재판절차가 어떻게 진행(進行) 됩니까?

5. 재판 절차 (裁判節次) (권징24조)

1) 개회날짜 정하고

2) 원, 피고 정식통지서 발송

3) 정한일자 소집

4) 재판회(국)원 호명

5) 개정선언

6) 고소장과 죄증설명서낭독

7) 원고와 피고 권고(勸告)

8) 증인선서

9) 원고의 증인심문과 피고의 증인심문, 대질심문

10) 원고심문, 피고 심문, 변호인 변론

11) 새 증인, 새 증거 제출 할 수 있다.

12) 증인청취 후 원고피고가 진술한다.

13) 원고, 피고, 변호인, 방청인을 퇴석 시킨 후 재판회원끼리 비밀회(秘密會)를 연다.

14) 고소장과 설명서에 대해 각조를 축조하여 가부결정 한다. 치리회원만 합

의(合意)한다.

15) 본 안건 전부 결정하고 재판 회록에 기록한다.

16) 판결문 채택한다.

17) 선고, 폐정 기도

18) 폐정 선언.

19) 판결문 원고, 피고 발송

20) 본회 보고

권징24조3항 에 채납(採納)의 뜻은 치리회가 의견이나 요구 등을 가려서 받아들인다는 뜻이다.

6. 재판 회록은 무엇을 정확이 기록해야 하나?(권징25조-26조)

고소장과 설명서, 피고인 답변, 최후결정, 모든 처리 조건, 명령한 것을 기록한다. 상소한다고 말할 때는 그이유도 상세히 기록한다. 쌍방의 구술(口述)과 서류도 수집하여 서기가 서명 날인 할 때 완전한 재판기록이 된다.

원고 피고가 반항하는 것이 있으면 그것까지 기록한다.

---

**17문]** 변호인 은 꼭 선임해야 되나요?

7. 변호인(辯護人) 선임할 수 있다.(권징27조)

1) 원고, 피고는 변호인 선임(選任)계를 치리회에 서류를 교부(交付)함으로 변호인(辯護人)이 될 수 있다.

2) 변호인 자격은 본 교단 헌법과 결의 규칙 규례에 대해 박식(博識)한자로 본 교단 소속된 목사(牧師), 장로(長老)이어야 한다.

3) 재판국원만 회집(會集)되는 곳에는 변호인(辯護人)은 참여 못한다.

4) 치리회가 소송의 원고가 될 때는 권징12조에 말하는 기소위원과 상회에서 선정한 변호인이 치리회의 변호인(辯護人)이 된다.

5) 변호인은 변호 보수금은 받지 못한다. 교통비와 식비는 실비이므로 보수금

은 아니다.

**18문]** 재판 국원 끼리 견해가 다를 때에 어떻게 합니까?

8. 재판국원(裁判局員)의 쟁론 발생과 해결(권징28조)

    1) 재판 국원끼리 규칙 혹 증거에 대해 견해가 다를 때 국장이 직권으로 유권해석을 한다.

    2) 그 결정에 불복 한자는 그 재판회에 항의하고 항의에 대해 국장은 즉시 가부 결정해야 한다. 반대의견이 있으면 회록에 기록한다.

**19문]** 재판국원 결격(缺格) 사유는 무엇인가?

9. 재판국원 투표권 결격사유 (권징29조)

    재판회의 100% 참석하지 아니한 자는 원고, 피고, 재판국원 중 동의하지 않으면 그 재판의 결심 판결에 투표권이 없다.(원고, 피고 주장을 직접 듣지 못하므로 왜곡된 판단할 수 있으므로) 단, 원고, 피고, 국원 등 전원이 동의하면 가능하다.

**20문]** 당회 재판판결과 주문은 어떻게 해야 하나요?

10. 당회(堂會) 재판(裁判)의 판결(判決) 주문(主文)

    권징 35조의 권계(勸戒) 견책(譴責) 정직(停職) 면직(免職) 수찬정지 제명 출교 중 하나만 선택하여 판결한다.

    *정직과 면직만 수찬정지를 함께할 수 있다.(권징41조)

11. 재판회의록 등본 청구권(請求權)(권징30조)

    1) 판결 후 재판회록은 원고, 피고에게는 비밀사항이 아니므로 등본을 청구하면 발급해 주어야 한다.

    2) 상소 안건은 판결 후 기록과 상소 판결문을 원, 하회에 내려 보내어 상소심의 자세한 내용을 원, 하회로 알게 해야 한다.

**21문]** 시벌과 해벌의 절차는 어떻게 합니까?

12. 시벌(施罰)과 해벌(解罰)(권징31조)

　　1)　치리회는 시벌할 권도 있고 해벌할 권도 있다. 단, 예배모범 16장, 17장에 규정된 대로 해야 한다.

　　2)　치리회의 의결대로 하지 않으면 재판석에서 하고, 무기 책벌이나 출교 면직은 치리회의 의결대로 교회에서 공포한다. 해벌도 마찬가지이다. (예배모범 16장17장 참고)

13. 비밀재판회 가결 정족수(권징32조)

　　공개회의가 좋지만 "비밀 재판의 필요성"이 있으면 치리회원 3분의 1의 가결로 비밀재판회(裁判會)를 열 수 있다.


**22문]** 피의자 직무정지를 어떻게 할 수 있나요?

14. 피의자(被疑者) 직무정지(職務停止) (권징33조)

　　사건이 중대하여 피고가 계속 시무하는 것이 교회에 덕(德)이 안 된다고 판단될 시 재판 종결 이전에 직무정지 또는 수찬정지 할 수 있다.

　　단, 가처분이나 마찬가지이므로 피고의 권익(權益)을 위해 본 재판을 속히 해야 한다. 피소된 목사의 직무를 임시 정지할 수 있다.(권징46조)


**23문]** 당회가 정하는 시벌의 종류는 무엇인가요?

15. 당회(堂會)가 정(定)하는 시벌(施罰) 종류와 해벌(解罰)(권징35조)

　　1)　시벌종류

　　　　① 권계(勸戒): 타일러 훈계함

　　　　② 견책(譴責): 잘못을 꾸짖고 주의를 줌

　　　　③ 정직(停職): 직무를 일정기간 정지시킴

　　　　④ 면직(免職): 직무 박탈하여 물러가게 하여 평신도 신분이 되게 함.

⑤ 수찬정지: 성찬식에 참여 못함.(정직, 면직의 벌에는 수찬정지가 된다)

⑥ 제명(除名): 치리회 명부에서 빼어 자격 박탈케 함.

(행정치리, 권징치리로 할 수 있는 행정과 권징행위가 된다.)

* 이명서 없이 타 교회, 타 노회, 타 교단 갔을 때와 목사가 직을 포기하거나 자유로 교회를 세웠을 때 제명처리 한다.(권징52조,53조 54조)

⑦ 출교(黜敎): 신자의 자격 박탈하여 교인명부에서 제명하고 내어 쫓아냄. 해벌(解罰)은 회개 여하에 따라 치리회가 의논하여 의정(議定) 한다.

---

**24문]** 시벌의 공포는 어디에서 하는가?

16. 시벌(施罰)의 공포(公布)(권징36조)

1) 죄에 대하여 작정하여 판결한 것을 시벌의공포를 교회에 공포 아니하기도 한다.

2) 교회에 공포할 찌라도 원고, 피고 사건과 관계되는 교회에서만 공포한다.

3) 시벌은 당사자에게 선고하는 것이 원칙이다.

4) 재판의 결과는 원고, 피고 당사자 에게만 통지한다. 많은 사람에게 피해를 준 사건은 공개 책벌할 수 있다.(예배모범16장1항 정문209문)

5) 당회 재판 시 반드시 참고할 것(권징6장32조-47조)

권징 6장의 각 조항이 목사에 대한 조항이라도 장로집사에게 그대로 적용할 수 있다.

**25문]** 제2심인 노회에 대해서 헌법적인 의미는 무엇인가?

# Ⅲ. 제2심 노회(老會)

1. 노회 재판국(老會裁判局)-권징 13장

    1) 노회 재판국은 비 상설 재판으로 소송사건이 발생할 때 그 소송사건을 심리재판 하기 위해 임시로 설치한 재판국이다.(권징117조)

    2) 본 노회 안에 목사장로 중에서 재판국원을 투표로 선정한다.(권징117조)

    3) 국원 수는 7인 이상으로 하되 반드시 과반수는 목사라야 한다.(권징117조)

    4) 노회는 소송사건이 들어오면 행정(行政)치리회(治理會)를 권징(勸懲)치리회로 변격(變格)하여 노회원 전체가 재판관이 되어 직할 심리한 후 재판할 수 있다. 이를 당석재판(當席裁判)이라고 할 수 있다.(권징117조)

    5) 재판국을 설치하여 재판국을 조직케 하고 재판 국원을 투표로 선임하여 그 재판국에 위탁한 소송건(訴訟件)만 심리하여 판결할 수 있다.(권징117조)

    6) 재판국원 중에서 국장과 서기를 택하여 조직보고로 노회허락을 받는다.(권징11조) 위탁받은 안건에 대하여 권한은 노회와 동일하다.(권징118조)

    7) 교회헌법과 노회에서 적용하는 규칙을사용 적용(適用)하여 처리 후에 보고한다.(권징118조)

    8) 노회 재판국 성수: 국원 3분의 2의 출석으로 하되 반수(半數)이상(以上) 목사이어야 한다.(권징119조) 7인이면 5인 이상 출석-반수이상 목사는 3인 이상 목사이어야 한다.

    9) 재판국회집: 일자와 장소 결정은 개회 중에는 노회가, 폐회한 후는 재판국이 정한다.(권징120조)

    10) 노회(老會)개회(開會)중 위탁(委託)판결(判決)건은 즉시 판결하여 보고한 후 본 노회 판결로 인정한다.(권징121조)

1항. 노회 재판국 보고를 전부 채용(採用)혹은 취소(取消)할 수 있고, 취소할 때는 그 안건 전부를 재판 규칙대로 직접 심리(審理)처결(處決)할 수 있다. 다시 재판국을 구성하여 위탁할 수 있다.

2항. 본 노회치리회가 폐회한 후 본회를 대리한 재판국에서 재판한 안건은 공포 때로부터 본 노회 판결로 인정한다. 후일 노회가 개회되면 경과보고 후 그 재판국은 자동 없어진다.

11) 재판국 서기의 의무: 재판이 종결되면 재판국서기는 재판회 회의록과 판결문 작성하여 회장과 서기가 날인(捺印)하여 보관한다. 원고, 피고와 노회 서기에게 각각 한통씩 교부한다.(권징122조)

12) 노회 재판국 보고와 총회의 검사(권징123조)

본 노회 서기는 재판기록과 본회 회록을 함께 상회에 올려 보내 검사를 받아야 한다.

## 26문] 목사에 대한 재판에 대하여 알아야 할 상식은?

2. 목사(牧師)에(직원) 대한 재판-(권징6장)

목사에 대한 소송접수 신중할 것.(권징37조)

목사의 명예는 교회 부흥과 하나님 영광과 직결되기 때문이다.

1) 개인적 행위, 직무상 행위, 자세히 살펴 범죄가 있어야 한다.

2) 목사라고 편호(編護)하여 불공정한 판결도 하지 말고 그 죄를 경(輕)하게 벌하지 말고

3) 목사에 대하여 사소한 곡절로 소송하는 것을 경솔하게 접수하지도 말아야 한다. 확실한 증거가 있어야 한다.

4) 목사, 장로에 대한 소송은 증인 2-3명이 있어야 한다.

없으면 받지 말아야 한다.(딤전5:19절 두 세 증인 없으면 받지 말 것이요)

**27문]** 목사에 대한 재판 관할은 어디인가?

3. 타 주소에서 피소된 목사의 재판 관할은 어디인가?

　1) 소속한 노회(老會)이다.(권징19조)

　2) 목사가 본 주소에서 떠난 곳에서 피소되면 목사의 소속노회가 알 수 없다.(권징38조) 목사가 피소된 지역의 노회가 유죄로 판단되면 그 목사의 본 노회로 통지(通知)해야 한다. 본 노회(老會)는 권징의 대상이 된다고 판단되면 즉시 재판하는 것이 옳다.

**28문]** 목사가 소환에 불응하면 어느 처벌을 해야 하나?

4. 목사의 소환 불응과 처벌(處罰)

　피고된 목사가 1차, 2차 소환 통보 받고도 출석하지 않고 변호인도 파송하지 않으면 노회는 소환불응 거역함에 대하여 "정직"함이 옳고, 3차에도 불응하고 대리할 변호인도 파송하지 않으면 정직과 수찬 정지에 처할 수 있다.(권징39조)

5. 소송당사자의 권리정지(권징40조)

　치리회의 결의로 소송과 관계없는 일반 안건 심의(審議)에 대하여 언권과 투표권을 정지할 수 있다. 그 사건과 관계된 상회에서도 회원권이 정지된다. (권징 98조)

**29문]** 목사 시벌(施罰)은 몇가지가 있나요?

6. 목사 시벌과(5가지) 해벌(권징41조)

　①권계(勸戒) ②견책(譴責) ③정직(停職) ④면직(免職) ⑤출교(黜敎) 정직이나 면직 할 때는 수찬 정치를 함께 할 수도 있고 안할 때도 있다.

　정직을 당한 자가 1년 안에 회개의 결과가 없으면 다시 재판 할 것 없이 면직(免職)할 수 있다. 단, 해벌 할 때는 제35조의 단항(短項)을 적용한다.

7. 노회(老會)재판(裁判)국 판결(判決)주문(主文)-권징41조

　권징 41조의 목사 시벌 5가지(권계, 견책, 정직, 면직, 출교)중 하나만을 합의(合意)

해서 판결(判決) 해야 한다.

예) 당회장권 0개월 정지, 모든 공직 1년 정지, 원로목사 해지 등 41조에 없는 시벌을 주문에 넣으면 권징41조를 위반(違反) 하는 것이다.

8. 회개와 해벌(解罰)-권징41조

정직(停職)을 당한지 1년 안에 회개하면 해벌할 수 있고 회개치 않으면 재판할 것 없이 면직할 수 있다.(정문209문)

그러나 목사 면직의 절차 없이 목사명부에는 삭제하지 못하고 "정직"목사의 이름을 보유 한다.(정문385) 해벌은 회개 여부에 따라 치리회가 의논하여 정하고 시행할 수 있다.(권징35조) 해벌은 예배모범 16정17장 참고할 것

**30문]** 목사 면직 요건은 무엇 인가?

9. 목사면직(牧師免職) 요건(要件)-권징42조

1) 목사가 이단을 주장할 때

2) 불법(不法)으로 교회(教會)분립(分立)하는 행동할 때 안건이 중대하면 면직(免職)한다

3) 고의성이 없고 다른 사람 권유로 무지로 실수라면 면직하지 않고 권면한 후 처단(處斷)함이 옳다.

**31문]** 할 수만 있으면 고소 취하할 수 있도록 권면해야 하나요?

10. 고소(告訴)취하(取下)권면-권징43조

1) 안건이 사소(些少)한 사건일 때

2) 교인도 목사가 반성하는 줄 알아 시무에 지장이 없을 때

3) 노회는 목사에게 유사한 사건이 발생하지 않도록 처리하고 소송을 취하(取下)하게한다.

**32문]** 목사면직(免職)과 복직(復職)은 어떻게 이루어지나요?

11. 목사의 면직과 복직(復職)-권징44조

   1) 목사의 복직은 면직(免職)한 치리회(治理會)에 있다.

   2) 면직된 목사가 치리회 관할을 벗어나 있을 때 면직한 치리회의 결의로 현재 거주하는 지역 관할 치리회에 복직권을 위탁할 수 있다. 이때 복직권은 위탁 받은 노회에 있다.

**33문]** 면직을 당한 상태에서 상소하여 재판을 받는 가요?

12. 면직과 정직 목사의 상소(上訴)와 효력(效力)-권징45조

   1) 목사가 면직 되면 담임도 해제되고 평신도 신분이 된다.

   2) 목사가 재판을 통해 면직되면 상소를 해도 면직 상태에서 총회재판 까지 받는다.

   3) 담임목사를 정직할 때는 그 담임까지 해제 할 수 있으나 상소한다는 통지가 있으면 그 담임을 해제하지 못한다.

**34문]** 피소된 목사 직무를 어디에서 임시 정지할 수 있나요?

13. 목사(牧師)직무(職務)의 임시정지(停止)-(권징46조)

재판국이 아니라 목사의 위임 해제나 직무정지는 그 권한은 재판국이 아니라 노회(老會)이다. 노회가 취할 수 있는 조치이다.

"노회는 교회에 덕을 세우기 위해 피소된 목사의 그 직무를 임시정지 할 수 있으나 이런 경우 그 재판을 속결(速決)함이 옳다."

(권징46조. 권징33조 참고)

**35문]** 목사에 관한 법적용(法的用)을 장로 집사에게도 적용할 수 있는 조항이 어디 인가요?

14. 장로집사에 관한 소송사건 권징6장 헌법(憲法)적용(適用)

　　장로집사에 대하여 재판사건도 제6장 각조에 해당된 대로 법을 적용할 수 있다. 목사에 대한 재판 규정이 장로집사에게도 그대로 적용된다는 뜻이다.

**36문]** 즉결 처단의 재판은 무엇인가 ?

15. 즉결처단(卽決處斷)의 규례(規例)-권징7장 즉결 심판 대상

　1)　즉결심판은 통상적인 재판 절차 없이 현장에서 약식으로 재판하는 규례이다. 원고나 기소 위원을 선임하고 고소장, 죄증 설명서 외 증인을 세우고 10일 선기, 소원심문 절차는 생략하고 치리회원 앞에서 범죄 했으니 모두 증인이므로 증인을 별도 세울 필요 없이 재판할 수 있다.

　2)　즉결처단은 행정치리회를 권징치리회로 변격하든지 재판국을 구성하여 재판할 수 있다.(권징48조)

　　(1)　반드시 치리회 석상(당회, 노회, 총회)에서 범죄(犯罪)했어야 한다.(예: 폭행, 쌍욕 등)-정치8장1조 참고

　　(2)　다른 곳에서 범죄한 것을 치리회 석상에서 자복할 때 청취 후 즉시처결할 수 있다.(기소위원, 죄증설명이 필요 없다)

　　(3)　즉결재판도 2일 이상 재판에 대하여 연기를 청구할 수 있다.

　　　　이런 경우도 범죄사실을 회록에 상세히 기록하고 다른 안건처럼 상소(上訴)할 수 있다

　　(4)　성찬 거부 청원자(권징49조)

　　　　당회에 입교인이 자청하여 자기는 성찬에 참여할 수 없다고 자청하는 자.

　　(5)　교인이명: 2년 이상 이명서 청구하지 않을 때 별 명부로 올린다.(50조)

(6) 교회 불 출석자는 당회 권면 후 듣지 않으면 통지 후 책벌할 수 있다.(권징51조) 입교인이 6개월 이상 출석치 않으면 교회 모든 권리가 중단된다.(헌규3조2항)

(7) 목사 사직 청원자 허락 절차(권징52조)

목사가 정치 17장 1조 3조에 의해 더 이상 목사직을 유지할 수 없을 때, 노회에 사직청원서를 제출하면 노회는 목적과 이유를 살펴보며 1년간 유예 하고 본인으로 하여금 심사숙고 하게한다. 유예기간 1년이 지났어도 사직(辭職) 하고자 하는 마음이 확고하면 수리하고 평신도의 이명서를 주어 소원하는 지 교회(敎會)에 보낸다.

(8) 타 교단가입 교인처결-권징53조

이명서 없이 타 교단 가입 교인은 제명한다.-권징치리에 의한 제명(정문266문)이다. 착수한 소송건이 있으면 계속 재판할 수 있다.-재판하려면 제명하지 말고 재판(裁判)해야 한다.

---

**37문]** 목사의 관할 배척은, 행정보류나 탈퇴와 같은 것 인가요?

(9) 목사의 관할배척-권징54조-권징치리에 의한 제명할 수 있다.

관할배척: 행정과 지도 치리를 거부하고 물리친다는 뜻입니다.

노회의 행정치리 사법처리 등을 배척하는 행동으로

권징조례 54조에 적용해서 처벌할 수 있는 조항이다.

① 목사를 명부에서 삭제, 제명한다.

② 사직을 스스로 포기할 때

③ 무흠 목사가 교단을 탈퇴했을 때

④ 교회를 자유로 설립할 때

⑤ 이명서 없이 타 교단에 가입할 때

(10) 소송사건이 있을 때는 제명 않고 계속 재판하여 처벌할 수 있다.

(11) 이단 교파에 가입하면 정직이나 면직 출교까지 할 수 있다.(권징42조 참고하여 시벌 할 것)

## 38문] 증인이 갖추어야 할 자격은 무엇인가?

16. 증인(證人)에 관하여 (권징8장)

증인(證人)채택과 증인의 자격(資格)을 살펴라. 권징55-57조

1) 증인의 자격(資格)

   (1) 하나님의 존재를 믿지 않고 심판과 상벌을 믿는 자.

   (2) 증인의 선서의 책임을 이행할 수 있는 자는 채용하고 믿지 못하는 자는 채용하지 말아야 한다.

   (3) 치리회는 반드시 채용가부를 결정해 주여야 한다.

   * 증인채용 신청서 제출할 것

   증인(證人)에 대한 판단(判斷)기준(基準)(권징57조)

   원고, 피고 친척이 되는 자, 소송판결에 직접 이해관계가 있는 자, 나이가 어린 경우, 품행이 악하고 사나운 자, 본 교회 책벌 아래 있는 자, 성질이 조급하고 판별이 없는 자, 소송 이해 여부에 치우칠 수 있는 자는 증인으로 채용하면 안 된다.

2) 부부(夫婦)간의 증언(권징58조)

   증거 할 수 있으나 치리회가 강요해서는 안 된다.

3) 증언(證言)의 방법(方法)은 이렇게-(권징59조)

   (1) 구두, 필기, 인쇄물이나 직접, 간접으로 할 수 있다.

   (2) 범죄안건에 한 사람의 증거뿐 다른 증거가 없으면 소송(訴訟)안건을 확실히 결정하기 어렵다.

   (3) 고소장 한통에 매 사건마다 각각 다른 증인 한 사람만 있어도 믿을 만한 실증이면 그 소장은 전부 결정할 수 있다.

4) 증인 동석(同席) 불허 한다.-(60조)

본회 회원(會員) 외 선후(先後) 심문(審問)할 증인(證人)의 동석을 허락하지 않는다.

5) 증인심문 순서(順序)-(권징61조)

    (1) 치리회가 먼저 심문(審問)하고

    (2) 증인제출 하여 재판회의 허락을 받은 자 편에서 먼저 묻고 후(後)에 상대가 묻게 한다.

    (3) 그 후 재판국원이 심문(審問)한다. 사건에 관계없는 말과 희롱의 말로 질문하면 안 된다. 증인을 제출한자가 증인(證人)에게 증언(證言)을 암시하는 말로 묻지 못한다.

## 39문] 증인 선서문 내용(內容)은 무엇입니까?

6) 증인 선서(宣誓)문(文)-권징62조

"후일에 산자와 죽은 자를 심판하시는 하나님 앞에 문답(問答)할 것같이 지금 알지 못함이 없으사 사람의 마음을 감찰하시는 하나님 앞에서 이 소송(訴訟)안의 증인으로 출석하였으니 사실대로 직언(直言)하며 사실 전부를 말하며 사실밖에 덧붙이지 아니하기로 선서(宣誓) 하느뇨?"(선서 합니다)

<위증할 때는 증인에 대한 치리회의 증빙이 될 수 있음을 알고 신중하게 선서(宣誓)하고 증언 할 것입니다>

7) 증인심문조서(證人審問調書)-권징63조

    (1) 증인에게 심문하는 말을 청구하는 자가 있으면 필기한다.

    (2) 원고, 피고나 재판회가 필요하다고 인정되면 증인의 문답지를 만들어 일일이 기록하고 재판 회석에서 낭독한 후 증인의 확인 날인(捺印)을 받아야 한다.

8) 서기(書記)의 서명날인 효력(效力)-권징64조

기록의 원본이나 초본에 치리회 서기가 서명 날인하면 상회나 다른 회에서 신용할 수 있는 증거로 인정한다.

9) 작성한 증인의 공술(供述)-공적인 진술(陳述) -권징65조

어느 회이든 증인이 작성한 증인의 공술(供述)은 본회의 수집한 증거와 같게 인정한다.

10) 증거(證據)조사(調查)국 위원선정-권징66조

재판 중 원고, 피고 쌍방의 청원에 의하여 본 치리회가 목사 혹 장로 중에서 증거 조사국 위원으로 선정할 수 있다.

11) 재판국원의 증언(證言)-입증(권징67조)

다른 증인처럼 선서 입증한 후에 증언(證言)할 수 있다.

12) 증인의 증언불응 징벌(懲罰)-(권징68조)

아무교회 교인이든지 증인 소환 받고 불출석하거나 출석하였어도 증언하기를 불응하면 거역한 행위를 가지고 징벌(懲罰)한다.-(정문242문답)

---

**40문]** 재심 청구의 절차가 어떻게 됩니까?

17. 재심(再審)청구권(請求權)-권징69-70조

1) 처음 피소(被訴)시 자신의 무죄(無罪)를 입증할만한 증거를 제출하지 못해 유죄(有罪)판결을 받았으나 후일 무죄를 입증(立證)할 충분한 새로운 증거를 발견 시 재심청구를 하면 허락 한다.-유죄를 무죄로 판단할 수 있는 재판의 흠결, 혹은 새로운 증거(證據)가 있어야 한다.

2) 수소(受訴)재판회(판결한재판회)는 재심 청구를 접수하고 재심을 통하여 공의가 나타날 수 있도록 해야 한다.

3) 재심청구서 제출

상회 상소 중 무죄(無罪)입증(立證) 증거가 있을 때-권징70조

상회 상소 중 무죄가 입증될 때 혹은 새로운 증거가 제시(提示)될 때

(1) 상회는 하회로 환송하여 재심하게 할 수 있고

(2) 원고, 피고 쌍방이 상회가 재판하여주기를 원하면 상회는 새로운 증거를 조사하여 판결할 수 있다.

(3) 이때 하회에서 결정한 것이 권계나 견책이면 정지하고 그밖에 시벌은 사회의 판결나기까지 결정대로 한다.(권징100조)

**41문]** 최고 상고심(上告審)인 총회 재판국의 조직과 기능은 무엇인가요?

## IV. 제3심 총회재판국(권징134조)

1. 총회 재판국 구성(構成)

   1) 총회 재판국은 상설 재판국이다. 소송건(訴訟件)이 있던 없던 항상 개설되어 있는 재판국으로 상소, 소원, 위탁 판결건을 접수하여 심의하여 판결하는 삼심제의 최고심(最高審)이다.

   2) 총회 재판국 구성은 목사 8인 장로 7인으로 한다. 동일한 노회에서 2명을 초과하지 못한다. 국원임기는 3년이고 3개조로 1년에 5명씩 총회에서 선출한다. 다른 상비부원을 겸임하지 못한다. 재판국원의 결원은 총회가 개회 중에는 총회가 선임하고 파회 후에는 총회장이 임명한다.

   3) 총회는 권징 치리회로 변격하여 모든 회원이 재판관이 되어 재판사건을 당석 재판할 수도 있고, 재판국에 재판건을 위탁하여 판결하게 하고 보고하게 할 수 있다.

2. 재판국 조직과 판결 권한(권징135조)

   1) 재판국은 국장을 총회에서 투표로 선출하고 서기 회계 총무를 국장이 추천하여 임명하고 인준을 받는다. 국장은 반드시 목사라야 한다는 총회결의

가 있다. 99회 총회 결의는 "총회 재판국장 장로선출 금지의 건은
헌법(憲法)대로 안 되는 것을 결의(決議)하다."

2) 총회로 위탁받은 사건에 대하여는 권한이 본회와 동일하여 교회의 헌법(憲法)과 총회에서 적용하는 규칙(規則)을 사용하여 총회에 보고 하여 채택(採擇)결의 되므로 효력을 발생한다.

3) 재판국원 성수(권징136조)
11인으로 정하되 목사 6인이 되어야 한다. 장로보다 목사가 한사람 더 많아야 된다는 규정이다.

4) 재판국의 재판기일과 장소(권징137조)
총회가 재판건을 직할할 경우 기일을 정(定)할 수 있다는 것이다. 재판국이 정한다는 것은 총회가 상설 재판국이 재판 절차를 좇아 소집한다는 의미이다.

## 42문] 총회 재판국 판결의 효력은 언제 발생하는가?

5) 총회 재판국 판결의 효력
총회 재판국 판결 총회 보고시 ① "채용 ② 총회 재판국 환부 ③ 특별 재판국 설치" 중 총회에 재판국 판결 보고 후 채용(採用)결의한 후 확정(確定)되므로 효력(效力)이 발생(發生)이 된다.(141조)
(권징138조,141) 그 전(前) 까지는 쌍방을 구속한다는 것은 하회 재판 판결이 그 상태로 유효(有效)하다.(138조)
판결문은 서기가 등본 날인하여 원고, 피고와 총회 원 서기에게 각(各) 한 통씩 교부한다.(139조)
총회 서기는 접수된 판결문을 본회 회록과 같이 보관한다.(140조)
총회 재판국 비용은 총회가 지불한다.(142조)
총회 특별 재판국이 설치되면 맡겨진 안건만 판결하되 상설 재판국 규칙을

사용하여 재판하게 된다.

**43문]** 각 노회끼리 행정사건이 일어났을 때 총회에 소원할 수 있나요?

    6) 치리회 간의 소원(訴願)-권징14장

        (1) 동등한 회를 상대로 한 소원(訴願)할 일이 있으면 권징84조, 93조에 의
            해 상회에 기소(起訴)할 수 있다. 사건 발생 후 1년 이내에 피고 된 회의
            서기와 그 상회 서기에 통지한다.(권징144조)
            예) 당회와 당회끼리-노회와 노회끼리 부당한 행정건에 대하여 치리회
            간의 소송은 처벌소송이 아니라 부당한 행정처리와 결정을 취소, 변경,
            의무를 이행해 달라는 소원이다.(84조-85조)

        (2) 소원을 재출한 노회는 반드시 노회장이 대표가 되어 소송을 진행하는
            것이 아니고 노회원 중 1-2명을 대리위원 선정하여 처음부터 끝까지
            소송을 담당하게 할 수 있다. 대리위원은 변호인을 선임할 수도 있고
            소송위원을 선정하여 초심(初審)부터 종심(終審)판결까지 위임하여 업
            무를 담당시킬 수 있다.

        (3) 소원을 접수한 상회는 그 사건을 조사하여 상당한 이유가 있으면 회의
            결정 전부 혹 1부를 취소, 변경, 피고회에 처리할 방법을 지시할 수 있
            다.
            원고 피고는 그 상회에 상소할 수 있다. 치리회가 노회이면 불복하는
            하회는(당회)상회로(대회,총회) 상소할 수 있다.

**44문]** 상소하는 절차와 규례는 어떠 합니까?

3. 상소(上訴)하는 규례(規例)에 관하여 (권징9장)

    당회나 노회에서 처리한 사건을 각기 차서(次序)에 따라 상회에 상소하는 방법
    은 검사와 교정, 위탁판결, 소원, 상소의 방법이 있다는 규정이다.(권징71조)

1) 검사와 교정-권징72조

  (1) 검사와 교정: 매년 1차씩 하회 회록을 검사한다.(72조)-경과 사건 사실 기록 여부.

  (2) 헌법에 의하여 결정한 여부, 공평하게 처리된 것에 대한 여부.(73조)

  (3) 재판 사건은 상고를 접수 처리하기 전에는 하회 판결을 갑자기 변경 못 한다.(권징75조) 재판을 통해서만 변경 가능하다.

  (4) 하회가 헌법에 위법(違法) 처리한 사건을 확인하면

    ① 상회가 직접 변경할 수 있다.

    ② 하회에 환송하여 처단할 것을 지도할 수 있다.

    ③ 재판국 판결전(判決前)에 계류(繫留)중에 있는 사건에 대하여 피고, 원고가 상회회원, 일반회원에게 변론서를 인쇄출간, 혹 복사하여 직 간접으로 선전하면 치리회(治理會)를 모욕하는 것으로 알고 그 행동 을 치리(治理)하고 그 상소(上訴)를 기각(棄却) 할 수 있다.(76조) 재판에 계루 중에 있는 사건을 판결 하기 전 가짜뉴스를 인쇄물을 통하여 배부하면 상소인이나 피상소인이나 기각을 비롯 불 이익을 당 한다는 조항이다.

    ④ 처결한 사건(77조)을 "하회 회의록 누락"은 직무유기이므로 76조 에 의거 처리한다. 당회록, 노회록이나 재판회록을 누락시키면 처 벌을 받는다는 조항이다.(76조)

**45문]** 위탁 판결은 무엇을 말합니까?

  2) 위탁판결(委託判決)-권징78조-83조

  (1) 위탁판결은 하회가(노회, 당회) 결정하기 어려운 재판사건에 대하여 상 회에 서면(書面)으로 제출하여 지도를 구하는 것이다.(회의결의 후 당회 장, 노회장 이름으로 청원함) 각 회는 각기 사건을 판별력으로 판단하는

것이 교회에 더 유익하다는 사실을 생각해야 한다.

(2) 위탁판결 청원 안건

① 하회가 취급한 전례가 없는 사건

② 긴중한 사건

③ 판결하기 어려운사건

④ 상관하기 곤란한 사건

⑤ 공례나 판례가 될 만한 사건

⑥ 하회 회원의 의견이 심히 상충 되는 사건

⑦ 상회에서 결정하는 것이 좋은 사건

(3) 상회에 지도 혹은 사건 전부를 위임할 수도 있다.(권징80조)

(4) 위탁사건을 논의 할 때는 하회 총대도 협의하여 결의권도 행사할 수 있다.(81조) 그러나 그 총대가 재판사건 당사자이면 당사자 제척원리에 의해 회원권이 정지되고 다른 안건심의에도 치리회가 결의하면 회원권이 정지된다.(제40조,98조)

(5) 위탁 판결사건에 대하여 지시(指示)하든지, 하회 환송(還送)하든지 상회 결의대로 하면 된다.

(6) 하회가 위탁으로 상회가 접수할 때 그 안건 기록을 상회에 제출 접수해야 한다. 원고, 피고의 진술도 청취(聽取)해야 한다는 규정이다.

---

**46문]** 소원(訴願) 절차(節次)는 어떻게 진행됩니까?

3) 소원(訴願)-권징84조-93조

(1) 소원(訴願)에 대한 정의(正義)-권징84조

소속 치리회의 행정처분이나 결정에 대하여 취소, 변경하여 달라는 상급회(上級會)에 소송을 제기하거나 의무 불이행시 이행할 것을 청구하는 행정소송(行政訴訟)을 말한다.

(2) 소원(訴願)할 수 있는 자격(資格)-권징84조

① 치리회에 소속한 회원, 치리권에 복종하는 자, 시벌중이거나 안건에 불참자는 소원을 제기할 수 없다.

② 소원자가 소속한 치리회의 행정사건과 재판국 결정이라도 재판절차 등의 행정사건은 소원의 대상이 된다.

③ 재판국에서 결정할 때 참여한 회원중 3분의 1이 소원하기로 하면 상회가 결정할 때까지 재판국의 결정은 소원 기일(期日)과 절차(節次)의 중요성(重要性)-권징85조 소원에 대한 통지서와 이유서는 하회(당회,노회) 결정 후 10일 이내로 작성하여 그 회 서기에게(당회,노회) 제출한다. 서기 유고시에는 회장에게 제출한다.

본회 서기는 접수된 소원서류가 불법 문서이면 부전(附箋)을 붙여 반려(返戾)할 수 있다. 본 회 서기는 소원통지서 이유서 등 관계된 서류 일체를 총회를 앞두고 상회서기에게 제출(提出) 하여야 한다.(상소건과 소원건은 목사는 노회서기. 평신도는 당회서기에게 제출한다)

(3) 행정사건 소원의 하회 결정중지-권징86조

① 행정사건을 결의할 때 참석한 회원 중 3분의 1이 연명하여 소원(訴願)을 선언하면 그 사건은 상회 결정 날 때까지 하회 결정을 중지(中止)한다.

② 재판사건도 재판국원 중 3분 1이 소원하면 상회가 소원을 조사 할 때까지 재판국의 결정을 보류(保留)한다.(권징84조)

(4) 소원자의 서류제출-권징87조

권징 85조대로 소원장, 소원통지서, 이유서를 첨부해서 서기에게 제출하고 서기는 상회에 제출한다. 쌍방의(소원인, 피소원인) 공술(供述)을 청취한 후 판결한다.(권징88조)

(5) 소원처리 방법(권징89조)

소원이 적법(適法)할 경우 하회가 작정(作定)한 사건의 결정을 전부나 일부 변경 할 수 있다. 처리방안을 하회에 지시(指示)한다

① 소원이 적법으로 인정하면 하회 결정을 하면 상회가 판결한다.

② 하회 결정을 변경하면 부분대로 상회가 판결한다.

③ 소원이 적법인 줄로 인정해서 하회로 개심하게 한다면 상회는 판결을 파기하고 환송(歡送)해야 한다.(권징19조,76조)

④ 소원자와 피소원자-(90조)

소원자는 소원서를 제출한자 피소원자는 하회가 되는데 하회는 회원중 1인 이상을 대표로 정하여 그 대표자는 변호인(辯護人)의 도움을 구할 수 있다.

⑤ 소원자나 피소원자는 상회 판결 후 그 상급회에 상고(上告)할 수 있다.(92조)

⑥ 서류제출 의무와 권리(權利) 보존(保存)-권징93조

피소된 하회는 피소된 사건과 관계된 기록 전부와 일체서류를 상회에 올려 보내야한다. 서류를 보내지 않으면 상회는 하회를 문책(問責)하고 올려 보낼 때까지 쌍방의 권리를 그대로 유지한다. 하회 결정을 정지(停止)한다.(권징101조)

---

**47문]** 상소(上訴)에 대한 헌법적(憲法的) 절차는 어떻게 되나요?

4) 상소(上訴)-권징94조-101조

(1) 상소정의(上訴正義)

① 하회에서 판결한 재판사건을 서면으로 상회에 기일(期日)내에 제출한다. 기일 지나면 심의할 수 없기 때문이다.

② 상소 제기자는 상소인 상소(上訴)당한 자는 피상소인으로 한다.

③ 판결을 취소, 변경하고자 할 때는 상소하는 것 밖에 없다.

④ 상소가 제출되면 하회 회원은 본회 판결에 대하여 이의나 항의나 의견서를 제출(提出)할뿐 언권은 없다.(91조)

⑤ 폐회 후 재판국 판결에 대해 원고, 피고는 다 같이 상회에 상소할 수 있다.

⑥ 항소심(抗訴審)은 부득이한 경우 증거(證據)조를 취급할 수 있고 상고심(上告審)에서는 증거조를 폐하고 법률심(法律審)으로 한다. 총회 재판국은 하급심의 재판기록을 면밀히 검토한다. 하급심에서 규명한 사실을 법률적(法律的) 판단으로 볼 때 적법(適法)하게 절차와 법적용이 되었는가를 심의(審議)한다는 의미이다.(권징71조(상소절차) 84조(소원절차)94조(상소절차)

⑦ 상소인이 소속한 하회가 고의로 상소 통지서를 접수 거부하면 부전(附箋)하여 상소할 수 있다.

(2) 상소를 제기할 사유는 무엇인가?

① 하회 재판이 불법(不法)일 때

② 하회가 상소를 불허(不許)할 때

③ 어느 한편에 가혹이 취조하는 때

④ 불합당한 증거를 채용하는 때

⑤ 합당한 증거 채용을 거절할 때

⑥ 충분한 증거조사 전에 급속히 판결할 때

⑦ 소송 취급상에 편견이 드러나는 때

⑧ 판결 중에 오착(誤錯)이나 불공평(不公平)이 있을 때는 상소(上訴)할 수 있다.

(3) 상소 기일(期日)을 지켰는가?-권징96조

① 상소인은 하회판결 후 10일 이내에 상소통지서와 상소이유 설명서

를 본회 서기(書記)에게 제출한다. 서기 유고시에는(별세, 부재, 시무 불능)회장에게 제출한다.

② 판결 후 10일은 원고, 피고 동석시킨 가운데 판결 후 10일을 의미(意味)한다.

③ 서기는 관계 서류를 상회 정기회에 상회 서기에게 교부한다.
단. 상소인이 총회 규칙에 있는 대로 성설 재판국의 재판을 빨리 받기를 원하면 하회 서기는 상회에 6월말 이전 빠른 재판받을 수 있도록 접수해 주어야 한다.(총회 규칙 3장9조 3번 4항)

**48문]** 상소심 심리의 헌법적 진행 절차는 어떠합니까?

(4) 상소심(上訴審)의 심리절차는 어떻게 진행되는가?-권징99조
상소인의 상소통지서, 상소장, 상소이유 설명서를 예정기일 10일 안에 제출했으면 상회 규례대로 재판한다.

① 하회 판결과 상소통지서 상소장 상소이유 설명서를 낭독한다.

② 쌍방의 설명을 청취한 후 상소 수리 여부를 결정한다.

③ 상회는 상소를 처리하기로 작정한 후 다음 순서대로 처리한다.

㉠ 상소사건에 대한 하회기록 전부를 자초지종 낭독한다.

㉡ 당사자 쌍방이 구두로 진술하되 시작과 종결은 상소인으로 하게 한다.

㉢ 당사자 쌍방을 퇴석하게 하고 상회 회원이 합의(合議)한다.

**49문]** 상소 판결문 주문 4가지는 무엇 인가요?

(5) 상소 판결문 주문 4가지 작성(作成)-권징99조2항4번

① 상소이유 설명서에 기록한 각조를 회장이 토론 없이 축조 가부하여 각조에 상소할 이유가 없는 줄로 인정하면 상소는 하회 판결이

적합한 줄로 인정하고 상소 이유 없음을 판결(判決)하고 기각(棄却)
한다-하회판결이 적합(適合)할 때

② 각조 1조 이상이 시인(是認)할 만한 상소이유가 인정하면 하회 판결
을 취소(取消) 할 수 있다.-노회판결이 적법(適法)하지 않고 문제가
있을 때 당회나 노회 판결을 취소(무효)시킬 수 있다.

③ 변경(變更)할 수 있다.-정직, 면직, 출교 등 징벌(懲罰)이 지은 죄보다
무겁다고 인정 할 때 정직, 면직, 출교 등 형량을 낮추거나 변경하
여 판결할 수 있고 아주 약한 시벌은 권계(勸戒), 견책(譴責)등으로
변경하여 판결할 수 있다.

④ 하회로 갱심(更審) 즉 파기(破棄)환송(還送) 할 수 있다.-처음부터 다
시 재판하라고 환송한다.
대법원의 파기환송(破棄還送)과 같다. 이때 원심에 관여한 판사는
환송된 재판에 관여할 수 없다. 환송받은 하회재판은 파기이유에
대한 법률상 판단에 귀속되며 재판의 기초로 삼아야한다. 하급심
판결에 대해 다시 상소된 경우 그 상소 절차에도 미친다.

⑤ 판결문은 4가지 중 1가지 투표(投票) 혹은 합의(合議) 결정된 것을
판결문 주문(主文)으로 작성(作成)한다.

**50문]** 총회 재판국은 하회재판 중 무엇을 검사해야 합니까?

4. 총회 재판국원의 하회 재판에 대해 무엇을 검사(檢査) 심의할 것인가?
(노회-당회)

   1) 기본적으로 무엇을 검사(檢査)할 것인가?

   (1) 원고와 피고가 있는가?(권징7조)

   (2) 증거가 확실한가?(권징8조, 16조)

   (3) 화해 진술서가 고소장에 첨부되었는가?(권징18조)

(4) 치리회에서 선정한 기소 위원이 선정되었는가?

　(권징11조-12조)- (고소자, 피고소인 없는 경우)

(5) 변호인 선임 신청이 있는가? 신청이 있으면 허락해야 한다.

　(권징12조, 22조.27조)

(6) 소송제기 기각 사유가 충분해서 기각(棄却) 하였는가?(권징14조)

(7) 고소장은 적법(適法)하게 작성되었는가?(권징16조)

　고소장, 죄상, 죄증설명서, 범죄 한 증거, 각조에 대한 증인의 성명이 기록되었는가?

(8) 고소장 한 장에 한 사람에 대해 여러 가지 범행을 동시에 기록 할 수 있다.(권징 17조) 판결도 병합된 된 죄목 따라 동시 판결하고 판결 이유를 자세히 기록해야 할 것이다.

(9) 고소장에 기록된 죄상, 죄증 설명서, 범죄 한 증거를 가지고 재판을 하였는가?

(10) 재판기록을 살펴보아라-절차와 법적용은 잘 되었는지?


**51문]** 노회 재판국에서 당회재판 무엇을 검사(檢査)하나요?

2) 당회 재판은 무엇을 검사(檢査)할 것인가?

　(1) 고소장(告訴狀)이 적법하게 기록되어 들어 왔는가?(권징5장)

　(2) 당회가 치리회로 변격하여 재판하였는가?

　　당회록을 재판 절차에 의하여 기록했는가?(16조.25조)

　(3) 피고의 소환을 절차에 따라 통지했는가?(20조-21조)

　(4) 이유 없이 소환과 심문을 불응했는가?(권징34조)

　(5) 재판절차대로 재판이 진행되었는가?(권징20조)

　(6) 원고, 피고에게 소환장을 문서로 발부했는가?(20조-21조)

　(7) 출석재판을 했는가? 궐석재판을 했는가?(권징22조)

(8) 원고, 피고의 진술을 듣고 재판해야 한다. (권징23조3항)

생략하면 불법(不法)이 된다.

(9) 권징24조에 근거하여 재판 절차가 진행되었는가?

(10) 판회록은 정확이 기록되었는가? 누락되었는가?

(권징-25조-26조)

(11) 변호인 선임 있었는가?-왜 거절했는가?(권징22조, 27조)

(12) 판국원 중 누가 투표권이 없는가? 결격 사유는?(권징29조)

100%출석하지 않으면 투표권을 잃게 된다.

(13) 당회 주문 판결은 7가지 중 한 가지만 선택하여 판결한다.(권징 35조)

(14) 시벌의 공포는 적법하게 했는가?-(권징36조)

"그 죄에 대하여 작정 판결 결정한 것을 교회에 공포 아니하기도 하며

공포(公布)할지라도 그 교회나 혹 관계되는 교회에서만 할 것이다."

## 52문] 노회 재판 무엇을 검사 할 것인가?

3) 노회(老會) 재판 무엇을 검사(檢査)할 것인가?

(1) 재판국원을 투표로 선출하였는가?

(2) 7인 이상을 선출하고 목사가 과반수인가?

(3) 소송사건이 들어와서 행정치리회에서 권징치리회로 변격하여 직할 심리하여 당석재판 하였는가?

(4) 재판국을 설치 조직하여 재판국에 위탁하여 재판했는가?

노회록과 재판회록을 조사해야 한다.(권징117조)

(5) 교회헌법과 노회에서 적용하는 규칙에 맞도록 적법하게 재판하고 법적용은 적법한가?(권징118조)

(6) 목사에 대한 고소장은 헌법에 맞게 작성했는가?(권징7조)

(7) 죄상과 죄증에 의한 재판을 적법하게 했는가?

(8) 노회 재판국 판결 주문은 권징41조에 따라 5가지 중 하나만 택하여 했는가?

(9) 목사 면직은 권징조례 42조에 합당하게 했는가?

(10) 변호인, 증인 신청과 증인심문은 하고 판결하였는가?(62조-63조)

(11) 재심청구한 일이 있는가? 재심을 허락했는가? 아니했는가?(권징69조-70조)

## 53문] 총회 재판의 유의(有意)할것이 무엇인가?

4) 총회(總會)재판의 유의할 점은 무엇인가?

(1) 총회 현장에서 권징 치리회로 변격하여 당석 재판을 한 것인가?-(137조 직결)

(2) 총회 재판국 구성(構成)은 적법한가?-(권징134조)

① 목사8인, 장로7인을 국원으로 선정했는가?(134조)

② 다른 상비부 위원으로 재직(在職)한 자도 재판국원이 되지 못한다. (134조)

③ 국장과 서기를 본 국원 중에서 매년 선거로 선출해야 한다. (권징 135조)

## 54문] 총회 재판국의 성수는 몇 명인가요?

(3) 재판국 성수(成數)는 잘 지켰는가?(권징136조)

15인 중 성수는 11인이다. 그중 6인이 목사(牧師)이어야 한다.

(4) 치리회(治理會) 간(間)의 소원건이 있는가?(권징14장)

(5) 하회가 위법한 처리한 사건은 변경할 수 있고, 처단 방법 지시할 수 있다. 계류 중에 있는 사건을 직·간접으로 인쇄, 복사하여 선전하면 상소를 기각할 수 있다.(권징76조)

**55문]** 회의록이 누락이나 조작(造作)이 확인되면 어떻게 해야 하나요?

(6) 회의록 누락도 76조에 의하여 처리한다.

① "헌법에 위반되게 처리한 사건이 있는 줄로 확인되면"

② "상회가 취소하고 직접 변경 혹은 하회에 환송하여 처단할 것을 지도할 수 있다"

(7) 위탁 판결의 절차는 갖추어 졌는가?(권징 78조 -83)

"위탁판결은 하회가(당회, 노회)상회에 서면 제출" 하는 것이다.

재판하기 어려운 사건에 대하여 당회, 혹은 노회 결의로 상회에 지도를 구하거나, 위탁 판결을 구한다.(권징 78조-80조) 원고, 피고, 개인 자격으로는 위탁 판결을 청원(請願)할 수 없다.

(8) 소원(訴願)건은 합법적으로 소원장 작성, 자격, 기일, 처리방법이 적법대로 하고 있는지 ?

(9) 상소심은 부득이한 경우 증거조를 취급할 수 있고, 법률심으로 최종 판결 해주어야 한다.(권징94조2항)

법률심(法律審)이란? 재판회록, 당회록, 노회록, 절차, 법적용, 시벌(施罰) 형량이, 적법 한지를 본다. 문서(文書)를 보고 문서(文書)에 의하여 헌법(憲法)대로 재판(裁判)하라는 것이다.

(10) 총회 재판국의 심리는 상소장, 소원장에 기록된 죄상을 근거로 심의(審議)하고 합법적(合法的)인 재판(裁判)을 하였는가?

(11) 소원, 상소 판결문은 기각, 취소, 변경, 갱심(파기환송)중 하나만을 선택하여 주문에 넣어야 한다.(권징 99조) 쌍벌로 이중(二重) 처벌(處罰)을 금(禁)하고 있다.

(12) 합의된 사건은 기각(棄却)이 아니라 사건 종결(終結)로 결정한다.

# 권면 (화해) 진술서

성삼위 하나님의 은총이 함께하시길 기원합니다.
본인은 000씨에 대하여 헌법 권징조례 제18조와 마18:15-17 말씀
따라 아래와 같이 화해를 위하여 권면하였으나 끝내 불응하였기에
이에 진술서를 제출합니다.

제 1차 권면
일시:
장소:

제 2차 권면
일시:
장소:

증참인:
성명:                              생년월일:
주소:
직분:

증참인:
성명:                              생년월일:
소속치리회:
직분:                    주소:

주후          년      월      일

진술인:                            인

대한예수교 장로회  ○○교회 당회장(노회장)  귀하

# 고 소 장
( 헌법권징16조 )


원고
성명:                          생년월일:
주소:
소속치리회:                    직분:

피고
성명:                          생년월일:
소속치리회:                    직분:
주소:
(원고, 피고가 여러 명이면 모두 기록한다.)


죄상(罪狀)
1. 구타(헌규2조5항
2. 고의적으로 의무금 납부하지 않음(십일조):헌규2조5항)
3. 6개월 동안 교회 출석하지 않음(헌규3조2항)



위와 같이 고소(고발인)를 하오니 의법(依法)처벌하여 주시길 바랍니다.



              년          월          일


고소인(고발인)  ○○○ 인


       대한예수교 장로회  ○○교회    당회장(노회장)  귀하

# 죄증설명서
### (헌법권징제16조)

원고:성명:        소속치리회:        직분:    (남, 여)
    주소:        생년월일:

피고:성명:        소속치리회:        직분:
    주소:        생년월일:


죄증설명내용
1. 구타(폭행)
2. 언제:        어디서:        3.:어떻게:


증인:        소속치리회:

증거(물증):   사진:        동영상:        진단서:

    위와 같이 죄증이 확실하기에 설명하나이다.

        년      월      일

        원고:            인


    대한예수교 장로회  ○○교회  당회장 (노회장 귀하)
                    (재판국장 귀하)

* 죄증설명서에는 범죄의 증거 일시  장소. 정형을 기록하고 각조마다
  증인의 성명을 기록한다.

# 증인 소환장
(헌법권징제68조)

원고: ○○○(만    세)
소속치리회:
직분:
주소:


피고: ○○○(만    세)
소속치리회:
직분:
주소:


　　위 재판사건에 귀하를 원고측(피고측) 증인으로 아래와 같이 소환
하오니 필히 참석바랍니다.
- 아 래 -
1.일시:　　년　　월　　일　　오전　　시
2.장소: 노회 사무실　(당회실)(주소:　　　　　　　　　)


*지참물: 인장, 주민등록증
*유의사항: 증인이 불출석 하거나 증언을 거부하면 원고에게 불리하고
　　　　　증인도 징벌이 주어짐(헌법 권징 제68조)


　　　　　　　　　　　　　　년　　　　월　　　　일


대한예수교 장로회　○○노회　　재판국　　　(직인)
　　　　　　　　국장: 목사　　　　　　　　인
　　　　　　　　서기: 목사　　　　　　　　인


　　　　　　　　증인:　　　　　　　　　　귀하

# 변호인 (피고대리인) 선임서
## (헌법권징 제27조)

원고:성명:　○○○(만　　　세)
직분:
소속치리회:
주소:

피고:성명:　○○○(만　　　세)
직분:
소속치리회:
주소:

변호인:성명:　○○○(목사,　장로)
　　　주소:　　　　　　　　　　　전화번호:
　　　소속치리회:

위 변호인을 ○○재판국 접수된 ○○○사건의 (원고, 피고) 변호인으로
선임하였으므로 변호인 선임서를 제출하오니 허락하여 주시기를 바라
나이다.

　　　　　　년　　　　월　　　　일

　　　　　　　　신청인:　　　　　　　인

　　　　　　　　변호인:　　　　　　　인


대한예수교 장로회　○○노회　재판국장　　귀하

# 원고(피고) 소환장

성삼위 하나님의 은총이 함께 하시길 기원합니다.
귀하가 ○○○씨를 피고로 고소한 재판사건을 심리코자 아래와 같이
소환하오니 필히 참석하시길 바라나이다.


일시:
장소:

유의사항
1) 귀하는 피고 측 증인에 대하여 상당한 이유가 있을 시는 거부하는
   신청을 제출할 수 있습니다.
2) 귀하는 대리인이나 변호인을 신청할 수 있습니다.
   단, 본 교단 소속 목사나 장로 이어야 합니다.
3) 출석하실시 인장을 지참하시길 바라나이다.


　　　　　　　년　　　　　　월　　　　　일


대한예수교 장로회　○○노회　재판국

　　　　　　　국장: 목사　　　　　　　인
　　　　　　　서기: 목사　　　　　　　인


　　　　　원고　　　　　　　　　　　　귀하

# 재판기록 사본 신청서

원고  성명 :○○○      생년월일:            만      세
　　　주소:
　　　소속치리회:
　　　직분:


피고  성명: ○○○      생년월일:            만      세
　　　주소:
　　　소속치리회:
　　　직분:


　　　본 재판사건으로 안건기록 사본을 권징4장30조에 따라 아래와 같이
　　　청구합니다.


1. 청구종목
　　1) 재판국 회의록 사본 1통
　　2) 각종 심문조서 사본 1통
　　3) 재판사건 진행 전말서 1통


2. 용도 : 상소(소원) 준비
　　1) 상소준비


　　　　　　　　　　주후      년    월    일


　　　　　　　　　원고(피고)    ○○○ 인


　　　대한예수교 장로회 ○○노회   재판국장  귀하

# 판 결 문

원고:　　성명: ○○○　　　　생년월일:　　만　　세
　　　　소속치리회:
　　　　주소:
피고:　　성명: ○○○　　　　생년월일:　　만　　세

## 주 문

피고 ○○○씨에게 6개월간 '정직'에 처한다.

## 이 유

1.
2.
3.
4.

법적용: 본 재판국은 주 예수 그리스도의 이름과 재판국 전원 일치의 의견을 좇아 본 수탁(受託) 사건을 헌법 권징조례 제6장 41조에 따라 주문과 같이 판결한다.

주후　　년　　월　　일

### 대한예수교 장로회 ○○노회 재판국 (직인)

|  |  |  |
|---|---|---|
| 국장 목사: | 인 |
| 서기 목사: | 인 |
| 국원 목사: | 인 |
| 국원 장로: | 인 |
| 국원 목사: | 인 |
| *총회재판국원 15인 | 국원 장로: | 인 |
| *노회재판국원　7인 | 국원 장로: | 인 |
|  | 원고(피고) | 귀하 |

# 재심 청원서

청원인:(원심피고) 성명: ○○○          생년월일:          만     세
　　주소:
　　소속치리회:
　　직분:
원심원고: 성명  ○○○          생년월일:          만     세
　　주소:          소속치리회:
　　소속치리회:
　　직분:

## 원  심

대한예수교 장로회 ○○노회(당회) 제○○회 재판국
　　　　　　　　　　국장:
　　　　　　　　　　서기:
　　　　　　　　　　국원:

시벌: 면직
판결년 월  일 판결

## 재심청구취지

1.
2.
증인　　　성명　　　　　생년월일　　　　(만 세)
주소:　　　　　　소속치리회:　　　　직분:

이상과 같이 헌법권징 제69조 70조에 근거 재심을 청구하오니 허락하여
주시길 바라나이다.
　　　　　　　　　주후　　　　년　　　월　　　일

　　　　　　　청원인:(원심피고)　○○○ 인

## 대한예수교 장로회  ○○노회장　귀하

# 위탁판결 청원서

수신: 대한예수교 장로회 ○○노회장
제목: 위탁판결 청원건
성삼위 하나님의 은총이 함께하시길 기원합니다.
아래와 같이 위탁판결을 청원하오니 처결(處決)하여 주시길 바랍니다.
-------------------아  래-----------------
1. 위 탁 건: 대한예수교 장로회 ○○교회 ○○○씨가 ○○○씨의 고소건
2. 위탁취지: 노회가 직할 심리하여 판결하여 줄 것을 위탁함
                (처리할 지침을 주시기 바람)
3. 위탁사유
   1) 장로가 피고이므로 본 당회에서 재판하기 어려움
   2) 피고장로가 평소 목사와 불협하므로 처리하기가 곤란함
   3) 당회원 의견이 불일치함으로 본 당회에서 재판하기 어려움
   4) 장로가 1명임으로 장로건을 재판할 수 없음
   5) 장로1명으로 재판하기를 거부함
유첨
1) 고소장1통
2) 죄증설명서1통
3) 원고의 권면진술서1통
4) 위탁판결 당회(노회) 결의서1통
5) 장로건으로 당회에서 결의 할 수 없으므로 당회장 직권으로 위탁판결
   청원사유서1통

               주후         년        월       일

          청원인: 대한예수교 장로회  ○○교회
                당회장 목사        인

## 대한예수교 장로회  ○○○노회장  귀하

# 소 원 장
## (헌법 권징84조-85조)

소원인:성명:            인        생년월일:

주 소:

소속치리회:

직 분:

(소원인이 다수면 각자인적사항 연명으로 기록할 것)


피소원치리회: 대한예수교 장로회  ○○교회  당회(또는 노회)

주 소:

치리회장 성명:


소원취지:1) ○○○장로 시무정지 취소

---

# 소원 통지서

수신: 대한예수교 장로회 ○○노회 (교회) 노회장 (당회장)

발신: 성명        인       생년월일:

주소:                  소속치리회:

발신: 소원 통지서

   소원건에 대하여 아래와 같이 통지하오니 양지하시길 바랍니다.

-------------------- 아 래 --------------------


소원건:1. 년 월 일 ○○회의 결의사항에 대하여

        2. 년 월 일 ○○○건에 대한 결의는 불법 결의이므로 소원함.


년        월        일


대한예수교 장로회  ○○노회(  교회)노회장(노회장, 총회장)귀하

# 상 소 장
## (당회재판을 노회로, 노회재판을 총회로)

상소인 성명:           생년월일:
      주소:
  소속치리회:         직분 :


피상소인:성명:(당회,노회)            생년월일:
주 소:
소속치리회:
직 분:

# 상 소 이 유
## (불법이유)

1.
2.
3.
증거:1)                 2)
증인:1)                 2)
상소취지: 무죄

# 상소통지서

이상과 같이 권징94조-96조에 이거 상소장과 이유를 설명과 통지서와
상소장을 제출합니다.

유첨: 1. 원심판결문  2. 상소 이유 설명서

           주후       년       월       일

         상소인:                 인

## 대한예수교 장로회 총회장(노회장) 귀하

# 상소 취하서


원고(기소위원):성명               인
소속치리회:
직분:
주소:


원심판결의시벌 주문:
원심판결일시:     년     월     일


위 사건에 관하여 상소인은 원만한 합의를 이루었으므로 상소를 취하합니다.


                년     월     일


        상소 취하인 :            인


## 대한예수교 장로회 ○○노회(총회) 재판국장  귀하

# 부        전

년    월    일  노회(당회)서기 ○○목사님 댁에 가서 상소장(소원장)을
제출하였으나 거절하였으므로 이에 부전합니다.

주후          년          월          일

원고:                          인

증인:                          인

_____

# 부        전

년   월   일 ○○○씨가 상소(재판) 문건을 제출하려 했으나 불법문서
이기에 반려 합니다.
1. 당회 서기에게 제출하지 않음
2. 노회 규칙대로 시찰회 경유하지 않음
3. 죄증설명서와 증인이 없음

주후          년          월          일

대한예수교 장로회 ○○노회장(총회장) 귀하

# 고소 취하서

고소인 성명:          생년월일:        직분:
　　주소:

피고소인 성명:       생년월일:      직분:
　　주소:

위 고소인은　피고소인과 원만히 합의 하였으므로 고소를 모두 취하
하고자 하오니 허락하여 주시길 바라나이다.


　　　　　　주후　　　년　　월　　일

　　　　　고소인:　　　　　　　　　인

　　대한예수교 장로회 ○○노회 (총회)재판국장 귀하

## < 위임 해약(권고사면) 청원서 >

수신: 대한예수교 장로회 ○○노회장
참조: 서 기
제목: 권고사면 위임목사 해약 청원건


본 교회는 대한예수교 장로회 ○○노회가 ○○○○년 ○○월 위임식을 거행하여 위임목사가 된 ○○○○교회 ○○○목사를 본 교회 (헌법정치17장2조)위임해약을 청원하오니 허락하여 주시길 바랍니다.


주후        년     월     일
대한예수교 장로회 ○○교회 당회장(임시) ○○○인
임시의장 장  로 ○○○인
서  기 ○○○인


별첨서류
1. 당회록 사본1
2. 공동의회록 사본1
3. 서명날인 1부

# 재판국원 기피 신청서


성삼위 은총이 함께 하시길 기원합니다.
원고, 피고 ○○○은 원고, 피고 ○○○씨의 재판에 있어서 특별한
이해관계가 있어 재판의 공정성을 위해 ○○○의 재판회장, 국장, 국원
은 헌법 권징8장 57조에 근거 재판 기피 신청을 청원하오니 허락하여
주시길 바라나이다.



주후        년      월      일



원고, 피고      ○○○ 인



대한예수교 장로회 ○○노회 노회장 귀하
당회장 귀하

# 부　전

년　　월　　　일 ○○○목사 사택에서 본 고소장 경유를
요청 하였으나 당회,　시찰회 서기　○○○께서 거절
하였으므로 부전하여 제출합니다.


주후　　　년　　월　　일


원고:　　　　　　　인
증인:　　　　　　　인


대한예수교 장로회　○○노회장　귀하
당회장　귀하
총회장　귀하

# 부 전
(반려)


  년   월   일  원고 ○○○씨가 고소 재판문건을
제출하였으나 본건은 아래와 같이 불법문서 이기에
반려합니다.



1. 당회, 시찰회를 경유하지 않음
2. 죄증 설명서에 증인이 없음
3. 원고의 자격이 되지 않음



            주후         년        월        일



    대한예수교 장로회  ○○노회 노회장 ○○○인
                              서 기 ○○○인
                            당회장 ○○○인
                              서 기 ○○○인

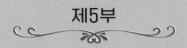

# 제5부

# 대한예수교 장로회 총회 주요결의사항
## (제108회 ~ 제1회)

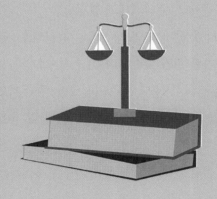

# 대한예수교 장로회 총회 주요결의사항
## (제108회 ~ 제1회)

## ▶108회 총회결의(2023. 9. 18.~21.) 대전새로남 오정호

1. 여성 강도사고시 허락결의 시행철회하고(9월21일13시53분) 실질적 처우 개선키로 번복 결의하다.

2. 선관위원장 "의혹에 송구"선관위 모두 사과하고 이이복장로와 이영신목사에게 등록금 반환하고 금품 수수자에게 직무배제 보고로 일단락 하기로 함.(총회선관위 의혹 조사한다. 1000만원, 중부노회 헌의안)

3. 세계선교회파송이사 총회총대 아니어도 가능하다. GMS 정관 개정키로 하다.

4. 정년연장은 부결되다.

5. 능동적 순종회심 준비론 주의해 교훈할 것.

6. 총회발전 기금에서 총신에 10억 재정후원 지원키로 가결하다.

7. 통일 준비위원회 기관 설립키로 하다.

8. 이단 대책보고 건-김성로 목사 건은 기침교단 통해 지도 당부키로 결의하다.

9. 총회 유지재단은 제주 신일교회 매각을 결정하고 총회 임원회로 맡기기로 결의하다.

10. 총회 정책연구소 신설, 총회 교육위원회 신설도 허락 결의하다.

11. 대사회 문제 대응위원회-성윤리 예방 및 대응 매뉴얼 지침서를 총회가 '채택'하다.

12. 폐지된 충남노회를 대신할 새로운 노회가 설립하기로 결의하다.(윤해근 목사 측이 노회 설립요건 21곳 이상을 충족시)

13. 여성 사역자에게 목사후보생 고시 및 강도사 고시 응시 자격을 허락 결의하다.(9월19일20시6)-(준목까지 올라가도록함)

14. 대회제는 더 이상 대회제 시행을 위한 준비와 연구하지 않기로 결의하다.

15. 아시아 지역노회 신설 소위원회 한회기 연장해 연구하기로 결의하다.

16. 헌법개정 1년 연장 재검토하기로 하다.

17. 해외교단 대표들 13개 교단 62명 참석하려 개혁주의 신앙 확산에 동역키로 하다.

18. 이혼자에 대한 신학부 이첩 질의 추가 보고-이혼자가 시찰장과 노회장 등 공직을 맡기는 것이 합당한지 질의건-각 노회가 교단의 신학과 그 이혼의 형편을 살펴 판단하되, 이혼자에게 합당한 사유가 있더라도 5년이 경과하기 전에는 "노회장과 시찰장 등 주요공직은 맡기지 않는 것과, 5년이 경과하였더라도 시찰장이나 노회장등의 주요공직은 맡기지 않는 것이 하나님의 영광과 건덕을 위해 합당한 것으로 가결하다."

19. 축도(祝禱)건-축원 하옵니다가 아닌 총회결의대로 '축도'할 것을 전국교회에 재 지시하기로 하다.

20. 위임목사 외 사무목사 임시당회장 재판권 없음을 수정하여 재판권 있음으로 수정의건은 현행대로 '재판권 없음'으로 가결하다.

21. 목회자 연장 교육 건-총회 임원회에 맡겨 시행하되 3억을 총회 발전기금에서 지출토록 가결하다.

22. 강사, 설교비, 상향조정관련 상향조정하되 재정부로 보내기로 가결하다.

23. 총회 임원회와 총신과 정례회 건-6인 위원 허락하되 총회 3인, 총신 3인. 구

성하여 시행키로 가결하다.

24. 재판판례집, 양형 기준표 제작 관련건-총회 재판국으로 보내 반드시 시행토록 가결하다.

25. 은퇴목사 계속 목회관련(강중노회)-정년이 지난 은퇴목사가 후임 목사를 청빙하지 않고 임시당회장 위임으로 계속목회가 가능한지에 대한 질의건은 불가(不可)한 것으로 가결하다.

26. 시무목사 위임청빙 관련(충청노회)-시무목사 위임청빙 선거시 대리당회장과 임시당회장중 공동의회 주관자에 질의건은 시무목사에게 노회가 당회장 권을 부여하였다면 대리당회장이 시무목사에게 노회가 당회장권을 부여하지 않았을 경우 임시당회장이 공동의회를 주관하는 것으로 가결하다.

27. 부목사 시무 계속청원 관련(남수원노회)-당회결의에 따라 당회장이 청원키로 가결하다.

28. 권징조례 2장15조 관련 해석(경천,경기중부,강중노회)-송사가 허망하여 너의 악의와 경솔한 심사가 발현되면 형제를 훼방하는 자로 처단하겠다의 유권해석건은 권징조례 절차에 의해서 처벌할 수 있는 것이라고 해석하기로 가결하다.

29. 은급 지원 관련-세례 교인헌금 5%지원하기로 가결하다.

30. 은급재단 기금지원 관련-총회 발전기금 중 50억을 은급재단에 지원하기로 가결하다.

31. 107회 선거관리위원장과 심의분과위원장과 위원전체 사과를 받고 장로부총회장 입후보자 이이복 장로와 정치부장 입후보자 이영심목사의 흠결이 없음을 확인하고 등록비를 반환하고 종결하기로 가결하다.

32. 편재형씨에 대한 함경노회 이의신청은 '재판국 주문'을 각하하기로 총회 현장에서 가결하다.(주문: 1. 서경노회 편재형목사에 대한 1차, 2차 면직판결은 취소한다. 2.편 재형 목사는 성석교회 담임목사이며, 당회장이다. 3. 편재형목사는 함경노

회 소속으로 변경되었음을 인정한다.)

＊재판국의 주문을 총회현장에서 "각하"결정은 다툼의 시비가 많다. 권징 141조는 세 가지중 한 가지를 택하여 결정해야 한다.(①채용 ②환부 ③특별재 판국설치)

33. 잔무처리 위임-정영교목사가 108회 총회 안건 중 총회위임한 안건과 파회 후에 교회 및 노회 등의 각종 질의 청원 진정 분쟁사건 긴급한 제반 현안 등 의 처리 및 회의록 채택과 잔무까지 총회 임원회에 일임하고 파회하기로 동 의하니 재청 후 가결하다.

## ▶제107회 총회결의(2022. 9. 19.~22.) 주다산 권순웅

1. 언론인은 총회총대가 될 수 없다는(93회결의) 유권해석을 요청하니 총회규 칙대로 하기로하다.(발행인은 포함 안됨)

2. 총회 세례교인 헌금의 5%를 매년 총회 교역자 연기금에 지원을 하고 총회 총대는 연기금을 의무 가입토록 보고하니 받기로 가결하다.

3. 충남노회 분쟁 수습 소 위원회 보고

   ① 분쟁노회 수습 메뉴얼대로 충남노회 폐지를 청원하므로 충남노회 폐지 하기로 가결하다. 교회와 목사는 공동의회 결의를 통하여 근처 노회로 가입 하도록 한다.

   ② 충남노회 소속이었던 당회 중 21개 이상 당회가 총회 임원회로 노회신 설을 청원할 시 신설한다.

4. 헌법 오낙자 관련헌법 수정 관련건은 헌법개정위원회 15인을 설치하기로 가 결하다.

5. 총회제주 수양관 부지관련 헌의건은 제주수양관 건립위원회를 구성하되 총 회 임원회에 맡겨 처리하기로 가결하다.(단, 총회,GMS,신대원총동창회,제주노회

컨소시엄으로 시행, 운영)

6. 동사목사 명칭 변경 관련-제104회 결의안 동사목사를 동역목사로 변경 헌의건은 '동사목사' 로 현행대로 가결하다.

7. 선거 규정 개정은 총회 결의로만 하도록 가결하다.

8. 제107회 총회 중점 사업 관련
   ① 살롬 부흥운동 본부를 설치하되 규모, 운영, 조직을 총회 임원회에 맡겨 처리하기로 가결하다.
   ② 다음세대 목회 부흥운동본부 관련 교육개발원 산하 다음세대 목회 부흥운동 본부로 상설기관 설치를 허락하기로 하고 정관은 규칙부로 보내기로 가결하다.

9. 총회재산 실태파악 관련-유지재단에 맡겨 처리하되 매년 총회직전 기독신문에 공고하도록 가결하다.

10. 편목 교육 관련-헌법대로 하되(강도사고시 자격부여) 편목 교육이 필요한 경우 헌의를 통하여 철저히 하도록 가결하다.

11. 성폭력 대응 및 차별 금지법 관련-대사회 문제 대응위원회로 보내어 처리 하기로 가결하다.(명칭 변경은 규칙부로)

2. 지 교회 정관 표준화 관련-각 노회에 지시하여 지 교회 정관중 상위법에 저촉되는 부분을 시정토록 지시하기로 가결하다.

13. 총회 회의 관련-화상 회의를 30% 안에서 시행해 보도록 권고하기로 가결하다.

14. 사무총장, 총무제도 관련-사무총장제도 폐지 찬성775표, 총무직 폐지 찬성 150표로 사무총장 제도를 폐지하고 상근 총무제도를 환원키로 가결하다.

15. 노회 분립 관련-수경노회, 동한서노회, 경상노회 이원평씨가 헌의한 경상노회분립 헌의건은 분립위원회를 두어 처리하기로 가결하다.

16. 총회은급지원 관련-적립기금 20억 중 최저생계비 목적으로 교회자립 개발

원에 5억원 총회세계선교회에 5억원, 총회은급재단 은급기금으로 10억원을 총회 임원회에 맡겨 처리하기로 가결하다.

17. 총회 연기금 의무 가입관련-제106회 실행위원회 결의대로 시행하되 기금은 0,1%로 인하하여 시행토록 가결하다.

18. 대구노회 박해근씨 소원 판결 관련
    1) 소원인은 대구 노회원이다.
    2) 소원인은 대구 서현교회 위임목사는 아니다.
    3) 대구 서현교회 부임한 날로부터 대구 노회가 소원인의 대구 서현교회 위임목사 해지한 2020년 2월 14일까지의 지급하지 않은 금원의 생활비 와 퇴직금을 지급하고 소원인의 성도와 노회원을 상대로 한 사회법 소 송을 취하하라 대로 채용하다.

19. 충남노회 윤익세씨의 노병선씨 고소건-주문 "피고를 견책, 총회총대권 3년 중지에 처한다"로 채용하다.

20. 위임목사가 노회임원으로 봉사 중 폐당회가 되었을 시 임원직을 계속 유지 할 수 있는지(피선거권) 대구노회장 박승환씨 질의건은? 할 수 없음. 피 선거 권이나 임원직을 유지할 수 없음의 규칙부 답변대로 결정하다.


## ▶제106회 총회결의(2021. 9. 13.) 울산우정 배광식

1. 코로나19사태로 울산 우정교회, 대암교회, 태화교회에서 분산 개최키로 하 다.

2. 총대가능 연령인 만 71세 하루 전날에 해당하는 일자를 총회 개회일에서 총회예상 파회 (총회주간금요일) 다음날로 적용하기로 하고 총대변경은 총 회개회일 7일 전까지로 제한하기로 하다.(예:1950년9월13일 이후 출생자에서 1950년 9월18일 이후 출생자로변경)

3. 정년이전 원로목사를 임시 당회장으로 파송할 수 있다.

4. WEA에 대해서는 명확한 윤곽이 들어날 때까지 결의를 유보하고 불필요한 논쟁을 피할 것을 권고하기로 하다.

5. 기도를 주님, 예수님으로 시작하는 것은 가능하나 공적 예배에서는 하나님 아버지로 시작하도록 가르치기로 하다.(마6:9-13)

6. 급변하는 코로나19시대 여파로 예배당에 모여 예배할 수 없는 여건이 되어 현장예배와 온라인예배를 드리는 현실 속에서 대면예배를 올바른 예배의 기본으로 하고 비상적 상황(가령 코로나상황)에서는 제한적으로 비대면 예배를 활용 할 수 있다.

7. 총회 임원회 보고-105회 총회에서 허락되었던(분쟁사고노회) 노회수습 메뉴얼 9항의 분쟁사고 노회지정 후 수습처리위원회의 노력에도 불구하고 분쟁이 해결되지 않는 노회의 폐지 청원기간을 만 2년에서 만 6개월로 수정 청원건은 임원회에 맡겨 처리하기로 가결하다.

8. 천서 위원회 보고-총무는 비상근직 위임목사임과 해 노회로부터 선출된 총대임과 직원은 이중직 금지이나 현 총무는 위임목사로 총무직을 감당하는 이중직임을 볼 때 임원에 준하는 직임을 참작하여 천서하기로 가결하다.

9. 총대 인원 산출기준은 봄 정기노회시점으로 총회에 보고되는 당회수 '조직 교회현황에 근거'하며 이후에 추가되는 당회는 총대인원수 산출에 적용되지 않기로 하다.(총회전산에 등록되어야한다.)

10. 총대 변경은 총회 개회 일부터 7일전 까지만 변경할 수 있다. 총회현장에서는 불가하다.

11. 총회 실행위원회 보고-총회 선거규정 개정안에 대해서는 의장이 전년도와 같이 총회임원회에 맡겨 처리 하도록 하고, 규칙부 심의 후 총회 임원회로 보고하면 총회 임원회에서 총회 홈페이지에 게제함으로 공포할 것을 제안하니 만장일치로 가결하다.

12. 정동수 이단사이비 피해 대책보고-정동수목사 이단 규정건은 105회기 총회 결의에 따라 정동수는 이단성이 있어 보이므로 참여 금지하고 더 이상 확산되지 않도록 엄히 경계해야 할 것을 유지키로 하다.

13. 헌법자문 위원회 보고-보고는 받고 헌법 자문위원회는 폐지하기로 하다.(정치부 보고)

14. 총회위기관리 대응위원회-목사 부총회장을 본부장으로 하고 총대 1명 직원 3명=5명으로 구성하여 코로나19 위기대응에 집중하도록 가결하다.

15. 경기북노회와 강북노회로 분립되었음을(위원장:김정훈목사) 보고하니 받기로 가결하다.

16. 목포서노회 분립보고-(위원장:배광식목사) 목포서노회와 동목포노회로 분립되었음을 보고하니 받기로 가결하다.

17. 헌의부 총회 역사 관련 사적지 지정건-충청노회장 이효섭씨가 헌의한 마량진 한국최초성경전래지 총회역사 사적지 지정헌의건과 충청노회 내(內) 100년 이상 된 7교회의 기념교회 지정 헌의건은 역사위원회로 보내기로 가결하다.

18. 이능규 재판건-산서노회 이능규씨 상소는 헌법정치12장4조에 근거 상소 자격이 없으므로 기각하기로 가결하다.(산서노회 재심청구재판결과 불복(원심)에 대한 상소이므로 총회재판국 상소자격이 되나? 안되나?)

19. 정치부 보고

    1) 전광훈목사 이단건-105회총회 결의대로 하기로 가결하다.

    2) 부목사 투표권관련-연구위원을 정치부 맡겨 구성키로 하다.

    3) 질의-정년이전, 이후 은퇴목사 교회소속 확인 질의건은 헌법대로(목사는 교회소속이 아니며 출석교회일 뿐) 처리하기로 하다.

    4) 평등법, 주민자치 기본법 반대, 낙태반대, 악법철회, 예배 자유보장, 건강가정 기본법 철회 헌의건은 교회 생태계 대응위원회로 보내어 처리하기

로 가결하다.

    5) 세례교인 헌금관련-세례교회 헌금과 총회 상회비를 포함하여 제106회 기에 한하여 5%줄여 시행하고 제106회 총회예산 집행을 30% 이내로 절감하여 실행하도록 권고하기로 가결하다.

20. 출판부 보고-보고는 받고 총회산하 모든 교회들이 헌법 해설서를(개정증보판)를 참고도서로 사용 청원과 총회산하 모든 교회들의 총회 융합형 새공과 하나 바이블 사용 및 총회 신앙월력 의무사용은 허락하기로 가결하다.

21. 재판국 보고 (재판국장 정진모)

    1) 중부산노회 상소건은 주문 "상소인들의 상소를 기각"한대로 채용하다.

    2) 경서노회 임은씨시 상소는 "상소인들의 상소를 기각한다"대로 채용하다.

    3) 합의: 대구노회 성명교회 이건섭씨 상소는 주문 "상소인이 상소를 취하하였으므로 종결하기로 하다."

    4) 평남노회 조청래씨 상소는 주문 "상소인이 상소를 취하 하였으므로 종결하기로 하다"대로 채용하다.

    5) 관서노회 에덴교회 이평규씨 3인 상소는 주문 "상소인의 상소 기각"한대로 채용하다.

    6) 관서노회 에덴교회 김은태씨 상소는 주문 "상소인의 상소를 기각한다"대로 채용하다.

    7) 관서노회 심장섭씨 상소는 주문 "상소인의상소를 기각한다"대로 채용하다.

    8) 경남노회 이승기씨 소원은 주문 "소원인이 소를 취하하였으므로 종결하기로 하다"대로 채용하다.

    9) 청원건: 하회에서 재출한 모든 재판건은 총회규칙대로 재판국에 이첩시켜 화해 또는 판결토록 허락해달라는 청원건은 헌법(憲法)대로 해달라는 건이므로 허락하기로 가결하다.

22. 잔무처리 위임

김형국목사가 106회총회 안건중 총회임원회에 위임한 안건과 파회 후에 교회 및 노회 등의 각종 질의 청원 진정 분쟁 사건 등의 처리 및 회의록 채택과 잔무까지 총회 임원회에 일임하고 파회하기로 동의하니 재청 후 가결하다.

23. 시무목사, 원로목사 추대건(21년6월18일 제18차임원회확인)-진주노회에서 질의한 시무목사 원로목사 추대건은 105회 총회에서 '헌법대로 하기로 결의한 것은 '시무목사는 원로목사가 될 수 없다는' 것임을 답변하기로 하다. 이전에 노회에서 교회의 형편에 따라 시행한 경유가 있다면 소급적용하지 않도록 가결하다.

## ▶제105회 총회결의(2020. 9. 21.) 새에덴 소강덕

1. 21당회 미만교회는 총회총대를 제한하고 당회수에 의하여 옵서버로 참석만 허락하고 상비부원 및 특별위원 참여를 제한하기로 하다.

2. 헌법권징조례 제141조의 환부에 대한 유권해석은 총회 재판국이 총회에 보고할 때 환부(還付)는 총회 재판국으로 보내는 것이다.

3. 총회인준 신학 대학원(大學院)인 칼빈대, 대신대, 광신대 졸업자 특별교육은 3주에서 2주로 변경하였다.

4. 언론인은 헌법권징조례제79조에 의거 총회산하 모든 재판의 변호를 금지하기로 하다.

5. 퀴어신학은 명백히 이단이며, 철저하게 배격되어야하고 퀴어신학을 성경에 근거한 해석으로 여겨 추종하는 자 또는 단체들을 이단으로 간주하기로 하였다.

6. 총회 재판국 판결의 판례집 발간은 기각하고(군산노회헌의) 판결문만 송부하

되 총회보고 전(前)에는 효력이 없고 보고 후에 효력이 있다.(서울강남노회)

7. 재판국에 계류 중인 사건은 화해중재 위원회로 이첩하지 않는 것과 판례집 청원건은 임원회로 보내기로 가결하다.

8. 총회재판국의 교리(敎理)재판(裁判)은 가급적 신학부에 의뢰하여 그 해석에 근거하여 재판하든지 총회 재판국 자체적으로 개혁주의 신학자를 선정하여 이를 근거로 진행하는 것이 바람직할 것이다.(신학부 보고)

9. 부목사 회원 건-당회장이 매년 노회에 시무청원하여 승낙을 받았으면 부목사는 정회원이다(헌법 정치제4장4조3항)는 재판국 판결대로 채용(採用)하다.

10. 총회 파회 후(後)에 교회 및 노회 등의 각종 질의 청원진정 분쟁사건 긴급한 제반 현안 등 처리 및 회의록 채택과 잔무(殘務)까지 총회 임원회에 일임하고 파회(罷會)하기로 가결하다.

11. 총회 은급재단 이사장 김종준목사가 보고한 사업결과와 총회장의 납골당 매각에 대한 구두 보고를 받다.

12. 여성 강도권은 허락하되 시행은 신학부로 1년 더 연구토록하다.

13. 한국교회 하나됨과 발전을 위하여 본 총회가 연합기관 통합을 선도적으로 추진하기로 하다. 한기총은 이단문제로 제99회 총회에서 탈퇴를 결정한바 이단문제를 충분히 살펴 해결한 후 추진하도록 하다.(가입여부)(2021년1월19일 제1차실행위원회 결의)

    제99회 총회결의-한기총 탈퇴하기로 결의하다, 예장합동이 이단으로 규정한 다락방과 박윤식씨를 이단해제 등 회원결의를 무시하는 이단옹호 행태를 보고 탈퇴하였다.(이단문제를 살펴 확인한 후 가입여부를 결정해야한다.)

14. 시무목사 연기청원에 대하여(목포노회질의)-105회 총회임원회보고p113 질의-답변 총회회의결의서 (촬요.p.69.보고 받아 결의됨)

    1) 시무 연기청원은 임기 3년 마치기 전에 청원하는 것이 마땅하다.

    2) 시무목사에게 당회장을 주었을 경우 대리당회장으로 연기 청원할 수 있

으나 당회장 권이 주어지지 않았을 경우 노회파송 당회장으로 연기 청원해야 한다.

3) 단, 임기 3년이 경과(經過유효기간지남)한 후에는 노회파송 당회장으로 공동의회를 실시한 후 시무연장 청원(請願)해야 한다.

제95회 총회결의 p.60 헌법개정통과(총회서기정진모) 헌법정치 4장4조 목사칭호-임시목사-현행 단, 미조직교회 임시목사 시무연기를 청원할 때에는 공동의회 3분의 2의 가결로 당회장이 노회에 청원한다.

개정: 미조직교회 시무목사 시무기간은 3년이요 연기를 청원할 때는 당회장이 노회에 더 청원할 수 있다로 개정안이 통과되었다.(총대1431명 중 1023명이 찬성함으로 가결되어) 노회 수의를 거쳐 개정 가결되었다. 개정안이 지금 헌법 4장4조2항 미조직교회 임시목사에 관한 것이다.

15. 임시당회장의 치리권과 교회 대표자격에 대한 군산노회 질의건

제103회 총회에서 임시당회장 재판권 없음을 결의하였고 임시당회장도 교회대표자로 인정하고 있음을 답변키로 하고 단, 권징에 따른 경우 정치제21장1조 5항에 준하여 교회정관 혹은 공동의회 결의 확인 후 대표자 증명 발급해 주기로 하다.(105회 임원회 보고)

16. 조직교회 및 미조직 교회 관련 질의건

헌법적 규칙제1조에 의거 공인된 예배처소와 간판이 없는 경우 교회로 볼 수 없다. 103회 교회실사 위원회에서 결의하여 시행한대로 25인 이하인 경우 조직교회로 인정할 수 없음을 답변하기로 가결하다.(105회 총회 임원회 보고)

17. 폐당회에 대한 질의건

시무장로가 1명일 경우 정년이 되어 은퇴하면 위임목사는 총회 결의에 의거 2년간 유지되지만 교회는 바로 미조직교회가 됨을 답변하기로 하다.(105회 총회 임원회 보고)

18. 노회 정회원 목사의 공직범위와 상비부가 공직인가? 남전주 노회 질의건

선출직, 임명직(특별위원 포함)은 공직에 해당되나 부원은 공직이 아니다로 답변키로 하다.(105회 총회 임원회보고)

19. 시무목사에 대한 목포노회 질의건

    1) 시무연기 청원은 임기 3년이 마치기 전에 청원하는 것이 마땅하다.

    2) 시무목사에게 당회장을 주었을 경우 노회 파송 당회장으로 연장 청원할 수 있으나 당회장권을 주지 않았을 경우 노회 파송당회장으로 연장 청원해야 한다. 단, 3년의 임기가 경과한 후에는 노회 파송당회장으로 공동의회를 실시한 후 시무 연장 청원해야 한다.(105회 총회 임원회 보고)

20. 원로목사 관련건

    중부산 노회장 박세광씨가 헌의한 미조직교회 시무목사로 동일한 교회에서 20년 이상 시무한 목사도 절차에 따라 원로목사가 될 수 있는지 질의 건은 헌법대로 하기로 가결하다.(헌법대로란 말은 할 수 없다는 뜻-106회임원회18차/ 답변하기로 하다.)

## ▶제104회 총회결의(2019. 9. 23.~27.) 충현 김종준

1. 총회교육 개발원을 기관으로 설립하다.
2. 총신운영 이사회를 폐지하고 재단이사회를 확대하기로 하다.
3. 2년 이상 본 교단 교육전도사로 사역한 후 강도사고시 지원자격을 부여하다.
4. 본 교단에서 목사임직을 받은 외국 시민권자가 지 교회의 청빙을 받으면 담임 목사직을 시무할 수 있다.
5. 위임목사는 사임 전에 후임목사 청빙을 위한 공동의회를 소집하고 사회를 볼 수 없다.
6. 노회간 교회(목사포함) 불법이적 및 이명은 금하며 이를 위반한 것이 발견되면 즉시 원 노회로 환부케 하기로 하다.

7. 원로목사 추대 전 3년 동안 동역케 하는 후임목사는 제88회총회결의 부목사는 동일교회 담임목사로 청빙할 수 없다를 적용받지 않는다는 결의 청원 건은 허락하기로 가결하다.(동일교회 부목사에 대하여는 제88회 총회 결의대로 유지하나 후임목사로 동역하는 목사의 경우는 허락하기로 하다.)

8. 총회로 한 사회소송 대응방안 청원의 건은 관련 헌의안이 있으므로 정치부로 보내기로 가결하다.(104회활요.임원회보고p.68)

   총회장 직무 외에 총회장 개인의 고소, 고발로 인한 변호사비 사용금지 헌의 건은 사법 고소자, 사법 소송대응 및 사회법정소송비용 관련건과 총회임원회에서 이첩한 건을 병합하여 제99회, 101회 총회결의와 총회임원회 청원보고서p.147쪽대로 지금부터 시행하되 시행세칙은 5인 위원회에서 연구하여 다음 회에 보고하기로 하고 위원구성은 정치부에 맡겨 하기로 가결하다.

   104회총회보고서 p.147

   1) 총회를 상대로 한 소송(가처분포함)의 형태

      가. 총회 결의사항에 대한 소송

      나. 총회선출직 선거와 관련된 소송

      다. 전, 현직 총회임원직위 직무에 대한 소송

      라. 총회 재판국 판결에 대한 소송

      마. 노회 교회 개인간 분쟁으로 인한 행정처리와 관련하여 총회, 전현직 총회임원, 직원에 대한 소송

      바. 총회직원의 직무에 대한 소송을 말한다.

   2) 소송 대응방법

      가나다-총회임원회 결의로 총회가 대응(소송비용-총회가 부담)

      라마-당사자가 대응토록 위임.(소송비용은 당사자 부담. 단, 소의이익 당사자가 없는 경우 총회가 부담)

      바-총회 총무가 임원회에 보고하여 총회가 대응.(소송비용-총회부담)

3) 소송 제기자에 대한 조치

　가. 행정조치

　　1) 소송 제기자 소속노회에 총회 대응 절차를 통보하고 지도토록 지시

　　2) 소송 접수일로부터 각종청원 질의 등 제출서류 접수정지

　　3) 소송 접수일로부터 각종 증명 발급중지

　나. 권징조례에 따른 징계조치

　　1) 목사 경우: 소송 접수일로부터 소속노회의 공직과 총회총대권 2년간 정지.

　　2) 장로 경우: 소송 접수일로부터 소속 당회에서의 직무와 노회 총대권 2년간 정지.

　　3) 처리기간: 통보일로부터 45일 이내

　　4) 하회가 불이행 시 노회의 총회 총대권 정지.

　다. 치리회 재판(상소,소원)계류 중인 건에 대하여 사회소송을 제기할 경우 해당 재판국에 사실을 통보하여 권징조례 제76조에 의거 처리토록 함.

　　권징조례76조 본 치리회나 혹 그 재판국에서 재판하는 중 판결언도 전에 피고 혹 원고가 상회원에게나 일반 민중에게 대하여 변론서나 요령서를 출간 혹 복사하거나 기타 수단으로 직·간접으로 선전하면 치리회를 모욕하는 일이니 그 행동을 치리하고 그 상소를 기각(棄却)할 수 있다.

4) 사회법정 판결에 대한 조치

　가. 소송 제기자 패소(敗訴)시(무혐의판정포함) 소송비용 일체를 변상토록 함. 총대권 외 추가적 징계(권징35조)

　　- 총회임원 중 2인을 기소위원으로 하여 해당 치리회에 재판안건으

로 상정
- 해당치리회는 기소장을 받은 날로부터 45일 이내에 처리하여 상
회에 보고토록 함.
- 해당치리회에서 기한 내 불이행시 상회에서 직접 처결토록 함.
나. 소송제기자 승소(勝訴)시
- 총대권 즉시 회복(각심 판결일로부터 효력 발생 및 정지)
- 해당 재판국 판결 및 결의사항 효력발생 및 정지(판결일로부터)
- 절차에 따른 해벌 및 결의사항 변경(2019년 104회 총회결의)

9. 정동수목사(사랑침례교회) 제103회 총회결의에 의거
2019년 5월 31일까지 지적한 내용을 수정하면 총회의 결정을 해제하기로
하였으나 소속교단을 거짓 통보하여 기망한 사실과 총회지시사항을 이행하
지 않았으므로 102회, 103회 결의를 유지하기로 하다.

10. 세계기독교 이단대책연합회 이인구씨는 본 교단 목사에 대한 이단성 공격을
일삼아 혼란을 가중시키고 있고 반(反) 삼위일체를 주장하므로 이단으로 규
정하고 교류를 금지하기로 가 결하다.

11. 본 교단 목회자와 성도들은 평강제일교회와 담임목사가 진행하는 모든 세
미나에 참석하는 것과 교제 사용을 일절 금하기로 하다.

12. 목회대학원을 폐지하고 총신신대원에서 운영하도록 가결하다.

13. 총회석상 소란을 피운 자 해당노회에 책임을 물어 총대권 5년을 정지하며
그 당사자는 해 노회로 하여금 중징계하기로 가결하다.

14. 강대상 십자가 설치 금지건은 42회, 43회 결의대로 금지키로 하다.

15. 교회 예배시간과 교회 앞에서 집회시위를 금하며 규칙부로 보내어 총회결
의대로 제도화하기로 가결하다.

16. 주일날 임직식을 할 수 없음을 결의하다.

17. 대구성명교회 이건섭씨 상소건은 대구 동노회 재판국 판결을 변경하여 장

로정직 3개월 및 수찬정지에 처한다로 채용하다.

## ▶제103회 총회결의(2018. 9. 10.~14.) 반야월 이승희

1. 헌법, 정치, 헌법적규칙, 권징조례, 예배모범 개정공포하다.
2. 정치 교육 고시 신학 재판 재정 감사 7개부에서 나온 후 2년 이내에는 위7 개부서 중 어느 부서에도 들어갈 수 없다.
3. 총회 실행위원회는 지도위원과 총회임원과 정책위원 및 각 상비부장 총회소속기관장(총신운영이사장, 총회세계선교회이사장,기독신문이사장, 교회자립개발원이사장)으로 구성한다.
4. 총신대학 법인이사는 총회총대이어야 하며 목사 경우는 운영이사이어야 함. 법인정관 및 법인이사의 변경은 총회의 인준을 받아야 한다.
5. 위임목사 외 시무목사, 임시당회장 재판권 금지의견은 헌법대로 재판권 없음을 가결하다.
6. 임시 당회장에게 지교회의 목사청빙 투표권이 있는지 질의건과 위임 받지 않는 시무목사가 임시 당회장이 될 수 있는지 질의건은 불가한 것으로 가결하다.
7. 총회산하 기관장 임기를 마친 후 3년 이내에 총회 부총회장 입후보를 제한하기로 가결하다.
8. 총회 산하 기관장들은 임기 중 타기관장 입후보 금지 헌의건은 허락하기로 가결하다.
9. 총회총대는 조직교회의 위임목사 또는 시무장로이어야 하고 헌법과 총회 규칙에 흠결이 없어야 한다.(총회규칙1장3조)
10. 목사의 이중직 금지는 지교회의 담임목사직과 겸하여 다른 직업(공무원, 사업체대표, 전임교원, 정규직원 등을 가질 수가 없다.)(신설, 총회규칙 3조)

11. 총회 감사부원 재판국원, 선거관리 위원회 위원은 타 위원회 위원을 겸할 수 없다.

12. 총회 공기관 근무자 및 기독 신문사를 비롯한 언론사 사장과 주필 또는 그 직원은 총회 총대가 될 수 없다.

13. 1인이 총신 법인이사와 기독신문 이사는 겸하지 못한다.

14. 제103회 총회 실행위원회에서 한기총이 요청한 복귀 요청의건은 101회 총회결의대로 복귀여부, 실행을 총회 임원회에 맡기되 이단문제 해결은 확인토록 조건부 결의를 했다.

14. 재판국원 겁박

총회헌법 권징조례 76조 및 98회 총회결의에 의거 총회 재판국원을 겁박하는 개인 및 노회에 대하여 총회총대 천서 제한 및 행정제재를 요청하니 허락하기로 가결하다.

15. 편목은 헌법대로 재안수를 받지 않고 정치15장13조를 충족하면 안수 없이 서약으로 목사 자격이 주어지고 노회 승인을 거쳐 위임식을 했으면 자격이 있다.


## ▶제102회 총회결의(2017. 9. 18.~22.) 익산 기쁨의 전계헌

1. 총회 임원선거 직선제로 하기로 가결하다.

2. 노회별 총회임원후보 추천일정을 투명한 선거진행과 비용절감을 위해 7월로 변경하기로 하다.

3. 폐당회가 되어 2년 위임해제가 유보되고 있는 위임목사의 노회장과 총회총대 제한 헌의건은 헌법대로 하기로 가결하다. 위임목사직은 유지되나 노회장과 총대는 불가하다. 60회총회-폐당회가 되어도 위임이 해제되지 않고 유보되고 2년 내에 당회가 복구되지 않으면 자동 위임이 해제된다. 2년 내에

장로를 세워 복구되면 위임식 거행할 것 없이 위임목사이다.(위임이 해제되지 않았기 때문이다.)

4. 뉴질랜드노회, 호주노회를 신설하다.

5. 기독신문사를 총회규칙에 따라 독립기관으로 분립시키기로 하되 발행인은 총회장으로 하도록 가결하다.

6. 남 울산노회는 총회재판국 판결을 불이행으로 천서제한을 요청하였으나 노회가 지시사항을 이행하였으므로 노회는 천서 하되 피의자 장활옥목사의 천서는 유보하고 재판국 판결의 채택 여부에 따라 장활옥목사의 총대여부를 최종 결정하기로 하다.(102회,천서위원회보고에서 결의)

7. 정동수는 본 위원회가 지적하는 이단성이 있으나 회개하고 수정 하겠다고 고백하고 있기 때문에 그 결과를 1년 안에 회개했다는 증거가 있을 때까지 예의 주시해야 할 것으로 사료된다.

8. 미조직교회 시무기간 연장 청원의건-임시당회장 적격문제는 본인 외에 노회 파송 임시 당회장이어야 한다.(102회결의서,p.95정치부보고)

9. 특별위원 선정은 1인 1부서를 원칙으로 하고 당연직은 폐지하기로 가결하다.

10. 미혼 목사 안수의 건은 미혼 목사 안수 가함으로 결의하다.

11. 신학부 보고후 결의
    1) 이혼 후 재혼은 간음이라고 신학부 보고를 받고 결의하였다.
    2) 다만 배우자가 간음이나 음행했을 경우는 예외로 한다고 보고를 받고 결의하다.

12. 폐당회 관련(중서울노회질의 청원확인건)
    세례교인 25명의 미만의 교회는 폐당회로 확인 청원의 건은 헌법대로 하기로 하다.

## ▶제101회 총회결의(2016. 9. 26.~30.) 충현 김선규

1. 예배모범 개정 공포하다.
2. 교회자립 지원위원회를 '교회자립 개발원'으로 설립(법인)하기로 하다.
3. 총회 기소위원회를 상시 설치하기로 하다.
4. 총회결의를 순복치 않는 자는 본 회의 재적 3분의 2찬성으로 기간을 정하여 총대권을 정지하기로 하다.
5. 재판국원, 선거관리위원은 총회 현장에서 선거하기로 하고 감사부원은 평생 1회만 들어가는 것으로 규칙 개정하다.
6. 총회장 연령을 만 57세 이상으로 개정하다.
7. 노회록 검사 불응시 행정(行政) 제재하기로 가결하다.
8. 기관장은 총회임원 입후보함과 동시에 사퇴해야 한다.
9. 선거관리위원회는 법에 저촉되는 결의는 할 수 없다.(선규18조)
10. 총회결의 불 이행노회 헌의안은 보류키로 가결하다.(p.84)
11. 사회법 고소자 관련: 총회결의에 대하여 교회법을 경유하지 않거나 교회 재판 중 사법으로 갈 경우에는 접수일로부터 2년간 총대권을 정지하기로 가결하다.
12. 화해중재위원회 7인 위원을 선정하여 설치하기로 가결하다.
13. 기소 위원선정은 매 회 때마다 총회 파회전 임원회가 3인을 선임하여 본회의 허락을 받도록 가결하다.
14. 사면위원 7인을 정하여 설치를 허락하다.
15. 원로장로 추대건은 은퇴할 당시에만 할 수 있음.(헌법정치5장5조)
    1) 김제노회장 강동현씨가 헌의한 장로은퇴 후 공동의회를 통해 원로장로로 추대할 수 있는지 질의건은 헌법대로 하기로 가결하다.(헌법제5장5조 은퇴할 당시에만 할 수 있음)-97회결의를 헌법대로 해석결의함(선결의보다

후 결의 효력있음)

2) 원로목사관련-서경노회 김윤식씨 헌의한 20년 이상 시무목사였던 자가 원로목사가 될 수 있는지 된다면 노회에서 언권은 원로목사와 동일한지 또한 원로목사의 언권 한계 및 '범위관련' 질의건은 헌법대로 하기로 가결하다.(헌법4장4조)

◆헌법 4장4조4항 원로목사◆

동일한 교회에서 20년 이상 시무한 목사가 연로하여 노회에 시무 사면(辭免)을 제출하려할 때에 본 교회에서 명예적 관계를 보존하고자하면 공동의회를 소집하고 생활비를 작정하여 원로목사로 투표하여 과반수로 결정한 후 노회에 청원하면 노회의 결정으로 원로목사의 명예직을 준다. 단, 정년이 지나면 노회의 언권(言權)만 있다.

16. 서정배목사 증경 총회장 예우 회복건은 당사자가 소천 하였으므로 명예를 회복시키기로 가결하다.

17. 메시아닉 사상 추종자들의 사도신경 거부에 대하여 철저히 배격할 것을 청원하니 허락하기로 가결하다.

18. 101회재판회에서 시벌한 개인을 제외한 모든 노회(7개)는 천서하기로 가결하다.

19. 서울 동노회 석찬영목사 외 119명이 청원한 제101회 재판건으로 다뤄 받은 사건이므로 동일 회기에 재심 불가하여 기각하기로 가결하다.

20. 본 총회가 행정 보류당시 문제로 지적된 이단 문제가 완전히 해결 되었다고 볼 수 없다고 하여 한기총 가입하지 않기로 하고 추진을 하지 아니했다.(제101회 총회임원회,2017,12.27  2018년6월22)

## ▶제100회 총회 결의(2015. 9. 15.~18.) 반야월 박무용

1. 총회감독권 강화를 위해 규칙을 보완하고 산하기관 정관에 조항 삽입하도록 결의하다.

2. 총회헌법 신앙고백서, 대소요리문답, 예배모범은 노회에 수의하기로 하고 정치와 권징조례는 한해 더 연구하기로 가결하다.

3. 상설위원회로 총회정책연구위원회, 총회역사위원회, 교단연합교류위원회, 통일준비위원회, 세계교회교류협력위원회를 설치하여 시행키로 하다

4. 대회제 연구하기로 가결하다.

5. 총회 규범과 질서를 세우기 위하여 각 노회별, 조직교회현황을 정확하게 파악하기로 가결하다.

6. 교단을 탈퇴한 목사나 교회가 재 가입할 경우 소속되었던 노회로만 가입할 수 있다.

7. 예배모범은 축복을 축도로 수정하여 노회에 수의하기로 하다.

8. 총회산하 본부 직제 및 구조 조정안을 받도록 하다.

9. 노회 파송당회장의 권한은 헌법정치9장4조 담임목사가 갖는 권한과 동일함을 가결하다.

10. 총장 및 재단이사 장 정년은 총회 결의대로 하기로 하다.

11. 광신대, 칼빈대, 대신내 졸업자는 특별교육 기간을 3주로 단축하기로 하고 수업료 100만 원을 낮춰서 즉시 시행하기로 가결하다.

12. 고흥 보성노회 총회 사무국이 노회의 이명 이적 없이 정보변경 가능한지 질의 건은 불허하기로 하다.

13. 주기철목사의 복권 및 평양신학교 복직은 모든 총대가 기립박수하여 허락하는 것으로 가결하다.

14. 타 노회가 소속이 안 된 회원을 처벌할 수 없음을 결의하다.

15. 은퇴 장로건 20년 안 된 은퇴 장로의 언권회원 인정의건은 협법대로 하기로 하다.

16. 명예장로관련 중앙 노회장 주진만씨 헌의-만 70세 이상의 남자 집사에게 명예장로 허락의 건은 헌법대로 하기로 하다.

17. 사회법정 고소징계 건-법원 고소 접수일을 판결일로부터하고 권징조례대로 시행 하기로 하다.

18. 류광수 재조사, 평강제일교회 이단해제 이유 재조사-다락방에 대한 본 교단 입장 및 한기총 복귀를 위한 위원회구성의 건은 7인 위원을 선정하되 이대위 2인을 포함키로하다.

## ▶제99회 총회(2014. 9. 22.~26.) 광주거자씨 백남선

1. NCC와 천주교 신앙과 직제 일치협의회 운동에 대하여 본 교단 신학사상과 맞지 않으므로 반대 입장을 발표하다.

2. 각종 목적 주일을 변경하여 사용하기로 하다.

3. 한기총 탈퇴하기로 하다. 예장합동이 이단으로 규정한 다락방과 박윤식씨를 이단 해제 등 회원 교단결의를 무시하는 이단옹호 행태에 대한 것이다.

4. 카토릭 영세를 인정 않기로 하다.

5. 총회 재판국장 장로선출 금지의 건은 헌법대로 안 되는 것으로 결의하다.

6. 총신재단이사 임기는 4년제이며 한번 연임할 수 있다로 개정의 건은 재단이사회와 운영이사회에서 개정토록 함.

7. 세습이란 용어 사용은 금지키로 하고 헌법대로 하기로 함.

## ▶제98회 총회결의(2013. 9. 23.~27.) 수원 라비돌 신텍스 컨벤션 안명환

1. 제95회 총회헌법 임시목사 명칭을 시무목사로 변경하고 임기 3년으로 개정 공포 하다. 95회, 96회 결의대로 시행하기로 가결하고 노회 수의 과정이 완료되었으므로 총회장이 시행을 공포하기로 가결하다.

2. 총회 산하기관에서 만 70세 은퇴자는 모든 공직에서 배제키로 결의하다. (총장,이사장,이사,총대,상비부,특별위원)

3. 군목후보생은 총신대 졸업 후 강도사고시 응시하고 합격자는 신대원 입학한 해에 강도사 자격부여, 그해 봄 노회에서 목사 안수하게 함. 단, 축도권은 대위로 임관한 후에 부여키로함.(군목합격율 23명 중 총신이 12명으로 1위)

4. 총회 실행위원은 각 노회1 인으로 선정하여 파송한 자로 구성한다.

5. 총신대학교, 칼빈대, 광신대, 대신대학교의 전임교수는 기관목사이므로 위임목사가 될 수 없고 총회총대, 총회 내의 각종 직책을 맡을 수 없다.

6. 한기총 다락방과 박윤식씨등 이단 해제에 대한 반발로 행정보류를 결의함.(한기총이 본 교단목사, 교수에대해 고소 고발을 취하하고 이단해제 모든 문제 등이 해소되어 교단과의 관계가 정상화 될 때 까지 행정 보류하고 임원회에 맡겨 처리하기로 가결하다.)

7. 총회장, 총회 임원 후보자 세례교인 몇 명 이상으로 한다는 규정폐기 건은 폐기하는 것으로 결의하다.

8. 외국 시민권자 당회장 담임목사 허용건은 외국시민권자의 경우 1년 이내 한국 국적을 취득하는 조건으로 허락하기로 가결하다.

9. 총회 특별위원은 한사람이 2부서 까지만 들어 갈수 있다.

10. 천주교에서 영세 받은 자가 지 교회 등록했을 경우 세례교인으로 인정 할 수 있는지 질의 건은 입교하도록 가결하다.

11. 임시목사가 조사처리위원, 재판국 국원이 될 수 있는지 질의건은 불가함으

로 가결하다.

12. 정년 이후에는 교단 내의 모든 공직을 가질 수 없음을 가결하다.(고문, 지도위원만 가능)

## ▶제97회 총회(2012. 9. 17.~21.) 대구성명 정준모

1. 원로목사, 원로장로 관련 2건
   1) 이리 노회장 조덕영씨 헌의-원로장로 원로목사 정치5장5조, 4장4조4항 추대를 위한 공동의회 시점이 법적 은퇴일 이전인지 아니면 이후인지, 시무 사임된 사람을 원로장로 원로목사 추대할 수 있는지의 해석 건은 교회 형편에 따라 하기로 하다. *헌법을 위반한 결의임(정치5장5조, 4장4조4항)
   2) 동일 교회에서 20년 이상 계속 시무 한자로 하기로 하다.
2. 총회설립 100주년 헌법개정위원 15인을 구성하여 개정하기로 가결하다.
3. 명예장로 관련-헌법대로 명예장로 세울 수 없는 것으로 가결하다.
4. 권징 제6장41조 정직의 기간은 제한이 없고 유흠한 자의 해벌은 해당 치리회에 속한 권한인 것으로 가결하다.
5. 제비뽑기 선거방식 개선관련(충청노회 전용해, 서울, 전서, 등)
   절충형 제비뽑기로 2명 선출한 후 직접 선거로 하되 본 회기 내 규칙부 수정하여 시행위원 5인 선정하여 2012년 12월 31일까지 총회 실행위원회 보고하여 98회 총회부터 실시하기로 하다.
6. 임원 후보 관련(이리노회, 동광주노회)
   위임목사 몇 년에 대한 개정의건은 동일노회 혹은 동일노회로 개정하고 규칙부로 하여금 본 회기 내 수정하여 보고 하도록 가결하다.
7. 총신이사 겸직 관련 건(2건)

충청 노회장 전용해씨가 헌의한 지방 신학교 전임교수, 총신대학교 운영이
사로 파송 금지의건은 허락하되 강의전담교수, 겸임교수, 석좌교수, 강사 등
파트타임 교원은 제외하기로 가결하다.

8.  사회 법정 고소자 관련(4건)

    노회나 총회 결정사항에 대하여 이의가 있을시 반드시 소속노회를 통하여
    정식절차를 밟아 이의제기 하도록 하고 절차없이 사회 법정에 직접 고소하
    는 자가 패소할시 당사자에게 소송 비용일체를 변상토록하고 소속 노회가
    면직(免職)하도록 하고 노회(老會)는 5년간 총대권을 정지하기로 가결(可決)하
    다.

9.  대전 중부노회는 합동 당시 허입되었으므로 지역 노회로 인정하기로 가결
    하다.

## ▶제96회 총회결의(2011. 9. 19.~23.) 전주삼성회관 이기창

1.  총회 총무 임기 관련

    총회규칙3장11조4항 임기는 3년으로 하되 1차 연임할 수 있다로 수정하기
    로 하고 규칙부로 보내 규칙개정한 후 96회기부터 시행키로 가결하다.

2.  미혼 목사 및 장로 안수건 (2건/서울남노회, 서울노회헌의)

    서울 남노회장 미혼 목사 안수 청원의 건은 허락하기로 하다. 서울노회장 제
    95회 총회 미혼 목사 및 장로 안수불가 결의에 대한 철회 요청의건은 허락
    하기로 가결하다.

3.  군산노회 장석경 헌의-헌법정치4장4조 목사의 칭호 8항의 종군목사를 군
    종목사로 수정하고 군선교사 삽입의 건은 허락하기로 가결하다. 안수연령
    단축의건은 현행 30세를 29세로 수정하기로 가결하다.

4.  헌법대로 제7장 11항에 축복으로 되어 있으므로 헌법대로 사용하기로 하다.

5. 총신 재단이사 관련 (성남노회, 수도노회)

   재단이사 임기를 4년으로 하고 한번만 연임 할수있도록 운영이사 규약을 개정하도록 지시하기로 하다.

6. 충청노회장 김교관씨가 헌의한 바른 성경강단 요청의건은 감수위원을 10인으로 구성하기로 하다.(오정호, 김정태, 이판근, 공호영, 김인중 총신교수 신국원, 유재원 칼빈교수 광신교수 황성일, 김근수, 대신교수 황봉환)

7. 서울강남노회, 강서노회로 분립청원 허락. 한서노회와 서한서노회 분립 청원 허락

8. 전주노회 분립 건

   95회 총회결의대로 2개 노회만 받고 그 중 전주노회는 5인 위원을 두어 조사하기로 하다. 위원선정은 임원회에서.

9. 사회법정고소자 관련(목포서노회, 평양노회, 평동노회, 중앙노회, 헌의)

   1) 총회와 노회 공무 중에는 원, 피고 간에 혹은 관계된 자들은 투서, 진정서, 긴급 동의안 등 어떤 의견도 접수 불가하기로 가결하다.

   2) 총회결의 세상법정 고발 자가 패소할 경우 소속 당회 및 노회로 패소장으로 재판국을 개설하고 총회 임원회에서 위원을 파송하여 원고를 대행하게 하며 총회가 패소할 경우 고발자의 모든 신분을 원상회복하고 합당한 배상하기로 가결하다.

10. 장로 무흠에 대한 헌법 질의건(서중노회)

    헌법5장3조 장로의 자격에서 무흠 5년이 타 교회 출석기간 포함인지 해 교회출석만 인정하는지에 대한 질의 건은 본 교단에서 이명서를 첨부하여 이동한 경우에 인정하기로 가결하다.

11. 서수원노회 헌의 시무 20년 건

    ① 헌법정치4장4조 목사칭호 4항 중 시무라는 내용은 위임목사 20년인지, 시무목사 20년 인지 '시무는 부임 20년'으로 가결하다.

② 105회, 106회 시무목사는 원로목사가 될 수 없다고 가결하였다.

12. 부목사 정회원 건

계속 부목사 청빙 청원을 한 부목사이면 시무목사이므로 정회원으로 인정하는 것으로 가결하다.

13. 만 70세의 정년 질의건-경향노회, 안주노회, 대전노회

만 70세란 만 71세 생일 전날까지로 해석한 93회총회결의대로 시행하기로 가결하다.

14. 헌법관련

제96총회에서 처리된 모든 헌법, 수정 개정 보완을 위하여 헌법개정위원 15인을 선정하여 처리하기로 하고 위원선정은 총회 임원회에 맡겨서 처리키로 가결하다.

15. 충청노회장 김교관씨의 긴급동의안 정진모목사 총대권 재론(再論)의 건은 정진모목사의 사과를 받고 회원권을 회복(回復)시키기로 가결(可決)하다.

16, 부천노회 설립 조사 처리건

한남 노회장 백병덕씨외 302명 서명한 부천노회 설립 처리건은 94회 총회장이 설립을 선언하고 95총회장이 설립을 인정하였으므로 미비된 노회 조건을 조속히 충족시키고 한남노회 지역인 부천시를 함께 공유하되 어떤 불법적인 행위도 하지 않을 것을 전제로 허락하기로 가결 하다.

## ▶제95회 총회결의(2010. 9. 27.~31.) 홍천대명비발디 김삼봉

1. 임시목사 노회장 총대 건

임시목사 총회총대 및 노회장 허락의 건은 제87회, 제93회 총회결의대로 불가하기로 가결하다.

2. 원로목사의 건

동대전 노회장 원철씨의 원로목사 헌의건은 헌법대로 하는 것이 가한 줄 아오며 단, 93회 총회결의 이전대로 하되 시행은 96회 총회 때부터 시행하기로 하다.

3.  원로장로 제직회 발언건(대구중노회장)

    원로장로 제직회 발언권에 대한 질의 건은 헌법정치제21장2조에 근거 '원로장로라도 정년 이전에는 발언권이 있고, 정년 이후에는 발언권이 없으며'라고 가결하다.

4.  무임장로 복권의 건(이리노회)

    노회에서 장로선택 허락받은 6명 속에 무임장로를 포함시켜 투표를 해야 하며 재신임 투표 시에는 3분의 2찬성으로 하며 당회결의만으로는 복권이 불가능한 것으로 가결하다.

5.  미혼 목사, 장로 장립의 건(여수노회)

    헌법4장2조5장3조에 의거 미혼 목사, 미혼 장로는 안수 장립이 불가 한 것으로 하되 적용은 제95총회 파회부터 적용하기로 가결하다.

6.  목사, 사모 타 교단에서 안수의 건(동대전노회)

    헌법대로 여자목사는 불가하며 실태조사는 총회 임원회에 맡겨 처리하기로 가결하다.

7.  한기총 대표회장 후보에 길자연목사가 당선되다.

8.  김수학목사 총회 공직명칭 삭제의건은 10년이 지났고 사과문을 증경총회장에게(한명수 서기행) 제출하였으므로 취소하기로 가결하다.

9.  부천노회 노회조직을 허락하되 요건미달 시 자동 해체되는 것으로 결의하다.(96회 총회천서 전까지)

10. 시무목사에 대한 개정안-헌법개정

    1)  헌법 4장4조2항 조직교회 시무목사는 공동의회에서 출석교인 3분의 2 이상의 가결로 청빙을 받으나 그 시무기간은 1년간이요, 조직교회서

는 위임목사를 청함이 원칙이나 부득이한 형편이면 다시 공동의회에서 3분의 3가결로 계속시무를 청원하면 1년간 더 허락할 수 있다. 단, 미조직 교회에서 시무목사 시무기간은 3년이요, 연기를 청원할 때는 당회장이 노회에 더 청원할 수 있다.

2) 헌법15장12조 시무목사권한 특별한 이유가 있으면 노회허락으로 조직교회는 1년간 시무목사로 시무하게 할 수 있고 만기 후에는 다시 노회에서 1년간 더 승낙을 받을 것이요, 미조직교회는 3년간 시무목사로 시무하게 할 수 있고 만기 후에 다시 노회에 3년간 더 승낙을 받을 것이요, 노회 결의로 시무목사에게 당회장 권을 줄 수 있다.

## ▶제94회 총회 결의사항(2009. 9. 21.~25.) 총회장 서정배

1. 헌법개정 청원 건(남서울노회)
   헌법개정 시까지 제34회 총회결의로 시행하기로 하고 헌법개정을 위한 연구위원 5인을 선정하여 처리하기로 하다.
2. 은급재단 이사에 관한 건(남대구노회장)
   제92회 총회이후 선임된 은급재단 이사를 전원 교체토록 하되 은급재단으로 하여금 보선하게 하기로 가결하다. 장로이사 자격은 해당교회기금과 담임목사 연금 가입자로 하기로 가결하다.
3. 최저생활비 시행촉구 건(전서노회장)
   총회 임원회에 맡겨 5인 위원을 선정하여 시행하기로 가결하다.
4. 특별지역 지정 건(제주노회)
   제주지를 선교지에 준하는 특별지역으로 지정 건은 허락하기로 가결하다.
5. 경기노회 보린교회 소속증명서 발급청원의 건은 불가임을 확인하다.
6. 경기노회 헌의-개인이 제출한 안건

개인이 제출한 안건을 총회가 접수처리 할 수 있는지 건은 합법적인 부전(附箋)지가 있는 경우는 가능한 것으로 확인하다.

7. 행정보류에 대한 총회유권 해석 건-경기노회
   권징조례 제54조를 준용한 경우에는 가능(可能)함을 확인하다.

8. 총회결의 이행 촉구 건-사회 법정 고소자(목포서노회)
   사회법정 고소자에 대한 제90회, 제91회 결의는 폐지하고 적합한 절차에 의한 결정된 총회결의에 반하거나 거역한 회원은 회원권을 정지하고 회원의 권한과 지위를 박탈하며 그 효력은 즉시 발생 토록하며 소속 하회에 통보하여 하회가 불이행시 총회가 직접 처결하는 내용을 권징조례를 적용하여 시행키로 가결하다.

9. 기독신문 이사 파송 건은(대구수성노회) 21당회 이상의 노회에서 1명씩 파송하기로 가결하다.

10. 총회임원 이중직 관련(경기노회, 동대구노회)
    담임목사의 이중직은 금하나 총신과 지방 신학교 석좌 교수 및 강의 전담교수와 총회 산하 비정규직은 할 수 있으며 제94회 총회이전의 정관으로 하기로 가결하다.

11. 전남노회 총회총대 천서 명예 회복 건은 명예회복과 복권을 허락하기로 가결하다.

12. 구제부 횡령사건을 위하여 특별 재판국을 설치하기로 가결하다.

13. 헌법 해설집 사업보고는 유인물로 받고 헌법 해설집은 발행하지 않기로 가결하다.

14. 김제중앙교회 수습 위원회 보고(위원장 이태선)
    노회가 징계한 것은 모두 해벌조치하고 양측 모든 고소 고발은 취소(取消)한다.

15. 구제금 횡령사건 처리를 위해 특별 재판국 설치하기로 하다.(국장 이규왕 서기 오정호 회계 갈현수)

16.  재판건, 서울동노회 이능규 고소 건 증거 부족으로 기각하고 공동의회 건은 당회결의 없이 공동의회를 개최한 것과 장로가 공동의회 의장이 되어 공동의회를 개최한 것은 불법 무효이다.

## ▶제93회 총회(2008. 9. 22.~26.) 제주국제컨벤션센터 최병남

1.  세례교인 헌금 시행강화
    1)  각 노회소속 교회의 목표 50%이상 세례교인 헌금이 납입되지 않을 경우 총회총대권 제한.
    2)  현행 총회총대 파송제도 7당회당 목사, 장로 각 1명-각 노회 세례 교인수 비례 추가 총대배정 필요성 제기 참여 유도, 인센티브제도 시행 목표금액 95%이상 실시 노회에 20% 인센티브 지급. 세례교인헌금 조정: (서울 10,000. 도시7,000.농어촌5,000)
2.  백령도 진촌교회 노인 요양원 건축비 3억 원 청원을 지원하기로 가결하다.
3.  김제중앙교회 수습 위원회 보고
    위원장 이태선씨 보고-1년 연장은 허락지 않고 "노회가 징계한 것은 모두 해벌 조치하고 양측 모든 고소고발은 취하한다.
4.  제주선교100주년 연합예배 보고받기로 가결하다.
    합동1500명, 통합1500, 합신500, 기장500명
5.  위원장 이정호씨 청원-정치문답조례(H.A.odge) 번역출판은 허락하기로 하고 재정청원은 재정부로 보내기로 가결하다.
6.  찬송가 연구위원회보고
    찬송가 "어둔밤 마음에 잠겨"부르지 않기로 한 제73회 결의 '성서'를 성경으로 호칭한 제62회 결의 사순절 교독문을 사용하지 않는 제84회 결의에 대해 재확인하고 가사를 수정해야할 찬송가에 대하여는 총회 임원회 맡겨 적

극 수정 요청하기로 가결하다.

7. 농어촌 및 소도시 교역자 지원 창고 일원화 및 전담기구 설치의건을 총회 임원회에 맡겨 처리키로 가결하다.

8. 한기승씨 90명 긴급동의안 광신, 대신, 칼빈대가 총신에서 1, 2개월 교육을 받아 당해연도 강도사고시에 응시 토록하고 미비한 점은 총회 임원회에 맡겨 처리하기로 가결하다.

9. 기독신문 관련
   기독신문 사장 주필은 총대를 겸직할 수 없고, 향후에도 언론과 총대는 겸직하지 않기로 가결하다.

10. 교육, 음악, 담임목사 청빙 건
    교육목사, 음악, 협동목사 등도 부목사와 같이 담임목사 청빙이 불가함을 가결하다.

11. 원로목사 추대 건
    원로목사 추대시 시무연한을 편목인 경우 강도사 인허기준에서 동일교회 20년 이상 건은 헌법대로 하기로 가결하다.

12. 임시목사 노회장 선출건-충북노회
    제87회 총회결의대로 미조직교회 임시목사는 노회장과 총회총대가 될 수 없음을 가결하다.

13. 목사정년 만 70세에 대한 유권해석-경기노회, 동평양노회 헌의 건
    만(滿)이라하면 생일을 기산일로 하여 다음생일 전(前)까지이다. 만 70세까지란만 70세 시작점에서 364일로 만 71세가 되는 생일 전(前)일까지이다. 단, 93회 총회 이후부터 적용하기로 가결하다.

14. 은급재단 이사 선임 건
    연금가입자에 한해서 이사 선임토록 총회 임원회에 맡겨 세칙을 마련하기로 가결하다.

15. 이슬람 특별 대책위원회 상설위원회 설치하기로 가결하다.

16. 학적정리 관련 건(남서울1노회, 경인노회)

    2005년도 합동한 목사의 자격은 합동 원칙대로 정치4장2조와 동등한 것으로 확인 하다. 서부산 노회 헌의건- 합동원칙 준수의 건은 준수하기로 가결하다.

17. 찬송가공회 관련-경서노회

    찬송가 공회 대책위원회 보고에 대한 결의대로 하기로 가결하다.

18. 총회 로고를 새로 변경하고 총회산하 기관 및 노회, 교회에 적극 홍보하고 부착토록 하다.

19. 상비부 총무제도를 신설하다.

20. 2012년 교단 설립 100주년 기념을 준비하는 기도한국 2009, 칼빈 탄생 500주년 기념대회를 추진키로 하다.


## ▶제92회 총회결의(2007. 9. 11.~14.) 성남연정 김용실

1. 총회 기간을 하루 연장하여 매월 9월 3차 주일 후 월요일 오후2시에 개최키로 하다.

2. 대회제 실시는 제도적 요건을 충분히 갖춘 후 시행키로 하다.

3. 21세기 교단비전 계획을 승인하고 총회 임원회에 맡겨 추진키로 하다.

4. 평양 대부흥 100주년기념 지속사업으로 민족복음화 대 부흥운동을 추진키로 하다.

5. 영주권자도 총회 상비부 및 총회 임원후보자 자격을 주기로 하다.

6. CE연령 제한을 50세까지 하기로 하다.

7. 이단 관련 위원회를 이단 대책 상설 위원회로 통합키로 하다.

8. 기획홍보 대외 협력위원회를 제4조3항에 의거하여 총회결의로 청빙할 수

있는 것으로 확인하다.

9.   총회 개회시 직접 호명 방식을 명단 제출 합산방식을 명단 제출 합산 방식으로 규칙 개정하다.

## ▶제91회 총회결의(2006. 9. 19.~22.)온천제일 장차남

1.   임원회(총회서기 최병용)
     이재영 총무 만료에 따라 본회 투표결과 이치우목사가 피선되다.
2.   평양 대 부흥운동 100주년 기념사업 추진위원회 위원선정은 총회 임원회에 맡기기로 하다.
3.   합동후속처리위원회 보고는 받고(위원장 황승기) 미진한 부분 정리를 위해 1년 연장을 하고 위원선정은 총회 임원회에 맡기기로 하다.
4.   용천노회, 경일노회 분립위원회. 동평양노회, 남평양노회, 평양노회 분립위원회. 중부노회, 서중노회, 분립위원회 보고는 받기로하다.
5.   성도중앙교회 보고받다.
6.   의정부 제일교회 조사 처리위원회 위원장 김백경씨 보고는 유인물대로 별지와 같이 받다. 김백경씨에 대해 감사부 보고 중 3년 총회 공직 정지하고 처리위원 들은 경고 조치하고 조사 특별위원 지침서를 만들기로 하다.
7.   정치부 보고(부장 이능규)
     1)  총회 임원선거규정 관련
         헌법이 개정될 때까지 합동 원칙에 준하며 선거 관리위원회에 맡겨 처리하기로 하다. 서대전 노회장박기영씨가 헌의한 임원 선거규정개정의 건은 허락하기로 가결하다.
     2)  규칙 개정건은 제90총회에서 결의한대로 총무임기 5년 단임 시행하기로 하다.

3) 목사 자격 관련

목포 새노회장(서판식) 헌법이 개정될 때까지 합동 결의대로 시행키로 하다.

4) 헌법-12신조 관련-충청노회(재검토)

12신조 재검토 및 보안을 위해 특별위원 설치건은 7인 위원을 선정하여 연구 보고키로 하다. (홍정이, 백남선, 권성수, 옥성석, 이재균, 박순오, 박계윤)

5) 세상 법정 고소관련-전서노회

총회 헌법과 규칙 등 교회내의 법(法)질서에 의한 충분한 소송 절차없이 총회와 산하 각급 치리회(총회,노회, 교회) 및 각급 기관과 속회와 그 소속 인사를 사회 법정에 고소하는 자는 법원 고소 접수 일부터 총회 총대권을 3년간 정지하고 피소된 해당 각급 치리회 및 기관과 속회의 모든 직무와 자격과 권한을 3년간 정지키로 하다.

6) 제90회 총회 광성교회 가입 불허의 건은 광성교회의 재심 요청시 총회 임원회에서 처리할 수 있도록 하기로 하다.

7) 선거 관리위원은 임기종료 후 3년 내에는 위원이 될 수 없는 것으로 하기로 하다.

8) 박진구씨의 사고노회 시벌 효력의건은 분규 당시 양측 쌍방치리 사항은 화합과 함께 원인 무효가 된 것으로 답변하고 기각하기로 하다.

9) 황동노회 분립의 건은 황동노회 화목위원회에 보고 중 분립을 허락하여주기로 결의하였으므로 허락키로 하다.

10) 서북노회 폐지의 건은 서북노회로 하여금 총회석상에서 공식사과 하고 신문에 사과 광고를 게재하고 소송비용은 서북노회 에서 부담하기로 하며 차후에 민형사상 어떤 소송도 내지 않기로 공식문서로 총회에 제출하고 마무리하기로 하다.

# ▶제90회 총회결의(2005. 9. 27.~30.)대전중앙 황승기

1. 총회 임원회
   1) 상비부와 기능이 중복된 위원회를 정비하다.
      폐지부서: 21세기 전도 전문위원회. 국내전도위원회. 경목위원회. 교육위원회.

2. 조정 위원회
   1) 이단 대책위원회-신학부 소위원회로 조정
   2) 일만 교회운동본부: 기금 운영방식을 장기적 기금 운용방식으로 전환(轉換)

3. 개혁개정판 성경 제4판부터 공식 예배용으로 사용하기로 하다.(합의서대로)

4. 경서노회, 남대구노회, 수원노회, 함남노회, 강도사 고시제도 개선위원회, 헌법수정 연구위원회, 기독신문사 노동 조합처리 위원회 보고를 받다.

5. 기산교회 노회 소속확인 위원회 위원장 황원택목사 사업보고는 상호 원만한 합의를 통해 기산교회가 충청노회로 복귀되었음을 보고하다.

6. 성도중앙교회 조사처리 위원회 김백경씨의 보고는 받기로 하고 위원회는 1년간 더 연장하기로 하다.

7. 개혁교단 합동추진 위원위원장 서기행목사 보고를 받다.(보고서 555-557)
   합의각서 5가지 사항과 합동선언문은 제90회 총회총대일동(2005년9월27일, 제90회p.56-57참고할 것)

8. 서북노회가 평강제일교회 및 광성교회 가입을 취소하고 총신대학 교수회가 제출한 박윤식 관련 연구보고서를 총회 공식입장으로 채택하다. 광성교회는 교단에서 즉시 내어 보내기로 하고 81회 총회회의록 조사위원회 보고는 받고 총회장 선언문을 아래와 같이 처리 발표하여 처리하기로 하다. 순종치 않으면 서북노회는 자동해체된다.

9. 총회 규칙상 총무선출 관련 조항을 개정하다(임기5년, 지역 순환 구도선출)

10. 성경과 헌법과 총회결의를 무시하고 교단 및 총회장을 피고로 하여 사회 법정에 소송을 제기 한자는 교단 산하 모든 공직을 정지시키기로 하다.

11. 적법 절차에 의하여 면직 확정된 목사는 교단 산하 모든 교회에서 성례나 예배를 집례할 수 없다.

12. 촬요는 회의결의서 절차는 회의순서로 용어 변경하여 사용키로 하다.

13. 위임목사청빙은 했으나 위임식을 거행하지 않았기 때문에 당회장이 될 수 없으므로 중요한 치리권을 행사할 수 없는 것으로 하다.

14. 원로목사 원로 장로는 정치문답 73문대로 그 당회의 허락을 얻지 못하면 당회에 참여 하거나 강도를 하지 못한다. 자동회원이 아니다. 허락을 얻으면 무슨 사건이나 언권으로 행할 수 있다.

15. 협동장로는 정치5장7조 무임장로 중에서 당회 의결로 협동장로로 선임하고 당회의 언권 회원이 된다.

16. 시무장로에 시무투표건-2000년 9월부터 7년에 1차씩 시무투표 시행하기로 하다. 85회 총회에서 (2000)수정된 7년에 1차씩 시무투표의 기준연도는 헌법개정 공포일 2000년 9월부터 시행키로 하다.

17. 심재웅목사, 전태식목사의 신학사상은 교단이 수용할 수 없는 구원관과 예배관을 담고 있기에 본 교단 목회자와 성도는 전태식 목사의 강의 예배 집회에 참석하지 않는 것이 바람직하다.

18. 재판국보고/ 국장 문세춘
    충청노회 이기우씨가 소원한 기산교회 이효섭목사는 원소속노회로 복귀하고 회복 조치하라.

19. 총무 선출의견은 제89회 결의대로 3개 구도로 시행하기로 하다.
    임기는 5년단임, 목사장립15년, 50세 이상 노회에서 10년 이상 시무중인 목사, 총대경력 7년 이상.

# ▶제89회 총회결의(2004. 9. 23.~26.)충현 서기행목사

1. 총회임원선거 규정을 개정하다.
2. 상비부장 총신 운영이사장 기독신문사장 총회세계선교회 이사장을 제비뽑기로 하기로 하다.
3. 무지역 노회도 헌법의 조건을 갖추면 분립 할 수 있도록 하다.
4. 목회자 최저생활비 선은 정부 발표 선으로 하고 노회와 총회가 적극 지원하기로 하고 총회 임원회를 통해 추진하기로 하다.(위원장 서공섭)
5. 개역 성경을 강단용으로 사용하고 개혁 개정판 성경은 공적예배에 사용하지 않기로 하다.
6. 회의용어 중 현대 용어로 자벽을 지명으로, 지시위원을 광고위원으로 수정하기로 하다. 증경, 고퇴 용어는 그대로 사용하기로 하다. 중보기도란 용어대신 이웃을 위한 기도로 사용하는 것으로 받다.
7. 마량진 한국최초성경전래지 기념사업으로 채택건은 허락하기로 하다.(충청 노회 이기우 헌의. 발의자 정진모)
8. 총회 실행위원회(개혁교단 영입 추진)
   개혁 교단 영입 준비 위원장 서기행씨의 보고는 받고 개혁교단을 영입하기로 하고 임원회에 맡겨 15인 위원을 선정하여 추진하기로 하다.
9. 전도총회 다락방 영입 청원 건은 영입을 하락하지 않기로 하다.
10. 충청노회 헌의(이기우)
    기독신문 이사회에 수습 위원 5인을 두어 처리 하도록 하다.(황규철, 노일식, 김창수, 이추성, 배광식)
11. 예배 시 목사 장로 가운 착용의 신학적 정립에 관한 건은 해 당회의 결정에 따라 진행하기로 하다.

# ▶제88회 총회결의(2003. 9. 23.~26.)대구동신 임태득

1. 군목 나이 수정의 건은 자격이 갖추어지면 안수하기로 하다.
2. 부목사는 동일교회 담임목사로 청빙받을 수 없는 것으로 결의하다.
3. 교회거리 위법의 경우 노회로 하여금 행정 제재 조치 당회장권을 제한토록 한다.
4. 총회 고문 전문 변호인단 설치키로 하다.
5. 경중노회 경신 노회로 분립하다.
6. 강남노회 경남동노회 분립하다.
7. 목포노회 분립(목포, 목포동, 목포서) 하다.
8. 서울남 노회 분립(서울남, 서울강남) 하다.
9. 충청노회장 임헌균씨가 헌의한 교역자 최저생활비 결정에 대한 헌의안은 연구위원 5인 선정하기로 하다.(이기택 서공섭 김주락 송정현 최윤수)
10. 지역노회는 무지역노회로 갈 수 없다. 무지역 노회에서 무지역 노회로 절차를 밟아 갈수 있다.
11. 이명하지 않은 부목사에게 전 소속노회 선거권이 있는가? 없다.
12. 주일날 위임식한 목사는 합법인가? 위임목사이나 징계를 해야 한다.
13. 목사가 위임하고 그 사실을 보고하지 않는 사람은 위임목사인가? 위임은 노회가 선언하는 것이다.
14. 기독신문사 사장 주필은 총대권 부여 안 된다.
15. 결혼식에서 성찬 분배할 수 없다.
16. 재판국(국장 안문호)-소원 건
    장성욱장로 2001년 11월 4일 권고휴직과 2002년 5월 12일 시무투표는 무효임을 확인한다.

▶제87회 총회결의(2002. 9. 24.~27.)창훈대 한명수(공천부 서기 정진모 )

1. 기독교 영성원 대표 박철수와의 교류를 금하기로 하다.

2. 예장합동 혁신총회 남서울 신학교는 이단성이 있는 단체로 규정하다.

3. 대신대, 칼빈대, 졸업자들은(M,div) 총신신대원에 편입 1년간 30학점을 이수 토록 한다.

4. 중경기노회에서 남 경기노회 분립하다.

5. 서울노회에서 서울 북노회 분립하다.

6. 사회법정 상습 고소자는 중징계하여 총회에 보고토록 가결하다.

7. 무 지역노회 회원이 지역 노회에 와서 개척할 경우 지역노회 들어가기로 하 다.(이리노회)

8. 미조직 교회 임시목사가 노회장과 총회총대가 될 수 있는지 질의 건은 법대 로 노회장과 총회 총대는 될 수 없다.

9. 노회 허락 없이 합병은 가능한가? 헌의건은 노회 허락없이 합병은 불가(不 可)한 것으로 가결하다.

10. 총회임원은 특별 위원을 겸직할 수 없다.

11. 임시목사가 재 청빙 없이 계속시무 가능한지 질의 건은 법(法)대로 하기로 가 결하다.

12. 기독신문 사장, 이사장 신학교 이사장, 세계선교 이사장은 단임제로 하되 3 구도 윤번제로 하기로 하다.

13. 총회부동산 매매시(유지재단, 은급재담) 총회 승인받은 후 이행토록 하다.

14, 예장합동 혁신총회 남서울 신학교에 대한 이단성이 있는 것으로 가결하다. (신학부보고)

## ▶제86회 총회결의(2001. 9. 18.~21.)서울동현 예종탁

1. 김춘환씨의 서북노회 조직됨을 보고하니 받기로 가결하다.
2. 제비뽑기 선거 시행을 위해 총회규칙을 개정하고 이에 따른 총회 임원 선거 규정을 개정하다.
3. 북한교회 재건위원회 명칭을 총회 남북교회 교류협력 위원회로 변경하다.
4. 대신대, 칼빈대M.dv 소지자는 총신 신대원 2학기 이수 후 강도사 고시 자격 부여하기로 하다.
5. 성서공회가 발행한 성경전서 개역개정판은 재수정 할 때까지 공 예배 사용을 수용하지 않는다.
6. 세례교인의 의무금을 세례교인 헌금으로 명칭 변경하고 농어촌 3000원, 시지역 5000원, 특별시 7000원으로 한다. 미실시 지역은 총대권을 제한 한다.
7. 평동노회에서 서북노회가 분립하다.
8. 교회간 거리측정은 대지간 직선거리 3000미터 이상으로 한다.
9. 기독교영성 훈련원 박철수씨 대한 건은 평북노회 가입을 취소하고 사과할 것, 이단성이 없다고 할 때까지 받지 않으며, 참석을 금하기로 하다.
10. 성남 노회장 정평수씨가 청원한 무지역 노회에 소속한 교회와 목사가 지역노회로 이적의 건은 공동의회 결의로 청원하면 교회와 목사를 이명하여 주기로 가결하다. 단, 고의로 이명하여 주지 않을 시는 지역노회 결의로 이명한다.
11. 부목사 청빙시 해 교회에서 보내온 청빙서와 당회록 사본을 목사 관할 노회에 보낼 필요가 있느냐의 질의는 정치4장4조 3항대로 당회결의로 청빙이 가능하지만 관할 노회에서 당회록 사본을 요청하면 첨부해야 한다.
12. 팩스 전산문서는 참고문서로 가능하나 원본 문서만 정식문서로 인정할 수 있다.

13. 서울노회 분립 청원을 허락하다.
14. 다단계 판매 질의는 교회에서 판매 금지하기로 가결하다.
15. 정성구씨 교수직 회복 건은 총신 운영이사회에 맡겨 재 임명될 수 있도록 특별히 재고하여 선처할 수 있도록 가결하다.
16. 경남노회 이상근씨가 청원한 노회 분립건은 총회 허락없이 불법노회를 조직 하였으므로 해 노회로 반려 처리키로 가결하다.
17. 공로목사 칭호의건은 헌법 개정 전 공로목사는 이력에는 들어갈 수 있어도 현재는 공로목사 없다로 결의되다.
18. 총회교육의 원대한 발전을 위하여 총회교육 개발원을 교육부 주관 사업으로 허락하기로 가결하다.
19. 일만 교회 운동본부는 전도부 산하 예속기관으로 하되 예산은 전도부 예산 중 별도 항목으로 편성하기로 가결하다.
20. 군목 회원권은 정치4장4조8항에 의거 노회의 회원권이 있는 것으로 확인하다.

## ▶제85회 총회결의(2000. 9.) 진주 김동권

1. 총회 임원선거를 제비뽑기로 하다.
2. 미주지역 노회와는 친목 유대관계만 유지키로 하다.
3. 총회출판국 외 판매용 카렌다를 제작하여 판매할 수 없다.
4. 총회주일 세례교인 의무금 불이행 교회는 총대권 제한 및 제증명발급 중지하기로 하다.
5. 한기총과 한장련에 속한 교파와는 연합운동 지속키로 하다.
6. 본 총회가 허용치 않는 여목사와 여장로는 강단에 세울 수 없다.
7. 여교역자가 여전도회 임원이 될 수 없다.

8. 본 총회가 설정한 윤리에 위배 된 교직자(주,초)는 강단에 세움을 금한다.

9. 교회 거리 제한 우선권은 교회 설립이 우선이다.

10. 목사 결혼 주례건은 신자에게, 당회장은 재량하기로 하다.

11. 축복기도 헌금기도에 관한 건은 예배모범대로 하기로 하다

    헌금기도를 예수님의 이름으로 기도합니다로 끝맺지 않고 바로 축도로 들어
    가는 것은 잘못이다.

12. 교단 기관 목사도 70세 정년제도가 적용되는 것으로 가결하다.

13. 타인을 위한 기도를 중보기도라는 용어를 사용치 않고 "부탁 기도"나 "이웃
    을 위한 기도"로 사용하는 것이 합당하다.

14. 제9대 총회 총무로 이재영목사를 추천하니 만장일치로 당선되다.

15. 헌법 수정안 노회수의 결과는 유인물대로 보고는 받고, 총회장이 통과됨을
    공포하다.

16. 강단교류는 해 당회에 위임한대로 하되 제82회 총회결의대로 하는 것을 재
    확인하다.(본교단과 신앙고백이같고 성경관, 구원관이 동일한 복음주의적이고 개혁
    주의적인 신앙을 고수하는 건전한 교단은 해교회 당회장이 책임지고 교류할 수 있다.)

17. 헌법 제4장5조 공로목사 존속 헌의건은 현행 헌법대로 하기로 가결하다.

18. 70세 정년되는 해에 임원후보로 나오는 것은 불가하기로 가결하다.

19. 본 교단 기관 목사도 70세 정년 제도가 적용되는 것으로 가결하다.

20. 대구노회 김성덕 씨가 헌의한 김수의씨 설교 고소 건은 예배시간 설교에 대
    하여 고소할 수 없음으로 기각하기로 가결하다.

## ▶제84회 총회결의(1999. 9. 28.~10. 1.) 정읍성광 김도빈

1. 헌법 수정안이 통과되다.

2. 동서울 노회가 분립되다.

3. 기독신문 사장, 국장은 총회총대와 총회적 부서와 위원이 될 수 없다.(76회 총회결의 재확인)

4. 주일예배 외에 임직식, 야외예배는 할 수 없음.(제41회, 63회 총회 결의 재확인)

5. 교단 통합측과 교단 교류는 총회 허락 없이 할 수 없음.(제82회 결의대로 개 교회 강단교류는 당회장 책임 하에 교류)

6. 예수전도협회 대표 이유빈과 본 총회산하 교회는 관계하지 못한다.

7. 열린 예배는 금지하기로 하다.

8. 하나님의 호칭은 하느님이 아니라 "하나님"이 정당하다.

9. 기독교의 장례는 매장을 원칙으로 하되 매장할 수 없는 경우에 화장도 가능하다.

10. 헌법정치4장4조5항 목사의 칭호 공로목사 전항 삭제하기로 결정하다.

11. 21세기 교단부흥 발전 기획단 유인물대로 받다.

12. 총신대학교 재단이사회 지역안배 재구성 건은 가급적 시행키로 가결하다.

13. 공로 원로목사는 70세 이내에서만 활동할 수 있다.

14. 같은 노회에서 이명없이 장로취임 가능한가?
    남부산노회장 조남수씨헌의-장로가 같은 노회 안에서 이명없이 취임할 때 고시부에 면접을 하는지에 대한 건은 해 노회 규칙대로 하기로 가결하다.

15. 대전노회 황승기씨 헌의-교회의 노회 탈퇴 및 가입에 따른 적법성에 대한 질의는 불법이므로 확인 1개월 이내 탈퇴 이전 노회로 소속토록 가결하다.


## ▶제83회 총회결의(1998. 9. 22.~25.) 길자연

1. 총회 주일헌금을 세례교인 의무금으로 하다.(광역시이상 10,000원. 그 외 지역은 5,000원)

2. 은급기금 미가입 교회는 총회 제증명발급을 중단하기로 하다.

3. 총회세계선교회 설립 가결하다. 선교부는 폐지하기로 하다.
4. 말씀 보존학회 대표 이송오를 이단으로 규정하다.
5. 외국인 근로자 선교협의회에서 봉사하는 목사를 선교사로 인정하기로 하다.
6. 총신대학교내 교회 전문사역과장을 신설하다. 여성 목사 장로는 불가하며 단, 여성의 역할을 새롭게 이해하며 지도력을 적극 개발하기로 하다.
7. 사순절을 성경적 절기로 지키는 것은 바람직하지 않으며 더 연구하기로 하다.(고난절, 고난주일 용어로 족하다.)
8. 본 교단에 소속된 교회는 기독신보 구독을 안 하기로 가결하다.
9. 시무장로가 유급전도사로 시무하면 총대 또는 총회 총대가 될 수 없다.

## ▶제82회 총회결의(1997. 9. 23.~26.) 서울충현 신세원

1. 타 교단과 강단 교류는 본 교단과 신앙고백이 같고 성경관 구원관이 동일한 복음주의적이고 개혁주의적인 신앙을 고수하는 건전한 교단으로 해 교회 당회장이 책임지고 교류 하도록 하다.
2. 전북노회가 호남노회로 분립하다.(정진모 목사 분립 위원으로 참석)
3. 빈야드운동에 참여하거나 동조하는 자는 다락방 운동에 참여하는 자에 대하여 하는 것 같이 징계하기로 하다.
4. 개혁합신측과 본 총회 출신은 영입하기로 하다.
5. 편목의 목사임직과 위임기산은 정치15장13조에 의하여 하기로 하되 강도사 인허 때부터 교단 가입으로 한다.
6. 외국인 국적을 가진 목사후보생은(신학생) 총신에서 각 노회로 보내어 관리하기로 하다.

## ▶제81회 총회결의(1996. 9. 17.~22.) 청주중앙 김준규

1. CATV 주일예배 방송 금지키로 가결하다.
2. 미주대회 및 노회와 법적 행정적 관계 독립키로 하다. 단, 앞으로 대회 산하 목사 장로 강도사 목사후보생이 본 교단 교회로 이적을 원할 경우 제81회 총회시까지 대회 산하 노회나 교회의 재직 증명이 있을 경우 법적인 하자가 없는 한 그 신분은 인정키로 한다. 미주 총신대학 인준은 취소키로 한다. 미 법정에 제출한 쌍방간의 고소 건은 취하 하도록 한다.
3. 류광수씨 다락방을 이단으로 규정하고 관련된 자를 각 노회 별로 시벌키로 하다.
4. 개혁 합신측과 교류범위
   1) 교직자 연합집회 허용
   2) 신학교 교수 교류허용
   3) 상호 강단 교류키로 하다.
5. 총회주일은 1월 3째 주일로 하기로 하다.
6. 목사가 불신자 결혼주례를 할 수 없다.(예배모범 12장 2항)
7. 지방 신학교 이사장과 교장은 겸직 할 수 없다.

## ▶제80회 총회결의(1995. 9. 19.~22.) 서울충현 정석홍

1. 21세기 교단 부흥발전 기획단 구성키로 하다.
2. 소위 무료신학교 이만희를 일고의 신학적 신앙적으로 가치 없는 집단으로 밝히다.
3. 각종 주일 실시를 폐지하고 년 1회 5월 첫째 주일 총회주일로 실시키로 가결 하다.

4.  미주 총회와 우호관계 증진토록 가결하다.

5.  미조직 교회도 안수 집사를 세울 수 있는 것으로 가결하다.(21회총회록P.50)

6.  선교사 이중 교적 즉 소속노회, 현지노회는 불가하지만 선교 후원금은 계속 지원키로 하다.

7.  어린이 찬송가 증보판 발간 허락하다.

8.  총회 총대 선출시 해 노회 현장에서 하지 않고 각 시찰 단위로 선출하는 것은 헌법(憲法) 정신에 위배 되는 것으로 가결하다.


## ▶제79회 총회결의(1994. 9. 27.~30.) 대구동부 김덕신

1.  정책 위원회 부활하여 규칙대로 시행키로 가결하다.

2.  선거 공영제 실시키로 가결하다.

3.  성경 공회를 전면 개편해 재 추진키로 가결하다.

4.  이단 조사 연구 위원회를 상설기구로 설치하다.

5.  지역 노회 경내의 타 지역 노회 소속교회는 해당 지역노회로 보내기로 가결하다. 단, 1) 무지역 노회 제외  2) 분립 당시 총회가 인정한 것은 제외

6.  제8대 서성수목사를 총회 총무로 선정하다.

7.  은퇴 장로가 교회주보에 게재되고 당회석에 앉을 수 있는가 질의는? 해 당회에 맡겨 처리하기로 가결하다.

8.  원로장로 추대시 투표는 과반수로 하고 헌법 개정 전에 추대한 장로는 개정 후에도 유효함을 가결하다.

9.  교회 안에 명예집사, 명예권사를 두느냐? 질의는 헌법대로 하고 정년퇴임은 은퇴로 하기로 하다.

10. 주일 오후예배 폐지할 수 있는가 질의는 한국교회 전통적인 것으로 시행하기로 가결하다.

11. 은퇴 목사-모든 직분은 맡을 수 없으나 노회 발언권은 있다.

12. 총회장 및 정치부장은 임기가 끝나면 자동적으로 규칙부에 들어가기로 하다.

13. 예태해씨는 이단성의 혐의가 있으므로 강단교류를 금하고 일체의 교제를 금하기로 하다.

14. 외국인이 본 교단에서 목사 안수를 받으려 할 때는 교단이 시행 하는 강도 사 고시에 본 국인과 같은 절차를 거쳐야 한다.


## ▶제78회 총회결의(1993. 9. 21.~24.) 광주동명 최기채

1. 공천 위원회는 총회 10일 전에 소집하기로 하다.

2. 만 교회운동을 재 가동하기로 하다.

3. 학생지도국, 농어촌국, 재무국을 설치하기로 하다.

4. 평신도 성경교육대학원 설립을 추진하기로 하다.

5. 70년 정년제 범위는 당회 노회 총회 산하 모든 공직 목사 장로 집사 신학교 이사 등 균일하게 하되 교수는 65세를 적용하기로 하다.

6. 브라질 지방 신학교를 인준(認准)하기로 하다

7. 트레스디아스는 엄히 경계하여 제지 하도록 하다.

8. 성경 공회는 설립키로 하다.

9. 예배 시 악기사용과 복음성가 사용 건은 찬송가만 사용하고 예배시 몸가짐 은 예배 모범에 따르도록 하다.

10. 면직된 목사는 강단에 설수 없으므로 엄히 처리하기로 하다.

11. 표준 새번역 성경을 금지하고 개역 성경을 바른 번역으로 출판토록 하다.

12. 각 교회 경상비 0.2%를 은급 기금으로 납부토록 하다.

## ▶제77회 총회결의(1992. 9. 22.~25.) 인천제이 이삼성

1. 노회가 분립하다.

   북전주-전주.경남-경상.대전-서대전-동대전.경안-경안서.군산-군산동)
2. 헌법 수정 관한건은 노회의 수의한 결과 통과됨을 공포하다.
3. 총신과 지방신학교 이사는 겸직하지 않기로 하다.
4. 전도국을 설치하다.
5. 선교사 파송을 일원화하기로 하다
6. 총신대학 교수임용시 단독목회 3년 협동, 교육목사 5년을 경유한자로 한다.
7. 의사규정, 감사규정, 은급정관, 은급시행 규정을 받기로 하다.
8. 농어촌 미자립교회 재정 후원회를 구성키로 하다.
9. 주일오후 예배는 한국교회 전통적인 것이므로 시행하기로 하다.
10. 군목부를 신설하여 전도국 산하에 두기로 하다.
11. 구제주일을 12월 2째주, 순교자기념 주일 6월 첫주, 농어촌주일을 5월 3째

    주에 지키기로 하다.

## ▶제76회 총회결의(1991. 9. 24.~27.) 대구동신 이봉학

1. 노회 분립키로 결정하다.

   (함남-중부 군산-군산남 수원-남수원-서수원)
2. 노회조직 및 (동남아)노회 복구(여수)
3. 이장림을 이단으로 규정하다.
4. 할렐루야 기도원 생수에 신유능력 유무건은 비성경적이므로 금지하기로하다.
5. 공예배시 성경은 개역성경만을 사용하기로 하다.
6. 총회신학원에 입학할 편목은?

고려파 예성 기성 감리교 구세군 기타 장로교회로 우리 교단의 신학과 교리를 같이하고 학력과 자격을 구비 한자로 응시케 하기로 하다.

7. 계룡교회 건축 모금을 위해 목사, 장로, 권사는 2만 원 이상 전도사는 1만 원 이상 돕기로 하다.

8. 모든 출판은 총회가 직영하되 총회 임원회와 상비부가 협력하여 출판국을 관장하기로 하다.

9. 은급기금조성을 위해 교회경상비 0.2%로를 은급비로 책정하여 납부키로 하다.

10. 제7대 총회총무로 최병환목사를 인준(認准)하다.

11. 기독신보사 사장과 주필은 다른 부서의 일에 개입하지 아니하기로 하다.

12. 문서규정 보수 규정 제정(制定) 하다.


## ▶제75회 총회결의(1990. 9. 18.~21.) 김제중앙 유인식

1. 탁명환씨는 본 교단에 세우지 않기로 하다.

2. 총회 면려부가 질의한 청장년과 남전도회 구분은 45세 이하는 청장년 45세 이상은 남전도회로 구분하는 총회결의를 재확인하다.

3. 목사 장로 권사 집사의 70세 정년제 건은 2년 후 시행토록 하다.

4. 규칙 제4장10조 총회 개회 시간을 하오 6시 30분에서 하오 2시로 규칙 변경하다.

5. 경목주일을 매년 2월 4째주 순교자 유가족 주일은 매년 6월 첫째주 농어촌 주일은 9월 마지막 주에 지키기로 하다.

6. 양인 노회를 북강원 노회로 명칭변경을 허락하기로 하다.

7. 은급국 설치하기로 가결하다.

## ▶제74회 총회결의(1989. 9. 12.~22.) 서울평안 이성택

1. 기독교 총 연합회를 인정하고 총회장은 대정부 대외관계에 자유로이 참여 하도록 하다.
2. 총회장과 임원회 1년간 활동 상황을 유인물로 총회에 보고 하도록 한다.
3. 출판부의 총판권은 총회가 직접 취급(取扱) 토록 한다.
4. 녹화방송 예배는 예배모범에 위배(違背)가 된다.
5. 동서울, 서울 동노회 분립하다.
6. 강원노회, 북강원 노회 분립하다.
7. 은급부 신설키로 하다.
8. 김기동씨 이단으로 규정하다.
9. 모든 상비부의 수지 창구는 총회 회계에 일원화(一元化) 하기로 하다.
10. 회계 규정 제정하다.
11. 십자가 강단 부착건은 57년도 총회에서 결의 한 대로 부착할 수 없다.
12. 강단 좌우 분리 설치권은 당회 권한에 두는 것으로 가결(可決)하다.

## ▶제73회 총회결의(1988. 9. 20.~23.) 대구서문 이성헌

1. 신앙월력을 전도부에서 발행(發行)키로 하다.
2. 무지역 노회 목사로 이명 없이 지역노회에 가입할 수 없다.
3. 기독신보 이사선임은 노회별 총대수 비례대로 하되 총대로만 이사를 구성 하기로 하다.
4. 평동노회 평남노회 분립하다.
5. 찬송가 261장은 부르지 않기로 하다.

## ▶제72회 총회결의(1987. 9. 22.~25.) 서울 신림동 김길현

1. 지방신학교 신학부 3년제를 88학년도부터 4년제 학제로 변경하다.
2. 과천지역은 중경기 노회로 편입토록하다.
3. 중부산 남부산 동부산 분립하다.
4. 전도목사도 임시목사에 준하여 노회 임원이 될 수 있다.
5. 라틴아메리카 장로교 신학대학과 브라질 선교 설립의건은 인준하기로 하다.
6. 총회 규칙2장4조 상비부 인원 33인을 39인으로 개정하다.

## ▶제71회 총회결의(1986. 9. 23.~26.) 승동교회 안중섭

1. 6대 총회총무 이봉학목사 인준하다.
2. 총회 행정 일원화 실시하기로 하다.
3. 교회간의 거리는 종전 의 500미터에서 300미터로 조정하다.
4. 이중 국적자 국내 목회 제한 해제하다.
5. 총회 각부서 1인 두 직분(職分)까지만 허락하다.
6. 총회 기관지에 이단자의 기사 및 광고 불가(不可)
7. 총회행정일원화를 위해 각 상비부 회의록 회계장부 기타 증빙서등 모든 서류 일체를 총회 사무국에 제출하여 보관키로 하다.
8. 군목주일 2월 3째 주일 면려주일 10월 3째 주일 선교주일 1월 마지막 주일로 지키기로 하다.
9. 함북노회 함동노회 분립하다.

## ▶제70회 총회결의(1985. 9. 17.~21.) 서울청량 박명수

1. 총회파송 선교사는 본 총회산하 현지노회 가입토록 하다.
2. 해외 대회 참석시 총회를 대표한 정식 대표는 2명으로 하다.
3. 총회 신학교 야간부 폐지하기로 하다.
4. 외국 영주권 및 시민권을 가진 자는 국내목회 못함.(신학교수 예외)
5. 재사장은 총회장이 역임토록하다.
6. 총회(總會)록 을 발간키로 가결하다.

## ▶제69회 총회결의(1984. 9. 18.~21.) 대구서현 최훈

1. 한국기독교 선교 100주년 기념예배 드리기로 하다.
2. 문선명 산하 업체 생산품 불매(不買)운동 추진키로 하다.
3. RES와 ICCC와의 우호 단절 해제키로 하다.
4. 총회 회의록 발간키로 하다.
5. 총회 평신도 훈련원 개원키로 하다.
6. 유럽노회 조직하다.
7. 웨스트민스터 신앙고백서 및 대 소요리문답 출판(出版)키로 하다.

## ▶제68회 총회결의(1983. 9. 28.~10. 3.) 서울평안 배재운

1. 총회 일자를 9월 3째주 주일 후 화요일 오후6시30분에 개최키로 하다.
2. 만교회운동 중앙위원회 제1차-8차까지 경과 보고하다.
   61회(75년 3084교회 859,429교인)/68회(82년):4230교회 1,738,310)
3. 통일교 호칭문제는 문선명 집단으로 정할지언정 통일교단이란 호칭을 사용

하지 않기로 하다.

4.  군산노회와 이리노회 분립하다.
5.  청 년회를 청장년회로 개칭하고 회원의 연령은 20-45세로 한다.
6.  선 교 100주년 기념 한국교회 교육 100년사를 발행키로 하다.
7.  재판국을 제외한 16개 상비부원수 27인을 33인으로 규칙 수정하기로 하다.
8.  무지역 노회는 가급적 속한시일 내에 지역노회로 귀속키로 하다.
9.  강단 교류할 수 있는 교단은 비 N.C.C.교단이며 총회가 규제한 NCC교단인 사 초청하여 학술 세미나도 못한다.(단, 총회가 인정하는 연합집회는 예외로 한다.)

## ▶제67회 총회결의(1982. 9. 23.~27.) 군산개복 김현중

1.  복구노회 및 지역노회 조직(한남, 한서, 충동, 서서울, 평동, 용천)
2.  한국 찬송가공회 조직 공동회장 이영수목사로 하다.
3.  본 총회산하 모든 지교회의 부동산은 본 유지재단에 편입하기로 하다.
4.  총회창립 70주년 기념행사 하기로 하다.
5.  교회 상호간의 거리는 500미터 재확인 하다.
6.  재단법인 대한예수교장로회(합동측) 유지재단 설립허가 받다.
7.  총신 이사는 21당회 이상의 노회에서만 파송하기로 하다.
8.  총회 유지재단 이사 9인을 15인으로 증원하다.

## ▶제66회 총회결의(1981. 9. 24.~28.) 대전중앙 최성원

1.  신조 2항 중 '자연히'를 '스스로'로 수정키로 하고 노회에 수의키로 하다.
2.  총회 서부노회와 미주 서부노회가 경영하는 두 신학교를 통합하여 미주대 회 직영신학교를 운영(運營)키로 하다.

3.	박성만목사를 제5대 총회 총무로 선임하다.

4.	전국 남전도회 규칙 인준(認准)하다.

## ▶제65회 총회결의(1980. 9. 25.~29.) 부산 부전 이영수

1.	총회 사무실 기구 개편하다.(사무국 교육국 선교국)

2.	총신대학과 신학부를 분리 운영하도록 하다.

3.	총신대 학장에 정성구목사 인준하다.

4.	총회 센타 건립에 교역자 생활비에 십일조와 장로 2만 원 이상, 집사, 권사 5,000원 이상 헌납(獻納) 하기로 하다.

5.	전국 남전도회 연합회 조직하다.

6.	노회조직하다.(강동, 중서울, 울산, 워싱톤)

7.	지방 신학교 및 총신대학 지망생은 노회장의 추천을 받기로 하다.

## ▶제64회 총회결의(1979. 9. 20.~24.) 대구동부 한석지

1.	주교 통신학교를 주교 통신대학으로 명칭을 바꾸다.

2.	방배동 소제 총회 신학교를 불법집단으로 규정하고 수습을 위한 21인의 전권위원 선출(選出)하다.

3.	미주대회 고시를 대회에 전권 위임하다.

4.	부산노회 3분립하다.(부산. 중부산. 울산)

5.	총회 산하 전국교회 연 1차 선교 협력 기금을 내기로 하다.(도시교회 연2만 원, 지방교회 1만 원, 미조직교회 연5천 원)

## ▶제63회 총회결의(1978. 9. 21.~25.) 부산부전 한병기

1. 표준 예식서와 학습 세례 문답서를 사용키로 하다.
2. 각 노회는 목사 신상카드를 만들기로 하다.
3. 2월 3째 주일을 군목 주일로 계속 지키기로 하다.
4. 예배의식은 예배모범과 제41회 총회 결의를 준수키로 하다.
5. 미 펜실베니아 노회가입을 허락하다.
6. 정치15장13조는 각 노회가 준수하되 향후 2년 안에 자격 완비하도록 하다.

## ▶제62회 총회결의(1977. 9. 22.~26.) 총신강당 이기하

1. 전국 주일학교를 위한 통신학교를 설립하다.
2. 한동노회를 동서울노회로 명칭 변경하다.
3. 카나다 노회 조직하다.
4. 총신교수는 타 교단 신학교 강의 금하기로하다.
5. 하나님을 하느님으로 하는 호칭을 금하기로 하다.
6. 성경을 성서라고 호칭 않기로 하다.
7. 미국 나성 장로회 신학교 인준하도록 가결하다.
8. 고시부원은 총회 신학교를 졸업하고 목사된지 10년 이상된 자로 한다.
9. 총회 전도부 산하에 부흥 전도단을 두기로 하다.

## ▶제61회 총회결의(1976. 9. 23.~28.) 총신강당 황금천

1. ICCC(훼이스신학)와의 우호단절을 확인하다.
2. 지방 신학교 청주신학교, 수원신학교를 인준하다.

3. 선교 100주년기념 사업위원회 조직

4. 찬송과 합동위원회 조직하다.

5. 서울신학교와 한성신학교가 서울신학교로 합동하다.

## ▶제60회 총회결의(1975. 9. 25.~27.) 서울승동 장성칠

1. 목사 안식년 제도를 실시키로 하다.

2. 한남노회, 남서울노회 분립하다.

3. 전북노회가 전주, 동전주로 분립하다.(76년 2.9-13 총신강당)

4. 조직당회로 있을 때 합법적으로 청원되어 노회가 위임을 하였으면 폐당회가 되었다하여도 그 목사의 위임은 해제되지 않으나 2년 내에 당회가 복구되지 않으면 자동 위임해제(解除)된다.

5. 미주 중부노회 조직하다.

6. 일만교회 운동을 추인하고 적극 추진키로 하다.

7. 고려측과 합동문제는 시기를 보아 추진키로 하고 통합측과는 이미 합동원 칙을 세운바 그 조건에 가하면 합동하기로 하다.

## ▶제59회 총회결의(1974. 9. 19.~23.) 서울 평안 최동진

1. 군목후보생은 국방부의 방침 변경에 따라 신학교 졸업 후 즉시 고시부로 고 시케 하고 합격자를 임원회에 보고하여 각 노회로 안수케한 후 군목으로 임 관(任官) 하도록 하다.

2. 각 노회는 노회 후 10일 이내에 총회총무 앞으로 예, 결산서 2통을 제출하 기로 하다.

3. 인천 신학교를 인준하다.

4. 미주노회(중부 서부) 조직하다.
5. 성화사용 여부는 예배대상이 아닌 한 우상이 아니지만 우상화 할 우려 있는 것은 삼가키로 하다.

## ▶제58회 총회결의(1973. 9. 20.~24.) 인천제이 박요한

1. 각 상비부원 21명으로 증원키로 하되 3년간 시무한 부원은 다시 같은 부에 들어갈 수 없다로 하다.
2. 타 교파와 연합 사업하거나 강단 교류하여 총회결의를 위배했을 때에는 해 노회로 하여금 시벌(施罰)하기로 하다.
3. 학생신앙운동을(S.P.C)을 학생 면려회(S.C.E)로 개칭(改稱)키로 하다.
4. 티 교파들과 연합하고 있는 자는 노회가 시벌하도록 한다.
5. 정치문답조례는 본 총회가 제정한것이 아니기 때문에 참고로만 사용할 수 있으나 수정할 수는 없는 것이다.
6. 앞으로 개척되는 교회는 무지역노회 가입을 억제하기로 하다.
7. 국기 경례와 맹세하는 일은 할 수 없는 일이므로 각 교회에 지시하기로 하다.
8. 성전 예배당 및 부속건물은 예배 외에 다른 용도로는 사용할 수 없는 일임을 결의하다.

## ▶제57회 총회결의(1972. 9. 21.~27.) 서울충현 박성겸

1. RES에서 탈퇴하기로 하다.
2. 대회(大會)제도를 폐지(廢止)하기로 하다.
3. 아세아 지역 출신 유학생 등록금 면제해 주기로 하다.
4. 정봉주목사를 제4대 총회 총무로 인준하다.

5.   총신대학장에 김희보목사를 인준하다.

6.   총신대학 이사는 각 노회가 1인씩 파송키로 하다

7.   바울신학교(전북신학교)인준 허락하다.


## ▶제56회 총회결의(1971. 9. 23.~28.) 대전중앙 정규선

1.   타교파의 강단교류: 고려파, 예성, 기성

2.   제주노회 복구하기로 하다.

3.   총신대학 이사회 (재단과 일반을 개편)하도록 하다.

4.   총회센타 건립(建立)하기로 하다.

5.   공동번역 성경 사용하지 않기로 하다.

6.   대만 장로교 총회와 일본 개혁 장로교와 우호관계 맺기로 하다.


## ▶제55회총회 결의(1970. 9. 24.~28.) 대구서현 김창인

1.   설악산에 수양관을 건립키로 하고 강원노회에 맡겨 추진키로 하다.

2.   제일대한기독교 총회와 유대관계를 갖기로 하다.

3.   서만수선교사 인도네시아 파송하기로 하다.

4.   경남대회 조직하기로 하다

5.   지방 신학교 인준하다.(칼빈, 대전, 부산, 서울)

6.   총회산하 각 노회는 그 지역 내에 1개 처 이상 개척하도록 하다.

7.   총신대학 대학부 입학은 당회장 추천으로 하기로 하다.

8.   성경에 근거한 요리문답, 예배모범, 헌법적 규칙대로 주일성수 하도록 하다.

9.   금후 세계적 복음운동을 전개하여 성경관과 신앙이 우리와 같은 국제 기독
     교 단체와의 교류를 갖도록 하다.

## ▶제54회 총회결의(1969. 9. 25.~30.) 서울장충 문재구

1. 11970 태평양지구 RES대회는 중지키로 하다.
2. 총회 회의록을 각 교회 비치토록하다.
3. 차남진목사 미국 선교사로 파송하다.
4. 전북대회 조직 허락하다.
5. WCC. NCC노선에 가담한 목사를 강사로 초청하지 않기로 하다.
6. 신학교교장으로 박형룡박사(博士)를 인준하다
7. 타 교파 목사의 가입절차를 정치15장13조대로 철저히 실시토록 하다.
8. 산아(産兒) 제한(制限)에 관한건은 성경원리상 불가(不可)하다.
9. 제52회 총회가 결의한 기독신보를 각 교회 제직전원이 의무적으로 구독하도록 재 확인하다.
10. 신학지남을 교역자가 의무적으로 구독하되 부득이한 경우 교회에서 부담하도록 하다.
11. 성경통신과를 전국교회에 권장하도록 하다.
12. 대통령, 정부, 국회에 다음사항을 정책부에 맡겨 건의(建議)하도록 하다.(문화재 보호 명목하에 사찰에 국고금을 지출하고 있는 일, 교회당 300미터 부근에 오락시설을 설치하는 일, 예비군훈련에 있어서 목사 전도사는 훈련대신에 교양 지도를 담당케 하여 주실 일, 지방신학교 성경학교 등의 당국 간섭에 관한 일, 주일성수 문제에 관한 일, 군목군승의 공동의식 반대에 관한 일.)
13. 주일에 일반 학교에서 각종행사를 하는 일에 대하여 정부 당국에 건의토록 하다.
14. 성직자의 활동 한계에 대해서는 다음과 같이 확인하다.(목사의 정치활동에 있어서는 제38회 총회결의대로 한다. 정교분리와 양심자유의 기본원리를 존중하되 집단 조직행동에 참가하지 못한다. 성직자는 언제나 복음선교와

말씀을 파수하는 일에 주력한다. 하나님의 영광과 교회의 신성과 권위를 위해 조심하며 교회에 덕을 세워야 한다.

15. 불경건한 신비주의 운동과 김화복, 박덕종, 양춘식씨와 WCC. NCC. 노선에 가담한 목사를 강사로 초청하는 일과 집회에 참석하는 일을 금하기로 하다.

## ▶제53회 총회결의(1968. 9. 18.~24.) 부산초량 손계웅

1. 회현동 총신 기숙사 매각하고 새 기숙사 짓기로 하다.
2. 대회제도를 실시키로 하되 5대회 두기로 하다.
3. 중부대회(경기, 강원) 충청대회(충남, 북도) 호남대회(전남북도) 서부대회(무지역노회일원)
4. 통합(統合)측과 합동(合同)문제는 합동원칙과 세칙에 따라 합동할 것으로 총회장이 선언(宣言)하다.

## ▶제52회 총회결의(1967. 9. 21.~26.) 서울평안 김윤찬

1. 통합측과 합동 추진키로 하고 15인 위원 선정하다.
2. 경목 위원회를 주기로 하고 위원 15인으로 하다.
3. 1968년 3월 1일 대전중앙교회에서 속회하다.
4. 합동위원회 보고받다.

## ▶제51회 총회결의(1966. 9. 22.~27.) 광주중앙 박찬묵

1. 토마스목사 순교 100주년 기념예배 드리다.
2. 이북 교직자 중혼 문제는 웨스트민스트 신앙고백 24장6항의 이혼요건 두가

지에는 해당되지 않는 것으로 해석하다.

3. 채은수목사 대만 선교사로 파송하다.

4. 소위 세속화 운동에 가담자는 엄중 처벌하도록 가결하다.

5. 보수교단 연합기관 조직(본 교단, 고신, 예수성결교 등)

6. 헌금 통일안 가결하다.(교회에서 경상비 수입의 십일조를 상납하는 것으로 가결한다. 등)

7. 웨스트민스트 신도 게요서를 번역 출판하기로 하다.

## ▶제50회 총회결의(1965. 9. 23.~28.) 서울승동 정규오

1. 12월 31일 기독신보 인가받다.

2. 사례비 5%를 은급비로 납부토록 하다.

3. 총신 신축공사 기공식 예배를 드리다.(1966.3.22.)

4. 장로연맹 및 전국 복음화운동과 동양복음회의(OEF)와 WCC와 NCC와 관계되는 단체와는 본 총회원칙과 정책에 의하여 본 교단 교직자들은 개인자격으로도 관계 할 수 없고 강단교류를 할 수 없다.

## ▶제49회 총회결의(1964. 9. 24.~29.) 서울성도 김윤찬

1. 총신교장 윤번제를 폐지하다.

2. 한국정부가 카토릭 교황청에 대사 파송한 것을 즉시 철수하도록 정부에 건의안 발송하다.

3. 목사 장로 시무 정년제는 폐지하기로 하다.

4. 전임강사 이상의교수에 대해서는 매년 말에 서약 갱신을 받도록 하다.

## ▶제48회 총회결의(1963. 9. 19.) 서울승동 이수현

1. 개혁과 교회 세계대회에 가입하도록 결의하다.
2. 정치12장2조 총회총대 10당회에서 목사 1인 장로 1인을 7당회로 개정키로 하고 각 노회에 수의토록 하다.
3. 총회창립 50주년 기념역사 화보 발간(發刊)키로 하다.
4. 문교부에 본 총회가 정식으로 등록되다.(사회단체 등록증)

## ▶제47회 총회결의(1962. 9. 20.~24.) 서울승동 이환수

1. 총회50주년 기념대회 개최하다
2. 경북노회 경청노회로 분립하다.
3. 잡지를 신학교 기관지로하다.
4. 신학교장은 1년씩 윤번제로 하기로 하다
5. 미조직교회에서 강도사를 임시목사로 청빙할 때 안수하여 허락할 수 있다.
6. 1962년10월 말경 고신측 환원(還元)해 가다.
7. 기도와 설교자 촬영과 강단에 등단하여 촬영 하는 것을 금하기로 하다.

## ▶제46회 총회결의(1961. 9. 21.~27.) 부산남 한상동

1. ICC국제기독교 연합회와 우호관계를 단절하기로 하다.
2. 권사의 연령을 50세 이상으로 개정하여 받기로 가결하다.
3. 강도사 고시 1년 후 안수 받기로 하다.
4. 총회신학교와 고려신학교를 합하여 교사는 서울에 두기로 하다.

## ▶제45회 총회결의(1960. 9. 22.~24.) 서울승동 고성모

1. 신앙노선이 같은 고려파와 합동 하기로 하다.
2. 예배후의 축도는 '있을찌어다'로 일치하게 실시키로 하다.(60.12.13-15 서울승동교회, 한상동)
   1) 1960.12월13일 승동교회당에서 속회(續會)하다
   2) 고려파와 합동원측을 결의하다.

## ▶제44회 총회결의(1959. 9. 24.~10. 1.) 대전중앙 양화석(통합측분립)

1. 경기노회 총대 시비와 WCC의 에큐메닉스 신학에 대한 이견으로 비상정회하다.
2. 1959년 11월 24일 서울 승동교회당에서 속회하다
3. WCC를 영구히 탈퇴하다.
4. NAE를 탈퇴하다.
5. 통합측과 분립(分立)하다.

## 제43회 총회결의(1958. 9. 25.~10. 1.) 서울영락 노진현

1. 계단공과 발행키로 하다.
2. 경기노회에서 한남노회 분립하다.
3. 월남에 선교사 파견하기로 하다.
4. 각 신학교 교수는 3년마다 1차씩 해 이사회에 서약케 하다.

## ▶제42회 총회결의(1957. 9. 19.~24.) 부산중앙 전필순

1. 헝거리 의거 의연금 보내다.
2. LMC 대회에 한경직, 유호준 파송하다.
3. 외국 선교부는 해체되고 협동사업부를 두기로 하다.
4. 십자가를 강단에 부착하지 않기로 가결하다.

## ▶제41회 총회결의(1956. 9. 20.~25.) 서울 새문안 이대영

1. 사교가 횡행하여 지도원리 발표하다.(55.8.4)
2. 태국에 선교사 파송하다.( 최찬영,김순일)
3. 기성교회 부근 500M에 교회설립 엄금(嚴禁)하다.
4. 박태선씨를 이단으로 규정하다.
5. 경남노회 분립하다.(경남, 마산, 진주)

## ▶제40회 총회결의(1955. 4. 22.~26.) 서울영락 한경직

1. 1955년 7월 19일 교역자 신분증을 발행하다.
2. 교회 없는 500 무교회면에 1교회 신설운동을 실시키로 하다.
3. 대한신학교와 총회 야간신학교를 합동하여 총회 직영 야간신학교로 하다.
4. 차기 총회를 9월에 개최(開催)키로 하다.
5. 나운몽씨는 장로신경에 맞지 않으므로 이를 막기로 하다.

## ▶제39회 총회결의(1954. 4. 23.~27.) 안동중앙 이원영

1. 제27회 신사참배 결의를 취소하고 성명서를 발표하다.
2. 신사 불 참배(參拜)교역자와 신자 또 선교사를 제명한 노회 학교 각 기관에 명하여 그 기록을 취소(取消)키로 가결하다.
3. 제38회 총회결의에 따라 신학교 한인 교장(校長) 박형룡박사 이사장 안두화를 신임하고 대구 서문교회에서 취임식을 거행하다.
4. 경기노회에 강원노회 분립하다.

## ▶제38회 총회결의(1953. 4. 24.~28.) 대구서문 명신홍(기장측분열)

1. 통일 없는 휴전 반대하기로 하다.
2. 10월 6일 문교부로부터 총회신학교 인가받다.(교장 김부열)
3. 경안노회에서 강동노회 분립하다.
4. 예배당에서 성극과 유희(遊戲)하는 것은 가히 합당치 못하므로 각 당회가 신중히 처리하기로 하다.
5. 목사 김재준씨는 제36회 총회결의 위반 및 성경(聖經) 유오설을 주장하였으므로 목사직을 파면(罷免)하고 그 직분 행함을 금(禁)하다.
6. 기장측이 분열(分裂)해 나가다.

## ▶제37회 총회결의(1952. 4. 29.~5. 2.) 대구서문 김재석

1. 목사가 관공리(官公吏)나 국회의원(國會議員)에 전직케 되면 안수 목적에 위배 되므로 마땅히 목사 성직을 사직(辭職)해야 한다.
2. 노회분립(충남, 대전, 경북, 경서)하다.

3. 이북노회(평양, 평북, 안주, 평동, 용 천, 황해, 황동, 평서, 함남, 함북) 총대를 호명하고 박수로 환영하다.

4. 목사 자격 시취의 건에 대한 비상사태 선언하다.

## ▶제36회 총회결의(1950. 4. 21.~25.) 대구제일 권연호(고신측과 분립)

1. 6.25 동란으로 익년 1951년 5월 25일 부산 중앙교회에서 속회(續會)하다.

2. 1951년 5.25~29 부산중앙 권영호(속회)

   5월27일 주일 국난극복위해 특별 금식기도회 갖다.

   조선신학교와 장로회 신학교를 총회 직영 취소하다.

3. 고신측과 분립되다.(1951년)

## ▶제35회 총회결의(1949. 4. 19.~23.) 서울새문안 최재화

1. 조선예수교 장로회를 대한예수교 장로회로 변경하다.

2. 황남, 김제노회 조직하다.

3. 장로회 신학교를 총회 직영학교로 변경하다.

4. 기관지 '부흥'을 발행하다.

## ▶제34회 총회결의(1948. 4. 20.~23.) 서울 새문안 이자익

1. 고려 신학교 입학 지원자에게는 추천서를 주지 않기로 하다.

2. 찬송가 합동은 장로교, 감리교, 성결교회로 하다.

## ▶제33회 총회결의(1947. 4. 1.~22.) 대구제일 이자익

1. 목포노회로 조직하다.
2. 한국 자주독립을 위하여 성명서를 발표하기로 하다
3. 1948년 개최될 WCC 창립총회에 대표를 파견키로 하다.
4. 목사가 관공리를 가질 경우 당회(堂會)장권을 가질 수 없다.
5. 김화식목사 순교 당하다.
6. 전문학교령에 따라 조선신학교 설립인가 받다.(1947.4.12.)

## ▶제32회 총회결의(1946. 6. 11.~14.) (제1회남부대회)서울승동 배은희

1. 3.8선이 철폐되면 남북한이 통일한 총회를 조직하기로 하되 현 이남 12개소 노회가 총회조직 회의를 진행키로 하다.
2. 1938년 제27회 총회시 가결한 신사참배는 전국교회의 신앙 부족으로 일제에 강압에 의하여 저지른 잘못으로 알고 회개하고 이를 취소하다.
3. 조선 신학교 총회가 직영키로 하고 대학령에 의한 신학교로 하다.

## ▶제31회 총회결의(1942. 10. 16.~20.) 평양 서문안 김응순

1. 개회 전에 대동아 공영권 건설을 지지하는 선언문 채택하다.
2. 경기, 경성노회 합병키로 하다.
3. 1942.9.20. 해군에 헌납한 전투기 "조선 장로호"로 명명식 갖다.
4. 총회 회의록 일본어로 정리하다.
5. 외국 선교사 전원 출국하다.

## ▶제30회 총회결의(1941. 11. 21.~26.) 평양창동 최지화

1. 1941년 11월 22일 제30회 총회총대 일동이 개회 다음 달 아침 평양신사에 참배(參拜)하다.
2. 부여 신궁건설에 전국노회대표 72명이 근로 봉사하다.
3. 1941.6.30. 금강산 수양관 철거하다.
4. 총회창립 30주년 기념예배 드리기로 하다.

## ▶제29회 총회결의(1939. 9. 6.~13.) 평양창동 곽진근

1. 이기풍목사(80세)를 총회 원로목사로 추대하다.
2. 평양신학교 40년 2월 9일 조선 총독의 인가를 받다.
3. 각 노회는 포교의 종사하는 교역자 및 포교자의 이력서를 수집, 비치하여 조사상 필요시 신속 조회 되도록 하다.
4. 기독교인을 한꺼번에 많이 검거하다.
5. 외국 선교사 대거 출국하다.
6. 용천노회 분립하다.(용천, 영구)

## ▶제28회 총회결의(1939. 9. 8.~15.) 신의주 제이 윤하영

1. 노회 조직하다.(황동, 평동, 군산)
2. 조선 예수교장로회 신학교를 본 총회가 직영토록 하다.
3. 경성(京城)에 조선신학교 설립하다.

## ▶제27회 총회결의(1938. 9. 9.~15.) 평양서문밖 홍택기=신사참배가결

1. 신사(神社)참배(參拜) 가결하다.
2. 숭실전, 평양신학교 신사참배 문제로 자진 폐교하다.
3. 기독신보 자유주의라하며 폐간하다.
4. 기독교 황도선양 연맹 출연하다.

## ▶제26회 총회결의(1937. 9. 10.~16.) 대구제일 이문주

1. 농사연중 행사표를 보급하다.
2. 방지일목사 산동 선교사로 파송하다.
3. 최혁주목사 만주 선교사로 파송하다.
4. 한국어 사용을 총독부가 강력히 금지하다.

## ▶제25회 총회결의(1936. 9. 11.~19.) 광주양립 이승길

1. 총회 교육부가 청원한 기독교보를 총회 기관지로 승인하다.
2. 불신자가 집필한 신편 찬송가 발행 불가하다.
3. 경북노회 분립하다(경북, 경동)
4. 장, 감 선교구역 철폐하다.

## ▶제24회 총회결의(1935. 9. 6.~13.) 평양서문밖 정인과

1. 신편 찬송가 400장 편찬 간행(刊行)하다.
2. 의산노회 분립하다.(의산. 봉천)

## ▶제23회 총회결의(1934. 9. 7.~14.) 평양서문밖 이인식

1. 지금까지 성경 1577만권 발행하다.
2. 총회50년 약사 및 화보 출간키로 하다.
3. 주석 출간하다.
4. 의산노회 분립(分立)하다.(의산, 삼산)
5. 재단 허가 받은 노회(전남노회 등 10노회)

## ▶제22회 총회결의(1933. 9. 8.~15.) 선천남교회 장홍범

1. 이용도, 백남주, 한준명, 이호빈, 황국주 이단 결정하다.
2. 산동대회 승인하다
3. 면려회보 창간하다.

## ▶제21회 총회결의(1932. 9. 9.~16.) 평양창동 남궁혁

1. 비 총대라도 상비부원이 될 수 있다.
2. 경기노회 분립하다.(경기, 경성)
3. 월간 '신앙생활' 창간하다.
4. 기독교 교육연맹 창간하다.

## ▶제20회 총회결의(1931. 9. 11.~17.) 금강산 수양관 정규명

1. 중국 산동성에 여선교사 김순호양을 파송하다.
2. 총회 3차년도 진흥계획 수립하다.

3.   조선 면려회가 만국 연합회에 가입하다.

4.   남만노회 분립(남만, 북만)하다.

5.   전남, 평안노회 재단법인 허가하다.

## ▶제19회 총회결의(1930. 9. 12.~18.) 평양서문밖 홍종필

1.   종교단체 제정 반대키로 하다.

2.   매년 3월 꽃 주일을 신학교 주일로 변경하다.

3.   장로가 총회장은 되나 당회장은 못되는 이유에 대하여 부득이한 경우 장로
     가 당회장이 될 수 있다.

4.   안수 및 축복기도는 장로가 못한다.

5.   제주노회 창립하다.

6.   '종교교육'창간하다.

## ▶제18회 총회결의(1929. 9. 6.~12.) 서울 새문안 차재명

1.   총회 사무국 설치하다.

2.   평양노회 분립하다.(평북, 용천)

## ▶제17회 총회결의(1928. 9. 7.~13.) 대구신정 염봉남

1.   각 노회 농촌부 설치하고 농보 '농민생활'을 발행키로 하다.

2.   조선 주일신보 '아이생활' 출판하다.

3.   장, 감 협동 신정 찬송가 발행하다.(12월)

## ▶제16회 총회결의(1927. 9. 9.~15.) 원산광석 김영훈

1. 총대 1인이 두가지 이상 겸임하지 않도록 하다.
2. 토마스목사 기념사업회 조직하다.
3. 금강산 수련관 건립인허 받고 3만원 모금 허락하다.
4. 성경사전 발행키로 하다.
5. 예루살렘 국제선교회 참석하기로 하다.

## ▶제15회 총회결의(1926. 9. 11.~17.) 평양서문 밖 김석창

1. 금강산 교역자 수양소를 설치키로 하다.(대지8,000평 석재2층. 강당과 기숙사 정원, 운동장)
2. 1928년 7월 미국에서 개최될 세계주일학교대회 대표 파송키로 하다.
3. 총회일자를 9월 제1차 주일 후 금요일 하오 8시로 변경하다.

## ▶제14회 총회결의(1925. 9. 12.~18.) 평양서문밖 임택권

1. 한센병 근멸(根滅)회 조직하다.
2. 꽃주일 명칭을 어린이 주일로 변경하다.
3. 중등학교에 교목을 두기로 하다.
4. 간도노회를 동만노회로 변경하다.
5. 함북노회를 분립하다.
6. 불신자를 위한 목사의 혼인주례 불가하다.
7. 평양신학교 재단법인 인가하다.

## ▶제13회 총회결의(1924. 9. 8.~13.) 신의주 이자익

1.  평양 신학교 라부열학장 취임하다.
2.  경중노회 분립하다.(경기. 충청)
3.  조선 기독교연합회 창설(장, 감)하다.
4.  여자대학교 설립 기성회 조직하다.
5.  교회설립과 폐지는 노회 권한(權限)임을 확인하다.

## ▶제12회 총회결의(1923. 9. 8.~13.) 신의주 함태영

1.  조선예수교 연합회 공의회 조직하다.(장로회.남감리회.미감리회.조선신학교,장로교4단체.감리교2교단.영국성서공회.조선그리스도교 청년회)
2.  이대영 목사 중국 선교사로 파송하다.
3.  예배당을 연극장으로 쓰는 것은 크게 합당치 아니한 일이므로 각 당회가 신중히 처리하기로 하다.

## ▶제11회 총회결의(1922. 9. 10.~15.) 서울승동 김성택

1.  함북노회 분립(함북, 시베리아)하다.
2.  전남노회 분립(전남, 순천)하다.
3.  미국 시카고 멕코미여사의 회사로 평양신학교 교사 신축하다.
4.  무임목사라도 해 노회가 총회 총대로 파견 경우에는 투표권 있다.
5.  시베리아에 전도목사 파송하다.(김현찬, 최홍종목사)
6.  조선 주일 학교 창립.
7.  YMCA 설립.

## ▶제10회 총회결의(1921. 9. 10.~15.) 평양장대현 이기풍

1. 함남과 함북이 합쳐 3개회 분립(함남, 함북, 간도)하다.
2. 평남노회 분립하다.(평양, 평서, 안주)
3. 경북노회 분립하다.(경북, 경안)

## ▶제9회 총회결의(1920. 10. 2.~7.) 서울안동 김익두

1. 산서노회 분립하다.(남만. 산서)

## ▶제8회 총회결의(1919. 10. 4.~9.) 평양신학교 마포삼열

1. 교계신문 및 잡지 발행하다.(기독신보, 코리아미션필드.신학지남.신학세계)

## ▶제7회 총회결의(1918. 8. 31.~9. 5.) 신천북 김선두

1. 황해노회 김창호목사 자유신학 제창으로 휴직하다.
2. 신학(新學)지남(指南) 3월에 창간하다.
3. 평북노회 분립하다.(평북, 의산)

## ▶제6회 총회결의(1917. 9. 1.~6.) 서울승동 한석진

1. 함경노회 분립하다.(함북, 함남)
2. 전라노회 분립하다.(전북, 전남)
3. 총회산하 소학교(小學校) 544개처, 학생 16,742명

## ▶제5회 총회결의(1916. 9. 2.~6.) 평양신학교 양전백

1. 기독신보 창간하다.(장, 감 기관지 12.8)
2. 경상노회 분립하다.(경북, 경남)
3. 북평안노회 분립하다.(북평안, 산서)

## ▶제4회 총회결의(1915. 9. 4.~18.) 전주서문밖 김필수

1. 만국 주일학교 대회 대표2명 파송하기로 하다.(1916년 일본)
2. 의동생, 수양동생이라 하면서 친교 하는 것을 금하다.
3. 서간도 한국인 10만명 교회 53개처 교인수 2739명.
4. 북간도(北間島) 한국인14만명. 교회14개처 교인수 5,000명.
5. 예수교 회보 재정난으로 폐간(廢刊)하다.

## ▶제3회 총회결의(1914. 9. 6.~9.) 재령 남산현 배유지

1. 길림성과 만주에 선교사 파송하다.
2. 주공삼씨를 동경 연합교회 선교사로 파송하다.
3. 조선 기독교 청년 연합회 조직하다.

## ▶제2회 총회결의(1913. 9. 7.~11.) 서울소안동 황길지

1. 교회 안에 휘장 설치는 당회 형편대로 조심해서 하기로 하다.
2. 만국 주일학교 총회에 총대를 파송하다.
3. 중국에 박대로, 사명순, 김영훈씨를 선교사로 파송키로 하다.

## ▶제1회 총회결의(1912. 9. 1.~14.) 평양신학교 언더우드

1. 조선예수교 장로회 총회를 조직하다.
2. 교회 명칭 앞에 "조선 예수교 장로회"를 부치기로 하다.
3. 총회산하 전 재산을 관장할 사단을 조직키로 하다.
4. 혼인의 경우 남자는 만 17세 여자는 만 15세로 하다.
5) 고퇴 제작키로 하다.

## ▶공의회(1901. 9. 20.) 소안론

1. 조선 예수교 장로회 공의회 조직.(외국선교사25명, 한국장로3, 조사6명)
2. 평양신학교 설립.

## ▶1회(1907. 9. 17.~19.) 평양 장대현 마포삼열

1. 예수교장로회 대한노회 독노회조직(외국회원38명, 한국회원40명)
2. 서경조 등 최초 7인 목사 장립.
3. 제주도에 이기풍목사를 선교사로 파송하다.

## ▶2회(1908. 9. 6.~10.) 서울 연동 기일

1. 첩 있는 사람은 원입(願入)을 세우지 못한다.
2. 장로회 만국총회 대표를 파송하다.

## ▶3회(1909. 9. 3.~7.) 평양신학교 원두우

1. 주간지 조선예수교 회보  발간키로 하다.
2. 해삼위 50만 동포를 위해 최관호씨를 선교사로 파송하다.
3. 학무국을 두어 전국 장로교회 내 학교를 관리하다.

## ▶4회(1910. 9. 18.~22.) 선천 염수동 기일

1. 일본 동경에 박영일씨를 전도인으로 4개월간 파송하기로 하다.
2. 교인 100만명 돌파 운동 전개키로 하다.
3. 조선 장로교회 신경제정.

## ▶5회(1911. 9. 17.~22.) 대구남문안 이눌서

1. 1912년 총회를 조직하기로 하다.
2. 7개 노회 조직키로 하다.
3. 성수주일 불이행자 세례주지 않기로 하다.
4. 장, 감 선교자들의 선교지경 분계(分界)하다.

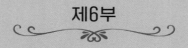

# 제6부

# 현장감 있는 각종 질의와 답변

# 현장감 있는 각종 질의와 답변

재판할 때부터 나중까지 출석하여 전부를 듣지 아니한 회원은 원고, 피고와 그 재판 회원이 동의 승낙하지 아니하면 그 재판에 대하여 투표권이 없고, 최상급 재판회 외에는 정회 혹은 휴식을 불문하고 개회 때마다 호명하고 결석한 회원의 성명은 회록에 기재한다. 라고 되어있습니다.

그런데 재판진행 과정에서 1회를 결석한 회원이 투표를 하였다면 한 회원의 표가 판결에 영향을 미치지 않았다고 할지라도 판결은 무효가 되지 않은가요?

## 답변]

교회 재판도 당회, 노회, 총회 재판국이든 권징조례를 비롯하여 법에 의한 절차와 법 적용을 하여 판결해야 하며 그렇지 않은 것이 발견되면 무효처리 해야 한다. 재판관은 학연, 지연, 혈연을 배제하고 오직 법(法)에 의한 공의로운 재판으로 건강한, 질서 있는 교회를 세워 나갈 수 있다.

권징조례 29조와 같이 국원이 1회 이상 불참하면 투표에 참여할 수 없고, 국원, 원피고 모두 허락 없이는 참여하여 투표하면 불법이다.

답변]

1) 무임장로: 당회 결의로 제직회원에 참여 시킬 수 있다.(헌규9조)

2) 무임집사: 당회 결의로 서리집사 임무를 맡길 수 있다.

3) 무임에서 시무장로 되는 절차

① 안수는 다시 받지 않는다.

② 다른 임직 절차는 처음처럼 밟아야한다.

③ 미조직 교회는 당회장이 노회에 선택 청원을 하여 허락 받아야 한다.

④ 조직교회에서는 당회 결의로 장로가택 (증원)청원을 해야 한다.(정치9장1조)

⑤ 당회결의로 공동의회 일시, 장소, 안건을 1주일 전에 교회에 광고한 후 공동의회 규칙에 의거(정치21장1조-5조) 총 투표수 3분의 2이상 득표로 피택되고, 노회에 장로고시 청원을 하여 면접 시험하여 노회 보고된 후(승인) 당회 결의로 임직식을 거행하므로 시무장로가 된다.

무임장로의 경우는 당회결의로 공동의회를 통해 시무장로 취임을 위해 3분의 2찬성 통과 후 취임식만 행한다.

(노회규칙에 명시되어 있으면 노회 규칙을 참고한다.)

질의3] 장로가 당회 임시의장이 될 수가 있는가?

답변]

노회의 당회장 파송이 없는 경우에는 그 당회가 회집할 때마다 임시당회장 될 목사를 청할 수 있으나 부득이한 경우에는 당회장 될 목사가 없을지라도 재판사건과 중대사건 외에는 당회가 일반적인 것, 통상적인 것은 사무를 처리할 수 있다.(헌법 정치 9장4조하)

사무를 처리하기 위해서 임시 의장을 세워 사회를 보게 할 수 있다.

회의를 마치면 임시회장은 종료된다.(정문196조198조 제19회총회1930년)

## 질의4] 장로 2인과 당회장 1인 참석할 때 회의법은 어떻게 됩니까?

### 답변]

1) 장로 2인 중 1명이 동의하고 1명은 반대일 때 당회장이 제청하고 가부를 물을 수 있다.

2) 장로2인 중 장로 1인과 당회장 목사가 권고사직 혹은 권고휴직을 시켰어도 그 결의는 유효하다.

3) 장로 2인이 있으면 장로 1인 출석으로 성수가 된다.(정치9장2조)

   성수(成數)가 된다는 말은 당회의 모든 사무를 처리할 수 있기 때문이다.

## 질의5] 당회장의 종류는 몇 가지인가?(정치9장3조~4조)

### 답변]

1) 당연직 당회장

   당회장은 지 교회 대표로 그 지 교회 담임목사(위임)가 된다.

   위임목사 자체가 교인들의 치리권 복종서약이 있으므로 위임식과 함께 치리권(목양권, 행정권, 권징권)을 부여하고 있기 때문이다.

2) 대리 당회장(정치9장3조)

   당회장이 있을 때에도 특별한 경우에는 당회 결의로 본 교회 목사가 그 노회에 속한 목사 1인을 청하여 대리 당회장이 되게 할 수 있다.

   신병이 있거나 출타할 때도 그러하다.

3) 노회파송 당회장

목사가 없으면 그 교회에서 목사 청빙할 때까지 노회가 당회장 될 사람을 파송할 것이요. 라고 하였다.(정치9장4조상)

4) 임시 당회장

노회가 파송이 없는 경우 그 당회가 회집할 때마다 임시 당회장 목사를 청할 수 있으나 부득이한 경우에는 당회장 될 목사가 없을지라도 재판사건과 중대사건과 중대사건 외에는 당회가 사무를 처리할 수 있다.(정치9장4조下)

5) 시무목사 당회장권

교인들로부터 복종서약을 받지 않았으므로 목양권만 있지 치리권은 없다.(정치15:11조2항) 그러나 노회가 직권으로 당회장권을 허락하여 줄때만이 당회장이 될 수 있다. 유효기간이 1년이다.(정치15장12조1항)

## 질의6] 정년 은퇴하면 교회 시무장로 한 명인데 당회 요청할 수 있나요?

### 답변]

노회파송 당회장과 시무장로 있으면 당회가 가능 합니다.(정치9장2조)

## 질의7] 총회총대 인원 산출 기준은?

### 답변]

봄 정기노회 시점으로 총회에 보고되는 당회 수 조직교회 현황에 근거하며 이후에 추가되는 당회는 총대 인원수 산출에 적용되지 않기로 결의하다.(제106회 총회결의)

## 질의8] 사순절에 대한 우리 교단의 입장은 어떤 것인가요?

### 답변]

83회 총회결의로 사순절을 성경적 절기로 지키는 것은 바람직하지 않다고 결의하였습니다. 그러므로 부활주일 前 고난주간으로 지키며 은혜와 경건의 시간을 갖으며 부활주일을 지키는 것이 우리교단의 입장입니다.

## 질의9] 시찰장은 위임목사라야 되나요?

### 답변]

노회마다 시찰장이 위임국장이 되는 경우가 많습니다. 위임국장은 위임목사가 하는 것이 합법으로 생각합니다.

위임국은 시찰장이 아니라도 노회에서 위임국 설치를 따로 해서 할 수도 있습니다. 모든 것은 노회 규칙대로 하면 됩니다.

## 질의10] 명예 권사, 명예 안수집사가 합법적 인가요?

임직자 투표(장로, 안수집사, 권사) 휴유증 없이 헌법도 지키면서 은혜롭게 하는 방법은?

### 답변]

헌법대로 투표하는 것이 질서요, 은혜로운 것입니다.

명예권사, 명예집사는 헌법에 없는 불법용어 명칭입니다.(정치3장2조-3조)

답변]

1) 목사는 평신도가 아니므로 노회가 원심재판권을 행사한다.

2) 목사에 대한 고소는 노회로 해야 한다.

3) 장로교재판은 원래 삼심제도가 원칙이나 대회제가 시행되지 않으므로 목사에 대한 사건은 원심 치리회가 노회이고, 총회가 최종심이다.(권징19조)

   평신도(장로, 집사, 권사, 성도)

   1) 교인은 지 교회 소속회원이므로

   2) 원심재판권이 당회에 있다.

   3) 항소심 재판권은 노회에 있다.

   4) 상소 재판권은 총회에 있다.

      상회가 하회에 명령하는 것을 하회가 고의적으로 명한 기일에 처리하지 않을 때 상회가 직접 재판할 수 있다.(권징19조)

## 질의112] 동사목사에 대하여 말씀해 주세요?

동사 목사를 청빙하고 3년이 되지 않아 미리 은퇴할 때 원로목사로 추대가 될 수 있는가?(은퇴할 시점이 시무 20년이 넘으면 상관이 없겠지만 동사 목사를 청빙하고 3년이 되어야 20년이 넘을 경우에는 원로목사로 추대될 수 있는가?)

답변]

1) 동사 목사는 부목사 위치이다.

2) 동사 목사청빙은 후임자 조건으로 당회가 청빙한다.

3) 원로목사 추대 3년 전에 동사 목사 청빙할 수 있다.

   20년이 못되어 원로목사가 아니라 위임목사로 은퇴하시는 분도 동사 목사를 청빙할 수 있다.

4) 청빙 3년 전에 위임목사로 청빙하는 것이다.

5) 동사 3년 전 동사 목사가 중대한 범죄와 실수가 없는 한 청빙을 거부할 수 없다. 조건부 동사목사로 청빙되었기 때문이다. 법적인 효력이 있으므로 거부할 수 없다.

6) 원로목사 자격은 20년이 넘어야 되므로 헌법에 위배되면 안 되는 것이 합법이다.

## 질의13] 공로목사에 대하여 우리총회 입장?

### 답변]

김준규 총회장 발언으로 공로목사 제도가 폐지되었다.

그 이전까지는 헌법에도 목사호칭에 있었다.

폐지된 이유는 총회 때 "왜? 공로목사만 있느냐? 공로장로도 있어야지" 주장하는 장로들에게 김준규 목사는 "우리는 예수님 공로로 족하다"며 폐지결의가 되었다. 그렇지 않으면 "공로권사, 공로집사로 확산되면 되겠느냐?"면서 폐지되었다.

## 질의14] 각하, 기각, 인용, 반려, 채용, 환부의 뜻을 분명하게 해야 하지 않나요?

사회법정 용어는 기각과 인용이 있으며, 이는 승소와 패소를 의미합니다. 우리도 이제는 기각이라는 용어보다 각하라는 용어를 채용하는 것이 어떠한가?

### 답변]

헌법 개정이 필요한 용어입니다. 우리 헌법은 각하, 기각, 인용, 반려, 채용, 환부 등의 뜻을 분명하게 개정할 필요성이 있다.

**답변]**

1) 재판건은 권징4조에 근거한 성경과 규칙, 권징조례 위반하면 불법행위로 고소자가 소송을 제기한 것을 재판건이라고 한다.

2) 행정(行政)건이란?

    소원건으로 치리회인 당회, 노회, 총회가 범한 행정상의 불법과 불법결의 등 부당한 행정처분의 취소, 변경해 달라고 재판국에 청구하는 것을 행정건 이라고 한다.

3) 행정소송을 제기하는 것을 소원건이라고 한다.(권징84조)

    소원은 서면으로 상회에 제출하는 것으로 피소된 치리회의 회원이라야 한다. 시벌 중에 있거나 안건심의에 불참하는 자는 소원을 제기할 수 없다. 재판국 결정에 대한 행정사건도 상회에 소원할 수 있다. 재판국에서 결정할 때 참여한 회원 3분의 1이 소원하는 일을 협의 가결하였으면 상회가 소원을 조사 결정할 때까지 재판국 결정은 보류된다.(권징84조 정문제326문)

**답변]**

I 삼심제란?

    당회 노회 총회를 말한다. 치리회는 행정치리회가 있고 재판치리회가 있다.

    삼심제 장로회 정치에 의거 재판에 관하여 살펴보고자한다.(정치총론5항)

1. 재판안건은 재판할 수 있는 사건을 말한다.

    1) 성경위반, 교회규칙위반, 권징조례에서 금지하고 있는 불법행위를 말한

다.(권징4조)

2) 재판안건이 있어도 소송하는 원고가 없으면 재판국을 구성하여 재판할 수
   가 없다.

## 질의17] 혼상례는 어떻게 됩니까?

### 답변]

헌법적 규칙11조에는

1) 허례허식은 폐하고 정숙하고 간단하게 한다.
2) 부모상은 소복을 입고 양복인 경우 흰 상장(喪章)을 가슴에 혹은 왼팔에 붙인
   다.(상주) 여자는 머리에 꽂는 것으로 한다.
3) 고인의 유품을 관에 넣지 말고 태우지 말아야한다. 보관하고 추념하는 것이
   좋다.
4) 무덤이나 관 앞에 향을 피우거나 예배(拜禮)하는 일은 금한다.
5) 부부간 별세한 후에 재혼하려면 6개월이 지나야한다.
   기독교장례는 매장을 원칙으로 한다. 매장할 수 없는 경우에는 화장도 가능하
   다. (84회 총회결의)

▶결혼주례◀

정당한 결혼에는 목사가 불신자에게도 서약을 받으면 주례할 수 있다고 30회
총회결의가 있었지만, 목사가 불신자 결혼주례를 할 수 없다고 예배모범 제12
장 2항은 주안에서 결혼하라고 하였다. 제81회 총회결의는 불신자 결혼주례는
할 수 없다로 30회 결의를 번복 결의하였다.

## 질의18] 우리 교단 교회에서 권사를 안수해서 세웠다고 하던데 어떻게 처리합니까?

**답변]**

헌법 위반이다. 책임을 물어야 한다. 그래서 목사는 성경과 장로회헌법과 정치편을 배우고 실천해야 한다. 우리가 목사 장립 때 장로회 헌법대로 준행하겠다고 서약하고 법을 위반하는 것은 역시 불법이 된다. 권사 안수 취소 처리해야 한다.

## 질의19] 어떤 경우에 무임장로가 되는가?

**답변]**

1. 교회 봉사 잘하는 무임장로가 있는 경우에 당회결의로 그 장로를 제직회원으로 참여 시킬 수 있다.
2. 성찬식을 거행할 때 필요하면 무임장로에게 성찬 나누는 일을 맡길 수 있다.(헌법적규칙9조)
   1) 장로가 본 교회를 떠나 다른 교회로 이명하고 장로로 선임 받지 못하면 무임장로가 된다.
   2) 시무장로가 시무투표에서 부결되고 신임 받지 못하면 무임장로가 된다.(정치제13장제4조)
   3) "시무투표에서 낙선된 장로는 해 교회 실정에 의하여 1년 후에 투표 시무케 해도 무방한 줄 아오며"라고 총회에서 결의하였다.(1956년제41회총회결의)
   4) 장로가 권징에 의해 정직되면 무임장로가 된다.
      장로가 타 교회 갔다가 이명증서와 함께 돌아왔으나 재, 취임 받지 못하면 무임장로가 된다.(권징11장108조)

제6부 현장감 있는 각종 질의와 답변   351

## 질의20] 안수(無任) 집사가 무임되는 경우는?

### 답변]

안수집사가 다른 교회로 이거하여 무임집사인 경우에 그 교회가 투표로나 당회결의로나 서리집사의 임무를 맡길 수 있고, 안수집사로 투표를 받으면 위임예식만 행하고 안수는 다시 하지 않는다.

안수집사가 본 교단 다른 교회에서 이명 와서 새 교회에서 투표를 받지 못하고 아직 취임을 받지 못하면 무임집사이다. 본 교회에 안수집사가 전입하여 만 2년이 경과하고 공동의회에서 3분의 2 가결로 안수집사로 피선되면 취임식만 행하고 안수 없이 장립집사가 된다. 단, 당회결의가 있으면 서리집사로 임명할 수 있다.(정치6장4조4항)

## 질의21] 교회 선거 투표는 어떻게 해야 할까?

### 답변]

1) 교회란?

지 교회를 뜻하며 넓은 의미에서 치리회 동일체 의미에서 노회 대회 총회를 다 포함한다.(정문513문)

교회선거운동을 금한다는 것은 노회 총회 다 포함되는 것이다.

2) 비밀투표의 뜻은?

다른 사람이 모르게 보이지 않게 기도하는 마음으로 성령의 인도 따라 자기만 알도록 투표하는 것이 비밀투표이다.

3) 인위적 선거운동은 삼가 할 일이다.

성명기록, 방문권유, 문서집회 이용의 선거운동은 금해야한다.

4) 무고히 6개월 이상 본 교회 참여 아니 한 교인은 선거와 피선거권이 중지된다.

5) 연기명 투표는 무엇인가?

한번 투표에서 두 사람이상 기록하는 것이다. 투표 정원수까지 기록한 것은 유효표이고 정원이상을 투표하면 무효가 된다.

6) 백표는 무효가 된다.

백표(白標)는 아무런 의사표시가 없으므로 무효이므로 총 투표자수에 포함하지 않는다. 지정한 투표를 사용하지 않아도 잘못 기록한 투표는 총 투표수에 포함이 된다.

7) 재검표 요청기간

교회는 투표지 보존기간이 없다. 내규가 있으면 내규대로 하면 된다.

투표 후 선포 되기前 재검표 요청이 없으면 선포한다. 회원의 재검표 요청이 있으면 회원의 재검표 결의한 후 시행한다.(헌법저규칙제7조참고)

8) 과반, 미만, 이하 등 의미는?

과반수는 반보다 1이 많은 것을 의미한다. 예)100의 과반은 51, 반수는 50이 된다. 이하는 그 수를 포함한다.(50부터) 미만은 그 수에 못 미친다는 뜻이다.

숫자의 혼돈이 없어야 한다.

신성한 투표를 어지럽게 하지 말고 바르게 하고 바르게 집계 되어야 한다.

## 질의22] 위임목사 해약은 가능한가?

### 답변]

1)  정치17장2조는 지 교회가 목사를 환영하지 아니하여 해약(해임)하고자 할 때는... 했으니 위임목사 해약 청원을 낼 수 있다는 법조문이다.

2)  노회 처리절차

① 노회가 목사와 교회(교인) 대표자를 불러 설명을 듣고 처리할 수 있는 권한이 노회에 있다.

② 지 교회가 목사를 환영하지 않는 특별한사유가 있는지 파악하고 재정상의 어려움인지, 목사 자격부족, 신령적 해가 있어 장로가 목사에게 좋은 언어로 권면을 듣지 않아 공동의회를 통해 청원했는지 살펴야한다.(정치문답조례595문)

③ 교회가 특별한 이유 없이 위임식 때 약속한대로 서약을 목사나 교회(교인) 중 누가 위반 했는지를 살펴서 조정하고 처리하기를 힘써야 한다.

④ 교회가 특별한 이유 없이 위임서약 위반은 실사하여 당회가 권징 함이 마땅하다.(정문596-597)

목사 해임청원은 신중하게 하고 장로는 다스리는 직임을 받은 자로 공동책임과 연대의식을 가지고 목사를 도와주어야 한다.

(1) 노회에 해임청원이 쌍방이 동의했으면 당일 해임처리 결의할 수 있다.

(2) 어느 일방이 이의나 반항이 있으면 중재기간을 가진 후 처리한다.

(3) 노회 결정에 불복 의사가 있으면 상회에 소원할 수 있다.

(4) 만약 교회나 교인이 불협 조작하여 꾸민 사건이라면 정치15장11조 2하에 의거 위임서약 위반으로 간주되어 권징1장3조에 의거 징계할 수 있다.

### 질의23] 회의 중 법, 발언을 했을 때 진행은?

회의 진행 중에 회원 한 분이든 몇 분이든 절차상이나 규칙 등에 위배되는 걸로 판단하여 법이라는 발언을 했을 때 회의 진행은 어떻게 하여야 합니까?

### 답변]

규칙이나 법(法)발언은 최우선권이 있다. 사회자는 법(法)과 규칙발언을 신청하면 즉시 주어야 한다. 이것을 특수 언권이라고도 한다.

언권을 얻은 자는 규칙과 법(法)에 잘못된 것을 지적하는 발언만 해야 한다. 규칙과 법(法)발언이 맞으면 회장은 법이기 때문에 진행하면 불법이 된다. 불법을 진행하면 상회에 소원할 수 있다.

법(法)발언이나 규칙발언이 없어 지나가면 모두 불법을 용인한 것이 되고 소원 자격도 잃게 된다.

## 질의24] 주일예배는 어떻게 드려야 합니까?

### 답변]

1) 조용히 묵도로 예배를 시작, 단정하고 경건한 태도로 엄숙하게 예배한다. 인사, 졸음 등 합당치 못한 행동을 일체 하지 말아야한다. 어린이는 부모가 데리고 있어야한다.(예배모범2장)

2) 이상한 동작, 경건치 못한 태도로 찬양, 찬송인도로 예배의 신성함을 감손하게 하면 안 된다.

3) 주일예배와 성례 外에는 다른 날에 간단히 행하는 것이 좋다.
   104회 총회는 주일날 임직식 할 수 없음을 결의하였다.

4) 주일예배 시간에는 개인을 기념, 축하, 위안, 하는 예배를 행하지 말고 온전히 하나님께만 예배하여야 한다.

5) 주일에 음식을 사먹거나 모든 매매하는 일을 하지 말고 연회나 세속적 쾌락을 삼가며 전도, 위문, 기도, 성경공부로 시간을 보내야 한다.

6) 예배당 내 개인을 위한 송덕비 공로 기념비나 동상 같은 것을 세우지 않는다.

▶예배에 관한 총회결의

1) 열린 예배금지(84회총회결의)

2) 주일예배 외 임직식, 야외예배금지(41회 63회 84회)

3) 기도, 설교, 찬양할 때 강단에 올라가 촬영을 금하는 것이 좋다.(45회총회결의)

4) 녹화방송 예배는 예배모범에 위배됨.(74회총회)

5) 찬송가 582장 "어둔밤 마음에 잠겨"는 교회에서 부르지 않기로 하다.(제73회, 93회총회확인결의)

6) 예배 시 복음성가와 선동적 악기사용은 금함.(제78회총회결의)

7) 본 총회가 설정한 교직자 주초는(술, 담배) 강단에 세움을 금한다.(85회총회)

8) 사순절을 성경적 절기로 지키는 것은 바람직하지 않으며 더 연구키로하다.(83회총희결의) 사순절 교독문 사용하지 않기로 하다.(제93회총회결의)

9) 십자가 강단 부착건은 부착할 수 없다.(42회74회)

10) 성경을 성서라고 호칭 않기로 하다.(62회총회결의)

11) 하나님을 하느님으로 호칭은 부당하다.(84회총회)

12) 공 예배시 강단에 설 수 있는 자격자는 목사와 장로이다.(65회총회)

13) 본 총회가 허용치 않는 여목사나 여장로는 강단에 세울수 없다.(85회총회결의)

14) 예배당 경내 예배와 관련없는 형상, 사람을 기념하는 시설물, 모양을 만들지 말아야 한다.(제58회총회결의)

## 질의25] 여성목사에 대하여

여성목사를 강단에 세우고 그런 교회를 기독신문에 특종기사로 보도하는 것을 문제 삼아야하지 않나요?

### 답변]

헌법대로 여자목사 안수는 불가하므로 강단에도 세울수 없고(제95회총회결의) 세우면 헌법위반으로 시벌 대상이 됩니다.

## 질의26] 우리 교단의 강단교류는 어디까지 할 수 있습니까?

### 답변]

본 교단과 신앙고백이 같아야한다. 성경관과 구원관이 동일해야 한다.

복음주의적이고 개혁주의적인 신앙을 고수하는 건전한 교단으로 해교회 당회장이 책임지고 교류 하도록 한다.(제82회총회결의)

개혁 합신측과는 연합집회, 신학교수 교류허용, 상호강단 교류가 열려있다.(제81회총회결의)

교단 통합측과 교단교류는 총회 허락 없이는 할 수 없다. 개 교회 강단교류는 당회장 책임하에 교류할 수 있다.(제82회총회결의대로)

## 질의27] 장로, 집사, 권사 피택 후 효력기간은 어떻게 됩니까?

### 답변]

장로나 안수집사는 피택 후 6개월 교육 후 장로는 노회에서 장로고시 합격 후 장립, 집사는 당회교육 6개월 후 장립을 할 수 있으므로(정치9장5조4항) 기간은 1년이라 할 수 있고, 권사도 당회에서 피택 후 1년 안에 취임식하면 합법이라 생각된다. 교회와 노회, 총회의 모든 선출직, 임명직이 1년이고 매년 정기회 기간이 1년이기 때문이다. 그러나 규칙과 정관에 특별규정이 있는 경우는 예외일수도 있다.(정치1장6조)

## 질의28] 미조직교회 설립절차는 어떻게 됩니까?

### 답변]

1) 모이는 장소가 있어야한다

2) 장년신자 서례교인 15명 이상이 있어야한다. 15명 미만은 기도처로 부근교회의 도움을 받아 교회설립 요청 요건을 갖추도록 해야한다.

3) 구역시찰 경유 노회 청원하여 허락 받아야 한다.

4) 교회설립 청원 양식 기재할 사항

   ① 교회 주소 명칭

   ② 장년신자와 가정 수, 유년주일학교 학생 수

   ③ 예배당 평수, 건물소유자

   ④ 신설교회 명칭

   ⑤ 교회유지 방법

   ⑥ 부근교회와의 거리

   ⑦ 구역가호 수(되시는 제외)

5) 노회는 청원서를 받고 기재한 사항이 적법한지 살펴서 가부를 결정해야 한다.

6) 장년신자의 의미는 헌법적 규칙6조3항, 유아세례를 받은 자가 만14세가 되면 입교 문답 해야 한다.

7) 노회에서 설립위원을 선정, 설립예배를 드리며 교회헌법과 노회규칙 준수를 서약케 하고 교회가 설립된 것을 선포하여야 한다.(헌법적 규칙 제1조)

## 질의29] 임시노회 절차 및 공고는 몇 일 전까지 합니까?

### 답변]

1) 각각 다른 교회 목사 3인 장로 3인의 청원이 있어야 하고,

2) 노회장이 임시노회를 소집할 수 있다.

3) 회의할 안건과 회집날짜를 개회 10일 前으로 선기하여 각 회원에게 통지해야 하고,

4) 통지서에 기재한 안건만 의결하고 폐회해야 합니다.(헌법정치10장9조)

## 답변]

제103회 총회는 임시당회장과 노회장 총회총대만 될 수 없다고 결의했음.시무
목사로 3년간 연기 청원하여 노회가 허락한 시무목사는 당회장권을 노회가 허
락하고 정회원이 되므로 상비부장과 시찰위원과 노회규칙에 명시되지 않는 한
할 수 있다(헌법 정치10장3조 시무목사 노회회원)

노회결의로 당회장권을 줄 수 있다.(정치15장12조1항)

시무목사 연기 청원하여 승낙(정치4장4조2항) 하면 정회원이다. 단, 시무목사는
시찰장과 위임국장은 할 수 없는 것이 합법적(合法的) 이라 할 수 있다.

## 질의31] 예배모범에 관한 질문

① 예배시간 중에 복음송을 부를 수 있는가?

② 성찬식 때 "보혈을 지나" 복음송을 부를 수 있는가?

## 답변]

1) 예배시간에는 복음송은 안되고 찬송을 불러야 한다.

예배모범 제4장은 공식예배 때 찬송가를 준비하여 찬송으로 하나님께 영광
을 돌리라고 하였다.

2) 성찬식 때 찬양은 보혈에 관한 찬양을 하는 것이 예배모범 11장5항과 표준예
식서, 성찬식순서의 찬송을 볼 때 보혈, 구원에 관한 찬양을 하는 것이 합법적
으로 생각한다.

## 질의32] 목사 위임식때 공포는 누가 하는가?

위임식때 위임목사 공포를 위임국장이 하는 것이 맞는가?

노회장이 해야 하는가?

## 답변]

정치15장 11조에 따라 노회가 세운 "위임국장"입니다.
총회표준예식서 위임식 순서에 위임국장이 하도록 되어있습니다.

### 질의33] 목사 위임식을 장로가 반대하는 경우는?

교회에 청빙을 받고 1년 후에 위임목사 투표를 공동의회에서 95%로 통과 되어 노회 허락 이후 장로의 반대로 위임식이 진행되지 못하고 있는데 시무목사 기한 2년을 넘기면 어떻게 해야 하는가?

## 답변]

목사 위임식은 노회의 권한이다.

1) 위임목사 청빙은 당회 결의로 공동의회 소집하고, 지 교회 공동의회 투표 3분의 2찬성 결의로 한다.(정치21:1조5항)

2) 청빙서를 작성하여 관할 노회에 청원한다. 노회가 청원을 허락하면 위임예식을 행한다.(정치15장2조-6조) 혹, 교회사정 있어도 늦어도 1년 이내에 해야 한다. 1년 지나면 청빙허락 효력이 사라진다.

3) 위임예식은 지 교회가 주관하는 것이 아니고 노회가 위임예식을 하는 것으로 일자 장소를 결정하고 위임국장을 정하고 예식을 행한다.(정치15장11조)

4) 지 교회 당회가 위임예식을 거부할 수 없다.
   절차를 다 이행한 후 당회나 장로가 거부하는 것은 법리에 맞지 않고 범법 행위로 권징대상이 된다. 납득할만한 정당한 사유 없이 반대한다면 위임 청빙 받은 당사자가 위임식 주관 청원서를 내고 노회는 즉시 파악하여 위임식을 행하므로 법치를 세워 나가야한다.

## 질의34] 종신직과 항존직의 개념을 정리해 주세요?

### 답변]

1. 종신직(終身職)이란 ?

   죽거나 스스로 그만두지 않는 한 평생 그 직(職)을 유지하는 것을 말하고, 공산주의 국가들이 종신직 정치제도를 제정하고 실행하고 있다. (소련, 중국, 북한 등)

2. 항존직(恒存職)이란?

   종신직이 아니고 항상 있어야 할 직분을 말한다.

   사람이 아니라 직무를 말한다. 교회의 항존직은 목사, 장로, 안수집사이다. 시무연한은 만70세이다.(정치제3장2조)-(만71세 생일前, 총회결의)

   사람의 임기는 끝나도 항상 존재해야할 직분을 가리킨다.

   그러므로 일꾼을 훈련 시켜서 세워야할 이유가 항존직(恒存職)에 담겨져 있다.

## 질의35] 후임목사 청빙을 위한 청빙위원회 구성은?

담임목사 은퇴를 앞두고 후임목사 청빙을 위한 청빙위원회 구성시점은 언제 하며, 누가 소집하며 위원장은 누가 해야 하는가?

### 답변]

담임목사는 사임 전에 후임목사 청빙을 위한 공동의회를 할 수 없습니다. 당회결의로 당회장을 세워 공동의회를 해야 하고, 소집광고는 당회결의 후 공동의회 소집광고는 누가해도 관계없다. 공동의회 인도는 노회 파송 혹은 당회 청빙 당회장이 해야 합니다.(제104회 총회결의)

## 질의36] 노회 회의록 열람 신청하면 허락해 주어야 하나요?

노회원이 노회 회의록 열람을 신청하면 노회에서는 열람을 해주어야 하는지?

안 해줘도 되는지?

**답변]**

헌법정치 19장4조는 등본을 청구하면 회의허락으로 등본하여 줄수 있다.

## 질의37] 서기에 대한 업무는 무엇인가?

**답변]**

1) 각 치리회는 그 회록을 보관하기위해 서기를 선택한다. 임기는 회의 규칙대로 한다.

2) 서기의 임무-서기는 회의 진행을 잘 기록한다. 모든 서류를 보관한다.
   회록등본을 청구하면 회의 허락으로 등본하여 줄 수 있다. 서기가 날인한 등본은 각 치리회가 원본으로 인정한다.

## 질의38] 탈퇴선언(관할 배척)할 때 법적 조치는?

지교회가 공동의회 결의로 노회 탈퇴 선언(신문광고, 노회통보, 그 교회 장로의 고발 등)을 했을 때 그 지 교회를 보호하고 노회에서 취할 수 있는 효과적인 방법과 절차는 무엇이 있는가?

**답변]**

▶탈퇴는 인정 받을수 없다

노회가 탈퇴한 교회의 목사에 대하여 권징조례54조, 41조~42조에 의거, 제명 및 면직도 할 수 있다.

교단이나 노회 탈퇴는 권징조례 54조 관할 배척과 불법교회 분리 죄에 해당 한다고 볼 수도 있다. 그렇다면 권징조례 절차에 따라 재판국을 구성하여 시벌할 수도 있을 것이다. 헌법(憲法)의 절차는 매우 중요 하다.

## 질의39] 당회와 공동의회 중요성은 무엇인가?

### 답변]

1) 무흠 세례교인은 공동의회 회원이다.
2) 공동의회 소집요건은 무엇인가?
   ① 당회가 필요로 인정할 때 당회장 마음대로가 아니라 당회 결의에 의하여 소집한다.
   ② 당회결의가 없는 공동의회는 무효이다. 절차상 흠결이 있다.(헌법정치21장2 조의반이다)

## 질의40] 회장에 대하여 설명 좀 해주세요?

### 답변]

1) 각 치리회는 사무를 질서 있고, 신속하게 처리하기 위하여 회장을 선택한다. 임기는 회의 규칙대로 한다. 회장(會長)은 회무를 처리하기 위하여 회의를 주관하는 직책이다. 영어로는 의장(議長)이라고 부른다.
2) 회장선거
   각 치리회가 정한 규칙에 의해 선거한다.(정문806,808)
3) 회장이 읽어야 할 규칙
   1918년 제7회 총회에서 본 총회의 규칙으로 정식 채용하고 회록에 부록케 하였다.(정문제809문)
4) 회장의 사회를 볼 수 없을 때
   부회장, 직전회장, 순서나 혹은 최선(最先) 장립자가 신 회장 선출시 까지 사회

를 본다.(정문809문)

5) 회장의 직권으로 할 수 있는 일

① 회원이 회칙을 지키게 한다.

② 회석의 질서를 정돈한다.

③ 개회, 폐회를 주관한다.

④ 순서대로 회무를 진행 지도한다.

⑤ 잘 의논 후 신속한 방법으로 처리한다.

⑥ 각 회원이 다른 회원의 언권을 침해하지 못하게 한다.

⑦ 회장의 언권 승낙 후 발언하게 한다.

⑧ 의안범위 밖에 탈선하지 않게 하고

⑨ 회원 간에 모욕, 무례한 말을 금하게 한다.

⑩ 회무 중 퇴장을 금하게 하며

⑪ 가부에 대한 의제 설명 후에 가부표결 한다.

⑫ 가부동수인 때는 회장이 결정한다. 회장이 원치 않으면 부결, 원하면 가결
   이 된다.

⑬ 회장은 매 사건마다 결정된 것을 공포해야 한다.

⑭ 특별한 일로 회의질서를 유지할 수 없는 경우에는 회장이 비상정회를 선언
   할 수 있다.(헌법정치제19장2조,정문805문답)

### 질의41] 무지역 노회에 속한 교회와 목사가 지역노회, 이적건은?

### 답변]

무지역 노회에 소속한 교회와 목사가 지역노회로 이적건은 공동의회 결의로 청
원 하면 이명하여 주기로 가결하다. 단, 고의로 이명하여 주지 않을 시는 지역
노회결의로 이명 한다.(총회86회결의)

**질의42]** 시무목사가 노회에 임원을 어디까지 할 수 있는지 총회결의가 어떻게 되어 있는가?

## 답변]

1) 제103회 총회는 임시당회장과 노회장, 총회총대만 될 수 없다고 결의했음.

   시무목사로 3년간 연기 청원하여 노회가 허락한 시무목사는 당회장권을 노회가 허락하고 정회원이 되므로 상비부장과 시찰위원과 노회규칙에 명시되지 않는 한 임원이 될 수 있다.(헌법 정치10장3조 시무목사 노회회원)

   노회결의로 당회장권을 줄 수 있다.(정치15장12조1항)

   시무목사 연기 청원승낙(정치4장4조2항)하면 정회원이다. 단, 시찰장으로 위임 국장은 할 수 없는 것이 합법적(合法的)이라 할 수 있다.

2) 총회총대는 조직교회 위임목사 또는 시무장로 이어야 하고 헌법과 총회규칙에 흠이 없어야한다고 총회규칙1장3조에 있고 103회 총회가 결의 하였다.

   그러므로 요즘 노회 서기와 노회장은 총회총대로 가는 경우가 많으니 서기, 부노회장, 노회장은 위임목사로 하는 것이 총회규칙과 결의에 적법하고 나머지 임원은 시무목사에게 배려하는 것은 노회가 결의, 혹은 규칙에 담아 실행하는 것은 노회의 권한으로 생각된다.

3) 107회총회 규칙부 보고 중(P.213) 대구 노회장 박승환씨가 헌의한 질의건.

   위임목사가 시무 중 폐당회 되었을시 노회 임원직에 피선거권을 가질 수 있는지? 임원을 계속 할 수 없다로 결의하였다. 본 결의는 시무목사는 노회임원을 할 수 없다는 해석으로 찬, 반은 계속되고 있다.

## 질의43] 증경 노회장이라 해야 합니까? 전 노회장이라 해야 합니까?

### 답변]

증경 노회장, 전 노회장, 모두 사용 가능하다고 볼 수 있다.

## 질의44] 총회 회집과 회장 유고시에는 누가 진행하는가?

### 답변]

총회는 매회 1회 회집한다.

예정한 일자에 회장이 출석 못하면 부회장 혹은 前회장이 개회하고 신 회장을 선거할 때까지 시무한다.

前회장(정치12장6조) 직전회장(정치문답조례완역본 809문)

회장, 부회장, 직전 회장도 유고시에는 밑에서 위로 회장 순으로 사회를 본다.

(1918년제7회총회결의, 政問완역본809문 )

임시총회는 소집할 수 없다.(완역본 정문503문)

직전회장, 前회장의 용어가 헌법과 권징조례에 나오고 있으니 사용하는 것도 적법하다 할 수 있다.

## 질의45] 타 교단에서 오신 장로를 협동장로로 세울 때 바로 세울 수 있는가?

### 답변]

본 교단 타 교회에서 이명 온 무임장로 중에서 당회의결로 협동장로로 선임하고 당회 언권회원이 된다고 정치 제5장7조에 말하고 있다.

타 교단 장로는 바로 협동장로로 세울 수 없고, 약 2년후, 공동의회 후 노회고 시와 면접 절차를 마친 후 시무장로를 세우는 것이 적법하다 할 수 있다.

## 질의46] 위임목사만 총회총대가 될 수 있나요?

**답변]** 미조직교회 시무목사는

노회장과 총회총대가 될 수 없다고 87회 총회가결이 되었고, 총회총대는 조직교회의 위임목사 또는 시무장로 이어야하고 헌법과 총회 규칙에 흠결이 없어야 한다. 고 총회규칙3조와 103회총회 결의를 통해 확인 하였습니다. 타 교단 치리 받은 장로를 노회증원 허락만 받고 아무절차 없이 취임한 한 것도 불법이고 법(法)이라 했는데도 노회장을 선출한 것은 불법이라 할 수 있고, 불법 노회장이 인도한 회의결의 모든 것이 무효가 된다.

## 질의47] 지 교회 정관 헌법과 배치되는 경우는 어떻게 해야 합니까?

**답변]**

각 노회에 지시하여 지 교회정관 중 상위법에 저촉되는 부분을 시정토록 지시하기로 가결하다.(107회총회결의)

요즈음에는 교회마다 정관이 있다. 헌법 참고하여 정관을 만들어야 한다. 그러나 헌법과 배치되는 정관을 만들고 정관에 위해서 교회행정, 권징을 하여 총회재판국에 상소하는 자들이 있다. 헌법의 권징조례에 의하여 재판하지 않은 것은 무효가 된다. 사회법(法)에서 교회정관을 우선시 한다 해서 헌법에 반대되는 것은 반드시 수정해야 한다.

## 질의48] 권고휴직과 사직은 무엇인가?

**답변]**

정치 제14장6조에 권고사직이란 장로나 집사가 범죄는 없을지라도 교회에 덕을 세우지 못하면 권징 재판절차가 아닌 행정 당회결의로 본인의 사직의사와 관계없이 강제성을 가지고 그 직을 사면시키는 것을 권고사직 이라고 한다.

1. 권고사직은 행정 치리권이 아닌 당회의 행정결정에 해당되고 당회직무에 해당된다. 휴직이나 사직을 자원하므로 해야 할 자가 하지 않고, 교회 누를 끼칠 경우에 휴직이나 사직을 권할 필요가 있다.(정문531문답)
   자유휴직이나 권고휴직 중 유기휴직은 그 기간이 종료되면 당회장의 선언으로 시무하게 되고 무기휴직은 당회결의로 시무하게 한다.

2. 공동의회 신임투표에서 투표수 과반 이상의 찬성을 얻지 못하여 불신임된 장로는 다시 시무장로가 되려면 공동의회 3분의 2 찬성표를 받아야 한다.(정문제544문)

3. 정직 장로의 복직도 유기정직이 종료되면 당회가 해벌하고 직무를 회복시킬 수 있다. 정직과 수찬정지를 당했으면 교회의 가부결정에 위하여 정해진다.(정문111문답)

4. 권고사직을 당한 장로는 본 교회가 다시 투표해서 3분의 2를 얻어야 복직된다.(정문539문)

## 질의49] 자유휴직과 사직은 무엇을 말하고 있는가?

### 답변]

1) 자유휴직이란?
   재판에 의해서 장로 집사의 직을 면하는 것이 아니라 자기가 자원하는 마음으로 쉬겠다고 하는 것이다.
   체질적으로 몸에 지병이 있어 장기간치료가 요할 때 시무하기 곤란한 경우에는 당회에 휴직청원을 제출하는 것이다.
   유기휴직은 다시 취임 할 수 있다.

장로와 안수 집사직은 항존직으로 임의로 그만둘 수 없다. 부득이한 경우 사면하고 무임장로가 될 수 있다.(정문108문)

본인이 교회에 덕(德)이되지않아 교회에 신자들 태반이 원하지 않을 경우에도 본인의 청원에 의하여 재판 없이 그 직분을 당회 결의로 휴직처리 할 수 있다.

2) 자유사직이란 ?

사직이란 임직, 장립자체를 포기하는 것으로 사직처리 되면 직분 자체가 없어진다. 아예 장로집사라는 이름도 불러줄 수 없다.

나중에 다시 직분을 회복하고 싶어도 할 수 없고, 절차를 다시 받고 안수도 새로 받아야 하는 것이다. 그러므로 본인은 휴직인가? 사임서인가? 사직서인가? 를 잘 분별하여 제출 하여야한다.

### 질의50] 노회 재판국 판결 효력은 언제 부터입니까?

노회 재판국에서 장로를 치리한 판결을 내렸으면 노회 재판국 공포시점부터 효력이 시행되는가? 아니면 장로는 당회 소속이므로 노회 재판국 판결문을 당회에 보내어 당회로 하여금 재판국 치리를 시행하도록 하여 당회의 발표로 치리가 시행 되는가?

그리고 노회 재판국 판결은 판결즉시 효력발생 하는지 아니면 재판국의 노회 보고 후 노회에서 채택하므로 효력이 발생 하는가?

### 답변]

원칙은 장로는 당회 소속이므로 당회에서 재판회로 변경해서 재판해야 한다.(권징 19조) 그러나 당회가 재판하기가 어려워 노회에 위탁판결을 청원하여(권징78조)

1) 노회 재판국에서 장로를 처리했다면 당회에서 위탁판결을 청원해서 판결했다면 합법이다. 당회가 위탁하지 않은 사건은 취급할 수 없고, 불법이다.

2) 당회가 청원하여 위탁판결로 합법적으로 노회 재판국에 맡겨 노회가 폐회한

후 재판국에서 판결했다면 노회보고 전(前)에도 판결을 공포한 때부터 효력이 발생한다.(권징121조2항) 원, 피고에게 판결문을 교부해야 한다.(권징122죄)

## 질의51] 당회조직(제9장1조)은 어떻게 되는가?

### 답변]

당회는 노회의 파송을 받아 지 교회를 담임하는 목사와 치리장로를 통해 조직하되 세례교인 25인 이상이 되어야 한다. 장로증원도 이에 준한다.

1) 당회를 조직하기 위해서 장로 1인을 선택하여 세울 때 25인 이상이 되어야 하는 것이 합법(合法)이다. 1인 증원하려면 50명이 되어야 한다는 헌법조항이다. 50명이 안되어도 세울 수 있다는 설은 헌법도 아니고, 총회에서 결의한 적도 없다. 헌법은 자의적으로 해석하면 안 된다. 3명 세우려면 75명 이상이 되어야 한다는 것이 헌법 정치9장1조의 합법적(合法的)인 해석이라 할 수 있다.

## 질의52] 당회가 없어도 시찰장을 할 수 있는가?

### 답변]

당회가 없으면 시찰장을 않는 것이 좋다. 시찰장은 시찰 내 어려운 일이 있으면 조직교회 미조직교회를 살피고 시찰 내 위임식이 있으면 위임국장을 노회가 맡기는 것이 기정 사실화 되고 있다.

위임목사가 아닌 분이 위임국장이 되면 장로교 정치 원칙상 모순이 되기 때문이다.

**질의53]** 2명의 장로시무 중 1명이 은퇴하여 1명을 증선 할려고 하면 세례교인이 몇 명이 되어야 하는가?

## 답변]

2명의 장로 중 1명 이 은퇴했으므로 1명 증선하려면 증선 할 때마다 25명이 추가 된다. 2명의 시무장로 세우려면 50명이 되어야 한다.

**질의54]** 선관위원이 임원과 총대를 출마할 수 있나요?

당연직 선관위원장이 임원과 총대 출마를 위해 사퇴했는데 출마자 서류를 접수하고 선관위에 참석했다면 출마자격이 어떻게 되는가? 법적 근거는 무엇이고, 등록 무효가 되는가?

## 답변]

선관위원이나 위원장 모두 총회총대 출마하려면 선관위원 사표를 내어야한다. 접수상태에서 총대 출마했다면 총대선출은 무효이다.

감독은 선수를 겸할 수 없다. 총회선관위 규정에도 있고, 노회선관위 규정에도 있어야 하며 없다면 삽입하여 개정해야 한다. 없다 해도 선관위 참여하여 후보를 심판할 수 없다.

선관위 사표처리가 안되면 당연히 등록무효가 되는 것이 합법(合法)이다.

**질의55]** 은퇴목사소속은 어디인가?

## 답변]

정년이전 은퇴목사와 정년이후 은퇴목사는 어느 교회 소속목사가 아니고 출석하는 교회가 있어도 교회 출석하는 교회일 뿐 그 이상도 그 이하도 아니다.

목사는 노회 소속이므로  노회 은퇴목사로 언권회원이 된다.(제106회총회결의)

**질의56] 총회 개회와 파회 의식은?(정치12장7조)**

## 답변]

총회는 기도로 개회하고 폐회하기로 결정한 후 회장은 파회를 선언한 후 기도
와 감사함과 축도로 산회 한다.

1) 총회의 폐회는 파회이다.
2) 파회란 폐회하는 순간부터 없어진다는 뜻이다. 파회 후 교회나 노회 일에 관
여 할 수 없다.
3) 총회는 해마다 새로 조직되는 회합이다.
4) 산회 후에는 각 상비부와 각 위원회를 통해 총회가 맡겨준 범위 안에서 사역
하는 것이 법(法)이다.(정문완역본469, 512)
총회임원회에 일임하지 않은 안건은 처리할 수 없고, 총회결의에 위해 수임된
안건만 처리할 수 있다.(총회규칙24조)

**질의57] 노회 경계는 총회에서 정해 준 구역이 합법입니까?**

## 답변]

1) 노회경계는 분립당시 최초 총회에서 정해준 구역이 법(法)이다.(정치12장5조 2항)
2) 무 지역에서 지역노회로 절차를 밟아 갈 수 있으나 지역노회에서 지역노회로
는 이적 이명은 갈 수 없다.(86회총회결의)
3) 개척교회에서 사정상 교회를 옮겼어도 소속은 변함이 없다. 분립당시 소속노
회를 임의로 변경할 수 없다.(정치10장6조3항)
4) 소속 노회를 탈퇴하면 관할배척과 (권징54조) 불법이탈 불법 교회 분립 죄로

권징조례에 위해 제명, 면직까지도 할 수 있다.(권징42조)

노회소속인 목사가 경솔히 행동하면 본인에게 처벌의 불이익과 노회 간에 소송 전으로 이어질 수 있으므로 법(法)을 지켜야한다.

## 질의58] 타 교회에서 장로가 이명 왔을 경우 절차는요?(동일한 경우)

### 답변]

A교회에서 이명 증서를 가지고와 현재 출석교회 당회에 접수 하였다면 노회에 장로선택 청원이나 증원 청원을 하고 당회결의로 1주일 후 공동의회를 개최하여 피택선거를 해야 하며 노회규칙에 따라 노회고시부의 면접 등 합격절차 후 취임식을 해야 합법(合法)이라 할 수 있다. 이명접수와 장로 집사 권사 임직은 당회의 직무이기 때문이다.(정치9장5조2항4항)

## 질의59] 사회법 소송제기자 패소 시 조치할 것은 무엇인가?(104회총회결의)

### 답변]

1) 소송비용일체를 변상토록 할 수 있다.
2) 총대권 외(外), 추가적 징계를 할 수 있다.
   평신도는 권징조례 35조 목사는 권징41조를 적용할 수 있다.
3) 총회임원 중 2인을 기소위원으로 하여 해당치리회에 재판안건으로 상정 해당치리회는 기소장을 받은 날부터 45일 이내로 처리하여 상회에 보고토록 지시하고 불이행시 상회에 직접 처결토록 한다.(권징19조)

## 질의60] 총회 상소 소송 중에, 사회법에 소송하면 불이익을 받는가?

노회 재판에서 권징 받은 사람이 총회 상소 중 무차별적으로 형사고소를 남발

하고 민사소송을 제기할 경우 상소 중에 있는 총회 재판국에 노회가 청원할 수 있는 것은 없는가?

**답변]**

1) 총회상소 중에 무차별하게 형사고소 고발한 증거서류를 노회가 제출할 수 있다.

2) 형사고소 중 무혐의 받은 것을 총회 재판국에 제출하면 된다.

총회 재판국은 서류가 도착하면 세밀하게 살펴보고 원고가 치리회를 모독하는 인쇄물을 복사하여 위법한 일이 사실일 경우 권징조례 76조에 의거 총회재판국은 상소를 기각하면 노회재판이 확정되며 총회 재판국은 사회 소송 제기자에 대해서 그동안 104회총회 결의는 사회 소송자에게 제재조치 결의를 참고 하여 노회 재판국에 가중 처벌을 지시하는 판결을 내릴 수 있다. 그러나 노회역시 총회 재판국의 판결을 기다려야 한다. 상소 중에 있는 원고를 성급히 또 처벌할 수는 없다.

## 질의61] 장로 증원 후 절차는 어떻게 진행됩니까?

**답변]**

1. 노회에 장로 증원청원 했으면 그 다음 절차를 밟아야 한다. 공동의회 피택, 노회 고시청원, 고시합격 후 노회 승인 후 취임해야 한다.

2. 타 노회에서 치리를 받고 해벌이안 된 상태에서는 무흠 5년에 걸리는 자는 취임절차를 받을 수 없습니다. 이명서를 받지 않은 것과 전(前)에 교회에 충성여부를 살피지 않은 것이 실수이다.

3. 같은 노회에서 이명 하였다 할지라도 노회규칙에 따라 노회고시 면제여부와 면접 등을 밟아야 한다. 이러한 절차를 생략하고 치리 받은 분을 취임 시키면

위법이며 무효이고, 폐당회가 된 것으로 보아야한다.

4. 시무목사는 노회장이 될 수 없고 총회총대도 될 수 없는 것이 총회결의이고 법(法)이다. 총회천서에 걸리게 된다. 그리고 노회장이 되어 사회 보고 결의하면 불법결의 논쟁에 휘말린다. 해결방법은 취임 취소하고 무흠 5년이 지난 후 다시절차를 밟아야 한다.

5. 그렇게 하므로 물론 조용한 목회가 보장 된다. 그냥 넘어가려는 것이 더 큰 화(禍)가 오기 때문이다. 모든 것은 헌법적 절차와 규칙의 절차를 따라 하는 것이 중요하다.

## 질의62] 노회에 장로님들이 긴급동의안 제출 할 수 있는가?

### 답변]

각 당회에서 합법적으로 노회에 헌의, 청원과 상소 및 소원과 고소와 문의와 위탁판결 등을 접수하며 처리한다. 장로님들이 헌법과 규칙에도 없는 긴급 동의안은 제출할 수 없다.(헌법정치10장6조2항,5항,6항)

## 질의63] 다른 교회에서 이명 온 직분자를 본 교회에서 취임식만 해도 되는가?

### 답변]

은혜로운 교회라도 헌법(憲法)을 지켜야한다.

헌법 정치9장5조 2항~5항에 근거 절차를 밟아야 한다,

1) 이명증서 가지고 오면 당회에서 접수해야 한다.

2) 본 교회 교인명부 세례 명부에 올린다.

3) 권사, 안수집사(2년후), 장로든 이명와도 무임이기에 본 회 공동의회 통해 3 분의 2 찬성표를 받아야 한다.정치21장1조)

장로는 동일교단 교회에서 임직했으면 노회 고시부 면접시험 합격 후 취임식을 해야 한다.

## 질의64] 공동의회 투표에서 백지표일 경우 총 투표수에 들어가는가, 제외하는가?

예) 35명 투표수일 경우 한 표가 백지일 경우 35표에서 제외해서 34표로 하는가?

### 답변]

백지는 전체 투표수에 포함되지 않는다. 34표가 맞다.

## 질의65] 임시 당회장 파송은 위임목사여야 하는가?

### 답변]

본 교회에서 청하는 임시당회장이나 대리당회장이나 노회 파송당회장이나 모두 위임목사이어야 된다는 것이 총회결의이다.(104회총회결의)

시무목사는 노회가 당회장권을 주므로 본 교회 당회장이 된다.

## 질의66] 노회 전에 정년 은퇴하신목사님 노회활요 정회원 명단에 이름 넣어야 하는가? 은퇴란에 넣어야하는가?

### 답변]

정회원 명단에 들어가면 안 되고, 정회원 다음 은퇴목사 명단에 들어가야 한다.

## 질의67] 은퇴 후에 임시당회장이 가능한가요?

은퇴나이가 지나기 전에 임시당회장 당회가능한지 아니면 은퇴나이 지나고 난 후에 임시당회장이 당회를 해야 하는지?

## 답변]

1) 은퇴직전 시무 혹은 위임목사 사면서를 노회에 제출해야 한다.

2) 노회는 당회장 될 사람을 목사 청빙 때까지 파송해야한다.(정치9장4조上)

3) 청빙 때까지 한 달 설교하려면 노회 파송당회장이 당회를 통해서 허락이 있어야 가능하다.

4) 은퇴전은 당회장 사면이 내기 전까지는 당회장이지만 은퇴 후에는 임시당회장은 불가 하다.

### 질의68] 총회총대 가능 연령은 어떻게 되는가?

## 답변]

만 71세 하루前날에 해당하는 일자를 총회개회 일에서 총회 예상파회, 총회주간 금요일 다음날로 적용하기로 하고 총대변경은 총회개회 7일前까지로 제한하기로 하다.(제106회총회결의)

### 질의69] 정치10장9조 임시 노회 소집요건은 무엇인가?

## 답변]

1) 정기노회에서 모든 안건을 심의하는 것이 원칙이다. 임시노회 소집요건은 엄격하게 구분되어 있다. 특별한 사건이 있는 경우에는 소집할 수 있다.

정기회 때까지 지체 할 수없는 안건이라면 임시 노회를 소집할 수 있다.

재판사건은 임시 노회에서 심판하지 않는 것이 좋다. 그러나 특별한 증거가 있어 정기회 때까지 기다릴 경우에는 증거인멸 소멸될듯하면 임시노회에서 안건으로 취급할 수 있다.(정문원저382문,제63회총회결의)

2) 소집요건은 각(各) 다른 지 교회 목사 3인과 各다른 지 교회 장로 3인의 청원

에 의하여 회장이 임시노회를 소집할 수 있다.

3) 소집통지서에 안건과 회집일자를 개회 10일 선기하여 각 회원에게 통지하고 통지서에 기재한 안건만 의결한다. 통지서에 없는 안건은 취급 할 수 없다.

선기란 약속한 기한보다 앞선다는 의미로 민법에서는 도달 주의를 채택하고 있으므로 임시노회 소집 통지서가 10일 이후에 모이도록 통보해야한다.

임시노회소집은 강제규정이 아니고 임의규정이다.

소집이 정당하면 소집하고 정당치 않고 특별한 사건이 아닌 경우는 소집하지 않을 수 있다. 청원인은 이의가 있으면 상회에 소원(訴願)할 수 있다.

## 질의70] 교회 대표자는 누구인가?

### 답변]

헌법 정치9장 제3조에 보면 당회장은 교회의 대표자로 그 지 교회 담임목사가 될 것이니 라고 했으니 헌법대로 고유 번호증도 담임목사로 해야 한다,

일반 관공서나 그 금융기관 등 법적으로도 교회대표자를 담임목사로 인정하고 있다.

## 질의71] 축도, 주기도로 마쳐야 하는지 알려주세요?

헌법, 정치7장에 예배의식에 있어 축복 혹은 축도로 예배를 마치는데 주기도로 예배를 마쳐도 되는지?

### 답변]

헌법 정치7장11항대로 고후13:13절 말씀대로 축도로 마치는 것이 성경적이다. 그러나 목사가 없을 때는 예배모범8장대로 주기도로 폐회하라 했으니 주기도로 폐회하는 것이 합법이라 할 수 있다.

**질의72] 이명에 관한 총회결의는 어떠한 내용인가? (지역노회에서 무지역으로)**

답변]

1) 지역노회에서 무 지역 노회로 이명 갈 수 없다. 무지역 노회에서 무지역 노회로 절차를 밟아 갈 수 있다.(제86회총회결의)

2) 무지역 노회 속한 목사가 지역노회 이적건은 공동의회 결의로 청원하면 교회와 목사를 이명하여 주기로 가결하다. 단, 고의로 이명하여 주지 않을 시는 지역노회결의로 이명한다.(86회 총회결의)

**질의73] 총회신학원에 입학할 편목의 자격은 어떻게 되나요?**

답변]

"편목은 고려파 예성 기성 감리교 구세군 기타 장로교회로 우리 교단의 신학과 교리를 같이하고, 학력과 자격을 구비한자로 응시케 하기로 하다."(제76회 총회결의)

**질의74] 정년 이전 원로목사가 노회 투표권이 있는지?**

답변]

정년 이전 원로목사는 노회 회원권이 구비 되었으므로 노회 투표권이 있다.(정치10장3조)

**질의75] 원로목사가 총회 총대가 될 수 있는 헌법조항이 있나요?**

답변]

1) 헌법 12장2조에 보면 "총회총대는 1당회에서 목사장로 각 1인을 초과할 수

없다"라고 했으니 총회총대가 될 수 없다로 해석이 합법이라 할 수 있다.

2) 총회규칙 1장3조에 "총회총대는 조직교회의 위임목사 또는 시무장로 이어야 하고 헌법과 총회규칙에 흠결이 없어야 한다." 라고 되어 있다.

제103회 결의는 총회헌법과 총회규칙을 참고하여 확인 결의를 했다고 볼 수 있다. 그러므로 정년 이전 원로목사는 노회에서는 회원으로 투표권이 있지만 총회총대는 헌법과 총회규칙에 위배 되므로 총회총대는 될 수 없다고 해석할 수 있다.

## 질의76] 시무목사, 무임목사 노회 고시부 자격 가능한지?

### 답변]

정치 10장3조에 시무목사는 노회 정회원이다. 3년마다 시무연기 청원하여 노회에 허락받은 시무목사는 선거권과 피선거권이 있으므로 노회장과 총회총대 외에는 가능하다고 할 수 있다. 단, 헌법에 위배되지 않는 범위에서 노회규칙에 명시된 대로 할 수 있다. 무임목사는 정회원이 아니므로 삼가야 한다.

## 질의77] 평신도 고소장을 당회에서 접수 거부할 때는?

고소장을 당회서 받지 않을 때 고소장에 부전지 붙여 노회로 보낼 수 있는지? 아니면 상소장을 노회로 보내야 하는지? (당회장 한사람과 당회원 2명이 함께 하지 않는 상태)

### 답변]

1) 평신도인 "장로 집사 권사 성도"의 원심치리회는 재판권이 당회에 있다.(권징19조)

2) 고소인은 고소장을 당회 서기에 접수를 해야 한다, 고소장이 들어오면 당회서기는 접수할 의무가 있다, 당회장이나 서기 및 당회원이 접수를 거부하면 부전

지에 기록하여 상소장이 아니라 고소장을 노기서기에 접수한다.

노회는 당회에 재판할 것을 기일을 정(定)하여 명(命) 할 수 있고, 기일 내 재판하지 않으면 노회가 재판국을 열어 직접 재판할 수 있다.(권징조례19조)

## 질의78] 미혼 목사 장로장립이 가능합니까?

### 답변]

제95회총회 결의에서 여수노회가 질의한 미혼 목사 장로안수 장립이 불가한 것으로 하되 적용은 제95회 파회부터 적용하기로 가결하다.

제96회총회 결의는 서울노회장이 헌의한 미혼목사 안수 청원의 건은 허락하기로 하다.

서울 노회장 제95회 총회목사 및 장로안수 불가 결의에 대한 철회요청의 건은 허락하기로 가결하다.

그러므로 미혼 목사 장로안수 불가의 95회 결의에 대한 것은 철회된 것은 취소가 된 것으로 미혼 목사 장로장립이 가능합니다.

## 질의79] A노회 원로목사가 B교회에 등록하고 교인행세하며 설교를 한다.

### 답변]

원로목사는 추대된 교회에 원로목사이다.

1) 목사는 항존직으로 교인이 될 수 없다.(정치3장2조)

   단, 면직을 당하면 평교인의 이명서를 주어 원하는 지 교회에 자세히 기록하여 보낼 수 있다.(헌법권징조례45조)

2) 설교는 파송된 당회장의 허락 없이는 설교를 할 수 없다.

3) 평생을 교회와 노회를 섬긴 목사로 법을 지키며 후임목사를 모시는데 장애가

되지 말고 법(法)질서를 지켜야한다.

* 권면하고 끝까지 거부하면 법(法)적인 절차를 밟아 제재하여 법질서를 세워야 한다.

## 질의80] 헌법이 최고의 법인가요?

**답변]**

결의보다 규칙이, 규칙보다, 총회헌법이 우선이다. 정관, 운영규정(위원회상비부), 시행령, 시행세칙 등 헌법에 위배된 규칙과 결의는 교회법에 의한 소송을 하면 원인무효판결이 될 수 있다는 것을 명심하고 당회 노회 총회에서 합법적인 결정을 해야 한다. 최고의 법은 총회 헌법이다.(총회규칙3장8조1항)

## 질의81] 목사와 장로의 역할과 여자목사, 강단에 세울 수 있는가?

**답변]**

1) 합법적으로 안수 받은 목사는 세례와 학습식과 성례식을 집례 할 수 있으나 (예배모범11장1번2항) 장로는 분병, 분잔 위원으로 협력한다.(예배모범11장5~6항)
2) 목사는 치리회장이 될 수 있으나 장로는 되지 못한다.
3) 본 총회가 허용하지 않은 여자목사와 여자장로는 강단에 세울 수 없다. 女 교역자가 여전도회 임원이 될 수 없다.(제85회 총회결의)

## 질의82] 목사의 면직과 복직(헌법권징44조) 절차는?

**답변]**

1) 목사의 복직은 면직한 치리회 노회에 있다, 면직은 다시 임직 절차를 밟아야

한다. 노회장 직권으로 안 되고 해벌은 회개 여부에 따라 치리회가 의논하여 정하고 시행 할 수 있다.(권징35조)

예배모범 17장을 참고하여 면직 당한 자가 공식회개와 자복 후 임직식을 행한다. 그리고 해벌 공포를 해야 한다.

2) 면직된 목사가 치리회 관할을 벗어나 있을 때 면직한 치리회의 결의로 현재 거주하는 지역 관할 치리회에 복직권을 위탁 할 수 있다.

이때 복직권은 위탁 받은 노회에 있다.(헌법권징44조)

* 목사면직과 해벌 복직은 면직한 치리회인 노회의 결정으로 이루어진다.


## 질의83] 이명서 없이 타 교회로 출석했다가 본 교회로 돌아온 장로의 신분은?

### 답변]

1) 이명서를 기지고 갔으면 본 교회에서는 시무가 해제 된다.

2) 이명간 교회에서 시무장로로 취임하기 전에는 무임장로이다.

3) 이명서 없이 자의로 타 교회로 갔다면 본 당회는 본 교회 출석과 시무를 권하고 듣지 않으면 교인명부에서 삭제하는 행정사항으로 제명을 해야 한다.

4) 이명서 없이 나중에 본 교회로 돌아왔다 할지라도 헌법적 규칙3조2항에 의거 선거권과 피선거권이 중지되고 7조에 의거 당회권과 교인권리가 중지되고 권징 108조의 입법 목적에 비추어 볼 때 무임장로가 된다.


## 질의84] 원로목사가 되는 절차?

### 답변]

1) 동일한 교회에서 20년 이상 된 목사

2) 시무 기산일은 시무목사는 노회에서 시무목사로 부임 허락받은 시점이고 위

임목사로 부임하여 위임식 공포한때부터 기산일이 된다. 시무는 부임 20년으로 가결하다.(96회총회결의) 105회, 106회 총회는 시무목사는 원로목사가 될수 없다고 결의 하였다.

3) 연로하거나, 정년 만기되어 시무사면을 노회에 제출하려할 때

4) 본 교회에서 명예를 보존하고자 하면 공동의회를 소집하여 생활비를 작정하여 원로목사로 투표한다.

5) 투표수는 과반수로 결정한 후 노회에 청원하여 노회의 결정으로 원로목사 의 명예직을 준다.

6) 목사 사면서를 제출한다. 단, 정년이 지나면 노회의 언권만있다.(헌법 정치4장4조)

7) 치리권이 없다. 당회요청이 없으면 당회에 참여할 수 없다.(정문86문)
   원로목사는 후임목사에게 목회에 어려움을 주면 안 된다.

8) 제101회 총회는 원로목사는 은퇴하기 위해 시무사면 제출하기 직전 해야 한다. 은퇴 후에는 할 수 없다. 정년이전 원로목사는 임시당회장으로 파송 할 수 있다.(제106회총회결의)


## 질의85] 정년이전 원로목사 권한은 무엇인가?

정년이전 원로목사는 노회 정회원이다.(헌법정치제10장3조)

시찰위원이 될 수 있는가?


### 답변]

1) 노회는 교회를 감독하는 치리권을 행사하기 위하여 그 시찰회 교회 소속목사 중에서 시찰위원을 선택 하라고 했으니 시찰구역내 교회소속 당회장 중에서 시찰회에서 공천위원회 보고를 통해서 노회가 정하는 것이다.

정년이전 원로목사는 노회원 이지만 교회 시무하는 위임 혹은 시무목사가 아니므로 시찰위원을 맡지 않는 것이 적법하다 할 수 있다.(헌법 정치 제10장 6조9항)

2) 제103회 총회는 "총회총대는 조직 교회 위임목사 또는 시무장로 이어야 하고 헌법과 총회 규칙에 흠결이 없어야" 한다고 결의 되었다. 원로목사는 위임목사가 아니므로 총회총대에 갈 수 없다.(총회규칙1장3조)

## 질의86] 타 교단 장로가 본 교회 왔을 때?

### 답변]

본 교단에서 인정할 수 없는 타 교단 장로라면 모든 헌법적 절차를 다시 밟고 고시과목도 모두 시험을 보아야 한다. 본 교단에서 인정할 수 없는 교단에서 안수 받았으면 안수도 다시 받아야 한다.

헌법 정치 5장3조 장로자격에 있어 본 교단 교회에서 이명서를 첨부하여 이동한 경우에는 전(前)교회 무흠을 인정하기로 하다.(제96회 총회결의)

## 질의87] 본 교단에서 이명 온 안수집사?

### 답변]

당회결의로 공동의회에서 투표 3분의 2가표를 얻으면 안수 없이 임직 취임 예식만 행하면 된다. 치리회 동일체 원리로 본 교단의 헌법과 정치에 근거하여 세워진 직분은 전국 교회 결정이 되므로 이명서에 근거하여 본 교회 절차만 밟으면 적법하다 할 수 있다.(헌법정치8장2조2항)

## 질의88] 조기 은퇴하였다가 시무 복직 절차는?

어느 OO교회 장로님 65세에 개인사정으로 조기 은퇴하였다가 시무 복직하는 절차?

## 답변]

1) 연세가 71세 생일 前

2) 무흠 5년 해당자

3) 당회에 복직 신청

4) 공동의회 시무장로 3분의 2찬성 투표 얻어야

5) 노회 고시부 면접(노회규칙에 명시된 대로)

6) 안수는 하지 않고 취임식을 해야 한다고 생각됨.

## 질의89] 부목사의 법적신분은 어떠한가?(정치4장4조4항)

## 답변]

1) 부목사는 위임목사를 보좌하는 임시목사이다.

2) 당회결의로 청빙한다.

3) 매년 당회장이 노회에 청원하여 승낙 받으면 부목사는 정회원이 된다.(정치4
   장4조3항,105총회결의)

4) 부목사는 제직회원이 될 수 없다.(정치21장2조1항)

5) 부목사 청빙시 해 교회에서 보내온 청빙서와 당회록 사본을 관할노회에서 요
   청하면 첨부해야 한다.(86회총회결의)

## 질의90] 장로 2인과 당회장 1인 참석할 때 회의법은?

## 답변]

1) 장로 2인 중 1명이 동의하고 1명은 반대일 때 당회장이 제정하고 가부를 물을
   수 있다.

2) 장로 2인 중 장로 1인과 당회장 목사가 권고사직 혹은 권고휴직을 시켰어도

그 결의는 유효하다.

3) 장로 2인이 있으면 장로 1인 출석으로 성수가 된다.(정치9장2조) 성수(成數)가 된다는 말은 당회의 모든 사무를 처리할 수 있기 때문이다.

## 질의91] 장로가 당회 임시의장이 될 수가 있는가?

### 답변]

노회의 당회장 파송이 없는 경우에는 그 당회가 회집할 때마다 임시당회장 될 목사를 청할 수 있으나 부득이한 경우에는 당회장 될 목사가 없을지라도 재판 사건과 중대사건 외에는 당회가 일반적인 것, 통상적인 것은 사무를 처리할 수 있다.(헌법 정치 9장4조하)

사무를 처리하기 위해서 임시의장을 세워 사회를 보게 할 수 있다. 회의를 마치면 임시회장은 종료된다.(정문196조, 198조 제19회총회(1930년)

## 질의92] 당회원 전원이 당회를 요구하지만 당회장이 거부할 때

당회원 전원이 당회를 요구하지만 당회장이 거부하는 상황에는 어떻게 해야 합니까? (즉 임시당회를 하다가 정회를 했는데 당회장이 속회를 거부하는 상황입니다. 이 상황에 어떻게 대처해야 할까요? )

### 답변]

정회를 할 때는 속회를 전재로 하는 것으로 당회장이 속회하는 것은 당회장의 의무입니다. 장로 과반수 이상이 속회 요청을 하고 그래도 열어주지 않으면 노회(老會)에 그 이유를 기재하여 노회에 당회속회 청원서를 내고 노회는 당회장을 출석시켜 그 이유를 파악하여 행정적인 조치를 할 수 있습니다.

당회장에게 속회 지시하고 합당한 이유 없이 거부할 때는 절차에 의해 당회장

직무정지 등 행정조치를 할 수 있다고 봅니다.

## 질의93] 고소장을 노회임원 회가 취급 할 수 있나요?

**답변]**

소송하는 원고 고소장이 들어오면 서기는 접수하고 노회장은 노회를 소집하고 재판건의 고소건은 재판국을 조직하고 재판국에 맡겨 법대로 처리해야 합니다. 노회 임원회는 처리할 권한이 없고 헌법권징조례 제13장 117조~123조에 따라 재판국을 설치하여 재판을 진행해야 합니다.

## 질의94] 폐당회가 된 위임목사가 2년 내 장로를 못 세우면 어떻게 되나요?

**답변]**

폐당회가 되어도 위임목사가 2년간은 존속됩니다. 기간 내에 세우면 위임목사 신분이 자동회복 됩니다. 그러나 장로를 세우지 못했을 경우는 기간 내에 대리 당회장을 세워 시무목사 청빙공동의회를 해야 합니다.

기간이 지나면 무임이 되고 그때 시무 청빙하려면 노회파송 당회장을 통하여 공동의회를 소집하여 청빙투표 3분의 2로 청빙을 받아 청빙서를 노회에 제출하여 허락을 받아 시무해야 합니다.

## 질의95] 부교역자가 담임목사가 되려면 사임하고 몇 개월이 지나야 하는지요?

**답변]**

특별한 기간은 명시되지 않은 것으로 알고 있습니다. 일단 사임하고 다른 교회 가서 사역을 해야 되지요? 최하 6개월-1년은 되어야 된다고 생각 됩니다.

88회 총회는 부목사는 동일교회 담임목사로 청빙 받을 수 없는 것으로 결의하다. 98총회는 서대전 노회가 헌의한 헌법4장조4조3항에 부목사는 위임목사를 승계할 수 없고 해 교회 사임 후 2년 이상 지나야 해 교회 위임(임시)목사로 시무할 수 있다라는 단서조항 첨부의건은 거절당하고 현행대로 하기로 가결하다. 했으니 현행은 기간이 없는 것이 현행인줄 압니다. 그렇다면 기간 없는 기간은 상식적인 답변 수준으로 노회 한 회기(6개월) 혹은 두 회기(1년)는 지나야 되지 않는가? 상식적인 답변임을 밝히면서 명시된 총회결의가 필요하다 생각됩니다.

## 질의96] 정치10장 9조 임시노회 소집요건?

### 답변]

1) 정기노회에서 모든 안건을 심의하는 것이 원칙이다. 임시노회 소집요건은 엄격하게 구분되어 있다. 특별한 사건이 있는 경우에는 소집할 수 있다.

   정기회 때까지 지체할 수 없는 안건이라면 임시노회를 소집할 수 있다.

   재판사건은 임시노회에서 심판하지 않는 것이 좋다. 그러나 특별한 증거가 있어 정기회 때까지 기다릴 경우에는 증거인멸 소멸될듯하면 임시노회에서 안건으로 취급할 수 있다.(정문원저382문,제63회총회결의)

2) 소집요건은 각(各) 다른 지 교회 목사 3인과 각(各) 다른 지 교회 장로 3인의 청원에 의하여 회장이 임시노회를 소집할 수 있다.

3) 소집통지서에 안건과 회집일자를 개회 10일 선기하여 각 회원에게 통지하고 통지서에 기재한 안건만 의결한다. 통지서에 없는 안건은 취급할 수 없다. 선기란 약속한 기한보다 앞선다는 의미로 민법에서는 도달주의를 채택하고 있으므로 임시노회 소집 통지서가 10일 이후에 모이도록 통보해야한다. 임시노회 소집은 강제규정이 아니고 임의규정이다.

   소집이 정당하면 소집하고 정당치 않고 특별한 사건이 아닌 경우는 소집하지 않을 수 있다. 청원인은 이의가 있으면 상회에 소원(訴願) 할 수 있다.

## 질의97] 소집청원자가 조사처리위원이 될 수 있습니까?

조사처리위원회 구성이 필요한 안건으로 청원하여 임시노회를 소집하려할 때에 소집 안건청원자가 조처처리위원구성에 제척사유가 되는지?

## 답변]

제척사유란?

본인과 관계되는 사건에는 관여할 수 없습니다. 조사처리 대상이거나 대상과 밀접한 관계가 있으면 제척사유가 됩니다.

## 질의98] 원로 시무 은퇴 등 주보에 순서규정이 있습니까?

각 교회마다 주보에 원로 은퇴 시무 협동 무임장로 어떤 교회는 시무 원로 협동 무임장로 되어있습니다. 순서규정이 있습니까?

## 답변]

특별한 규정은 순서 없으나 선배를 존중히 여기는 교회에서는 원로 은퇴 시무 순으로 기재 하고, 현역 시무를 우선시하는 교회는 시무 원로 은퇴로 기록합니다. 참고하셔서 현명한 판단으로 당회장과 당회에서 결의하여 실행하면 됩니다.

## 질의99] 지 교회 원로목사 생활비 책정 시 교단에서 후임자 생활비의 몇 00% 지급을 했는지 궁금합니다. 있다면 몇% 인지요?

## 답변]

총회의 헌법4장4조4항은 "생활비를 작정하여" 원로목사 투표하여 과반수로 결정한 후 노회에 청원하라했으니 총회결의나 헌법에 없는 것은 노회규칙이나 교회규약에 정하고 당회결의 외 공동의회를 통하여 지급토록 하면 된다.

대법원 판결은 원로목사에게 생활비를 70%를 주라는 판결도 있다.

## 질의100] 노회록 기록은 수기인가? 컴퓨터 작성인가요?

노회록을 과거에는 수기로 기록하였는데 지금은 타이핑으로 쳐서 보관한다고 하니 찬반의 의견이 있습니다. 총회 노회록 검사부에서는 타이핑으로 쳐서 보내도 된다고 하는데 어떤 것이 맞는지, 다른 노회는 어떻게 하는지?

## 답변]

제100회에서 노회록 검사부가 보고한 내용입니다.

18. 노회록 검사부 보고

노회록 검사부장 한승철장로의 사업결과 보고는 유인물(보고서p.362-367)대로 받고, 회의록 표지 통일 및 회의록을 수기로 하되 컴퓨터 작성 시 완전제본하여 검사하는 건은 허락하기로 하고, 재정청원은 재정부로 이첩하기로 가결하다.

## 질의101] 피의자 직무정지를 언제 할 수 있나요?(권징33조)

## 답변]

사건이 중대하여 피고가 계속 시무하는 것이 교회에 덕이 안 된다고 판단될 시에는 재판종결 이전에 피의자 직무정지 또는 수찬정지 할 수 있다.(권징33조) 단, 가처분이나 마찬가지이므로 피고의 권익을 위해 본 재판을 속히 해야 한다. 피소된 목사의 직무정지(권징46조) 는 본조항을 참조할 것.

51년 9월11일 생입니다. 은퇴나이가 됐지만 시기를 놓쳐 계속 미자립 교회를 목회하고 있습니다. 권사를 세우려고 2022년 8월에 공동의회를 하고 3명 선출했지만 개인과 교회사정으로 임직예배를 드리지 못하고 2023년 6월에 드리려고 합니다. 헌법위배 인가요?

## 답변]

은퇴시기가 지나면 법적(法的)으로는 아무권한이 없습니다.

은퇴시기전(前)에 공동의회에서 피택은 유효 합니다.

그러나 행사주관은 노회 파송 당회장이 주관하면 합법으로 생각됩니다.

## 질의103] 임기 중에 정년 해당되면 선출직에 출마할 수 있나요?

2024년 6월에 정년입니다. 정년 전에 노회나 2023년 108회총회 선출직 출마 할 수 있는지요?

## 답변]

2023년 9월 총회 때 선출직에 출마할 수 없습니다.

임기 중에 정년에 해당되기 때문입니다. 2024년 6월이 정년이기 때문입니다.

## 질의104] 폐당회후 위임목사 유효기간은 언제인가요?

장로 한분인데 올 10월에 은퇴입니다. 장로 세우기가 지금 조금 어려워서 1, 2년 있다가 세우려고 합니다.

위임목사는 언제까지 유효하고 폐당회 신고를 해야 하는지 절차를 알고 싶습니다.(폐당회 후 2년간 유효)

## 답변]

노회에 장로선택 청원서를 제출하여 허락받고 장로 피택 공동의회를 하고 노회에 장로고시 치르고 합격하면 임직식을 2년안에 하면 별도 위임식을 안 해도 위임목사 신분이 유지됩니다.(60회총회결의)

## 질의105] 당회장과 임시당회장 구분은 어떻게 됩니까?

당회장이 공석이어서 노회에서 해 시찰장을 당회장으로 파송했을 때 이 목사님의 칭호는 임시당회장입니까? 아님 당회장입니까?

## 답변]

담임목사가 공석인 경우 노회에서 해시찰장을 파송했으면 당회장입니다.

대리당회장은 당회장이 있는데 특별한 경우 본 교회 목사가 노회 안에 속해있는 목사 1인을 청한 경우입니다. 노회파송이 없는 경우 당회결의로 회집할 때마다 임시 당회장을 청할 수 있습니다.

그 안건 처리되면 임시당회장도 종료가 됩니다. 대리당회장이나 임시당회장은 1회용으로 보면 되고, 공석 중에 노회가 파송한 당회장은 담임목사가 부임하여 당회장권을 노회가 허락한 때까지 당회장입니다.

헌법조문은 헌법정치9장3조4조 입니다.

## 질의106] 고소인이 재판국장 위원들을 임명하여 면직처리하면 잘한 겁니까?

## 답변]

고소인이 재판국장을 임명할 수 없습니다. 권징조례117조~118조에 따라 투표로 국원을 선정하고 본 국원 중에서 국장과 서기를 택하여 조직하는 것이 합법입니다. 면직조건은 이단이나, 불법적인 교회 분립하는 행동이 확실할 때 면직

할 수 있습니다.(권징42조)

정직을 당한지 1년 안에 회개가 없을 때 재판 없이 면직할 수 있습니다.(권징41조)
이러한 조건과 절차가 합법이 아닐 때는 헌법위반으로 그 재판은 불법재판으로
무효가 될 수 있습니다.

## 질의107] 총회에서 금하는 이중직은 무엇을 말합니까?

### 답변]

이중직 금지(총회규칙9장30조~31조) 총회103회 결의 확인함.

총회규칙 30조 목사의 이중직 금지.

목사의 이중직을 금하며 지 교회의 담임목사직과 겸하여 다른 직업(공무원, 사업
체대표, 전임교원, 정규직원)등을 가질 수 없다.

▶총회규칙31조 이중직 예외사항

다음 각 항의 1에 해당하는 자는 이중직 금지규정에 예외로 한다.

1) 교단직영 신학교 및 총회인준 신학의 교수 혹은 강의자(석좌교수, 겸임교수, 객원
   교수, 시간강사 등 파트타임 강의자 중에서 비상근 비 보직이거나, 전임교원이라도 일주
   일에 9시간 이내의 근무자)
2) 총회산하 각 기관의 비정규직으로 비상근이며 일주일에 2일이내의 근무자.
3) 생계, 자비량 목회 등의 사유로 소속노회의 특별한 허락을 받은 자.
4) 지 교회 부설기관 유치원 어린이집, 복지시설 등의 장(長).
5) 기타 총회규칙 및 제규정이 허용한 직무에 종사한자.

당회 서기가 공동의회 소집할 수 있나요?

원로목사측과 담임 목사측이 있고, 당회서기가 공동의회 소집 가능한가요.


## 답변]

1) 교회 안에 원로목사측이 있으면 안 됩니다. 당회장 중심이 되어야 합니다.
2) 당회서기가 공동의회 소집할 수 없습니다. 헌법정치21장 위반입니다.
3) 불법 공동의회에서 위임목사를 해임 결정할 수 없다. 목사는 노회소속으로 노회가 담임목사가 중대한 범죄가 있을 때 절차 따라 할 수 있다.
4) 교단탈퇴는 교회 불법 분리로 권징조례에 의해 면직할 수 있다.
5) 노회가 즉시개입해서 사실 확인 후 교회를 세워나가는데 최선을 다하고 합법적인 처리가 필요합니다.
6) 헌법적으로 원로목사가 되었으면 은퇴했으니 아무권한이 없습니다.

   정년 전에 은퇴한 목사가 장로를 통하여 담임목사의 목회를 방해하고 불법 탈퇴까지 하게했으니 원로목사 역시 노회에서 취소해야할 것입니다.


질의109] 노회서기가 소원통지서 접수를 거부하면 부전하여 상소할 수 있다.

총회에 소원장을 제출하는 과정에서 노회서기가 소원통지서 접수를 받아주지 않으면 부전하여 상회에 상소할 수 있다.(권징조례 제94조3항)

총회 서기로부터 이첩 받은 소송건의 경유, 15일 이내 헌의부 실행위원회를 소집하여 이를 심의하여 총회 재판국에 즉시 회부한다.(다만 6월 30일까지 접수된 사건에 한한다. 그리고 그 후 접수된 사건은 총회직후 우선 처리키로 한다.)(총회규칙 제3장제9조3항4)

이 과정이 진행되는 동안에 소원인이나 피소원인의 이의, 항의, 의견서 등을 받을 수 있는가? 소원장이 재판국으로 이첩된 이후에 재판국을 통하여 받을 수 있는가?

**답변]**

소원장이 재판국으로 이첩 된 후 사건에 관계된 이의나 항의내용이 있으면 추가로 재판국 서기에게 제출하면 재판국 회의를 통하여 접수여부를 결정한다.

## 질의110] 교회 이탈한 장로가 본 교회로 다시 돌아온 경우 복직은?

몇 년 전에 문제가 있어 이명서를 가지고 교회를 이탈한 장로가 다시 본 교회로 올 경우 복권은 어떻게 되나요?

(이명서 없이 타 교회로 출석했다가 본 교회로 돌아온 장로의 신분은)

**답변]**

1) 이명서를 기지고 갔으면 본 교회에서는 시무가 해제 된다.

2) 이명간 교회에서 시무장로로 취임하기 전에는 무임장로이다.

3) 이명서 없이 자의로 타 교회로 갔다면 본 당회는 본 교회 출석과 시무를 권하고 듣지 않으면 교인 명부에서 삭제하는 행정사항으로 제명을 해야 한다.

4) 이명서 없이 나중에 본교회로 돌아왔다 할지라도 헌법적 규칙3조2항에 의거 선거권과 피선거권이 중지되고 7조에 의거 당회권과 교인 권리가 중지되고 권징 108조의 입법 목적에 비추어 볼 때 무임 장로가 된다.(제95회총회서기, 제105회 재판국장)

질의 내용으로 보아 합법적 이명이 아닌 것 같고 이탈한 장로가 돌아왔다 해도 장로를 복권해 줄 수가 없습니다. 지난 죄를 회개하고 고백해도 처음부터 다시 절차를 밟아야 합니다. 그리고 그러한 절차도 신중하게 해야 합니다.

위 내용을 참고하시길 바랍니다.

**질의[111]** 권사 역시 임의로 교회를 떠나면 어떻게 처리됩니까?

## 답변]

권사 역시 임의로 떠나면 한, 두 번 권면하여 듣지 않으면 당회에서 '제명'처리해야합니다.

**질의[112]** 주일예배 시 가운착용, 주일저녁에나 수요배시의 복장, 특히 새벽예배시의 복장이 꼭 정장이어야 하나요?

상식적인 것 말고 혹시 성문화된 규정이 있는지 궁금합니다.

## 답변]

1) 가운을 입어라, 입지 말라는, 신학적 정립이나 성문화 된 규정이나 총회결의는 없는 것 같습니다.

2) 제78회 총회는 예배시간에 몸가짐은 예배모범에 따르도록 결의가 되었습니다.

3) 예배모범 제2장1항 예배의식에 "예배시간에는 단정, 엄숙, 경건의 모양을 지키라"고 하였고, 예배모범 5장2항에는 목사가 "설교 전 찬송을 부르고 기도를 하고 준비할 때 그 위엄과 예모를 갖추고 예배하라"고 하였습니다.

"예모"란 예절에 맞는 태도와 예복을 입는 것을 의미하고 있습니다.

예복은 가운이냐? 양복이냐? 확실한 총회결의가 필요합니다.

그러나 예배시는 찬송가만 하고 몸가짐은 예배모범대로 하라는 결의뿐입니다.

확실한 성문화된 것이 있는가? 함께 연구합시다.

**답변]**

당회 결의로 공동의회를 열어야하는데 당회원 1인이 고의로 불참할 경우에는 당회장 목사는 노회에 보고하여 처리할 수 있다.

정치9장2조는 그 장로치리 문제나 "다른 사건에 있어 장로가 반대할 때는 노회에 보고하여 처리" 하라고하였다.

## 질의114] 목사 사임전(前) 목사청빙 광고를 낼 수 있는가?

**답변]**

1) 목사사면은 노회에 접수하여 사면처리가 된다.

2) 구두로만 사임한다고 했어도 노회에 사면서를 제출하지 않으면 사임처리를하지 않았으므로 지 교회 담임목사이다.

4) 사임처리가 되지 않은 상태에서 지 교회 장로님들이 임의로 목사청빙 광고를 낼 수 없다.

5) 노회에서 사임처리 후 노회파송 당회장이 당회결의를 통해서 청빙위원회 를 조직하고 청빙절차를 밟아 나가야 합법이 된다.

당회 상회는 노회이고, 목사의 소속은 노회이고, 노회가 파송한 당회장을 통하여 청빙, 선거, 청빙준비, 청빙서작성, 승낙, 청빙서제정, 청빙허락, 위임식 등은 헌법15장의 각 항에 따라 진행되어야 하기 때문이다.

헌법적 질서를 지킬 때 온전한 교회로 세워진다는 것을 목사와 장로는 인정하고 준법정신이 필요 하다.

## 질의115] 재심 청구권은? 어떻게 됩니까?

### 답변]

처음 피소시 자신의 무죄를 입증할만한 증거를 제출하지 못해 유죄판결을 받았으나 후일에 무죄를 입증할만한 충분한 새로운 증거를 발견시 재심청구를 하면 허락한다. 유죄를 무죄로 판단할 수 있는 재판의 흠결 혹은 새 증거가 있을 때 재심을 청구할 수 있다.

수소재판에 판결한 재판회에 청구하면 접수하고 재심을 통하여 하나님의 공의가 나타나도록 해야한다. 합법적인 재심을 거부할 필요가 없다.

상소기간이 끝나도 재심청원 할 수 있다.(권징69조)

## 질의116] 원로목사 추대식과 위임목사 위임식 순서는 어느 것이 적법한가?

### 답변]

1. 원로목사가 되는 절차는 헌법4장4조에 의거 동일한 교회에서 20년 이상 시무한자로, 연로하여 시무사면을 제출하려할 때 공동의회 소집하여 원로목사로 투표하여 과반수로 결정하여 노회에 청원하면 노회결정으로 원로목사의 명예직을 준다라고 하였다.

2. 이런 절차 후 후임목사 청빙이 진행되어 위임 청빙서 역시 노회가 먼저 허락하므로 지 교회에서도 원로목사 추대식과 위임식이 이루어지므로 순서역시 원로목사 추대식을 먼저 하므로 매듭짓고 후임목사에 대하여 노회 위임국장 주관하에 위임식을 진행하는 것이 적법하다고 생각됩니다. 많은 노회와 교회들이 그렇게 진행하는 것으로 알고 있습니다. 이러한 순서역시 총회적인 결의가 필요하다고 생각됩니다.

3. 원로목사 추대식은 본 교단이 사용하는 표준예식서 3판 13쇄 2020년6월19

일 총회교육부 제작 총회 출판부 발행: 대한예수교장로회 총회 발행 표준 예식서 p.81 원로 추대식에 보면 교회가 투표로 결정한 후 노회에 청원하면 원로목사의 명예직을 허락하고 위원을 선정하여 추대식은 시무하던 교회에서 거행한다라고 되어있습니다.

4. 현재총회가 발행하여 사용하는 표준예식서 내용대로 노회가 원로목사로 허락할 때 위원을 선정하여주고 추대 위원장까지 선정하여 주면 추대위원장이 추대식을 주관하고 공포하는 것 역시 추대위원장이 하면 됩니다. 이러한 절차가 현재 표준예식서에 합당한 절차입니다. 적법한 절차가 있는데도 생략하고 임의로 각자 자기의 상식적인 생각대로 하는 것이 혼란 한 것 같습니다. 노회나 교회가 표준예식서 대로하고 미흡한 것은 개정 청원 헌의로 보충할 수 있습니다.

**질의117]** 헌의부장이 자기와 관련된 사건을 힘 있다고 기각하거나 방해하면 잘하는 것인가?

**답변]**

헌의부의 결정은 부장권한으로 결정되기보다 전체 실행위의 결의가 있어야하고 만약 부장이 자신의 연관성이 있는데도 독단적 처리를 진행한다면 제척으로 막아야한다.

**질의118]** 총회 노회공문에 직인생략이 맞습니까?

총회에서나 노회에서 공문을 보낼 때 직인생략이라고 공문이 오는 것을 맞냐고 묻는 회원이 있습니다. 헌법에 있는지 아니면 우리 총회 법인지 말씀해주시면 감사하겠습니다.

## 답변]

1) 직인 생략하라는 총회법(法)이나 결의는 없습니다.

2) 직인생략은 문제발생 시 행정문서로서 적법한 것이 못됩니다. 반드시 직인이 찍혀야 합니다. 총회문서에 직인생략은 즉시 시정해야 합니다. 총회서기가 감독하고 사무국장이 철저히 검사 후 발송해야 합니다.

### 질의119] 타교단서 오신 분들이 강도사고시에 합격하지 않고 노회 임원이나 위임목사가 될 수 있는지요?

## 답변]

1. 편목은 목사임직과 위임기산은 정치15장13조에 의하여 하기로 하되 강도사 인허 때부터 교단 가입으로 한다.(제82회총회결의)

2. 편목은 강도사고시합격, 강도사 인허식후 위임식을 할 수 있으며 강도사 합격을 했어도 노회의 강도사인허가 없으면 위임식을 할 수 없습니다. 했다면 무효입니다.(정치15장13조, 총회제82회결의)

### 질의120] 폐당회가 되는 조건은 무엇인가?

## 답변]

1) 시무장로 1명마저 장로가 은퇴한 경우

2) 이사 간 경우

3) 사임처리 된 경우

4) 사망한 경우는 즉시 폐당회가 됩니다.

   이런 경우 노회에 폐당회가 된 것을 보고하고 노회는 조직교회 명단에서 미조직교회 명단으로 옮겨야 합니다. 그러나 위임목사인 경우는 60회 총회결의에 따라 신분은 2년 동안 위임목사 보존 되고 2년 내에 장로를 장립하면 조직된 당회로 자동 복귀가 되고 위임식 없이 정상 적인 위임 목사로 회복 됩니다.

5) 세례교인 25인 이상 되어 장로를 1인 세웠는데 교인 감소로 25인이 되지 못하면 폐당회 된다.(102총회결의)

질의121] 위임목사가 정년이 되어 은퇴하지 않고 계속해서 시무한다면 어떻게 됩니까? 이런 경우도 2년까지 위임이 되는가요 아니면 폐당회가 되는가요?

답변]

1. 정년이 되어도 은퇴하지 않고 시무한다 해도 이미 위임목사가 해제된 정년 은퇴 목사입니다. 2년 위임도 박탈된 것입니다.
2. 노회에서 지 교회에서 빨리 이사하도록 권고하고 그래도 말 듣지 않으면 법적인 조치를 취해야 합니다. 그리고 즉시 당회장을 파송해야 합니다. 그리고 후임목사 청빙 절차를 밟아야 합니다.

질의122] 가부 동수인 경우는 회의법이 어떻게 되나요?

헌법정치 19장 제2조. 회장의 직권에 관하여 가부 동수인 때는 회장이 결정하고 회장이 이를 원하지 않으면 그 안건은 자연히 부결된다. 이 내용은 어떤 의미인지요?

답변]

회장이 투표에 참여했는데 동수이면 부결이고, 회장이 참여하지 않았을 때는 회장의 결정에 따라 가결 될 수도 있다는 회의법적인 해석입니다.

## 질의123] 개인이 총회에 안건을 제출할 수 있나요?

**답변]**

경기노회장 장정헌씨가 헌의안 "개인이 제출한 안건을 총회가 접수처리 할 수있는지"에 대한건은 "합법적인 부전지 경우에는 가능한 것으로 확인 하다."(제94회총회결의)

## 질의124] 총회 헌의부에 소원장이나 상소장이 접수되었을 때?

총회의 헌의부에서 소원장이나 상소장에 대하여 할 수 있는 일과 하지 않아야할 일을 구분해주시는 답변을 공개적으로 듣고 싶습니다.

최근 소원장을 제출하였었는데 헌의부에서 노회와 소원자에게 부전지에 대한이유의 서류를 요구하였습니다. 소원장(상소장)과 노회 확인이나 부전지(노회에서 확인 거절시)만 제출하고 그 외 서류는 재판국으로 이첩된 이후에 재판국의요청과 자의적으로 제출하는 것으로 권징조례의 제출서류 종류를 보면 알 수있습니다.

헌의부에서 요구했던 서류만 참고하여 노회의 공문이 신빙성이 있다고 결정하고 재판국으로 이첩하지 않고 반려공문으로 서류를 반려하여 다시금 반려에대한 이의서를 첨부하여 서류를 제출하였는데 다루었던 건이라고 다루지 않기로 결의했습니다.

이렇게 되었을 때 소원자(상소자)는 어떤 대처를 하여야 하는지 답변이 필요합니다. 교회 헌법 연구소 소장님께서 헌의부나 재판국에 계실 때 이러한 헌의부의 잘못된 처리들을 올바르게 처리를 하시려고 힘을 썼고 그렇게 처리가 되었다는 사실도 알고 있습니다.

여러분의 목사님들께서 바로 알고 업무를 처리하실 수 있도록 확실한 답변을해주세요.

# 답변]

1. 삼심제 재판 받을 권리, 막을 수 없다.(정치총론5항)

   삼심제란 "당회" "노회" "총회" 치리회를 의미한다. 치리회는 행정치리회가 있고 재판치리회가 있다. 재판건으로 권징4조에 근거 성경과 규칙, 관례위반, 권징조례위반의 불법행위로 고소자가 소송을 제기하면 재판받을 수 있도록 당회노회 총회는 가로막지 말고 보장해 주어야 한다.

2. 행정건 역시 행정상의 불법과 부당한 행정처분의 취소, 변경을 구하는 권징84조에 따라 소원건 역시 재판받을 권리를 막는 범죄행위는 헌법위반으로 처벌대상이 될 수 있다.

3. 상소와 소원건의 심의는 상회 재판국만이 판결할 수 있기 때문이다.

   정상적인 소원건과 상소건 그리고 하회의 접수거부로 권징94조3항에 근거한 합법적인 부전지로 상소나 소원 경우는 재판받을 수 있도록 총회 서기, 임원, 헌의부는 지체 없이 재판국에 이첩하여 재판받도록 하라고 총회규칙은 명(命)하고 있다.

4. 총회규칙3장9조3항4)-하반절은 단서조항으로 총회서기로부터 이첩 받은 소송건의 경우 15일 이내 헌의부는 실행위원회를 소집하여 이를 심의하여 상소건과 소원건, 부전지만 확인 심의되면 총회 재판국에 즉시 회부하여 재판받을 권리를 보장하도록 규칙은 분명하게 되어있다. 그러나 헌의부에서 이러한 규칙을 무시하고 일반건이 아닌 소송건을 부당한 서류로 취급하여 기각하는 것은 재판권을 침해하는 중대한 범죄 행위가 될 수 있다.

   총회 재판국에 회부하면 기일, 절차, 부전, 법적용 등을 살펴서 기각, 변경, 취소, 갱심(파기환송)등 판결을 내린다. 그래서 억울함이 없이 정당한 재판받을 권리가 삼심제도 이다.

5. 제106회 총회는 헌의부에서 무더기 기각에 대해 총회재판국은 총회에 청원을 내었고 총회는 받아들여 하회에서 제출한 재판건은 총회규칙대로 재판국

에 이첩 시켜 화해 또는 판결토록 청원건은 헌법대로 허락하기로 가결 하였다. 총회 규칙대로 헌의부는 상소, 소원건은 모두 총회 재판국에 이첩하여야 한다. 그렇지 않으면 총회규칙과 삼심제 헌법을 위반하는 죄(罪)가 된다.

6. 합법적인 소원과 상소를 기각하면 또 다른 법적인 소송에 휘말리게 된다.

## 질의125] 제안자 반대원칙이란 무엇입니까?

A라는 안건이 노회에서 부결되었습니다. 그런데 부결된 안건을 24시간 후에 다시 노회에 상정 할 수 있습니까? 제안자 반대원칙이란 무엇입니까?

### 답변]

1) 번안동의, 재론동의라고 합니다.

동일회기 내에 이미 결정된 안건을 다시 논의하여 바꾸자는 것으로 일사부재의 원칙에 근본적으로 어긋납니다.

2) 꼭 재론 동의( 번안)동의 하려면 조건이 있습니다.

가) 24시간이 지나야 합니다.

나) 표결 때 다수 편에 가담했던 자가 동의 재청할 수 있습니다.

다) 번안 동의 성안은 찬성을 얻어야 합니다. 번안동의는 개의가 성립되지 않습니다.(정조618조23~24)

무기한 연기한 것을 다시 재론 하려면 4분의 3이상의 찬성 가결이 있어야 합니다.

3) 제안자는 반대할 수 없다는 원칙입니다.

제안은 다른 말로는 동의인 것입니다. 동의하는 마음으로 안건을 제안한 자는 반대할 수 없다는 회의법(法)입니다. 통과될 때 이의를 제기하지 않는 자도 반대 할 수 없다는 논리입니다.

## 질의126] 총회산하 각 지역 협의회 구성원은 누구인가요?

우리 교단 내에 존재하는 각 지역협의회 중부지역협의회, 서북지역협의회 등의 구성원은 누구인가요?

각 노회의 총회 총대인가요? 소속 협의회 노회원인가요?

법적인 근거를 알고 싶습니다.

### 답변]

본 총회 내에 총회가 인정하는 지역 구도가 있다.

1) 서울 서북협의회

2) 중부 호남협의회

3) 영남 협의회

총회 각종 선거에 총회규칙대로 후보자들이 지역 구도에 의해 출마하고 있다.

1) 총회 임원후보들

2) 재판국원들, 상비부장 입후보(총회규칙3장9조2항14번)

3) 선거관리위원들(총규3장11조4항2번) 지역구도에 맞추어 선출한다.

총회 내 모든 선출직과 상비부 임원과 공천부 배정까지 지역구도를 참고하여 실시하고 있다.

중부협의회 회칙 4조에 보면

회원은 각 노회 산하의 소속된 목사 장로로 한다. 단, 본회의 노회상회비 및 임원 회비를 납부하지 않을 시는 발언권과 피선거권이 없다.

## 질의127] 장로가 노회고시 합격하고 교회사정상 장로임직은 얼마나 연기될 수 있나요?

### 답변]

헌법정치9장5조4항에 보면, 공동의회 피택 후 6개월 이상 교육 시키고, 노회가 실시하는 장로 고시 합격 후, 노회 고시부가 노회 보고하면 노회가 승인 후, 임직 한다.고 했으니 정기노회 끝난 후 1회기 6개월 이내에 임직하는 것이 헌법 정신으로 보입니다. 그러나 교회 특별한 사정이 있다면 노회규칙에 조항을 넣어 한 회기 연장 후 6개월 이내에 하는 것이 합법으로 보입니다.

왜냐하면 합격 후 1년이 지나면 헌법 정신에 맞지 않다고 생각 됩니다. 그러나 노회는 헌법에 위배되지 않는 범위 내에서 노회 규칙대로 하면 됩니다.

## 질의128] 은퇴 장로의 기준은 70세 되기 전 본인이 은퇴를 원한다면 할 수 있나요?

### 답변]

1. 본인이 원하면 조기은퇴가 감정인가, 진심인가 확인된 후 본인의 청원서를 받아 당회결의로 수리하고 은퇴식을 해드리면 됩니다.

2. 정치13장제5조 자유휴직, 사직

   신병이나, 이단의 악행이 없어도 교인 태반이 그 시무를 원치 않을 경우 본인의 청원에 의하여 휴직이나 사직을 당회결의로 처리한다로 되어 있습니다.

## 질의129] 당회장의 불법 탈퇴는 어떻게 처리합니까?

노회 산하 지 교회 당회원의 본인 교회 당회장의 불법 노회탈퇴에 대한 고발건으로 노회 재판국이 설치되어 운영 중에 해교회의 노회탈퇴 철회와 해당회장과 당회원의 원만한 합의 등이 성사된 경우, 재판 및 후속 처리절차 등에 대해 알고 싶습니다.

## 답변]

당회장의 불법탈퇴는 재판국 설치하여 면직에 해당 된다.(권징54조,42조)

그러나 노회 탈퇴 철회하고 당회원과 합의가 성사 되었다면 목사와 고발인 당회원과 탈퇴 철회한 재판국에 출석시켜

1) 합의서를 재판국에서 제출받고

2) 목사의 탈퇴 철회 확인서를 받고

3) 고소, 고발 취하서를 받은 다음 화해 악수를 하게하고 난 다음 재판국 전원이 본 사건은 상호간의 합의로 교회 탈퇴 철회와 고발을 최소하였으므로 시벌 한 것은 원인 무효하고 본 사건은 종결 한다로 결의하고 공포하므로 사건을 종결 한다.

### 질의130] 타 교단 목사가 본 교단교회로 들어올 때 어떤 서류가 필요하며 절차가 어떠한지요?

## 답변]

1) 본 교단 교회는 본 교단 총신 출신 목회자를 청빙하도록 해야 한다.

2) 특별한 경우는 헌법정치 15장 13조 대로 총신 편목과정을 수료하고 강도사고시 합격하고 정치15장10조대로 서약하고 노회 인허를 받아야 한다. 그 후 노회 정회원이 되고 당회장권을 부여해야 한다.

3) 타 교단 목사를 본 교단 교회 부임케 하려면 위와 같은 절차를 철저히 이행토록 각서를 받고 타 교단 신학교 졸업 증명서, 목사 안수증명서, 본 교단 가입신청서 등을 접수받고 면접을 거친 후 가입여부를 노회에서 판단하고 결정해야 한다.

무분별한 타 교단 목사가입이 본 교단과 노회에 문제에 원인이 된다. 헌법과 총회결의대로 철저하게 해야 한다.

4) 103회 총회결의는 편목은 헌법대로 정치15장13조를 충족하므로 자격이 주어진다고 하였다.

5) 제76회 총회결의도 총신 입학할 편목은 고신 예성 기성 감리교 구세군 기타 장로교로 우리 교단과 신학의 교리를 같이하고 학력을 구비한자라고 하였으니. 참고 하면서 가입 결정을 해야 할 것이다.

6) 가입이나 청빙할 때는 총신을 하기로 하고 약속 지키지 않고 버티고 있는 자들이 있기 때문이다.

## 질의131] 헌법 위반된 지 교회 정관 표준화 관련 결의 내용은?

### 답변]

1. 서광주 노회장 박종일씨가 헌의 한 "총회헌법에 위반되는 지 교회 정관의 제정 및 개정불가 헌의건은" 각 노회에 지시하여 지 교회 정관 중 상위법에 저촉되는 부분을 시정토록 지도하기로 가결 하였다.(제107회 총회결의)

2. 총회헌법에 위배되는 교회 정관은 사회법으로 우선 할지 모르나 총회헌법에 위배되는 교회정관대로 이행하면 총회소송 결과는 무효판결이 나올 수 있다는 시실을 알고 속히 개정해야 한다.(총회재판국 판례)

## 질의132] 권고사직을 당회 재판 없이 가능한지요?

### 답변]

1) 당회결의로 가능합니다.

2) 권고휴직과 사직은

① 장로나 집사가 범죄는 없을지라도 교회 교인 태반이 시무를 원치 않으면 (정치13장5조) 교회에 덕을 세우지 못하면 당회가 협의 결정하여 권고휴직 혹은 권고사직 시킬수 있다. 그 사실을 당회 회록에 기록하여야 한다.

② 권고사직은 행정치리권이 아닌 치리회의 행정결정에 해당되고 행정결정은 당회 직무에 속한다.(정문531) 당회가 본인에게 알려 주어야한다.

③ 본인이 권고사직을 받아들일 수 없다면 상회에 소원할 수 있다.(정치13장6조)

## 질의133] 대리 당회장 청원절차는?

대리 당회장 청원은 노회에 보고 없이 당회결의로 노회원 중 1인 목사를(만70세까지) 청할 수 있는지요?

### 답변]

103회 총회결의 중 평남노회장 황용규씨가 헌의 한 위임받지 않은 시무목사가 임시당회장이 될 수 있는지에 대한 질의건은 "불가한 것으로 가결하다."로 되어 있습니다. 대리 당회장도 위임목사 중에서 당회결의로 본 교회 목사가 청할 수 있다.(정치9장3조)

## 질의134] 대의정치란 무엇을 말합니까?

### 답변]

1) 교인의 투표를 통하여 장로를 선출하고 당회를 조직하여 치리권을 행사케 하는 것이다.

2) 교인들은 투표를 통하여 주권행사를 통하여 선출된 교회의 대표자 위임목사와 장로에게 치리권을 위임시 복종서약을 통하여 교인의 주권을 위임하는 것이다.

3) 교인들이 선출한 대표자들이 구성된 치리회 당회가 통치권을 행사하는 민주 공화 정치(政治)이다.(정치총론5항)

## 질의135] 원로목사 투표에 관해서는 어떻게 되나요?

### 답변]

헌법정치4장4조4항에 보면

1) 동일교회 20년 시무한 위임목사
2) 시무 사면서를 내려고 하기 전(前)
3) 교회에서는 명예보존적 관계를 위해서
4) 당회결의로 공동의회를 소집하여 생활비를 작정하고 난후
5) 원로목사로 투표한다. 가결 정족수는 참석수의 과반수로 결정한다.
6) 당회록 공동의회록을 근거로 노회에 청원하면 노회결정으로 원로목사의 명예 직을 준다. 단, 정년 전에는 노회회원이요, 정년 지나면 노회의 언권만 있다.

## 질의136] A라는 교회가 신문에 노회와 교단 탈퇴를 선언하면 노회가 할일은 제명뿐 인가요? 제명이라면 근거는요?

### 답변]

교단 탈퇴는 목사가 불법으로 교회를 분립하는 행동과 같으므로 고의성이 있으면 헌법 권징조례 42조에 의거 면직할 수 있습니다.

그러나 고의성이 없다면 계도하는 방향으로 심사 후에 처단할 수 있습니다.

## 질의137] 노회가 지 교회 교단 탈퇴를 허락할 수 있나요?

B라는 교회가 타 교단으로 가겠다고 노회에 당회록과 공동의회록을 제출하는

게 가능한가요? 노회는 불허하거나, 수용해서 허락할 수 있는가요?

노회가 교단 탈퇴를 허락할 수 있는가요?

## 답변]

이명청원은 같은 교단끼리 가능한 행정절차입니다.

타 교단으로 가겠다고 교단 탈퇴는 수용해서 허락할 수 없는 일입니다. 불허해야 합니다.

헌법권징조례54조는 목사가 본 장로회의 관할배척의 죄(罪)가 됩니다. 이명서 없이 다른 교단에 가입하면 노회는 권징조례 54조에 의해 제명뿐만이 아니라 권징조례 42조에 의거 불법 교회불립, 노회탈퇴죄(罪)로 재판에 의해 면직할 수 있습 니다 . 특별한 경우에는 노회결의로 이명해 줄 수 있습니다.

## 질의138] 목사 장로의 치리권 발생은 어떻게 됩니까?

## 답변]

1) 목사의 치리권은 내양을 먹이라, 치라고 하신 예수님의 분부와 노회 위임식에 위해 치리권이 발생되고 교인들의 위임투표 청빙과 위임서약 때 순종 복종 서약으로 발생되는 이중적인 의미가 있다.(헌법정치15장11조2항)

2) 장로의 치리권은 주권이 교인들에게 있는 투표를 통하여 교인의 대표자로 선출되고 노회 고시합격과 장로 장립식 때 순종 복종서약에 의해 치리권이 발생된다.(헌법정치13장3조5항) 그러나 치리권을 바로 행사하지 못하고 사명을 감당치 못하면 목사는 노회(老會)에서 해임 당할 수 있고(정치17장2조 권고 사면,해약) 장로는 7년에 1차 시무투표로 공동의회 투표수 과반수가 못되면 신임 받지 못해 해임 당할 수도 있다.(정치13장4조6조)

## 답변]

제 1조는 예배에 관련 된 문제에 대하여 하나님의 말씀에 위배되는 교리나 명령에서 속박 받지 않고 자유롭다는 것이다. 하나님만이 양심의 주재가 되시기 때문이다.

제 2조의 교회 자유는 교회교파를 막론하고 내 마음대로 자유가 아니라 예수님이 가르쳐 주신대로 교회 규칙과 법을 제정하고 교회 정치의 일체의 조직을 예수님이 정(定) 하신대로 설정 할 자유가 있다는 것이다.

규칙이나 법을 세우든 예수그리스도의 가르친 대로 주(主)안에서 정(定)하라는 것이다. 교회정관도 헌법에 맞게 제정 되어야 한다. 그러므로 1조에서는 하나님 주신 양심의 자유이므로 성경에 위배되는 교리를 거부할 수 있고, 2조의 교회 자유는 교회와 교인의 규칙 정관이나 헌법을 제정할 자유가 있어도 예수그리스도의 정하신 범의 안에서 자유롭게 설정, 제정할 자유가 있다는 것이다.

신앙양심과 교회헌법과 교회 규칙이 하나님이 주신 양심과 예수그리스도 가르친 교훈에 어긋나지 않게 제정되고 제정된 법을 교단과 교회에 속한 자들은 법을 지키므로 서로 밀접한 조화를 이루고 있는 양심과 교회의 자유원리인 것이다. 그리고 교회는 국가 세력을 의지 않고 국가 역시 교회를 안전하게 보장할지 언정 지배해서도 안 된다.

영적인 교회나 세속국가는 서로 독립되어 있는 것이다. 마22:21 가이사의 것은 가이사에게 하나님의 것은 하나님께 요18:36=내 나라는 세상에 속하지 아니니라.(정문6문)

**답변]**

온전한 예배는 하나님께만 드려야한다.

예배시간에는 어떤 개인을 기념, 축하, 위안, 치하하는 예배를 해하지 말고 온전히 하나님께만 예배하여야 한다.(헌법적규칙4조4항)

**질의141]** 장로 임직서약을 헌법대로 하지않고 담임목사 임의로 할 수 있나요?

장로 임직서약을 헌법정치 제13장 제3조 1.2.3.4.5항이 아닌 담임목사 취향에 따라 작성한 서약서 특히 5항의 내용이 없는 서약을 한 장로는 치리권이 없는 지요?

**답변]**

헌법정치 13장제3조4,5항에 따라 서약을 해야만 교인으로부터 치리권과 복종 서약함으로 치리권이 장로에게 주어지는 것입니다. 헌법에 없는 것을 임의로 작성하는 것은 헌법위반이 됩니다. 헌법위반은 교인들이 위임한 치리권이 주어 졌다고 볼 수 없습니다.

**질의142]** 목사 혹은 장로 단독으로 치리권을 행사할 수 있습니까?

**답변]**

노회로부터 목양권과 치리권을 위임받은 목사가 있고 교인으로부터 위임받은 교인의 대표인 장로가 있다. 그러므로 목사 단독으로 치리권을 행사할 수 없고 장로들만으로 치리권을 행사할 수 없다. 이 원리에서 벗어나면 장로회 정치라 할 수 없다. 상호, 협력, 조화, 견제를 통한 정치가 장로회 정치이다.

장로회 조직을 목사 장로로 구성하는 이유가 여기에 있다.(정치8장1조,9장1조)

## 질의143] 목사 장로의 치리권은 동등한가요? 목사만 당회장 할 수 있나요

### 답변]

목사 장로 개개인이 동등하다는 의미가 아니다. 총회의 조직에 있어 목사와 장로를 동수로 하고 있는 이유가 여기에 있다. 그러나 당회에서는 목사는 1인이지만 장로는 다수이기 때문에 동등할 수가 없다.

1)  목사만 당회장이 되도록 법으로 정해져있다. 이를 직무상 당연직 당회장 법적인 당회장으로 교회의 대표자가 된다.(정치9장3조)

2)  사회권은 오직 당회장에게만 있다. 가부에 대해 물어볼 수 있는 권한이 당회장 목사에게만 있는 것이다. 아무리 당회원인 장로가 동의 재청해도 비성경적이요 불법으로 판단되면 양심자유의 원리에 의거 가부를 묻지 않을 수 있으므로 양권은 동등하다는 것이다. 그러나 노회나 총회에서는 이 원리가 적용되지 않는다.

3)  당회 개회성수는 장로 전원이 참석해도 당회장 목사가 불참할 경우 개회 성수가 되지 않는다.(정치9장2조) 이러므로 목사 한 사람과 장로 전부와 동등하다는 상징적 의미가 있는 것이다.

이것은 목사에게 막강한 힘을 부여한 법(法)인것이 아니라 양권의 동등 원리에 근거 한 것이다.

**답변]**

장로 1인인 경우 장로가 다른 안건이나 사건에 있어서 반대하면 성안을 할 수 없으므로 노회에 보고하여 위탁 청원하여 처리할 수 있습니다.(정치9장2조)

**질의145]** 정기당회와 임시당회는 다른가요?

임시 당회를 하자고 했더니 장로가 일주일 전에 내용을 담아 광고 후 당회를 해야 한다고 합니다.

**답변]**

1) 당회는 1년 1회 이상 정기회로 회집되며
2) 임시 당회 회집 요건은?
   ① 당회장이 필요한 줄로 인정한때
   ② 장로 과반수 이상이 청구할 때
   ③ 상회가 회집을 명할 때 당회장이 소집할 수 있다.(정치9장7조)
      당회장이 소집하면 응하는 것이 합법(合法)이다.
   공동의회는 개회일자, 장소, 의안을 1주일 전(前) 광고하고 회집 한다.(정치21장1조4항)라고 되어 있지만, 당회 회집은 1주일 전에 광고하라는 법(法)이 없습니다.

**질의146]** 총회 파회 후에도 임원회가 마음대로 할 수 있나요?

**답변]**

장로회는 분권정치 제도이다.

1) 교인을 직접 치리하는 것은 노회나 총회가 아니고 당회이다.

2) 노회나 총회가 상회 이지만 성경해석, 교리, 행정, 권징 등 동일하게 할 필요성에 의해 존재하는 것이다.

3) 교회재산이 노회나 총회유지 재단에 편입되어 있어도 실정법상 보호를 받기 위한 명의신탁일 뿐 그 원 소유권은 개 교회에 있다.

4) 당회와 노회는 상설회의체로 회의를 마치면 폐회를 하여도 상설회의체는 필요하면 언제나 임시회의를 소집할 수도 있다.

5) 비 상설회의체는 의회자체가 없어지기 때문에 총회는 폐회가 아니라 파회 (罷會)가 된다. 파회는 해산하는 것으로 각 노회에서 총대를 선출하여 다시 조직하기前에는 총회를 열수가 없는 것이다.

6) 총회 파회 후에는 총회가 결의하여 맡겨준 안건만 임원회, 상비부, 위원회에서 집행될 뿐이다. 맡겨주지 않은 것을 총회장이나 임원회라도 임의로 헌법을 위반하면서 처리 하는 불법(不法)을 행하면 안 된다.

7) 그러나 총회가 파했다고 교단이 없어진 것은 아니다.

대한예수교장로회 합동 교단은 그대로 존속되고 있는 것이다.

의결기구인 총회를 임시로 열수 없다는 것이다.

그러므로 총회장은 의결기구의 사회를 맡은 의장이다. 총회가 파하면 의장의 직무는 끝나고 총회 때 맡겨준 사항만 집행하면서 대외적으로 교단을 대표하는 상징적인 인물이다.

8) 총회를 마치면서 총회장은 [교회가 나에게 의탁한 권세로 지금 총회는 파함이 가한 줄 아오며 이 총회와 같이 조직한 총회가 아무 날 아무 곳에서 회집을 요하노라.]한 후 기도와 감사함과 축도로 산회한다고 憲法 정치12장7조는 말하고 있다.

## 질의147] 총회 재판국에서 재판한 재판문서 보관 기간이 있는지요?

### 답변]

보관기간을 특별히 명시 안 되었지만 총회에서 판결문을 폐기하지 않고 계속 보관 하고 있습니다.

## 질의148] 총회판결에 대한 재심신청 기간이 있는지요?

### 답변]

재심청구권은 권징69조에 근거해서 상소기간이 끝난 후라도 피고를 면죄할 만한 증거가 발견되면 언제라도 재심청구 할 수 있습니다.

무죄를 입증해야 합니다.(증거나, 혹은 法적으로)

## 질의149] 총회 재판국 판결문에 하회(노회재판국)에서 제명 출교한 판결에 대하여 노회결의를 무효로 하며 교인의 권리를 즉시 회복한다는 판결을 할 수 있는지요?

### 답변]

재심청구가 받아들여지고 무죄가 입증되면 가능 합니다.(권징69조-70조)

## 질의150] 재심 청원의 행정건과 재판건이 구분이 되나요?

총회 재판국 판결문 주문에 행정건(예.○○교회는 ○○노회에 속한다.)재판건(예: ○○의 제명출교를 무효로 한다.)과 함께 기록된 경우 소원, 상소 중 어느 판결문에 해당하는지요? 이런 경우 둘 다 효력이 있는지요?

## 답변]

1) 소원이나 상소는 권징조례85조(소원)96조(상소)와같이 판결 후 10일 이내에 해야 되므로 10일 지나면 할 수 없습니다. 오직 재심청구를 통해서만 無罪 입증이 될 때 가능 합니다. 재심을 통하여 공의가 나타날 줄 알면 권징조례69조 의수소 재판회에 재심청구를 해야 합니다. 재심 청구기간은 없습니다.

2) 수소재판회란? 당회, 노회, 재판국 중 맨 처음 재판국 판결 받은 곳에 청구해야만 합니다. 예)재심청구를 총회재판에 했을 경우 무죄판결 되면 하회판결은 판결문 받는 즉시 노회 당회는 무효 판결에 순종하므로 즉시회복 판결 선포를 할 수 있습니다.

3) 소원은 행정건으로 상소는 재판건에 해당됩니다.

### 질의151] 공동의회 소집은 반드시 당회결의가 있어야 되는지요?

## 답변]

공동의회 소집 요건(정치21장1조2항에 근거)

1) 당회가 필요로 인정할 때

2) 제직회의 청원이나

3) 무흠 입교인 3분의 1이상 청원이 있을 때

4) 상회에 명령 있는 때에 당회의 결의로 소집한다.(헌법 정치21장1조2항)
   당회 결의 없이 당회장이 독단, 직권으로 소집하면 위헌이요, 불법이 되므로 무효가 됩니다.

## 질의152] 교회의 소유권은 개인 명의로 할 수 있나요?

### 답변]

1) 교회는 하나님의 교회이다 .(정치2장1조)
2) 교회의 머리는 예수그리스도이시다.(정치1장8조)
3) 어떤 경우이든 교회건물이나 대지의 소유권을 개인 명의로 할 수 없다.
4) 교회를 개척하고-설립할 때에 헌금을 했어도 지신의 것이 아니고 하나님의 것이다.
5) 교회 등기는 "OO교회"로 해야 되고 혹은 유지 재단으로 해야 한다.
6) 어느 지 교회이든 토지 가옥사건에 대하여 변론이 나면 노회가 바르게 지도해야 한다.(헌법정치10장6조8항)

    국가 대법원의 판례도 "교회가 교인들의 총유" 라고 되어있다.

## 질의153] 총회 총대 선출 기준은 어떻게 됩니까?

### 답변]

1) 총회전(前) 정기노회에서 선출 되어야 한다.
2) 총회 개회 6개월 이상을 격하여(초과하여) 택하지 못한다.(헌법정치22장1조)
3) 총대수는 7곱 당회당 목사장로 각 1인씩 파송한다.(정치12장2조)
4) 노회가 총회 총대를 투표로 선정한다.
5) 차점 순으로 부총대 몇 사람은 정해둔다.
6) 7당회 못되는 경우는 4당회 이상에는 목사 장로 각(各) 1인을 더 파송할 수 있다. 3당회 이하는 목사 장로 각 1인씩 언권회원으로 참석한다.
7) 총회총대는 1당회에서 목사 장로 각(各) 1인을 초과 하지 못한다.(정치12장2조)
8) 새로 조직한 노회총대는 개회 후 총회보고 후 채택되어야 한다.(정833,1922년

합법적적으로 총회보고를 했을 경우는 총회는 노회가 파송한 총대를 받을 수 있다는 세칙을 채택 하였다.(1822년총회) 부총대는 원 총대가 어쩔 수 없이 자리를 비울 경우를 대비해 부총대를 둔다.(정문836)

질의154] 총대가 여성 안수하는 신학교 강의 나가면 어떻게 됩니까?

## 답변]

본 교단 총회총대는 물론 목사는 총회헌법과 총대결의를 의무적으로 지켜야 합니다. 본 총회 결의를 보면

▶제83회 총회결의

　여성목사, 장로는 불가하다.

▶제85회 총회결의

　본 총회가 허용하지 않는 여목사와 장로는 강단에 세울 수 없다.

▶제95회 총회결의

　헌법대로 여자목사는 불가하며 실태조사는 임원회에 맡겨 처리하기로 가결하다. 이와 같은 총회결의로 보아 여자 목사 안수하는 신학교 강의는 나가지 않는 것이 교단결의를 따른 것이고, 총회총대는 노회가 투표로 선출하는 것으로 노회에서 판단하여 총회결의와 헌법준수자로 선출해야 된다.

질의155] 교회 항존직에 대하여 설명을 부탁 합니다.

## 답변]

항존직(恒存職)은 강도와 치리를 겸한 목사와 교인대표인 치리장로, 집사(안수)이다. 항존직의 시무연한은 만 70세이다. 직분자체는 종신직이다. 만 70세에 대한 유권 해석은 만 71세 생일 전(前)이다.(93회총회결의)

항존직은 1922년 헌법에는 항존 할 직임으로 되어있고 1930년 판에는 교회 항존한 직원으로 되어있다.

2018년 헌법 개정판인 현재는 항존직으로 되어있다. 항존직은 개인보다는 교회 안에서 항상 존재해야 하는 통상적 직원을 의미한다. 즉, 목사와 장로 집사를 의미 한다.(정문 68문,69문)

## 질의156] 담임목사와 위임목사의 헌법적 의미

### 답변]

헌법정치4장4조에 보면 목사의 칭호가12가지가 나온다.

1) 정치4장4조1항에 보면 위임목사는 한 지교회의(조직된 교회) 청빙으로 노회의 위임을 받은 목사니 특별한 이유가 없으면 그 담임한 교회 목사를 만 70 세까지 시무 한다고 했으니 위임목사를 담임목사로 부르는 용어인 것을 볼 수 있다.

2) 정치15장4조 청빙서 서식에 담임목사 혹 시무목사로 청빙하며란 용어가 나온다. 담임목사는 곧 위임목사를 가리킨다.

3) 위임목사란 시무장로가 있는 교회가 위임청빙으로 노회가 허락을 하고 위임예식을 한 위임목사를 담임목사라 할 수 있다 .

4) 헌법정치21장제2조1항에 보면 회장은 담임목사가 겸무하고란 용어가 나온다.

5) 정치15장11조1항 목사서약에 이 교회의 목사직무를 담임하기로 작정하느뇨? 가 나온다.

6) 시무목사에게는 이러한 담임이란 용어가 없는 것을 볼 수 있다.

7) 정치문답조례 70문에 보면 교회에서 위임예식을 행하면 그 목사를 담임목사라 하느니라고 하였다.

8) 미조직교회는 시무장로가 없으므로 위임 목사가 될 수 없고, 3년에 한 번씩

연기청원을 노회에 하므로 시무할 수 있다.

이상 조직교회와 미조직교회, 조직교회 담임목사와 미조직교회 시무목사의 차이점을 헌법적으로 이해할 수 있다.

**질의157]** 선교사님들에게 강도사고시 합격 후 노회인허 후 즉시 목사 안수

조기에 할 수 있나요?

## 답변]

할 수 없습니다.

중서울노회장 정국석씨가 헌의한 선교사 목사안수 조기 시행건은 총회 헌법(憲法)정치제4장제2조 단서조항에 의거 기각하기로 가결하다.(총107회 총회 결의사항)

**질의158]** 주일 예배 시에 대표기도를 목사가 하면 안 되는지요?

## 답변]

1. 헌법정치9장6조에 보면 당회의 권한을 보면 당회는 예배모범에 의지하여 예배의식을 전관하도록 되어있다. 권한을 사용하면 된다.

   예배모범5장에는 공식기도가 나온다.

   5장3항에 보면 설교자가 설교한 후 기도가 나온다.

2. 그밖에 모든 공식기도는 그때 모든 형편에 따라한다 라고 되어 있다.

   5장2번4항에 보면 다른 사람을 위한 기도의 내용 중 어떠한 기도의 제목을 더하고 덜할 것을 "주장하는 기도자가 깊이 생각하여 작정하고 기도하라"고 한 것을 볼 때 교인의 대표인 장로를 시켜서 하게 할 수 있다.

   표준예식서 주일 낮 예배순서를 보면

   찬송 다같이

기도 OOO

성경봉독    인도자

찬양 찬양대

설교 목사

기도 설교자

설교자의 기도는 분명히 나온다.

성경봉독 전(前) 기도는 OOO으로 되어있는 것으로 볼 때 장로가 있는 교회는 장로를, 기도시키고, 장로가 없는 기도는 인도자가 판단하여 누구를 시키든지 판단하여 진행하면 될 것으로 생각 된다.

지금까지 장로교에서는 주일 예배시 대표기도는 장로님들이 해오던 것이 전통적으로 내려오고 있다.

## 질의159] 목사 위임식 때 부부서약이 헌법에 맞는지요?

목사 위임식 때에 목사와 아내(사모)가 같이 서약하는 모습을 간혹 보는데 부부가 같이 서약하는 것이 맞는지요?

## 답변]

헌법정치15장11조에 보면 위임예식에 있어서 위임서약은 위임받는 목사에 대한 서약이다. 부부서약으로 되어 있지 않다.

## 질의160] 은퇴한 자가 찬양대를 하면 안 되는지요?

## 답변]

예배 중 찬송은 신자의 마땅한 본분이다.

당회의 권한으로 예배의식을 전관하도록 되어 있으니(정치9장6조) 은퇴자라도 본인이 원하고 대원이 부족할 경우 당회가 대원으로 임명하여 젊은 사람이 없는 농어촌 교회는 실시하고 있는 교회가 많다. 예배와 기도 찬양하는 일은 은퇴 후라도 금지할 수 없다. 당회가 정한 대로 하면 된다.

## 질의161] 공로목사에 대해 헌법에 있습니까?

### 답변]

1) 제84회 결의 중에 헌법정치4장4조5항 목사 칭호 중 공로목사 전 항 삭제키로 가결하다.
2) 총회86회 결의 중에 공로목사 칭호건은 헌법개정전(前) 공로목사는 이력에는 들어갈 수 있어도 현재는 공로목사 없다로 결의하다.
3) 사실 예수그리스도의 피 공로로 족하다.

## 질의162] 목사 위임 해제할 수 있는가?

### 답변]

합법적으로 청빙되어 노회가 위임했으면 폐당회가 되어도 2년까지는 위임목사 신분이 유지된다. 2년 내에 당회가 조직되지 않으면 자동위임이 해제 된다.(제60회총회결의)

## 질의163] 목사 위임 해제사유는 무엇인가?

### 답변]

위임 해제는 충분한 사유가 있을 때 노회가 진행한다.
1) 목사사면이 있는 경우, 목사가 사정이 있어서 교회와의 위임계약을 해약하고

자 하는 경우다.

2) 교인들이 해임청원이 있을 때 목사는 시무를 원하나 교인들이 해임을 원하는 경우이다.(정조598,599,378)

3) 목사와 교인이 함께 합의하여 쌍방이 서면으로 청원하는 경우이다.

4) 목사와 교인이 불합하지 않아도 노회가 해임하는 것이 합당한 경우 노회가 직권으로 해약결정 할 수 있다.

5) 목사가 피소되었을 때 교회에 유익이 되지 못할 때 노회가 해임할 수 있다. (정조330조7항) 그러나 노회가 해임해도 불복할 의사가 있으면 쌍방 어느 편이든지 상회에 소원할 수 있다.(정조549,600조)

## 질의164] 노회재판에 은퇴목사가 변호인이 될 수 있는지요?

### 답변]

헌법 권징조례 제27조에 보면

1) 원고와 피고는 변호인을 사용할 수 있고, 구두 혹 서면으로 답변을 제출 할 수 있다.

2) 원 ,피고는 변호인 선임계를 치리회에  교부함으로 변호인이 될 수 있다.

3) 변호인 자격은 본 교단 헌법과 결의 규칙 규례에 박식한 자로 본 교단 소속 목사 장로 이어야 한다.

4) 만 70세 은퇴자는 총회 산하 기관 및 총대, 상비부, 특별위원등 모든 공직에서 배제키로 하다. 정년 이후에는 교단내의 모든 공직을 가질 수 없음을 가결하다. 고문과 지도 위원만 기능하다.(제98회결의)

5) 은퇴 목사는 시무를 사면한 목사이다. 만 70세 정년으로 은퇴한 목사는 노회에 언권회원만 될 뿐이다.[헌법정치4장4조12번]

답변]

정치4장4조5항에

1) 담임한 시무교회가 없는 목사이다.

2) 노회의 언권이 있으나 가부권이 없다.

3) 언권뿐이지 총대권은 없다.(정치10장3조)

4) 다년간 무임으로 있으면 노회는 사직을 권고하도록 하고 있다.

5) 은퇴목사는 만 70세 정년이 되어 은퇴하거나 사정이 있어 은퇴한 목사는 무임 목사와 같이 정치10장3조에 의하여 노회 언권회원이다. 정년이전 은퇴목사는 지 교회 청빙으로 다시 부임할 수 있다.

## 질의166] 장례식 주일에 가능한가요?

답변]

헌법적 규칙4조에 보면 주일에는 예배와 성례 외에 다른 예식은 다른 날에 행하여야 한다. 다른 예식이란? 임직식, 결혼식, 장례식 다 포함된다.

88회 총회는 주일날 위임식하면 징계를 해야 한다로 결의하였다.

주일날 임직식을 할 수 없다고 결의하였다.

주일예배 시간에는 예배와 성례 외에 다른 예식은 다른 날에 행하여야 한다는 의미는 헌법적 규칙이나 예배모범을 읽어 볼 때, 주일날은 온전히 하나님께만 영광을 돌리는 예배에 집중하라는 의미가 있다고 볼 수 있다.

경건한태도, 엄숙한 예배, 신성함을 감손하게 될 것 같고, 임직식이나 장례식 등을 할 때 개인을 기념하고 축하 위안 치하하는 예배가 되기 쉬우므로 주일을 거룩하게 온전히 하나님께만 영광을 돌리기 위한 원리의 배경으로 생각 됩니다.(헌법적규칙4조3항~4항) 주일날 장례식 불가함이 헌법 정신이다.

## 질의167] 후임목사 청빙 공동의회 할 수 있나요?

### 답변]

후임을 위한 공동의회를 인도할 수 없고,(104회 총회결의) 청빙위원회 조직도 노회파송 당회장이 당회 결의를 통해서 조직할 수 있습니다. 은퇴하시는 목사님은 은퇴전(前), 사임전(前)에 원로목사 추대를 받아야하고 그 후 정년직전(前) 사임서를 제출하면 노회가 사임처리와 당회장 파송하면 당회장이 후임 목사를 당회와 공동의회를 통하여 인도하고 진행하면 됩니다. 후임목사 청빙을 위한 공동의회를 진행할 수 없다.

사임시점은 은퇴를 1개월 정도 앞두고 하는 것이 좋습니다. 원로목사 추대 공동의회와 노회허락을 받음으로 동시에 사면서도 처리되고, 노회파송 당회장이 선정되는 것입니다. 위임목사는 해제, 시무해제가 되는 것입니다.

사임을 전제로 하는 원로목사추대 공동의회는 헌법사항입니다. (헌법정치4장4조4항)

## 질의168] 임시당회장권도 노회가 정치부에서 결정하는 것이 맞습니까?

### 답변]

당회장이 없는 곳은 노회 회기 중에는 노회정치부가 결정하여 본회 결의로 당회장이 선정됩니다.(정치9장3조4항;정치15장12조)

노회 후에는 노회 규칙에 정한대로 노회 정치부 혹은 노회임원 정치부(임사부)에서 결정합니다.

주일날 임직식은 할 수 없다고 총회에서 결의 했는데요, 원로장로 추대식이나 은퇴식도 임직식에 들어갑니까? 주일날 할 수 없는지요?

## 답변]

헌법적규칙4조1항~6항이나

예배모범 1장1번-7번을 볼 때 주일예배 시간에는 예배와 성례 외에 다른 모든 예식은 다른 날에 행하라고 하고 있다.

이유와 배경이 무엇인가?

주일예배 시간에는 예배와 성례 외에 다른 예식은 다른 날에 행하여야한다는 의미는 헌법적 규칙이나 예배모범을 읽어 볼 때 주일날은 온전히 하나님께만 영광을 돌리고 예배에 집중하라는 의미가 있다고 볼 수 있다.

경건한태도, 엄숙한 예배, 신성함을 감손하게 될 것 같고, 임직식이나 장례식, 각 종 예식 행사 등을 할 때 개인을 기념하고 축하 위안 치하하는 예배가 되기 쉬우므로 주일을 거룩하게 온전히 하나님께만 영광을 돌리기 위한 헌법적 원리의 배경으로 생각 된다. 이에 근거하여 총회 결의도 임직식 등 각종예식을 할 수 없다로 확인 결의하고 있다.

외국인이 총신 신대원을 졸업했을 경우 강도사 고시와 목사안수 가능한 방법이 있나요?

## 답변]

목사후보생, 강도사, 목사 안수 절차 정치(政治)14장과 15장을 보면

1) 목사후보생지원자는 소속된 본 노회에 청원한다.

2) 총회가 인정하는 신학교나 총신을 입학할 때 본 노회에 청원하여 추천서를 받아 총신에 입학한다.

3) 총신에 입학하여 3년간 공부하고 학점을 이수하여 졸업한 후 총회 고시부가 실시하는 강도사고시에 합격 후

4) 소속된 노회에 강도사 인허를 청원하여 노회가 인허식을 하므로 강도사가 된다. 강도사가 된 후 1년 이상 교역 하고,

5) 교회 청빙을 받은 자라야 목사고시 자격과 안수 받을 수 있다.

외국인이라도 특별한 다른 절차의 법(法)이 없다면 본(本)총회 헌법(憲法)에 합당한 자로 강도사 고시, 인허, 목사로 임직을 해야지, 불법(不法)적인 행위를 할 때는 큰 혼란이 온다. 헌법을 생략하고 초 헌법적 일을 해서는 안 될 것이다.

### 질의171] 담임목사 청빙시 청빙위원들의 지켜야할 임무 및 노회의 양식과 절차가 있나요?

#### 답변]

1. 청빙의 위원회 조직에 대해

   1) 전임자는 후임자를 위한 청빙위원회 조직을 하지 않는다.

   2) 후임자를 위한 공동의회를 할 수 없다.

2. 청빙위원회 조직 시기와 절차 임무

   1) 담임목사 사면하고 노회파송 당회장이 당회 결의에 의해 청빙위원회를 조직하는 것이 적법하다 .

   2) 후임목사 청빙 자격조건을 결의하고 학력, 나이, 목회경력 등 이력서제출, 목회계획서 등을 신문에 공고하고 기일을 정하여 서류접수를 기일을 정하여 받는다.

   3) 접수 마감 후 당회에서 조직한 청빙위원회를 개최 한 후 접수 서류를 개봉

하여 자격요건을 검증하고 당회에 보고하고 당회는 공동의회에 추천 할 한분을 최종 당회의 결의로 선택한다.

4) 청빙위원들은 개별행동은 금물이고 청빙 위원회 결의에 위해서만 실천한다.

3. 청빙서 양식

헌법적 절차에 의거 양식을 만들어 사용하고 각(各)노회에서 사용하는 양식을 참고하여 노회에서 만들어 사용하면 된다.

4. 청빙에 관한서류

정치15장1조에서5조에 근거 양식을 만든다.

1) 목사청빙 청원서 1통

2) 목사청빙서 2통(성도서명날인)

3) 목사청빙 의견서(교회직인, 공동의장印)

4) 공동의회록 사본 2통

5) 이력서1통

6) 가족관계 증명서 1통

* 위와 같은 서류를 공동의장은 준비하여 노회에 제출 한다.

* 각 노회에서 정한 양식에 의하여 준비하면 된다.


## 질의172] 원로목사를 임시당회장으로 파송할 수 있나요?

### 답변]

106회 총회결의 86페이지에 보면,

원로목사 관련 정년이전 원로목사를 임시당회장으로 파송할 수 있도록 헌의건은 허락하기로 가결하다. 파송할 수 있습니다.

## 질의173] 총회기금은 얼마를 납부하므로 가입 되나요?

### 답변]

총회107회 결의에 의하면 제106회 실행위원회 결의대로 시행하되 기금은 0,1%로 인하하여 시행하도록 가결하다.

총회실행위원회보고/총회총대는 총회 연기금을 의무가입토록 하였음을 보고하니 유인물(보고서 362~ 364쪽)대로 받기로 가결하다.

## 질의174] 전도목사가 시무하는 교회에서는 부목사 청빙을 할 수 없나요?

임지가 없는 강도사가 목사청빙을 받으려면 어떻게 해야 하나요?

### 답변]

부목사는 위임목사를 보좌하는 임시목사이므로 위임목사만이 부목사를 당회 결의로 청빙할 수 있다.(정치4장4조3항)

임지가 없으면 기관의 청원이 있으면 기관목사로 노회의 허락으로 파송 받을 수 있다.(정치4장4조7항)

## 질의175] 명예권사가 교회에 덕을 세우지 못할때?

명예권사가 교회 덕을 세우지 못하고 주위 사람들에게 비판받을 일을 저질러 교회가 욕을 먹게 될 때 어떻게 해야 합니까?

### 답변]

행정당회를 열어 권면하고 듣지 않으면 고소나 기소를 하여 재판회로 변격하여 재판절차를 통하여 시벌할 수 있다.(출교 등)

답변]

정치10장3조의 회원 자격에 근거 정년 전 원로목사는 회원권을 구비 한다고 하였다. 여기서 회원권은 선거권과 피선거권이 주어진다고 봐야한다 .

단, 노회의 직책을 노회규칙에 따라 맡을 수 있다고 보아야한다

그러나 노회 직책은 위임목사, 시무목사순이 되어야 한다.

질의177] 정년 전 원로목사에게 총회 총대권을 주자고 109회기 때 청원하려고 합니다. 가능할까요?

답변]

헌의는 할 수 있으나 총회결의와 규칙은 위임목사와 시무장로만이 총회총대가 될 수 있다는 총회규칙1장3조와 103회 총회결의가 있으므로 규칙과 결의가 있으므로 헌의안이 부결, 기각 될 확률이 매우 높습니다. 결의보다 규칙, 규칙보다 헌법이 우선하기 때문입니다.

질의178] 전도목사로 파송 받기위해 먼저 부목사로 청빙을 받아야 하는 절차가 필요하나요?

아님 강도사로서 교회를 개척하고 있으면 바로 안수 후 전도목사로 파송이 가능한가요?

답변]

전도목사...

교회가 없는 곳에 파송하여 전도하고 교회를 설립코자 하면 전도부가 실사하

고 전도부 청원으로 노회가 전도목사로 안수하여 파송하는 것은 노회가 가부간 결의할 일이다.(정치4장4조6항)

군목과 선교사는 특수한 관계로 청빙이 없어도 파송할 곳이 있으면 안수하여 파송하고 사역하게 한다.(정치 4장 2조)

목사 안수문제는 전도목사의 파송을 전제로 한다면, 목사고시와 목사 안수는 노회 고유권한이므로 노회에서 의논해서 결의 결정할 일이다.

## 질의179] 임시 당회장 파송청원에 대하여

정기노회 폐회이후 예) 11월에 교회가 임시 당회장 파송청원을 했을 경우 노회는 누가 어떻게 결정하여 처리를 할 수 있을까요?

### 답변]

1) 임시노회를 열어서 노회 정치부에서 선정하여 노회결의로 파송할 수 있습니다.
2) 노회임원과 정치부가 모여서 결의하여 파송 할 수 있습니다. 이런 경우는 노회 규칙이나 노회 결의로 위임이 되어야 할 수 있습니다.

## 질의180] 일사부재의원칙과 번안동의 재론동의에 대해 말씀 해주세요?

### 답변]

1. 일사부재의(一事不再議)원칙

   한 가지 안건을 동일 회기 내에 두 번 논의하지 못한 다는 원칙이다.

   한번 결의한 것은 시행하는 것이다.

2. 재론동의 번안동의란?

   한 번 결정된 의안을 다시 토의해서 뒤집자는 것이다.

   번안동의 재론동의는 동일회기 내에 논의하자는 것은 일사부재의 원칙에 위

배 된다고 볼 수 있다. 그럼에도 불구하고 [번안동의 재론 동의] 하려면

1) 24시간 지나야 할 수 있다.

2) 표결될 때 다수 편에 가담했던 자가 동의 와 재청을 할 수 있다. 소수에 표를 준 사람은 동의 할 수 없다 .

3) 번안동의는 회원 3분의 2찬성이 있어야 성립 된다. 번안동의 자체가 일사부재의 원칙에 어긋나기 때문이다. 번안동의는 처음 결정이 매우 잘못 결정된 것으로 판단 될 때 다수 편에 속한 회원 3분 2이상의 가결이 있어야 재론 할 수 있다.(정조618조) 이러한 절차 없이 재론하거나 변경결의 하는 것은 위법으로 취소 될 수 있다.

### 질의181] 원로 장로가 당회의 언권회원이 될 때 어떻게 언권회원이 될까요?

당회가 허락해야만 가능한지요?

원로 장로이기 때문에 자동으로 언권회원이 되는지요?

### 답변]

원로장로에 대해 정치5장5조에 보면,

1) 동일한 교회 20년 이상 시무하던 장로

2) 시무를 사임하려할 때

3) 교회가 명예를 보존하기 위하여

4) 공동의회 결의로 원로장로로 추대 할 수 있다 .

5) 언권회원이란? 결의권, 선거권, 피선거권이 없는 언권회원이다.

6) 언권회원으로 당회의 허락이 있어야 한다.

7) 원로장로라도 제직회 발언권은 헌법정치제21장2조에 근거 원로장로라도 정년 이전에는 발언권이 있고, 정년 이후에는 발언권이 없음을 가결하다.(95회총회 결의)

## 질의182] 장로가 임직한 교회가 노회 탈퇴하여 면직 받은자가 원로장로 자격 있나요?

우리교단 노회 임직 허락으로 임직을 받은 장로가 노회를 탈퇴하고 장로제도가 없는 침례교단 목사를 모셔다 1년 이상 예배를 집전하다 총회결의를 어기고 탈퇴한 노회가 아닌 지역노회에 이명, 이적절차를 따르지 아니하고 가입하였으며 가입한 노회 임직허락으로 장로로 임직한 사실이 없는 경우 노회 탈퇴 헌법이 정한 이명, 이적절차 등과 관계없이 동일교회에서 20년 이상 시무하였다면 원로장로자격이 있는지요?

노회의 임직허락으로 임직한 장로가 임직 허락한 노회를 탈퇴하면 장로임직이 자동으로 해임되는 것인지요?

임직을 허락한 노회를 탈퇴한 장로를 노회가 장로면직처분을 하였으나 이를 무시하고 그 교회에서 20년 이상 장로로 시무하면 원로장로 자격이 되는지요?

### 답변]

총회결의위반 헌법위반입니다. 자격이 없습니다.

## 질의183] 시무목사가 시찰위원, 시찰장이 가한지요?

시무목사가 정치부원이 가한지요?

### 답변]

1. 헌법정치10장6조9항에 보면 시찰위원 선정은 노회 직무에 속합니다.
   시찰장이 시찰 경내 위임식을 할 경우 위임국장이 선정되는 경우가 많습니다.
2. 시찰장은 위임목사가 시찰위원은 시무목사라도 정치10장3조 의정회원, 정치4장4조 시무목사로 계속 연기청원을 하고 정치15장12조에 의거 당회장권을 주었다면 시찰위원과 정치 부원을 배정할 수 있다. 단, 정치부는 주요부서로 증경 노회장이나 목사 안수 후 10년 後라든지 노회 규칙에 자격기준을 제정하

여 진행하는 것이 좋다고 생각합니다.

## 질의184] 담임목사 청빙이 먼저인지 원로목사 추대가 먼저인지?

원로목사 추대하려면 사면서를 먼저내고 투표하는지? 투표하고 사면서를 내는 것인지를 묻는 것입니다.

## 답변]

헌법정치4장4조는 노회에 "시무사면을 제출하려할 때에"라고 했으니 원로목사 추대가 먼저입니다. 그리고 담임목사 청빙이 이루어져야 합니다.

담임목사가 있는 그대로 담임목사를 청빙할 수 없기 때문입니다.

정치4장4조는 노회에 사면서를 제출하려 할 때에 라고 했으니 원로목사 추대 투표가 먼저이고, 통과 되면 그 후에 노회에 허락을 받을 때에 노회에 사면서를 제출하는 것이 헌법적인 순서입니다.

## 질의185] 시무목사가 할 수 없는 것은 무엇인가?

## 답변]

1) 시무목사는 노회장과 총대자격에 대한 질의건은 불가한 것으로 가결하다.
2) 위임받지 않은 시무목사가 임시당회장이 될 수 있는지에 대한 질의건은 불가한 것으로 가결하다.
3) 위임목사 외(外) 시무목사, 임시당회장 재판권 금지의건은 헌법대로 가결하다.재판권이 없음.(103회 총회결의)

## 질의186] 장로고시 절차는 어떻게 됩니까?

### 답변]

1) 노회선택 혹은 가택청원
2) 공동의회 피택
3) 6개월 이상교육
4) 노회고시 합격
5) 노회고시부 합격보고 후 승인
6) 장로임직 및 공포 후 시무장로가 된다.(정치9장5조4항)

## 질의187] 집사 임직절차는 어떻게 됩니까?

### 답변]

1) 당회결의
2) 공동의회 3분의2 찬성 표 받아야
3) 당회가 6개월 이상 교육
4) 당회가 고시 후 합격하면
5) 당회가 날짜를 잡아서 안수 임직하면 시무집사(안수집사)가 된다.(정치9장5조4항)

## 질의188] 당회의 권징은 무엇인가?

### 답변]

정치9장5조6항에 보면

1) 범죄자와 증인을 소환 심사함.
2) 필요한 경우는 본 교회 교인이 아니더라도 증인으로는 소환심문할 수 있다.

3) 범죄증거가 명백한 때에는

　① 권계　② 견책　③ 수찬정지　④ 제명 출교할 수 있으며

　회개 하는자는 해벌한다.

4) 권징조례 35조는 당회가 할수있는 책벌은

　① 권계　② 견책　③ 정직　④면직　⑤ 수찬정지　⑥ 제명　⑦ 출교

　출교는 종시 회개하지 아니하는 자에게만 하도록 되어 있다.

　단, 해벌은 그 회개여하에 의하여 행하거나 이에 준할수 없는 경우에는 그 치리회가 의정 할 것이다.

　시벌의 공포는 교회에 공포 아니 하기도하고 그 교회에나 혹 관계되는 교회서만 할 것이다.(권징36조)

## 질의189] 원로목사 허락을 받은 목사가 추대식이 없이도 법적으로 유효한가요?

### 답변]

　헌법(憲法)제4장4조4항에 원로목사 추대 공동의회에서 과반수 이상으로 결정한 후 노회에 청원하여 허락을 받았으면 본 교회에서 원로목사 추대식을 통하여 공포해야 한다. 여건상 추대식을 못하면 본 교회에서 공포라도 해야 본 교회 원로목사로 객관적인 法절차에 따라 흠결이 없는 원로목사라고 볼 수 있다.

　절차는 매우 중요 합니다. 원로목사 추대식은 예식서에도 있습니다.

## 질의190] 노회의 개회 성수 에 대하여 헌법 제10장5조 의미는 무엇인가?

### 답변]

1) 개회의 성수요건은 예정된 일자와 시간에 모여야 한다.

2) 예정된 장소에 모여야 한다.

3) 헌법의 최소한의 개회성수가 모여야 한다.

4) 개회성수는 재적수에 관계없이 본 노회 속한 정회원 되는 각 교회 목사와 총대 장로 각 3인 이상이 회집되면 개회할 성수가 되므로 노회의 일체사무를 처리할 수 있다고 하였다. 여기서 "목사와 각 장로 3인 이상 이란"? 서로 균형을 이루어 모든 결의가 공평성을 가지고 이루어지는 장로교 교리의 평형의 의미가 있기 때문이다. 개회 후 회의를 진행하다 정회하고 속회할 때는 개회할 때 출석 수의 과반이 되어야 결의한 것이 유효가 된다. 개회출석의 과반수가 안 되면 무효가 된다는 法도 있으므로 과반수 출석, 과반수 결의를 참고해야 한다.

헌법 제10장9조 임시노회 회집요건은 각 다른 지 교회 목사 3인과 장로 3인의 청원이(3가지안건) 있어야 회장이 임시회를 회의할 안건과 회집날짜를 10일 선기하여 각 회원에게 통지하고 통지서에 기재한 안건만 의결한다.

### 질의191] 노회 개회성수가 어떻게 됩니까?

**답변]**

정치10장5조에 정회원 되는 목사 외 총대 장로가 해당되니 조직교회의 목사 3인 장로 3인이라야 가능합니다.

### 질의192] 당회원 모두가 목사를 불신, 노회 탈퇴 서명을 막을 수 있나요?

당회와 목사의 갈등이 격화되어 당회원 모두가 목사를 불신임하여 나가기를 원하는 상태에서 당회원, 중직자들이 교인들을 대상으로 노회탈퇴 서명을 내일 주일에 받는다고 합니다. 어떻게 노회가 대처해야 하는지 또 탈퇴를 저지할 노회의 대처는 어떠해야 하는지 고견을 듣고자 합니다.

답변]

1) 노회 정치부나 임원들이 즉시 담임목사를 만나 정치17장1조에 근거 자유 사면토록 권고하고 사면서를 제출토록하고 그렇지 않으면 제2조에 근거 권고사면절차를 밟아 지 교회가 목사를 환영치 않으면 위임목사 해약청원을 받고 노회가 목사와 교회대표자의 설명을 듣고 처리할 수 있습니다.

노회는 교회 당회원들을 불러 노회가 해결해 준다고 좀 더 참고 기다리도록 해야 합니다. 합의가 안 되고 탈퇴 및 교회분열 가져오게 되면 권징조례54조 관할배척에 근거하여 해당자를 제명할 수 있으며 권징조례42조에 근거하여 불법으로 교회를 분립하는 행동으로 안건이 중대하면 즉시 재판국을 구성하여 면직 할 수 있습니다.

### 질의193] 21당회 이상으로 노회가 설립되어 있다가 21당회 이하로 되면 언제까지 21당회가 되어야하는지요? 21당회가 안 될 경우 총대는?

답변]

21당회가 안되면 7당회 각(各)총대 목사장로 1분씩 헌법대로 적용 됩니다.

21당회 못되면 2명으로 줄겠지요.

노회폐지 및 노회 간 합병 여부는 총회가 해야 할 결정 사항입니다.

### 질의194] 재판, 판결문이나 판결 공지의 근거는 있나요?

총회헌법, 권징조례 등을 찾아보아도 판결문 공고나 공지에 대한 것은 안보입니다. 혹 판결문에 관하여 규칙이나 세칙 등에 공고나 공지에 대한 법조항이 있을까요?

## 답변]

1) 총회재판국 판결문은 총회에 보고하기 위한 것, 채용으로 확정된다.(권징138조)

2) 판결문을 등본 날인하여 원, 피고와 총회 원서기에게 각 1통씩 교부한다.

3) 총회는 재판국 판결을 총회 때 보고하게 한다. 그리고 검사, 채용, 환부, 특별 재판국을 설치 등 한 가지를 채용하므로 판결문이 확정된다.(권징141조)

   금번 108회 총회결의는 총회 재판국 판결문을 총회촬요에 공개하도록 결의했습니다. 교회책벌은 판결을 재판석에서 비밀히 할 수도 있고 재판석에서 책벌도하고 교회 앞에서 공포한다. 출교면직은 교회 앞에서 직접 본인에게 언도하거나 본 치리회의 의결대로 교회에 공포만 한다.(예배모범16장시벌)

### 질의195] 권징조례 제35조 "당회 시벌"에 대하여 알려주세요?

권징35조는 당회에서의 시벌로 적용되고, 권징41조는 직원(목사)의 시벌에 적용되는 것으로 이해가 됩니다. 그런데 당회 시벌의 적용을 직원시벌로, 직원시벌을 당회시벌로 인용하는 것이 옳은지요? 그러면 안 되는지요?

## 답변]

권징조례 제35조는 "당회가 정하는 책벌"이라 했으니 "장로 권사 집사 성도에게 행하는 시벌"이다. 목사의 책벌로 판결 할 수 없다. 권징조례 35조 법적용 위반으로 무효가 될 수도 있다.

### 질의196] 원로장로는 당회의 자동언권 회원이 되나요? 총회결의와 유권해석이 있나요?

## 답변]

1) 단, 원로장로는 당회의 언권회원이 된다.(정치5장5조)

2) 원로목사 원로장로는 정치문답73문에 의거 그 당회의 허락을 얻지 못하면 당

회에 참여 하거나 강도를 하지 못한다. 자동회원은 아니다.

허락을 얻으면 무슨 사건이나 언권으로 행할 수 있다.(90회총회결의)

3) 원로장로 제직회 발언권

헌법정치21장2조에 근거 당회원(시무장로)이 아니면 원로장로라도 정년 이전에는 발언권이 있고 정년 이후에는 발언권이 없다로 가결하다.(제95회총회결의)

## 질의197] 위임목사 유예기간의 목사는 어떤 직책을 맡을 수 있는지요?(법적인 근거)

시무목사에게 당회장권을 반드시 줘야 되는지 안줘도 되는지요?(법적 근거)

### 답변]

1) 위임목사가 폐당회 되면 노회가 합법으로 위임했으면 목사위임은 해제되지 않는다. 단, 2년 내에 당회가 조직되면 위임식 없이 자동 위임목사가 계속 된다. 2년 내에 당회조직이 안되면 자동위임이 해제 된다.(제60회총회결의)

2) 위임목사가 폐당회가 되면 위임목사가 2년간 유지되나 노회장과 총회총대 는 불가하다.(102회총회결의) 그 외(外)는 제재에 대한 결의가 없으므로 노회 내에 모든 직책은 맡을 수 있다.

3) 시무목사 당회장권 부여에 대해

① 미조직교회는 3년간 시무목사로 시무하게 할 수 있고, 만기 후에는 대리당회장으로 다시 노회에 연기청원 하여 승낙을 받을 받으면 노회결의로 당회장권을 줄 수 있다.(헌법 정치 15장 12조)

② 정치15장12조의 법적인 하자가 없는 시무목사에게는 반드시 당회장권을 주어야 한다. 단, 法적인 하자가 있다면 법적인 근거에 의해 당회장권을 노회가 주지 않을 수 있다.

답변]

본 교회 무흠 세례교인으로 공동의회 회원자격이 있으므로 목사청빙, 장로, 안수집사, 시무권사 선택 등 공동의회에서 진행하여 투표할 경우 투표권이 있습니다.(헌법 정치 21장 제1조)

**질의199] 청빙 통과된, 목사를 교회 대표자로 세울 수 있나요?**

청빙투표가 끝나고 선출되신 목사님(시무)을 대표자로 세우고 지금까지 임시 당회장이신 목사님은 교회로 돌아가는 것에 대해서는 어떻게 되는 것인지요?

답변]

청빙투표로 선출되신 (시무)목사님을 절차법 따라 교회부임도 하지 않고는 교회 대표자로 세울 수 없습니다.(정치9장3조)

**질의200] 임시 당회장을 교회 대표자로 세울 수 있나요?**

후임목사님이 선출되셨는데 임시 당회장을 대표자로 세우고 앞으로 모든 교회의 사무처리 및 행정권한을 당회로부터 위임을 받으려고 하는데 이것에 대해서 여쭙니다.

답변]

교회가 담임목사 공석으로 노회가 당회장으로 목사청빙 할 때까지 파송 했다면 교회대표로 사무처리 할 수 있도록 당회가 협력해야 합니다.

청빙된 후임목사가 교회 부임까지는 당회장도 담임목사가 될 수 없기 때문입니다.(헌법정치9장4조)

## 질의201] 청빙투표가 끝난 후임목사님의 노회청원절차는 어떻게 됩니까?

### 답변]

청빙서를 작성하여 투표한자로 서명날일인하고, 공동회장도 날인하고 투표하지 않은 무흠 세례교인 과반수의 날인을 한다. 증인으로 공동의회에서 회장이 서명 날인하여 노회서기에게 접수한다. 노회는 노회 혹은 임원정치부(임사부) 결의 후 부임한다(헌법정치15장참조)

## 질의202] 청빙투표 끝나고 빨리 부임 할 수 있는 길이 없나요?

청빙투표가 끝났는데 2023년 4월 정기노회 서류 제출하고 노회 후 부임해야하나요? 빨리 부임하게 할 수 있는 길은 없나요?

### 답변]

지 교회 청빙투표가 끝나면 특별한 사정이 있어서 교회와 후임목사가 합의가 되고 당회가 수용되었다면 2024년 4월 노회에 접수하여 부임케 할 수 있다.

그러나 교회나 청빙된 후임목사나 부임하는데 특별한 하자가 없다면 노회파송 당회장과 당회결의 후 정치15장3조4조대로 노회청빙서 양식과 청빙서에 4조 내용을 기재 후 서명 날인하여 청빙서를 제출 한다.

접수되면 임시노회나 노회규칙 따라 즉시 처리되면 빠른 시일 안에 부임할 수 있습니다.(정치15장5조6조 참고)

## 질의203] 축도할 때 있을찌어다 가 합법인가요?

축도할 때 축원합니다와 있을찌어다의 문제에 대해서, 분명히 총회에서 있을찌어다 라고 결의한 것으로 알고 있는데 얼마 전 우리교단의 대형교회 목사님이 본인 섬기는 교회에서 세미나 개회예배에서 축도 시 축원합니다 라고 마치시더라구요. 어저께도 어느 노회 증경 노회장도 행사시에 축원합니다 라고 하는데 문제점과 제재방침은 없는지요?

## 답변]

축도할때 "있을찌어다" 총회헌법이고 총회결의이다. 위법한 자에게는 노회가 색출하여 경고해야 되겠지요.

## 질의204] 강도사가 이명해 오면 노회 서기접수로 끝나는가요?

아니면 임사부, 임원정치부가 받아줘야 하나요?

모든 이명은 접수가 아니라 허락이 필요한 것 아닌가요?

## 답변]

강도사가 지 교회 청빙을 받으면 청빙서와 이명서를 노회 서기가 접수하여 임원 정치부를 열어 서류심사하고 본인 면접하고 이상이 없으면 허락에 대한 가부를 물어 결의 결정해야합니다. 그때부터 효력이 발생 하고 정기노회 시에 보고 하므로 완결 됩니다.(정치10장제6조 노회직무 3항, 권징110조,114조참고)

## 질의205] 빈야드에 대해서 총회 입장은요?

우리 총회에서 빈야드를 금지하지는 않았고 통합측에서는 금지했으며 기성에서는 이단이라 했네요.

## 답변]

우리 총회도 결의를 했습니다. 82회(1997년) 신세원목사 충현교회에서

전 신학부장 이재영씨의 보고는 받되(보고서 p400-430) '빈야드 운동에 대한 우리의 입장'의 결론 부분에' 경계 금지해야 될 것이다를 '빈야드 운동에 참여하

거나 동조하는 자는 다락방 운동에 참여하는 자에 대하여 하는 것같이 징계한다'로 삽입하여 받기로 가결하다.

82회 총회결의는 빈야드 운동에 참여하거나 다락방운동에 참여하는 자에 대하여 한 것같이 징계하기로 하다고 결의되었습니다. 실천이 필요하고 단호한 처리가 필요합니다. 관심 갖지 않으면 모르는 경우가 의외로 많습니다.

우선 그 노회 아시는 분과 의논 후 판단하고 결정하는 것이 좋을 것 같습니다. 저한테도 옛날에 타 노회에서 연락이 와서 조용히 권면하고 해결한 적이 있습니다.

**질의206]** 아들 부목사를 당회를 통하여 담임목사로 청빙건은 불가입니까?

동일교회 부목사는 누구나 담임목사 목사가 될 수 없다는 88회 총회결의입니다. 아들부목사를 3년간 타 교회에 부목사나 시무목사로 시무케 하고 청빙건 이것은 세습으로 합동 총회법은 합법입니까, 불법입니까? 또한 가능하는지요?

## 답변]

① 99회총회결의는 세습이란 용어사용은 금지키로 하고 헌법대로 목사청빙 절차를 밟으면 된다는 결정 입니다 .

② 정치15장2조3조에 따라 임시 당회장이 당회결의로 공동의회를 소집하여 목사청빙투표에 대하여 과반수가 찬성하면 즉시 투표하여 3분의 2찬성하면 청빙서를 작성하여 노회에 제출하면 된다.

③ 특정인은 안 된다는 결의는 없는 줄 압니다.

원로목사 추대 전 3년 동안 동역케 하는 후임목사로 동사목사후 담임목사로 청빙 가능하도록 104회 총회는 결의하였습니다.

## 질의207] 제명당한후 노회상소중인데 제적처리 가능한가요?

안수집사가 제명당했는데 노회에 상소중입니다. 그래도 교적부에서 제적처리 하는게 맞나요?

## 답변]

권징조례100조는 상소를 제기한다할 때에는 하회에서 결정한 것이 권계나 견 책이면 잠시 정지할 것이요, 그 밖의 시벌은 상회판결 나기까지 결정대로 한다 고 되어 있습니다. '제명'에 대한 상소중이므로 권징조례100조에 따라 교적부 제적처리는 보류되어야 하고 제명 취소되면 상회판결대로 즉시 회복 조치 시행 하면 된다.

## 질의208] 임직식 준비는 어떻게 하나?

## 답변]

정치15장9조에보면 장립식, 위임식, 임직식은 귀중한 예식이다.

목사장립을 준비하는 위원들은 예식의 시간과 장소와 예식순서 맡을 임원들을 정하고 위임식은 청빙받은 교회에서 하는 것이 원칙이다. 그 교회 교인들은 준 비 기도를 해야 한다.(행13:2,정문920문)

장립식 위임식 임직식은 주일을 피해야 한다.(정문618,제84회총회결의)

예배와 임직식을 구분해야한다. 임직감사예배, 위임감사예배 라는 명칭은 합당 한 용어가 될 수 없다.

1부 예배

2부 임직식으로 구분해야 한다.

예배의 대상은 오직 하나님께 감사와 경배가 이루어 져야한다. 사람을 끼워 넣 으면 안 된다.

임직식을 = 목사장립, 목사위임, 장로장립, 집사장립, 권사취임식 등을 구분해서 거행하면 된다.

임직의 예식순서는 정치15장10조~11조를 참고하면 된다.

별도로 감사예배 드리고 싶으면 임직 후에 날을 정해 드리는 방법도 있다.

모든 임직식은 주일을 피해야 한다.

## 질의209] 다른 교파 교역자가 본 교단에 가입하고 회원이 되는 절차?

### 답변]

정치15장13조는

다른 교파란? 본 교단 외에 모든 교파를 말한다.(51회결의)

1) 총신대 신학대학원 편목과정의 수업을 해야 한다.

2) 본 교단에서 실시하는 강도사 고시에 합격해야한다.

3) 노회에서 정치 15장의 서약하고 강도사 인허를 노회에서 받으므로 노회의 정회원이 된다. 안수는 다시 받지 아니한다.

4) 편목은 인허 받은 날부터 본 교단 시무기일이 된다.

5) 한국이외 다른 지방에서 임직한 장로파 목사도 같은 예로 취급한다. 또한 정치15장 10조의 각항대로 서약을 하여야 한다.

6) 위 모든 절차 후에는 조직교회는 법적인 하자가 충족되므로 위임 청빙으로 위임 목사도 될 수 있다.

## 질의210] 당회 결의 없는 공동의회가 효력이 있는지요?

담임목사가 1년간 안식년 다녀오려고 하는데 당회에서 반대하는데 공동의회를 소집하여 통과 시키고 다녀오려고 합니다. 헌법 위배가 됩니까?

## 답변]

1) 위임목사가 1년 이상 당회 허락 없이 다녀오면 무단결근으로 자동으로 그 위임이 해제 됩니다.(정치4장4조1항)

2) 당회 결의 없는 공동의회 역시 무효이고 헌법위반으로 처벌 대상이 됩니다.(정치21장2조)

### 질의211] 당회를 외부에서 할 수 있나요?

연말이 되면 외부에서 당회하고 식사하는 경우도 있습니다. 그러나 반대자가 있으면?

## 답변]

1) 당회실에서 하는 것이 가장 좋습니다.

2) 당회실에서 회의 후 외부에 가서 식사하며 친목 할 수 있습니다.

3) 특별한 사유가 있으면 당회에서 외부에서 당회하기로 설명하고 결의 후 당회를 할 수 있습니다.

### 질의212] 권고사면이란?

## 답변]

정치17장2조에 보면

지 교회가 목사의 해임, 해약을 원하는 경우를 말한다.

다수가 목사를 환영해도 해임 하는 경우가 있고 다수가 목사를 배척해도 유임해야 하는 경우가 있을 수 있다. 해약청원서가 들어오면 노회는 정확히 살펴서 목사의 잘못이 많으면 권고사면을 시켜야 할 것이다.

노회가 파송한 당회장에 의해 공동의회를 개최하여 출석과반수로 결정을 한

후 대리당회장은 노회에 보고하고 노회는 쌍방을 불러 사실하고 사실이면 해임 결정한다.(정문 665)

## 질의213] 시무목사에게 어떤 경우 당회장권을 줄 수 있나요?

노회에서 시무목사와 전도목사님께 어떤 경우에 당회장을 허락할 수 있고 어떤 경우에 할 수 없는지요?

## 답변]

언권만 있는 전도목사에게는 당회장권을 줄 수 없고요, 시무목사 연기청원 하여 허락된 시무목사에게는 정치15장12조에 근거하여 노회에서 노회결의로 당회장권을 줄 수 있습니다.

## 질의214] 은퇴목사가 후임자 청빙 공동의회 효력이 있나요?

은퇴목사님이 후임자를 정하여 공동의회에서 청빙을 해놓은 상태에서는 어떻게 해야 할까요?

## 답변]

은퇴목사님은 은퇴했기 때문에 아무권한이 없습니다. 은퇴하지 않은 가운데도 후임자를 위해 공동의회를 할 수 없는 것이 총회결의입니다. 은퇴목사가 공동의회를 한 것은 무효로 하고, 다시노회 파송 당회장이 목사 청빙을 위한 공동의회를 절차대로 당회결의 후 진행해야 유효 합니다 그렇지 않으면 헌법 위배가 됩니다.

답변]

은퇴하는 목사의 사표수리를 노회가 받고, 당회장은 시찰장이라도 노회 허락이 없으면 맡을 수 없고, 노회나 노회 임사부에서 임명을 해야 가능하며 총회결의는 시무목사는 본 교회 외(外)타교회 당회장이 될 수 없다고 결의되었으므로 시무 목사를 당회장으로 임명하면 안 됩니다 .

질의216] 담임목사가 시무하다가 사임할 경우 은퇴비 지출을 위해 꼭 공동회의를 해야 하나요?

답변]

지출을 위해 당회에서 결정하고 공동의회를 생략할 경우는 "재정처리에 관한 것으로 제직회"에 보고하여 결정지으면 제직들의 뜻이 담겨있으니 후에 안 좋은 여론이 없을 것입니다.

공동의회 예산안에 들어가지 않은 경우는 당회에 위임하지 않는 이상 절차대로 처리하는 것이 좋습니다.

질의217] 명예권사가 70세 되면 은퇴권사가 되는지요?

명예권사는 여신도 중 60세 이상 된 자를 임명할 수 있다고 했는데 70세 이상은 임명에 제한이 되는지요?

답변]

70세 이상은 제한된다는 헌법과 총회결의가 없습니다. 모범적인 신앙을 가진 분은 60세 이상이면 나이에 관계가 없이 임명할 수 있습니다.(헌법정치3장3조

3항5번) 70세 정년은 목사 장로 안수집사 시무권사에게 해당됩니다.(정치3장2조,3조3항1번) 공동의회에서 당회에 위임결의를 하면 가능합니다. 단, 위임하면서 긍정적인 조건을 첨부 했을 경우 참고해서 처리하면 되겠습니다.

## 질의218] 총회가 위임하지 않는 안건를 임원회가 취급할 수 있나요?

총회가 맡기지 않은 안건을 총회 파한 후에 총회 임원회가 전 임원회에서 위임 받은 안건이라 하는데 총회에서 없던 안건을 임원회에 위임할 수 있는지요?

### 답변]

1. 총회 직무
   1) 총회는 하회에서 합법적으로 제출하는 헌의, 청원, 상고와 소원, 고소문의와 위탁 판결을 접수하여 처리할 수 있다.(헌법정치12장4조 총회직무)
   2) 접수하지 않은 안건이나 위임되지 않은 안건은 임원회가 다룰 수가 없다.
2. 총회 임원회
   1) 총회가 파하면 총회수임사항을 위하여 가동할 수 있지만
      *총회에서 수임 사항이 아닌 것은 취급할 수 없다.
   2) 총회에서 수임 받은 안건처리를 위해서 임원 2명 이하 포함된 소원회를 구성할 수 있지만
      *수임되지 않은 것은 소위원 구성할 수 없다.
   3) 분쟁노회 수습 위원회도 헌의부 정치부 보고 후 총회 결의가 있을 때 수습 위원회를 구성하여 수습케 할 수 있지만 총회결의가 없고 수임하지 않는 것은 총회 파회 후에 임원회가 수습처리 소원회를 구성할 수 없는 것이다.(총회규칙 제7장 24조)

불법을 자행하는 총회임원을 고소할 수도 있는지요? 분명히 경안노회 벌주었다가 현장에서 해제하고 사과까지 했는데 일사부조리 원칙에 한번 벌 받은 사건을 또 중재 하겠다는 목적으로 소환을 하고 있습니다. 또 벌 받고 복직된 목사를 또 벌 주라고 했다면 법리에 전혀 맞지를 않으니 사과까지 하고 또 바톤을 이어받은 사람들이 또 못되게 하고 있으면 이를 어찌해야 옳습니까?

## 답변]

한번 총회에서 부르면 노회에서 올라가 논리적으로 일단 소명을 하고 차후에 대응하는 것이 좋을 듯 합니다.

원로목사로 교회에서 추대했는데 시무목사 은퇴이후에 원로목사 추대식을 노회에서 하지 못한 상태에 있습니다. 은퇴 이후에 추대해도 상관없지요?

## 답변]

동일한 교회에서 20년 이상 시무한 목사가 만71세 생일前, 목사 시무사표 내기 前에 교회에 공동의회에서 원로목사로 투표하여 과반수로 결정한 후 노회에 청원 하면 노회에 결정으로 원로목사가 된다. 추대식은 지 교회에서 하면 됩니다.(헌법정치4장4조)

## 답변]

은퇴 후에 원로목사 추대 공동의회하고 노회허락을 받으려고 하면 불법이 됩니

다. 은퇴 직전에 공동의회 절차를 밟아, 노회허락을 밟아야 합법입니다.(101회총회결의)

### 질의222] 위임목사가 사임을 하게 되고 공석이 되면 임시노회에서 처리가 가능한지요?

정기노회 때까지 기다리지 않고 임원회에서 행정처리를 위해서 당회장을 파송할 수 있는지요?

### 답변]

임원회에서는 안 되고, 노회 폐회 후 노회를 대신한 노회규칙이 있으면 임사부 즉 임원, 정치부에서 처리가 가능하며 규칙이나 임원, 정치부에 위임사항이 없다면 임시노회를 열어 처리하는 것이 합법(合法)이라 생각 됩니다.

### 질의223] 잔무의 범위는 어디까지 입니까?

노회 폐회 시 보통 잔무는 임원회에 맡기고 폐회하자는 동의를 합니다. 여기서 잔무의 범위는 어디까지 일까요?

### 답변]

잔무란, 안건을 처리하지 못한 것을 잔무라고 합니다. 그 밖에 것은 규칙이나 결의를 통해서 맡기지 않는 것은 임원회에서 처리할 수 없으며 노회규칙에 기록된 임원의 의무를 감당하면 됩니다.

### 질의224] 회의할 때 호명, 점명, 용어 중 어느 것이 맞습니까?

회의를 할 때에 호명하겠습니다. 또는 회원 점명하겠습니다. 하는데 어떤 분이 이 문제를 따지 길래 문의해 봅니다. 임원선거후 투표용지는 일반적 회의에서는 의의가 없느냐 묻고, 바로 폐기소각 하는데 우리 교회법은 보관해야 한다고 하는데 어떤 것이 맞는지요?

## 답변]

호명이 좋고, 투표지는 일정기간 보관입니다.

## 질의225] 부목사를 동사목사로 청빙시 바로 할 수 있는지요?

## 답변]

바로 할 수 없습니다. 사표내고 다른 곳에서 1년 이상 사역하게 하고 나중에 청빙절차를 밟아야 합니다.(총회결의)

## 질의226] 선교사의 정의? 누가 선교사 입니까?
## 외국에 나가서 선교지를 정하고 해야 되지 않나요?

## 답변]

선교사의 헌법적 의미는? 다른 민족을 위하여 외지에 파송을 받은 목사이다.

1) 외국에서 원주민을 상대하여 선교해야한다.
2) 외지에 파송을 받아야한다. 외지란 외국을 의미한다. 외국에서 외국사람을 상대하여 복음을 전하고 교회를 설립하고 성례를 행하는 목사이다.(정치18장1조, 22장3조)

## 질의227] 임시당회장 없이 위임식이 가능한가요?

교회를 시무하던 목사가 원로목사로 추대되어 노회에 원로추대청원과 위임목사 사면청원서를 제출하여 노회에서 허락을 받았고, 후임자는 위임청빙청원서를 제출하여 노회의 허락을 받았습니다. 이때 위임식을 위해 임시당회장 없이 교회에서 예식날짜를 잡아 위임식을 하는 것은 합법인지요?

## 답변]

불법입니다. 위임목사 청빙 주관한 당회장이 위임식 때까지 하는 것이 총회결의이고 합법입니다. 위임식으로 위임목사가 될 때 당회장이 될 수 있습니다. (제90회 총회결의)

## 질의228] 피택 받은 집사가 안수를 사정상 거부하면 그 기한은 언제까지인가요?

나이가 안 되어 시무장로가 사임을 사정상 사임서를 제출하면 명칭은 어떻게 되나요?

## 답변]

피택 집사가 안수거부하면 서리집사로 임명하여 봉사케하고, 시무장로가 사임하면 무임장로가 됩니다. 사직하면 성도가 됩니다.

## 질의229] 위임목사 청빙 후 위임식을 않고 당회장이 가능한가요?

90회총회 결의서 정치부 보고 107항에 보면 평동노회 최영식씨 질의한 위임목사가 청빙 후 위임식을 거행하지 않았을 때 당회장이 될 수 없나요?

## 답변]

결의내용

"위임목사 청빙은 했으나 위임식을 거행하지 않았기 때문에 당회장이 될 수 없으므로 중요한 치리권을 행사할 수 없는 것으로 하다"라고 결정 했습니다.

위임식 前에 노회가 위임목사 청빙을 받은 자에게 당회장권을 주지 마라는 의미입니다. 교회가 행정 공백이 잠시라도 있으면 안 되므로 노회가 파송된 당회장이 위임식 때까지 중요한 치리권을 행사하는 것이고, 당회장 허락 안에서 설교자로 세울 때 가능 합니다. 위임식 공포하므로 위임목사로 당연직 당회장이 헌법 9장3조에 따라 교회대표, 담임목사 즉 위임목사가 되는 것입니다.

헌법과 총회 결의대로 하면 됩니다. 그렇치않으면 위법과 무효가 됩니다.

## 질의230] 정년 전 원로목사가 본 교회 당회장이 가능한지요?

정년 전 은퇴한 목사(원로포함)가 노회의 회원이기에 노회의 여러 상비부서의 장이나 혹은 위원회의 장을 맡는 것이 가한지? 불가한지요? 그리고 해당교회의 정년 전 원로목사가 위임목사가 청빙될 때까지 해교회의 당회장을 맡을 수 있는지요? 위임목사가 청빙되고 위임식을 거행하기까지 해교회의 당회장을 맡는 것이 가한지요? 혹 노회에서 허락하면 가한지요?

### 답변]

1) 정년이전 원로목사는 노회 회원자격이 있다.(헌법10장3조)

2) 노회가 상비부 배정도 시무하고 있는 현역 즉, 위임목사 시무목사 원로목사 순으로 배정을 해야 한다. 원로목사는 명예보존이 헌법4장4조의4항의 의미이다.

3) 은퇴하면 발언권만 있다.(79회총회)

4) 만70세은퇴자는 모든 공직에서 배제키로 결의하다. 각종직책을 맡을수 없다. 고문지도위원만 가능하다.(98회총회)

5) 원로목사, 원로장로라도 당회의 요청이 없으면 당회에 참여할 수 없다. 자동회원이 아니다 허락을 받아야 언권만 있다.(90회총회 정문86문)

6) 노회에서 허락을 해도 (불법) 원로목사는 본 교회 당회장을 맡을 수 없고 사임전(前)이라도 후임목사를 위한 공동의회를 주관할 수 없다.(104회총회)

7) 정년이전 원로목사를 임시 당회장으로 타 교회 파송은 노회에서 할 수 있다.(106회총회)

**질의231]** 1954년생 3월 15일이면 정년이 언제인가요?

2024년 3월15일까요? 아님 2025년 3월14일까요? 현재 우리나라는 만 나이를 사용하지 않는데 교단헌법은 만71세 생일 전까지 라고 알고 있어서 여쭈어 봅니다.

**답변]**

1954년 3월 15일생은 만 71세 생일 전날은 2025년 3월 14일입니다. 총회 결의한 유권해석입니다. 만 70세에 대한 유권 해석은?

만(滿)이라 함은 생일을 기산일로 하여 다음생일 前까지이다. 만 70세 시작점에서~364일로 만 71세가 되는 생일 前日까지이다. 단, 93회 총회 이후부터 적용키로 하다.(93회총회결의)

**질의232]** 성경봉독을 아무나 할 수 있나요?

주일 낮 예배 시간에 성경복독을 유치원생, 청년부, 남, 여, 집사부부, 등등을 시킵니다.

**답변]**

성경봉독은 공식예배의 한 부분으로 반드시 목사나 담임목사나, 담임목사가 허락한 사람만이 봉독하도록 해야 합니다.(예배모범3장1항)

**질의233]** 장로장립 때 부인과 함께 서약하는 것 합법입니까?

장로장립 때 부인하고 함께 동석하게하고 같이 일어서서 서약을 하기도 하고 권면도 같이 합니다.

**답변]**

장로로 피선되어 고시합격하고 노회고시부보고후 승낙 된 자를 장립식 때 교회 앞에서 일어서서 서약하게 한다.(정치13장3조)

부인과 함께 서약하게 하는 것은 헌법 사항이 아니다.

## 질의234] 권사 취임식 할 때 명예권사도 함께 서약을 할 수 있습니까?

**답변]**

명예권사는 60세 이상 성경에 적합하고 모범된 자를 당회가 임명할 수 있다 (헌법정치3장3조3항5번) 총회예식서에도 명예권사 서약하는 순서는 없습니다.

## 질의235] 주일예배나 임직식을 무인사회 가능합니까?

**답변]**

모든 예식은 인도자가 반드시 있어야 하는 것이 총회가 정한 표준예식입니다.

## 질의236] 강단에 와이셔츠 차림으로 설교 가능합니까?

**답변]**

예배의식은 단정한 태도가 예배모범 2장입니다. 단정이나 경건치 못한 태도는 예배모범 위반입니다.

## 질의237] 설교시간에 헤드셋을 쓰고 돌아다니면서 설교 가능합니까?

### 답변]

예배모범 위반 이다.

## 질의238] 꼭 예배당을 성전이라 부릅니다. 맞는지요?

### 답변]

성경대로 "교회" "교회당"으로 "반석위에 내 교회"를 세우리니 음부의 권세가 헌법과 성경적인 호칭 "교회"로 해야 한다.(마16장18절)

## 질의239] 타 교단은 그렇다 쳐도 칼뱅주의를 따르는 우리교단에서 정체성을 지켜야 하나요?

### 답변]

성경대로, 헌법대로, 예식서대로, 총회결의대로, 개혁주의 신학과 신앙대로하면 됩니다.

## 질의240] 회장의 직권은 무엇인가?

### 답변]

1) 회칙을 지키게 한다.
2) 회의질서를 정돈 한다.
3) 개회, 폐회를 주관 한다.
4) 순서대로 회무를 지도한다.

5) 의논과 토의를 가진 후 신속한 방법으로 처리한다.

6) 각 회원이 언권 허락을 받은 자의 언권을 침해 못하게 한다.

7) 회장의 언권 승낙 얻은 후 발언한다.

8) 의안 범위밖에 탈선하지 않게 한다.

9) 회원 간에 무례한 말을 금하며,

10) 회무 중 퇴장을 금하게 한다.

11) 가부를 물을 의제를 회중에게 밝히 설명한 후에 가부를 표결한다

12) 가부 동수인 때는 회장이 결정 한다. 회장이 원치 않으면 부결된다.(회장이 투표하지 않았을 경우)

13) 회장은 매사건마다 공포할것요,

14) 특별한 일로 회의질서를 유지하기 어려우면 회장이 비상 정회를 선언할 수 있다.(헌법정치19장2조)

### 질의241] 공동의회록 없이 교회가입이 가능합니까?

공동의회 없이 노회 가입한 교회를 노회에서 공동의회록을 가지고 오라하여도 기한 내에 제출하지 않아서 가입을 원천 무효처리하여 정기노회에서 교회를 삭명 처리했습니다. 법적으로 문제가 없는지 답변 부탁드립니다.

### 답변]

노회가입은 당회와 공동의회 결의를 통과하고 노회에 가입 서류와 공동의회 회의록도 제출해야 합니다.

기한 내에 제출하지 않았으니 개관적인 증거가 없으니 당연히 무효처리가 된 것 같습니다. 법적으로 호소할 길이 없는 것 같습니다. 가장 중요한 공동의회 가입 근거서류가 없기 때문입니다.

## 질의242] 당회 서기는 당회장 허락 없이 모든 것을 할 수 있나요?

원 서기는 막대한 책임이 있다고 되어있는데 당회 서기가 당회의 허락 없이 당회장의 검열을 받기 전 당회록을 타 교단(통합측) 목사에게 보여주며 의논하여 본 교회 담임목사에게 심각한 타격을 주었다면 당회 서기에게 어떤 책임을 어디까지 물을 수 있는지요?

### 답변]

당회를 모여서 재판회로 변격하여 소환하여 심문하고 헌법 권징조례. 35조보면 당회가 정하는 책벌 7가지 중 하나만 택하여야 시벌합니다. 권계, 견책, 정직, 면직 수찬정지 제명출교가 있습니다. 그중에 하나만 선택하여 시벌합니다. 판결하기 전 출석시켜 조사시문 2회 정도하고 당회 재판회로 모여 판결해야 합니다. 당회에서 기소위원 선정한 후 재판회로 변격 하여 진행해야 합니다. 절차가 매우 중요 합니다.

## 질의243] 부목사 청빙과 임용 중 어느용어가 맞습니까?

청빙이란 단어를 교회서 사용하는데 담임목사 후임자 모집할 때 청빙이라고 하는데 부목사 뽑을 때도 청빙이란 단어를 쓰는지 아니면 임용이라 하는지요?

### 답변]

부목사도 청빙입니다. 헌법정치4장4조에 보면 "부목사는 위임목사를 보좌 하는 임시 목사니 당회의 결의로 "청빙" 하되 계속 시무하게 하려면 매년 당회장이 노회에 청원하여 승낙을 받는다" 라고 되어 있습니다.

목사청빙선거 정치15장2조)

1) 청빙대상자를 선택해야한다 당회가 선택하여 공동의회에 회부해야 한다.
2) 설교지원자를 추천하는 방법은 담임목사 청빙위원회를 만들어 초청하여 설

교하게하고 당회결의로 1주일 전에 광고하여 공동의회를 소집하여 청빙위원회 보고를 듣고 투표로 선택하는 방법이 있다. 투표하여 3분 2찬성이 되어 공포하고 소수가 달리 투표했으면 다수와 함께하도록 권면하고 청빙서에 서명 날인하여 노회서기에게 접수한다.(정문598)

공동의회록을 작성하여 목사 청빙서에는 공동의회록 사본을 첨부한다.(599문) 소수가 심히 반대할 경우는 설득한 다음 기도하고 선포한 다음 청빙을 준비한다.(단, 청빙된 자가 흠점을 발견한 다음 격렬한 반대가 있는 경우 선거를 유보함이 가하다.) 정치15장4조에 청빙서식 작성하고 따라 증인으로 공동의회장이 서명 날인하여 노회 허락을 받아야 부임할 수 있다.

### 질의244] 주일날 모든 행사를 금하는데 선교사 파송하는 예배도 포함될까요?

### 답변]

"주일예배 시간에는 예배와 성례 외에 다른 예식은 다를 날에 행하되"라고(헌법 적규칙4조3항) 하였습니다. 주일은 온전히 하나님께만 예배하여야 한다고 되어 있습니다.(헌법4조4항)

### 질의245] 교회소속 각(各) 회의 권리 및 책임
### 당회, 제직회, 공동의회는 공적인 조직이다. 속회는 무엇인가?

### 답변]

안수집사회, 권사회, 남전도회, 여전도회, 유년부, 중등부, 고등부, 청년대학부, 장년부 등은 교회속회라고 할 수 있다. 속회는 당회 치리회에 소속한 단체이다. 당회에 지도와 감독아래 있고, 속회는 자율성을 존중하여 육성 발전할 수 있도록 도와주고 당회에서 고문이나 지도위원을 두어 탈선하지 않도록 한다.

정치20장1조~3조에

1) 속회조직은 여러 지 교회가 전도사업과 자선사업이나 도리를 가르치는 것과 은혜 중에 성장하기 위하여 여러 회(會)를 조직할 수 있다.

2) 속회 관리

그 교회 당회의 치리와 관할과 지도를 받을 것이요, 노회나 당회나 본 총회 지경 안에 보급하게 되면 그 치리회 관할에 있다. 당회원이나 다른 직원으로 각 기관에 고문을 정하여 연락지도할 수 있다. 속회운영규칙을 제정 해주고 잘 지키도록 한다. 공식예배 잘 참석 하도록 한다.

3) 속회 권한

각 회가 그 명칭과 규칙을 제정하는 것과 임원 택하는 것과 재정출납 하는 것을 교회헌법에 의하여 그 치리회의 검사와 감독과 지도를 받는다. 당회지도를 거부 하면 속회를 해산 할 수 있다. 속회는 단독 권한이 없다.

그러므로 본 조항은 교회헌법에 의하여 치리회의 지도와 감독을 받는다 라고 말하고 있다. 장로회 정치원리에 벗어나지 않는 범위 내에서 속회의 조직이 구성되고 운영 되어야 한다.

**질의246]** 장로님이 한분 계시다가 은퇴를 해서 폐당회가 되었는데 2년이 지난 지금 원로장로님으로 추대할 수 있나요?

**답변]**

원로장로에 대해 정치5장5조에 보면

1) 동일한 교회 20년 이상 시무하던 장로

2) 시무를 사임하려할 때

3) 교회가 명예를 보존하기 위하여

4) 공동의회 결의로 원로장로로 추대 할 수 있다 .

5) 언권회원이란? 결의권 선거권 피선거권이 없는 언권회원이다.

6) 언권회원으로 당회의 허락이 있어야한다.

7) 원로장로라도 제직회 발언권은 헌법정치제21장2조에 근거 원로장로라도 정년 이전에는 발언권이 있고 정년이후에는 발언권이 없음을 가결하다.(95회총회결의) 원로장로로 추대할 수 없는 것이 법입니다 .

　정년이전 원로 장로로 추대하는 공동의회 결의가 있어야 합법입니다.

　은퇴 후 2년이 지났으면 원로장로로 추대할 수없는 것이 헌법정치5장5조의 법입니다.


## 질의247] 공동의회 소집 요건은 어떻게 됩니까?

### 답변]

1) 당회가 필요로 인정할 때

2) 제직회의 청원이나

3) 상회의 명령이 있는 때

4) 무흠 입교인 3분의 1이상 청원이 있을 때는 헌법21장1조2항의 합법적인 헌법 사항 이므로 당회는 조건 없이 결의해서 공동의회 소집을 해야 할 의무가 있다.


## 질의248] 예식에 대하여 각자 상식적으로 행하면 됩니까?

### 답변]

　모든 예식에 관한 것은 각자 의견과 생각이 다를 수가 있습니다.

　그러므로 총회는 교육부로 하여금 표준예식서 발행을 허락하고 발행된 표준 예식서를 사용 하고 있습니다.

　총회는 총회 교육부에서 감수위원과 집필위원을 두어 표준예식서를 발행한다.

표준예식서는 장로교신조와 개혁주의 입각하여 헌법을 토대로 구성하였다.

표준예식서 대로 예배, 절기, 성례식, 목사임직식, 위임식, 강도사인허식, 장로집사임직식, 취임식, 원로목사, 장로추대식, 목사장로집사권사은퇴식, 선교사파송식, 봉헌식, 혼례식(약혼,결혼), 입관식, 장례식, 하관식 등이 있다.

본 교단 교회 노회 총회에서 행하는 모든 예식은 총회 "새표준예식서"대로 행하면 됩니다,

## 질의249] 만 70세에 대한 유권해석은?

장로님 은퇴는 만 70세로 알고 있습니다. 저희 교회는 은퇴식을 12월 마지막 주에 하고 있습니다. 2024년 1월 30일 날짜로 만 70세가 되는 장로님은 언제 은퇴식을 해야 합니까? 2023년 12월 31일 주일날 해야 합니까, 2024년 12월 31일 주일날 해야 합니까?

만약, 2024년 12월 31일 주일날 은퇴를 한다면 2024년 1월 30일부터 2024년 12월 31일까지 당회 참석이 가능합니까?

## 답변]

2025년 1월 29일까지 당회 참석 하시면 됩니다. 만 71세 생일 전날까지 하시면 됩니다. 1954년 3월 15일생은 만 71세 생일 전날은 2025년 3월 14일입니다. 총회 결의한 유권해석입니다.

유권해석) *만 70세에 대한 유권해석은?

만(滿)이라 함은 생일을 기산일로 하여 다음생일 前까지이다. 만 70세 시작점에서~364일로 만 71세가 되는 생일(前日)까지이다. 단, 93회 총회이후 부터 적용키로 하다.(93회총회결의)

## 답변]

주일예배 시간에는 예배와 성례외(外)에 다른 예식은 다른 날에 행하되 가급적 간단히 행하여야한다.(헌법적 규칙 4조 3항) 주일에 은퇴식은 총회 결의와(104회) 헌법위반이다

## 질의251] 원로목사 은퇴목사 시찰회 참석 가능합니까?

원로 목사의 처신에 대해서 알고 싶습니다. 원로와 은퇴목사의 시찰회 참석은 가능한지요? 제가 알기로는 나이 전에 은퇴한 원로는 시찰회 참석이 가능한 줄 알고 있습니다만  명쾌한 답변을 기대합니다.

## 답변]

정년이전 노회원으로 시찰회원에 배정이 되었으면 참석하시고요, 배정이 안 되었으면 참석 하지 않는 것이 후배들에게 좋은 모습입니다.

## 질의252] 원로목사 원로장로 공동의회 시점은?

원로목사는 교회형편에 따라 은퇴 전후하여 공동의회에서 결정하면 되지만 원로장로에 대해서만큼은 은퇴할 당시가 아니면 공동의회에서 추대할 수 없다는 ○○○목사의 의견에 어떻게 생각하시는지 고견을 부탁드립니다.

## 답변]

원로장로나 원로목사는 교회 형편 따라가 아니고 은퇴를 앞두고 사면하러 할 때에 공동의회를 해서 추대결의를 해야 합법입니다. 은퇴 일자가 지난 후에 하는것은 헌법위반과 총회결의 위반입니다.(헌법정치4장4조4항 ) 노회에 시무사면

을 제출하려할 때, (정치5장5조)원로 장로~시무를 사임할 때(총회101회총회결의)

## 질의253] 목회자 세습이란 용어가 합당합니까?

목회자 세습이라는 말이 이해가 안 됩니다. 교회에서 당회를 하여 타 교회에서 시무하고 있던 목사를 합법적으로 공동의회에서 결정된 목사를 아들이라는 명목 때문에 세습이라 하고 이슈가 되는 것이 너무 이상합니다.

금년도에 통합교단에서는 명성교회에서 총회를 하기로 했는데 발표가 나자 온누리교회, 세문안교회, 주안장로교회 목사들이 보이콧하여 난리를 쳐서 결국 총회가 다시공고가 되더군요.

솔직히 난리친 그분들 설교도 학벌도 인품도 더 대단하지도 않은 것 같던데 시기심 때문에 그런것이 아닌가 생각이 들기도 하더라고요.

우리총회에도 세습 반대 같은 결의가 있는지요?

제 동기목사님은 강원도 어디에 개척했는데 좋은 목회자 모시기가 쉽지 않으니 아들을 불러와 위임시키고 원로목사를 하시면서 사찰을 하시더군요.

너무 너무 보기가 좋았습니다. 이런 것이 불법인가요?

## 답변]

99회 총회는 세습이란 용어 사용을 금하였습니다. 헌법정치4조1-2조15장1조-6조 정치21장1조5항 따라 3분의 2찬성으로 청빙절차를 합법적으로 청빙되었으면 목회자 아들이라도 법(法)적인 하자가 없습니다.

목회자 세습이란 용어 자체가 헌법위반입니다. 세습이란 용어 사용은 금지(禁止)하기로 하고 헌법(憲法) 대로 하기로 가결 하다.

헌법대로 청빙 절차에 따라 청빙된 목사는 세습이란 용어 사용을 하면, 헌법위반,,, 총회 결의 위반이 된다.(제99회총회결의)

사면서는 노회에 내야 하는지요?

사면서만 내면 노회 통과 여부와 상관없이 대리 당회장을 노회에서 파송하는 지요?

대부분 노회 파송이 아닌 가까운 분들을 교회가 임의적으로 모셔서 공동의회 하는데 맞는지요?

## 답변]

시무 사면서 직전에 원로목사 목사추대 공동의회를 해야 합니다.

시무사면을 낸 다음에 추대하면 헌법위반입니다.

헌법정치 4장4조입니다.

시무 사면서를 노회에 제출하면 노회나 노회임원 정치부에서 회의를 통해 사면 서 수리와 함께 동시에 노회에서 당회장을 파송합니다.

## 답변]

참고로 106회 결의입니다.

서평양 노회에서 보내온 폐당회 된 위임목사 신분으로 시찰장 및 위임국장 직 책을 맡을 수 있는지 질의의 건은 헌법 제9장 제1조와 제103회 총회 결의에 의 거 시찰장과 위임국장이 될 수 없음을 답변하기로 가결하다.

## 질의256] 시무목사가 타 교회 임시당회장이 될 수 있나요?

### 답변]

1) 시무목사가 임시 당회장이 되는 것은 불가한 것으로 가결되었으므로 불법입니다.(103회총회결의)
2) 위임목사가 시찰장이 되는 것이 적법하고 시무목사나 폐당회 위임목사 신분이 2년간 유지되지만 위임목사로서 권리를 누리는 것은 아니다.
3) 은퇴목사는 시무 사면한자이지만 노회장이 허락하면 언권회원으로 발언 할 수 있다. 그러나 만기 정년은퇴자는 모든 공직을 맡을 수 없다.(98회총회 결의) 정년 전 원로목사는 노회회원으로 투표권이 있습니다.(정치10장3조)

   노회 상비부 배정순은 위임목사 시무목사 순으로 배정하고 원로목사는 본인이 시무했던 담임목사가 배정하도록 하고 후배에게 양보하고 헌법대로 명예보존 되도록 하는 것이 정치4장4조의 헌법 의미가 된다.

## 질의257] 주일날 임식은 못하는데 회의는 가능합니까?

주일 날 임직예배라든지 선교사 파송예배 등등 절대 못 드리게 법으로 정하였는데 우리가 주일을 거룩하게 지키기 위해서 오직 예배에 집중해야 되는데 혹시 주일 날 회의는 할 수 있는지요? 예배를 못 드리게 하면서 공동의회나 제직회를 할 수 있는지요? 제 생각으로는 절대 해서는 안 된다고 생각되는데 어떠신가요?

### 답변]

주일에는 예배와 성례 외(外)에 다른 예식은 다른 날에 행하라는 헌법적 규칙4조 3항과 주일예배시간에 어떤 개인을 기념하는 취하 위안 치하하는 예배 예식을 하지 말고, 온전히 하나님께 예배하여야 한다는 4항과 음식을 사먹거나 매매를 하지 말고 힘써 전도 위문 기도 성경과 종교서적 열람하는 일 시간을 보내라고 5항에 규칙으로 되어 있으니 회의 부분도 헌의를 통한 헌법 개정이 필요하다 생각 됩니다.

## 질의258] 교인의 권리는 무엇인가?

**답변]**

교회주권과 모든 권리는 교인에게 있다.

1) 교인의 주권은 헌법에 근거하고 명시된 절차에 따라 당회와 노회 총회에 순서를 따라 청원, 소원, 상소할 권리가 있다. 교인의 권리로 공동의회 회원건 선거권 피선거권이 있으며 성찬 참례권과 봉사할권도 있다.

2) 원고의 자격은 어떻게 되나?

   무흠 입교인 이어야한다. 수찬정지나 책벌 받은 것이 확정되면 불가능하다.(58회총회결의)상소, 소원도 마찬 가지이다.

3) 교인은 선거권과 피선거권이 있다. 그러나 무고히 6개월 이상 본 교회 출석치 않는 자는 회원권리가 중지된다. 의무 불이행자는 권리도 없다는 조항이다.(헌법적규칙3조1항~2항) 6개월 안에 한번이라도 출석했으면 기산이 그날로부터 시작하므로 권리가 있다는 것이다.

   무흠이란? 권징조례5장제35조에 의거하여 시벌을 받지 않은 자를 말한다. 교인의 의무를 감당한자가 권리가 있는 것이다.(헌법규칙제3조)

## 질의259] 주일예배는 어떻게 드릴까?

**답변]**

1) 조용히 묵도로 예배를 시작, 단정하고 경건한태도로 엄숙하게 예배한다. 인사

졸음 등 합당치 못한 행동을 일체 하지 말아야한다. 어린이는 부모가 데리고 있어야한다.(예배모범2장)

2) 이상한 동작, 경건치 못한 태도로 찬양, 찬송인도로 예배의 신성함을 감손하게 하면 안된다.

3) 주일 예배와 성례 外에는 다른 날에 간단히 행하는 것이 좋다. 104회총회는 주일날 임직식 할 수 없음을 결의하였다.

4) 주일 예배시간에는 개인을 기념, 축하, 위안, 취하하는 예배를 행하지 말고 온전히 하나님께만 예배하여야 한다.

5) 주일에 음식을 사먹거나 모든 매매하는 일을 하지 말고 연회나 세속적 쾌락을 삼가며 전도 위문 기도 성경공부로 시간을 보내야 한다.

6) 예배당내 개인을 위한 송덕비 공로 기념비나 동상같은 것을 세우지 않는다.(한법적규칙4조, 예배모범2장)

## 질의260] 울 교단 목사안수 연령이 몇 세 인가요?

**답변]**

헌법정치4장4조2항에 만 29세 이상자로 한다. 단, 군목과 선교사는 만 27세 이상자로 한다.(딤전3:1-7)

개정판(103회기)헌법2018년11월30일개정1쇄 참고.

## 질의261] 군목시험 합격 후 안수 가능한가요?

군목은 군목시험 합격하면 목사 안수하기로 결의한 것 같은데 자세히 아시는 목사님 계시면 답변 주시기 바랍니다.

## 답변]

군목시험 합격한 사람은 목사임직을 받고 신대원에 가게 됩니다. 계급의 불이익을 막게 하기 위한방편으로 시행되었습니다. 그래서 노회에서 군목 합격한 사람은 목사임직을 합니다. 목사 안수 연령은 만 29세 이상자로 한다.

단, 군목과 선교사는 만 27세 이상자로 한다.(딤전 3:1~7).170)

제98회총회(2013년)-"군목후보생에 대한 조기안수 청원건은 국방부에서 실시하는 군목후보생 시험에 합격한 자는 총회소속 신학대학원에 입학한 해에 강도사고시 응시자격을 부여하기로 하고 합격 후 봄 노회시 군목으로 안수하되, 축도권은 임관시 부여하기로 하고 이 모든 사항을 실무행정적으로 처리하기로 가결하다." 결정된바 있습니다.

## 질의262] 예배에 관한 총회결의를 알려주세요?

## 답변]

1) 열린예배 금지(84회총회결의)

2) 주일예배 외 임직식, 야외예배금지(41회 63회 84회)

3) 기도 설교 찬양할 때 강단에 올라가 촬영을 금하는 것이 좋다.(45회총회결의)

4) 녹회방송 예배는 예배모범에 위배됨(74회총회)

5) 찬송가 582장 "어둔밤 마음에 잠겨"는 교회에서 부르지 않기로 하다.(제73회,93회총회확인결의)

6) 예배시 복음성가과 선동적 악기사용은 금함(제78회총회결의)

7) 본 총회가 설정한 교직자 주초는(술,담배) 강단에 세움을 금한다.(85회총회)

8) 사순절을 성경적 절기로 지키는 것은 바람직하지 않으며 더 연구키로하다.(83회총희결의) 사순절 교독문 사용하지 않기로 하다.(제93회총회결의)

9) 십자가 강단 부착건은 부착할 수 없다.(42회74회)

10) 성경을 성서라고 호칭 않기로 하다.(62회총회결의)

11) 하나님을 하느님으로 호칭은 부당하다.(84회총회)

12) 공예배시 강단에 설 수 있는 자격자는 목사와 장로이다.(65회총회)

13) 본 총회가 허용치 않는 여목사나 여장로는 강단에 세울수 없다.(85회총회결의)

14) 예배당경내 예배와 관련없는 형상, 사람을 기념하는 시설물, 모양을 만들지 말아야한다.(제58회총회결의)

## 질의263] 총회에서 전광훈목사와의 관계를 신학부가 어떻게 정리했는지요?

### 답변]

제105회총회 이단사이비 대책 조사연구위원회보고 전광훈목사의 건 결의.

1. 전광훈목사의 순간적 발언에 이단성이 있었고에 대해

    1) 이단옹호와 관계된 적은 있었지만

    2) 아직 명백하게 이단으로 규정하기에는 이르다고 여겨진다.

    3) 그의 광적 신앙, 편양된 정치성향, 투사된 면이 있기에 앞으로 예의 주시 하고

    4) 목사로서 지나치게 편향된 정치활동에 대해 엄중히 경고하기로 하다.

    5) 그가 공개적으로 회개 할 때까지 전광훈목사와 관련된 모든 집회에 교류 및 참여 자제를 촉구하도록 하기로 하다로 결의됨.

2. 106회총회 이단 사이비 관련의 전광훈씨 관련 동전주노회 헌의 이단성 조사의 건은 105회 총회 결의대로 처리하기로 하다.

## 질의264] 장례식 주일에 가능한가요?

### 답변]

헌법적 규칙4조에 보면 주일에는 예배와 성례 외에 다른 예식은 다른 날에 행

하여야 한다. 다른 예식이란? 임직식, 결혼식, 장례식 다 포함된다.

88회총회는 주일날 위임식하면 징계를 해야한다로 결의하였다. 주일날 임직식을 할 수 없다고 결의하였다.

## 질의265] 교회에 선거 투표 어떻게 해야 할까?

### 답변]

1) 교회란?

   지 교회를 뜻하며 넓은 의미에서 치리회 동일체 의미에서 노회 대회 총회를 다 포함한다.(정문513문) 교회선거운동을 금한다는 것은 노회 총회 다 포함 되는 것이다.

2) 비밀투표의 뜻은?

   다른 사람이 모르게 보이지 않게 기도하는 마음으로 성령의 인도따라 자기 알도록 투표하는 것이 비밀투표이다.

3) 인위적 선거운동은 삼가 할 일이다. 성명기록, 방문, 권유, 문서집회 이용의 선거운동은 금해야한다.

4) 무고히 6개월 이상 본 교회 참여 아니한 교인은 선거와 피 선거권이 중지된다.

5) 연기명 투표는 무엇인가?

   헌법투표에서 두 사람이상 기록하는 것이다. 투표 정원수까지 기록한 것은 유효 표이고 정원이상을 투표하면 무효가 된다.

6) 백표는 무효가 된다.

   백표(白標)는 아무런 의사 표시가 없으므로 무효이므로 총 투표자수에 포함하지 않는다. 지정한 투표를 사용하지 않아도, 잘못 기록한 투표는 총 투표수에 포함이 된다.

7) 재검표 요청기간

교회는 투표지 보존기간이 없다. 내규가 있으면 내규대로 하면 된다.

## 질의266] 노회 상비부 배정에서 무임목사도 배정해야 하는지 궁금합니다

### 답변]

결의권이 없으니 위임목사 시무목사 우선 배정하여 상비부가 활성화 하는 것이 좋습니다. 지 교회를 시무하지 않는 무임은 노회 언권회원으로만 존중하는 것이 좋습니다.(정치4장4조 5항)

## 질의267] 노회에 교회를 미가입 전도목사가 시찰회원이 될 수 있는지요?

시찰회 참석하여 장로회원 다음에 이름 호명하였다고 불만을 표함.

### 답변]

시찰위원은 노회가 정한 시찰구역 안에 있는 위임목사 사무목사로, 장로총대 중에서 선택하여 노회의 치리권을 돕는 역할을 한다. 교회와 당회를 돌아보게 하기 위하여 시찰위원을 세우다. 언권회원만 있는 전도목사는 시찰회원이 될 수 없는 것이 합법(合法)이라 볼 수 있다.(헌법 정치 제10장 6조 9항10항)

## 질의268] 정년 전 원로목사가 시찰회원이 될 수 있는지요?

### 답변]

지 교회를 시무하지 아니하므로 시찰 내 회를 돌아보는 임무가 있는 시찰위원으로 선정 않는 것이 합법(合法)이라 볼 수 있다.(정치10장6조9항10항)

**답변]**

무임목사입니다.

**답변]**

반드시 공동의회를 하여 청빙절차를 밟아야 한다. 그렇치 않으면 임지를 떠나야 한다. 장로를 세우지 못하면 2년 만료되기 직전 전 시무목사 청빙공동의회를 하여 노회에 청원해야한다.

**답변]**

1) 하나님이 짝지어 준 것을 사람이 나누지 못한다는 성경말씀 위배 죄(罪)입니다.
2) 예배모범 12장 1~7항 혼례식 위법 죄(罪)입니다 .
3) 권징조례 3조 성경위반죄입니다.
4) 치리당회로 모여 정직 등 시벌을 정해서 시행하면 됩니다. 당회시벌 종류는 제35조 당회가 정하는 책벌은 권계, 견책, 정직, 면직, 수찬정지, 제명, 출교 중에서 결정하여 시행하고 교회 공포하면 됩니다.
5) 단, 이혼도 간음, 간통죄나, 이단에 빠져있으면 이혼사유가 되므로 시벌하면 안 됩니다.

## 질의272] 교회를 소란케 하고 예배를 드리지 않는 경우 처리 방법은?

**답변]**

예배방해죄는 예배를 방해하므로 짓는 죄(罪)이다. 어떻게 방해하고 있는가를 (권징조례16조17조죄상,죄증설명서)에 들어가야 한다.

1) 예배시간은 단정, 엄숙, 경건을 지키며 기도하고 엄숙한 태도로 공경하는 마음으로 하나님께 예배를 드려야 한다. 합당치 못한 모든 행동으로 예배를 방해하는 것은 헌법 예배모범2장을 위반하는 罪이다.

2) 요4:24 "하나님은 영이시니 예배하는 자가 신령과 진리로 예배할지니"말씀을 불순종하는 예배 방해 罪이다.

3) 권징조례1장3조의 교훈과 심술행위가 성경에 위반되는 범죄 이다.

4) 예배방해자를 고소나 기소하여 당회를 열어서 재판회로 변격하여 권징조례2장3장 절차에 의하여 고소나 기소하여 소환하여 증인을 세우고 두 번 정도 소환하여 심문한 후 당회가 정하는 권징조례 35조의책벌인, 권계, 견책, 정직, 면직, 수찬정지, 제명, 출교 중에서 시벌하고 교회에 공포할 수 있다.(헌법 권징조례 4장19~33조5장34~36조참고)

예배질서를 회복차원에서 시벌 치리가 필요하다.

5) 예배방해죄는 예배를 방해 하므로 성립되는 罪이다.

형법158조로 장례식, 예배, 설교를 방해한자는 3년 이하 징역, 500만원이하의 벌금에 처하도록 되어 있다. 이와 같이 사회법도 엄하게 다스린다.

## 질의273] 원로장로는 당회의 자동언권 회원이 되나요?

총회결의와 유권 해석이 있나요? 노회나 당회위치는?

## 답변]

1) 단, 원로장로는 당회의 언권회원이 된다.(정치5장5조)

2) 원로장로나 원로목사는 정치문답73문에 의거 그 당회의 허락을 얻지 못하면 당회에 참여 하거나 강도를 하지 못한다. 원로장로도 자동회원은 아니다. 당회의 허락을 얻어야 무슨 사건이나 언권으로 행할 수 있다.(90회총회결의)

3) 원로장로 제직회 발언권은 헌법정치21장2조에 근거 당회원(시무장로)이 아니면 원로장로라도 정년 이전에는 발언권이 있고, 정년 이후에는 제직회 발언권이 없다로 가결하다.(제95회총회결의)

4) 원로장로라도 노회회원이나 언권회원이 될 수 없다. 헌법정치제10장3조에 의거 노회회원이 될 수 없다.

## 질의274] 무임장로와 협동장로의 구분을 어떻게 해야 하나요?

## 답변]

무임장로 중에서 당회 결의로 협동장로로 선임 할 수 있다. 선임되면 당회의 언권(言權)회원이 된다.(정치제5장7조)

여기서 무임장로는 타 교회에서 이명 온 무임장로로 교회, 세례 교인의 서약을 받지 않았으므로 당회에서 협동장로로 의결하지 않으면 당회의 언권회원이 될 수 없다.

## 질의275] 노회장 사표 제출하여 수리 후 한 달도 못되어 다시 할 수 있나요?

임시노회에서 자신이 노회장 사표를 제출하여 노회에서는 그 사표를 처리하여 부노회장이 노회장 대행을 하고 있다가 한 달도 못되어 다시 노회장을 하겠다고 임시노회를 열어 노회장을 다시 하려고 하는데 이것이 가능한 것인지요?

## 답변]

사표(辭表)는 노회장 직책에서 사임하겠다는 뜻을 본인이 스스로 물러난다 뜻을 밝힌 것이고, 노회에서는 그 사표를 처리하여 부노회장이 노회장 대행을 하고 있으니 노회장직을 다시 맡을 수 없습니다. 가능하지 않습니다. 거부해야 합니다.

**질의276] 위 질문과 연계해서 노회장으로 총회에 자동총대로 총대가 됐다면 현재 그의 총대권은요?**

## 답변]

노회장이므로 자동총대로 되었다면 이제 노회장이 아니므로 총회 총대가 될수 없고, 총회에 총대변경 신청서를 제출해야 됩니다.

**질의277] 회장이 사면서를 제출하여 수리되고, 부회장이 대행하도록 결정했는데 다시 번복하여 회장이 될 수 있나요?**

## 답변]

1)  담임목사도 시무사면을 노회 제출하여 처리되면 그 신분은 바뀐다. 원로목사 혹은 무임목사가 된다.(헌법정치4장4조4항5항)

2)  노회는 목사임직 위임 해임 전임 이명 권징을 관리 한다. 노회장 사임 역시노회에서 수리하는 것이다.(정치10장6조)

3)  목사의 사면을 제출하면 노회는 사면을 허락 처리하고 청빙을 허락한다.(정치16장2조3조) 그와 같이 노회장 직을 사면을 허락하고 부노회장 대행 결정 하여 수행 중에 있으니 사면처리 된 자를 다시 번복할 수 없다.(정치16장2조3조목사전임참고)

4)  자유사면/목사가 교회 시무 사면원을 노회에 제출하여 노회가 승낙하면 즉시

해임 된다.(정치17장1조자유사면)

노회장직도 본인이 사면서를 제출하여 처리 되었으면 다시 선임되는 것은 불법이 된다.

질의278] 노회에서 정직을 당했을 때 담임목사 사례는 어떻게 해야 합니까?

**답변]**

1) 정직이란 목사에게 권계 견책 정직 면직 수찬정지 출교의 시벌종류 가운데 1가지 시벌이다.(권징41조)

2) 정직이란?

   직분이 정지되어 직책을 감당 하지 않는 것을 말한다.

3) 노회에서 정직을 당하여 예배인도 설교 등 아무것도 않고 있다면? 정직기간에 사례비 지급은 어떻게 할 것인가?

   당회에서 공동의회를 개최하여 결의에 따라 사례비를 감봉 결정해서 줄 수 있다. 생활비 결정은 공동의회 권한이기 때문이다.(헌법정치15장4조)

   정직은 담임목사를 해제 한 것은 아니기 때문이다.(정조385) 감봉된 일정액을 결정하여 지급해야 한다.

4) 공무원법 9조는 정직을 당했을 때 직무에 종사하지 않는 그 기간은 보수의 3분의 2를 감하고 있다. 그러나 본 교단에서 이에 대해 특별한 규정이나 결의가 없는 이상 교회 공동의회에서 결정하는 것이 합법이라 할 수 있다.

질의279] 장로 재신임에 관한 절차와 헌법적 조항에 대하여 알고 싶습니다.

**답변]**

장로는 주권자인 교인들에게 투표를 통해 치리권을 위임받고 서약을 받았으니 문제가 있으면 장로 재신임도 당회가 공동의회 개최를 통해 교인의 신임 투표를 통해 교회가 해제 할 수 있다. 헌법 정치제13장4조는 단, 7년에 1차씩 시무 투표 할 수 있고, 그 표결 수는 과반수를 요한다.

## 질의280] 임시노회 청원자가 노회 임원들이 청원자가 될 수 있나요?

### 답변]

정치10장9조 임시노회

1) 정기노회에서 모든 안건을 심의 하는 것이 원칙이다. 임시노회 소집요건은 엄격하게 구분되어 있다. 특별한 사건이 있는 경우에는 소집할 수 있다. 정기회 때까지 지체할 수 없는 안건이라면 임시노회를 소집할 수 있다.

   재판사건은 임시 노회에서 심판하지 않는 것이 좋다. 그러나 특별한 증거가 있어 정기회 때까지 기다릴 경우에는 증거인멸 소멸 될 듯하면 임시노회에서 안건으로 취급 할 수 있다.(정문원저382문, 제63회총회결의)

2) 소집요건은 각(各) 다른 지 교회 목사 3인과 각(各) 다른 지 교회 장로 3인의 청원에 의하여 회장이 임시 노회를 소집할 수 있다.(각, 지 교회 목사, 장로라면 가능하다.)

3) 소집통지서에 안건과 회집 일자를 개회 10일 선기하여 각 회원에게 통지하고 통지서에 기재한 안건만 의결한다. 통지서에 없는 안건은 취급 할 수 없다. 선기란 약속한 기한보다 앞선다는 의미로 민법에서는 도달 주의를 채택하고 있으므로 임시노회 소집 통지서가 10일 이후에 모이도록 통보 해야 한다. 임시노회소집은 강제규정이 아니고 임의규정이다. 소집이 정당하면 소집하고 정당치 않고 특별한 사건이 아닌 경우는 소집하지 않을 수 있다. 청원인은 이의가 있으면 상회에 소원(訴願)할 수 있다.

부교역자들 부인들을 사모님이라 부르기도 그렇고 해서 주로 서리집사로 세우기도 하고 또 자기부인을 권사로 세우는 목사들도 있는데 소장님 생각은 어떠신지요.

## 답변]

1) 교역자는 부목사이든, 담임목사이든, 하나님께서 목사로, 목회자로 구별하여 안수하여 세워주신 목사요, 목회자이다.

2) 목사의 아내는 목회 사역하는 남편을 내조하는 아내 이다.

목사를 위하여 기도하고 성도, 집사, 권사, 장로들까지 교인들을 위하여 기도로 내조하고 교인들 사이에 일어나는 크고 작은 일들과 신앙 여부를 살피고 각종 정보를 파악하여 남편인 목사에게 보고하여 올바른 판단과 맞춤식 목회를 하도록 보고하는 위치가 되어야 한다. 목회사역을 내조하는 사역 역시 매우 중요 하므로 하나님께서 목사의 아내가 되도록 하셨으니 권사, 집사로 봉사하는 것이 아니라 목사 내조하는 것으로 충분 하다고 생각 합니다. 그리고 교인들 역시 목사사모로서 존경하며 기도제목을 말하기도하고 어려운 이야기를 듣고 상담할 수 있도록 목회자에게 연결해주는 역할을 해주는 위치로서 처신하는 것이 좋다고 생각 합니다.

단, 목회자가 먼저 소천 했을 경우는 본인이 원하면 권사로 임직을 받아 교회를 봉사하며 섬기는 것은 괜찮다고 생각 됩니다.

## 답변]

1) 위임목사로 임원을 선택 하는 것이 장로교 정치원리에 맞고요

2) 단, 위임목사가 없을 경우는 노회 규칙에 노회장 부노회장 서기 밑으로 임원을 할 수 있다로 규칙 제정하여하되 총회총대는 선임될 수 없음을 규정 하므로 헌법과 총회결의를 준수해야 합니다.

3) 위임목사로 노회 임원으로 봉사 중에 폐당회가 되었을 때 임원직을 계속 유지할 수 있는지 대구노회 질의 건은 "유지할 수 없다"로 결정하다.(107회 총회 결의)

## 질의283] 노회 재판국 판결에 대하여?

노회 재판국에서 목사 제명 면직 출교를 판결하고 노회 보고하여 이의가 없었습니다. 이후에 해 교회 공동의회에서 목사위임 해지하여 노회 보고하여 행정 처리 하였습니다. 법적 절차가 정당한 것인지요?

## 답변]

1) 노회 재판국은 노회에서 위탁받은 사건만 심리 판결할 수 있다.

2) 위탁받은 안건에 대해서는 권한이 본 노회 동일하다. 단, 헌법과 노회에서 적용하는 규칙을 사용하여 처리 후에 보고 한다.

3) 개회 중에 판결하여 보고하면 본 노회에 판결이 된다.

4) 본 노회가 폐회 후에 위임된 재판국에서 판결하면 공포 때부터 본 노회 판결로 인정한다.

(1) 하회인 당회는 노회 판결대로 면직 출교 제명 했으면 노회판결과 행정에 순종하면 된다.

(2) 공동의회에서 목사해임 해지하여 노회에 보고하는 것은 법적인 절차가 아니다. 목사의 소속인 노회 재판국에서 판결로 끝나는 것이다.(권징19조) 단, 평신도는 당회소속이므로 상회의 판결과 지시에 따라 순종의 의무가 있다.(권징조례19조 )

**답변]**

총회104회 결의를 배경을 기준하여 답(答)을 올려 봅니다.

1. 동사목사는 부목사 위치이다.

2. 동사목사청빙은 후임자 조건으로 당회가 청빙한다.

3. 원로목사 추대 3년 전에 동사목사 청빙할 수 있다.

   20년이 못되어 원로목사가 아니라 위임목사로 은퇴하시는 분도 동사목사를 청빙할 수 있다.

4. 청빙 3년 후에 위임목사로 청빙하는 것이다.

5. 동사 3년 후 동사목사가 중대한 범죄와 실수가 없는 한 청빙을 거부할 수 없다. 조건부 동사목사로 청빙되었기 때문이다. 법적인 효력이 있으므로 거부 할 수 없다.

**질의285]** 서리집사는 매년 임명받지 못하면 자격이 없나요?

행정 인사 당회에서 서리집사로 임명하지 않았다고 선교 단체에 있다가 교회 출석하는 여집사가 이렇게 하고 있는데 어떻게 여집사를 지도해야 하는지요?

권징조례 정치 예배모범 등에 어떤 조항들을 적용해야 하는지요?

**답변]**

1. 남여 서리집사의 임기는 1년으로 집사의 직무를 감당 하게 하고, 1년이 지나 당회결의로 임명하지 않았으면 합법적인 행정결정입니다. 서리 집사로 다시 임명 되지 못하면 서리집사가 아닙니다.(헌법정치3장3조4항)

2. 합법적인 결정을 문제 삼아 위법적인 행동을 품고 교회를 혼란하게 하면 순종 하도록 권면하고 듣지 않으면

3. 당회에 소환하여 권징이 필요하면 고소나 기소하여 재판회로 변격하여 범죄자를 소환하여 범죄의 증거가 명백하면 권계 견책 수찬정치 제명 출교 중에서 한 가지만 택하여 시벌 할 수 있다.(정치9장5조6항;권징조례35조)
4. 고소나 기소 죄증설명서 절차는 권징조례2장3장 각 조항을 읽고 참고 하면 됩니다.
5. 목사에 관한 사건은 노회 직할에 속하고 평신도에 관한 사건은 당회에서 처리할 수 있다.(권징조례19조)

## 질의286] 예배 방해에 대한 대법원 판례가 있습니까?

### 답변]

1. 예배 방해 성립요건

   형법 제158조(장례식등의 방해)/장례식, 제사, 예배 또는 설교를 방해한 자는 3년 이하의 징역 또는 500만원 이하의 벌금에 처한다.

2. 판례로 본 예배 방해 성립 여부

   사례1)

   교회의 교인이었던 사람이 교인들의 총유인 교회 현판, 나무십자가 등을 떼어내고 예배당 건물에 들어가 출입문 자물쇠를 교체하여 7개월 동안 교인들의 출입을 막은 경우, 이와 같이 장기간 예배당 건물의 출입을 통제한 행위는 교인들의 예배 내지 그와 밀접불가분의 관계에 있는 준비단계를 계속하여 방해한 것으로 볼 수 없어 예배 방해죄가 성립하지 않는다.(대법원 2008. 2. 1. 선고 2007도5296 판결)

   사례2)

   소속 교단으로부터 목사면직의 판결을 받은 목사가 일부 신도들과 함께 소속 교단을 탈퇴한 후 아무런 통보나 예고도 없이 부활절 예배를 준비 중이던 종전 교회 예배당으로 들어와 찬송가를 부르고 종전 교회의 교인들로부터 예배당을 비워달라는 요구를 받았으나 이를 계속 거부한 사안에서 위 목사와 신도들의 행위는 종전 교회의 교인들의 예배를 방해하는 것인지 그들의 예배가 형법 제158조 예배방해죄에서 보호하는 '예배'에 해당한다고 보기는 어렵다.(대 법원 2008.2.28. 선고 2006도4773 판결)

사례3)

정식 절차를 밟은 위임목사가 아닌 자가 당회의 결의에 반하여 설교와 예배인도를 한 경우라 할지라도 그가 그 교파의 목사로서 그 교의를 신봉하는 신도 약 350여명 앞에서 그 교지에 따라 설교와 예배인도를 한 것이라면 다른 특별한 사정이 없는 한 그 설교와 예배 인도는 형법상 보호를 받을 가치가 있고, 이러한 설교와 예배 인도의 평온한 수행에 지장을 주는 행위를 하면 형법제158조의 설교 또는 예배방해죄가 성립한다.(대법원 1971. 9. 28. 선고 71도1465 판결)

사례4)

자격 시비가 있는 목사의 예배도 보호를 받아야 하며 이를 방해하는 행위는 예배방해죄가 성립한다(대법원 2019.4.25. 선고 2019도720 판결)

3. 예배 방해에 대한 대법원 판례 기준

위 사례3)은 50여년 전 우리 교단(합동) 전주서문교회 분쟁 사건 때 나온 판례인데 지금도 대법원이 예배방해에 대한 판례의 기준으로 삼아오고 있으며, 그 기준은 예배 중에 "설교와 예배 인도의 평온한 수행에 지장을 주는 행위"가 판단 기준입니다.

4. 예배 방해에 대한 대법원 판례의 문제점

설교권이 상실된 자가 예배를 인도하더라도 그 예배를 방해하면 예배 방해죄가 된다고 보는 판례의 태도는 교회법을 외면한 판례로 문제가 있다고 봅니다. 그러나 판례가 바뀌지 않은 한 지금의 판례가 유지될건데 이런 문제되는 판례를 바꾸려면 판례의 부당성을 구체적으로 입증해야 하기 때문이다.

답변]

즉결 처단의 규례 권징7장

1. 즉결처단의 요건

　　1) 당회, 노회, 총회, 치리회 석상에서 범죄 했어야한다.(정치8장1조)

　　2) 예: 폭행, 쌍욕 등

　　3) 다른 곳에서 범죄 한 것을 자복할 때, 청취 후 즉시 처결할 수 있다.

2. 즉결심판은 통상적인 재판절차 없이 현장에서 약식으로 재판하는 규례이다. 원고나 기소위원을 선임하고 고소장 죄증설명서를 작성하여 치리회원 앞에서 범죄 했으니 모두가 증인이 되므로 증인을 별도세울 필요 없이 재판할 수 있다.

3. 범죄자의 권리

　　1) 범죄 한 자가 2일 이상의 연기를 청구할 권이 있다.

　　2) 재판에 불복하여 다른 안건처럼 상소할 수 있다.(권징 48조)

4. 즉결처단의 절차는 행정 치리회를 권징치리회로 변격하여 재판할 수도 있고 재판국을 구성하여 재판할 수 있다.

답변]

상소장은 재판국 판결이 불법으로 판결 되었을 때 피고로서 상회 서기에게 접수 되면 서기는 헌의부에 이첩 하고, 노회경우는 노회 때에 헌의부 보고를 통해 정치부로 가면 정치부는 본회 보고에서 재판국 설치함이 가한 줄 아오며 보고하고 본회가 허락하면 헌법권징조례13장117조에 근거 재판국을 투표로 선정하면 되고, 총회로 상소장을 접수할 경우 하회 재판국 처리나 행정처리가 잘못되었을 경우 하회 결정 후 노회 혹은 총회에 소원서나 상소장을 총회에 제출 하면 총회서기가 심사 후 헌의부로 이첩하고 헌의부는 총회 재판국으로 이첩해서 재판을 받도록 하는 것이 총회 규칙과 권징조례 절차입니다.(권징조례134조 총회 재판국)(권징조례84조~소원)(권징조례94조~상소)(총회규칙3장9조3항4번 헌의부 임무)

## 질의289] 재판절차는 어떻게 됩니까?

### 답변]

1. 고소장과 죄증설명서를 서기로 하여금 낭독케 한다.
2. 원피고를 당석에서 심문할 수 있고(당석 재판) 원피고 중 연기를 원하면 10일 이상 연기하여 일정을 정하고 명시된 사건을 처리한다.

   * 고소장과 죄증
   설명서 1통을 피고에게 교부할 것.

   * 원피고에게 10일이 상 일정을 정하고 다음 회에 출석하라는 소환장을 발부할 것.

   * 소환장에는 그 치리회 명칭을 기록하고 서기가 날인한다.

   * 원고 혹 피고에 의한 청구가 있으면 증인도 출석하게 한다. 피고는 자기 증인의 성명을 원고에게 알게 하지 아니하여 무방하다. 당회는 필요에 따라 증인을 부를 수 있다. 개심하기 전 의식송달 증거가 있어야한다.(권징21조)

   1) 재판 전에 원피고에게 소환장을 보내야 한다.

   2) 소환장은 원피고 최후 주소지로 송달 하여야하고 송달 불응시는 배달증명으로 보내 의식송달 증거가 있어야 한다. 민법의 통지 발생효력은 통지가

도달한 날부터 계산한다.

3) 소환 불응시는 재판을 유보해야한다.

임시노회는 "특별한 사건이 있는 경우에 소집할 수 있다"라고 정치10장9조에 있으니 특별한 사건은 정기노회까지 지체할 수없는 경우를 말한다. 재판사건은 임시노회에서 심판하지 않는 것이 좋고 그러나 정기회까지 기다릴 경우 증거인멸로 소멸될듯하면 임시노회에서 다룰 수 있다.(정문382문 63회총회결의)

특별한 사건이 아닌 것은 정기노회에서 취급해야하고 임시노회의 의제가 될 수 없고 취급 할 수 없다고 보아야한다.

## 질의290] 궐석재판은 무엇을 말하는가?

### 답변]

1. 피고가 2번째 소환을 받고도 출석하지 않으면 궐석재판을 하여 판결할 수 있다는 것이다.

2. 재차 소환장

발송 시에는 권징34조에 근거하여 시벌할 것과 목사는 39조 에의해 정직 수 찬정지 될 것과 제47조에 의하여 장로 집사에 대하여 권징6장의 각조에 해당 안대로 적용할 것을 기록하여 소환장을 발부한다. 이러한 통지가 없이 시벌하면 불법이 되고 무효 처리할 수 있다.

3. 처음 소환할 때는 10일 전(前)에 도달해야하고 두 번째부터는 재판국 형편대로 한다.

4. 피고가 2번 이상 불응시 궐석재판을 하려면 재판국 직권으로 피고를 위하여 변호인을 선정하여 설명을 들은 후 궐석재판을 할 수 있다. 형사재판에서 변호사를 선임하지 못했을 때 법원이 국선 변호사를 선임하는 제도와 동일하다

고 볼 수 있다. 이러한 절차를 거치지 않으므로 무효가 될 수 있다.

## 질의291] 변호인 선임할 수 있나요?

### 답변]

권징27조는 원피고는

1. 변호인 선임계를 치리회에 서류를 교부하므로 변호인이 될 수 있다.
2. 변호인 자격은 본 교단 헌법과 결의, 규칙규례에 대해 박식한자로 본 교단 목사장로 이어야한다.
3. 재판국원만 회집되는 곳에 변호인은 참여 못한다.
4. 치리회가 소송의 원고가 될 때는 권징12조에서 말하는 기소위원과 상회에서 선정한 변호인이 치리회의 변호인이 된다.
5. 변호인은 교통비 식비는 받을 수 있으나 변호 보수금은 받을 수 없다.

   * 재판과 소송을 위해서는 헌법이 보장하는 변호인을 선임하는 것이 도움과 승소에 도움이 많이 될 것이다.

## 질의292] 재판국원의 쟁론 발생과 해결 방법은?

### 답변]

재판국원끼리 규칙 혹 증거에 대해 견해가 다를 때 국장이 직권으로 유권 해석을 한다. 그 결정에 불복한 자는 그 재판회에 항의하고 항의에 대해 국장은 즉시 가부결정 해야 한다. 반대 의견이 있으면 회록에 기록 한다.

## 질의293] 재판국원의 결격 사유는 무엇인가?(권징29조)

**답변]**

재판회 100% 참석하지 않은 자는 원피고, 재판 국원 중 동의하지 않으면 그 재판의 결심판결에 투표권이 없다. 그 이유는 원피고 주장을 직접 듣지 못하므로 왜곡된 판단을 할 수 있기 때문이다. 단, 원피고 국원 등 전원이 동의하면 가능하다. 개회 때마다 회원 호명하고 결석한 회원의 성명을 회록에 기재한다.

## 질의294] 이명서 없이 타 교회로 출석했다가 본 교회로 돌아온 장로의 신분은?

**답변]**

1) 이명서를 가지고 갔으면 본 교회에서는 시무가 해제 된다.
2) 이명간 교회에서 시무장로로 취임하기 전에는 무임장로이다.
3) 이명서 없이 자의로 타 교회로 갔다면 본 당회는 본 교회 출석과 시무를 권하고 듣지 않으면 교인 명부에서 삭제하는 행정사항으로 제명을 해야 한다.
4) 이명서 없이 나중에 본 교회로 돌아왔다 할지라도 헌법적 규칙3조2항에 의거 선거권과 피 선거권이 중지되고 7조에 의거 당회권과 교인권리가 중지되고 권징108조의 입법목적에 비추어 볼 때 무임장로가 된다.

## 질의295] 헌법, 규칙, 총회 결의, 선거관리 규정 등을 대하는 자세

**답변]**

1. 정확한 총회결의가 필요하다.
2. 정확한 법제정이 필요하다.
3. 정확한 법해석이 필요하다.

4. 정확한 법적용은 매우 중요하다.

5. 개인의 유불리 해석은 금물이고 객관성을 가지고 해석하고 적용해야한다.

6. 법치총회가 되고 건강한 교회를 세워 나가도록 법을 세워 나가야된다.

7. 본 카톡방의 교회헌법 상담 연구소 설립목적 이기도 하다.

## 질의296] 원고가 재판국장이나 재판국원이나 기피신청을 내면 받아 주어야 되나요?

### 답변]

재판국장이나 국원에 대해서 피고의 천척이나 소송판결에 직접 이해관계가 있어 기피신청을 하면 받아주고 교체하여야 한다.(권징56조~57조)

## 질의297] 증인판단기준 미달자는 누구인가?

### 답변]

1. 원 피고 친척

2. 소송판결에 직접 이해관계가 있는 경우

3. 나이가 어린경우

4. 지력이 부족한 경우

5. 품행이 악하거나 성품이 사나운 경우

6. 본 교회 책벌 아래 있는 경우

7. 성질이 조급하고 판별력이 없는 경우

8. 치우칠 폐가 있는 경우가 있는 자

   위 조항에 해당자는 증인 자격이 없음을 참고 해야 한다.(권징57조) 이러한 자들이 재판국원 이라면 재판 기피신청을 내어 교체하게 할 수 있다.

## 질의298] 장로가 당회를 고의로 불참할 경우

**답변]**

당회 결의로 공동의회를 열어야 하는데 당회원 1인이 고의로 불참할 경우에는 당회장 목사는 노회에 보고하여 처리 할 수 있다.

정치9장2조는 그 장로치리 문제나 "다른 사건에 있어 장로가 반대할 때는 노회에 보고하여 처리 한다"하라고 하였다,

## 질의299] 증인심문순서(권징61조-62조)

**답변]**

1. 치리회가 먼저 심문 하고,
2. 증인 신청하여 재판국의 허락을 받는다.
3. 재판국원이 심문한다.
4. 심문前 증인선서산자와 죽은 자를 심판하시는 하나님 앞에 문답한다.

   사람의 마음을 감찰하시는 하나님 앞에서 소송의 증언으로 출석하였으니 사실대로 직언하며 덧붙이지 않도록 선서한다. 위증할 때는 치리회의 증빙이 되어 처벌 될 수 있음을 알고 신중하게 선서하고 증언하도록 한다.

## 질의300] 여성 목사에 대한 총회결의는?

**답변]**

1. 목사사모 타 교단에서 안수의 건은 헌법대로 여자목사는 불가하다.(95회 총회 결의)
2. 본 총회가 허용하지 않는 여목사는 강단에 세울 수 없다.(85회 총회 결의)

혹시 여 목사는 불가하다는 총회결의가 있지만 여 전도사님은 어떤지가 궁금합니다. 사실은 많은 교회들은 여전도사들이 주일학교 설교하고 있는 실정이기에 질문 드립니다.

답변]

남, 여 전도사를 당회의 추천으로 노회가 고시하여 자격을 인가하면 유급교역자로 당회나 목사의 관리하는 지 교회의 사무를 방조하게 한다.(헌법 정치 3장3조1항)라고 했으니 당회장 허락 하에 주일학교 학생들의 예배인도, 설교, 지도를 할 수 있다고 생각 됩니다 .

질의302] 이탈했다 돌아온 장로 복권절차는?

질의 중에 문제가 있는 장로 이명서를 가지고 이탈했다 돌아왔으니 복권절차는 어떻게 됩니까?

답변]

질의 내용으로 보아 합법적 이명이 아닌 것 같고 이탈한 장로가 돌아왔다 해도 장로를 복권해 줄 수가 없습니다. 지난 죄를 회개하고 고백해도 처음부터 다시 절차를 밟아야 합니다. 그리고 그러한 절차도 신중하게 해야 합니다.

질의303] 교회 합병에 대하여 알려주세요?

답변]

1. 지 교회 분립, 합병은 노회 직무에 속합니다.(헌법 정치 10장 6조5항)
2. 양 교회가 합병한다는 합병 청원서를 노회에 제출하여 노회허락을 받아야합

니다.

3. 합병서류는 양 교회가 공동의회를 소집하여 합병한다는 당회와 공동의회 결의, 회의록을 첨부해야 합니다.

4. 노회가 다르면 합병허락 결의서가 첨부 되어야 합니다.

　▶노회제출서류

　　1) 합병청원서

　　2) 양 교회 당회결의, 공동의회 결의 및 서명날인

　　3) 노회가 다르면 합병허락 결의서 및 회의록

　　4) 합병신청서 제출

　　5) 합병예배, 합병공포

## 질의304] 담임목사 이명과 교회 이적에 대하여

봄 노회에 담임목사의 이명과 교회가 이적을 하는 교회가 있습니다. 봄 정기회의 안건으로 장로 증선 청원을 할 수 있나요?

### 답변]

봄 정기노회에 당회결의로 노회에 장로증원 청원을 제출할 수 있습니다.(헌법정치9장1조)

노회 허락을 받으면 공동의회에서 장로 피택하고 6개월 교육시키고 노회에 장로고시에 합격하고 노회에 합격자 발표 후 장로장립식을 교회에서하면 법적인 절차를 준수하게 되는 것입니다.(정치9장5조4항)

## 질의305] 재판국 조직과 판결 권한에 대하여 알고싶습니다.

### 답변]

1. 재판국은 국장을 총회에서 선출하고 서기, 회계, 총무를 국장이 추천하여 임명 한다. 국장은 반드시 목사가 한다라고 총회결의가 있다. 제99회총회는 총회 재판국장 장로선출 금지의건은 헌법대로 안 되는 것으로 결의하다.
2. 총회에서 위탁받은 사건에 대해서는 권한이 본회와 동일하여 교회의 헌법과 총회에서 적용하는 규칙을 사용하여 총회에 보고하여 채택되므로 효력이 발생한다.(권징135조)

## 질의306] 예배순서를 한 두가지 빼고서 하면 어떠한지요?

### 답변]

예배순서는 예배모범과 총회 교육부 발행 표준예식서대로 진행해야 합니다.

## 질의307] 조직교회 시무하는 자가 위임목사 되기를 거부합니다. 어떻게 해야 됩니까?

### 답변]

조직교회는 위임목사 청함이 원칙이나 부득이한 경우 조직교회 시무목사 시무기간은 1년이요, 부득이한 경우에는 1년 더 청하여 노회에 허락을 받아 시무할 수 있다.(정치4장4조2항) 만기에도 위임목사 청빙을 하지 않으면 무임이 되어 떠나야 한다.

답변]

허락하면 문제가 되고 소송하면 결의가 무효가 됩니다. 성안이나 찬반 결의 숫자에 넣으면 안 되고, 방청인에 불과합니다.

제직회는 지 교회 당회원, 집사, 권사 서리집사로 만 70세 이전 은퇴 이전에 있는 자가 회원임을 의미 합니다. 원로 장로라도 은퇴 후에는 제직 회원이 될수 없다.(정치21장2조,95회총회결의)

위임목사가 청빙을 받아 위임사면 신청을 하였는데 그러면 그 교회는 폐당회가 아닌지요?

답변]

위임목사 사면서를 내도 시무장로가 있으면 폐당회가 아닙니다.

목사일 경우 2년 유예기간이 있지만 노회장이나 총회총대는 될 수 없는게 법이라고 알고 있습니다.

답변]

시무장로가 정년이 되어 은퇴하고 시무장로가 한명도 없으면 폐당회가 되고 위임목사는 2년간 유지 되지만 노회장이나 총회총대는 될 수 없습니다.

## 질의311] 위임목사 사면을 한 교회의 장로가 노회 부노회장에 출마할 수 있는지요?

### 답변]

시무장로로 노회총대로 오면 부노회장 후보가 되는 데는 이상이 없습니다.

## 질의312] 상비부장 요건이 총회 총대 3년 이상의 의미는?

상비부 부장 요건이 총회 총대 3년 이상 이라고 되어 있는데 이번 총대로 나가면 3년째 나가는데 상비부 부장에 출마가 가능한지요?

### 답변]

총대경력이 2년 이고, 아직 3년 이상이 되지 못하므로 금년 가을 총회 총대 천서를 받은 후에야 3년이 되므로 내년에나 총대로 나가면 자격이 충족이 됩니다.

## 질의313] 위탁판결은 무엇 인가?

### 답변]

권징78조에서 ~ 83조까지 참고하면 알 수 있다.

1. 하회가(노회,당회) 결정하기 어려운 재판사건에 대하여 상회에 서면을 제출 하여 지도를 구하는 것이다. 하회의 결의로 당회장, 혹은 노회장이 상회에 청원하는 것이다. 하회는 각 회의 자체 판별력으로 각기 판단하는 것이 교회에 더 유익하다.

   * 개인은 위탁판결 청원을 할 수 없고 반드시 하회인 당회나 노회결의로 당회장이나 노회장이 청원해야 한다는 것을 명심해야 한다. 개인이 청원한 위탁 판결을 노회가 하는 경우도 있기 때문이다. 이것은 불법이므로 재판에서 손해를 본다.

2. 위탁판결의 청원 안건은 무엇인가?

   1) 하회가 취급한 전례가 없는 사건

   2) 긴증한 사건

   3) 판결하기 어려운 사건

   4) 상관하기 곤란 한 사건

   5) 공례나 판례가 될 만한 사건

   6) 하회회원의 의견이 심히 상충되는 사건

   7) 상회에서 결정하는 것이 좋은 사건

   8) 상회에 지도만 구할 수도 있고 사건 전부를 위임 할 수도 있다.(권징80조)

   9) 위탁사건을 논의 할 때는 하회총대도 협의하여 결의권도 행사 할 수 있다. (81조) 그러나 그 총대가 재판사건 당사자이면 당사자 제척원리에 의해 회원권 이 정지 된다.(권징제40조,98조)

   10) 위탁 판결사건에 대하여 지시하든지 하회 환송하든지 상회 결의대로 하면 된다.

   11) 하회가 위탁으로 상회가 접수할 때 그 안건 기록을 상회에 제출 접수해야 한다. 원고, 피고의 진술도 청취해야 한다는 규정이다.

## 질의314] 담임목사가 안식년이나 안식월을 가지려할 때 절차

### 답변]

목사의 안식년 관계로 교회를 비울 때는

1. 교회와 합의하고 노회의 승낙을 받는다.

2. 2개월 이상 비울 때는 반드시 노회까지 승낙을 받아야 한다.

3. 1개년이 경과 할 때는 자동적으로 그 교회 위임이 해제된다.(헌법 정치17장5조)

## 질의315] 본 노회에서 안수 후 타 교단을 이탈하여 면직처리 된 자의 복직절차

### 답변]

1. 목사가 면직되면 평신도로 돌아간다.(권징45조)
2. 복직을 하려면 회개여부 따라서 치리회가 결정한다.
3. 면직은 헌법적 절차 따라 처음 목사 안수 받는 것처럼 절차를 밟아야 한다.
4. 해벌은 예배모범17장4조와 같이 공식자복 문답을 거쳐
5. 정치15장10조 임직예식을 갖는다.

## 질의316] 면직한 목사를 총회장이 원인무효 선포가 가능한가요?

노회 재판국에서 면직한 목사를 총회장이 성부, 성자, 성령의 이름으로 원인무효라고 선포한 사건은 정당한 것입니까?

### 답변]

위법, 불법입니다. 총회장도 헌법에 의하여 판단해야 합니다.

## 질의317] 교회에서 고발은 안 되는지요?

각각 변호인을 선정했을 때 심문을 할 때 원 피고가 변호인과 같이 참여합니까?

### 답변]

변호인 선임은 재판국에서 결정할 권한이 있으며 원고와 원고 변호인과 함께 허락을 할 수 있고 피고와 피고 변호인을 함께 참여하게 할 수 있게 하는 것 역시 재판국의 결정에 달려있다 생각됩니다.

심문은 원고 따로 피고 따로 시간의 차이를 두어야 하겠지요?

그리고 증인심문, 대질심문 역시 재판국에서 필요에 따라 정해서 할 수 있겠지

502

요? 교회에서도 당사자 고소 및 제 3자도 교회유익과 질서를 위해서 화해가 이루어지지 않으면 제 3자도 고발(기소)할 수 있겠지요 .(권징10조,11조) 고발이 들어오면 재판국 설치하고 재판해야 됩니다.

## 질의318] 장로 증원에 대한 절차를 어떻게 하는지 궁금하고요?

노회에 시찰경유 증원청원서 넣으라고 하니까 ?

고시청원은 고시부 넣는 것 아니냐고 그러네요?

먼저 증원청원하고 고시청원하고 임직청원 하는 것이 맞는 것이지요?

임직절차는 어떻게 됩니까?

### 답변]

1. 세례교인 21명 되면 장로 1인을 당회장 명의로 노회에 신택청원서를 제출한다. 장로 1인이 있는데 1인을 더 세울 때는 장로 1인 증원 신청을 내야 합니다.
2. 장로선택 혹은 증원청원을 노회 허락을 받으면
3. 교회에서 당회결의로 공동의회를 소집하여 장로 1인 혹은 2인에 대하여 선거를 실사하여 3분의 2찬성표가 나와야 피택이 됩니다.
4. 공동의회를 통하여 선출된 자는 6개월 교회에서 교육 후 노회 고시부에 고시청원을 제출한다.
5. 장로고시 합격하고 노회에서 발표 후 일자를 정하여 장로 임직식을 총회 표준예식서 순서 따라 임직을 하면 됩니다.

## 질의319] 명예권사 임명 않고 취임기도로 가능한지요?

개 교회 임직식에서 명예권사를 임명하지 않고 취임기도를 하는 경우가 종종 있는데 이 런경우 다시 임명해야 하는지, 어떻게 지도해야 하는지 고견을 부탁합니다.

## 답변]

명예권사는 당회가 다년간 교회에 봉사한 여신도 중에 60세 이상 된 입교인으로 행위가 성경에 적합하고 모범된 자를 임명할 수 있다.(정치3장3조5항)고 했으니 당회가 결의하고 임명해야 한다. 봉사일은 시무권사와 동일하다.(84회 총회결의) 봉사의 사역이 시무권사와 동일하다는 총회결의에 의하여 시무권사와 함께 취임식 혹은 추대식을 하게 된다. 당회결의로 선출하고 임명이 없는 취임 추대식이라면 다시 절차를 밟아야 한다.

## 질의320] 사순절의 용어 절기로 지키는 것에 대해 총회 입장은?

## 답변]

83회총회는 사순절을 성경적 절기로 지키는 것은 바람직하지 않다고 결정하였다. 경건한 마음으로 기도하며 고난주간, 고난주일로 지키고 있는 것이 총회의 입장입니다.

## 질의321] 소원자와 피소원자란?

## 답변]

소원자는 소원서를 제출한자이고 피소원자는 하회가 된다. 하회는 회원 1인 이상을 대표로 정하여 그 대표자는 변호인의 도움을 구할 수 있다. 소원자나 피소원자는 상급회에 상고 할 수 있다.(92조)

피소된 하회는 그 사건과 관계되는 기록 전부와 일체 서류를 상회에 올려 보냄이 옳고 혹 올려 보내지 아니하면

1) 상회는 하회를 문책 할 것이요, 올려 보낼 때까지와 그 사건을 심리처결 할 동안 쌍방의 권리를 변동 없이 보존하게 한다. 그리고

2) 서류 미제출시 하회결정을 권징101조에 근거 정지하게 한다.

## 질의322] 상소의 정의는 무엇인가?(권징94조-101조)

상소의 정의는 무엇인가?(권징94조-101조)

## 답변]

1) 하회에서 판결 한 재판사건을 10일 이내에 서면으로 서기에게 접수한다. 기일 지나면 상회에서 심의 할 수 없기 때문이다.

2) 상소 제기자는 상소인이라 하고 상소 당한 자는 피 상소인 이라 한다.

3) 판결을 취소나 변경, 무효 위해서는 상소하는 방법뿐이 없다.

4) 상소가 제출되면 하회회원은 본 회 판결에 대해 이의나 항의나 의견서를 제출 할 뿐 언권은 없다.(권징91조)

5) 폐회 후 재판국 판결에 대해 원 피고는 다 같이 상회에 상소 할 수 있다.

6) 항소심은 부득이한 경우 증거조를 취급 할 수 있고, 상고심에는 증거조를 폐하 고 법률심으로 한다. 하급심의 적법 절차, 법적용, 상소, 소원 절차를 심의 한 다.(권징71조84조94조)

7) 상소인이 소속한 하회가 고의로 상소 통지서를 접수 거부하면 부전하여 상소 할 수 있다.(권징 94조3항)

## 질의323] 공동의회 가결되고 나면 참석자 전원 날인 하는지 아니면 찬성자만 하는지요?

## 답변]

목사 청빙서에는 투표자뿐만이 아니라 참석하지 아니한 무흠 세례교인 과반수 의 서명날인 할 수 있습니다.(헌법정치15장3조)

답변]

1.  시무목사에게 노회가 당회장권을 부여했으면 1주일 전에 광고하여 소집하면 됩니다.(정치15장12조)
2.  위임목사는 당회결의에 의하여 1주일 전 광고 후 공동의회 소집을하여 안건 처리하면 됩니다.(정치제21장1조2항4항)

답변]

 공동의회는

1.  당회가 필요로 인정 할 때
2.  제직회 청원이나
3.  세례교인 3분의 1이상 청원이나
4.  상회의 명령이 있는 때 당회결의로 소집할 수 있다.

   시무목사 경우는 노회가 당회장권을 부여 했으므로 당회장으로 공동의회 실시 하여 안건을 꼭 처리해야 할 경우 청원이 없어도 당회장권을 가지고 소집할 수 있다는 것입니다.

   물론 청원이 있을 경우, 합당하면 공동의회 소집을 해주어야 합니다.(정치21장2 조 4조)

 노회가 3년에 한 번씩 당회장권을 허락하는데 혼자 공동의회를 소집하여 교단을 탈퇴했는데 가능한지요??

## 답변]

불법 공동의회나 교단 탈퇴 공동의회 하라고 당회장권을 준 것은 아니고요, 직원 임명, 장로 권사 안수집사 피택, 연말 예결산 등 합법적인 것 하도록 정치15장12조에 당회장권을 노회가 준 것입니다. 탈퇴 공동의회를 소집하는 것은 불법으로 권징조례54조와41조42에 의하여 처벌해야 합니다. 질문할 때는 구체적인 상황을 자세히 알려주어야 정확한 답변이 나옵니다.

## 질의327] 목사정년 만 70세에 유권해석은?

목사 70정년제에 대한 해석이 71세 생일 직전까지라는 해석의 총회적 결의가 있었던 구체적 자료를 알고 계시면 알려주시면 감사하겠습니다.

## 답변]

(목사정년 만 70세에 대한 유권해석)

만71세가 되는 생일 前날까지이다. 93회 총회 이후부터 적용키로 하다.

만(滿) 이라 함은 생일을 기산일로 하여 다음 생일 前까지이다.

만 70세 까지란?

만 70세 시작점에서 364일로 만 71세가 되는 생일 전일 까지 이다.

## 질의328] 시무목사 연기청원에 대하여?

요즘 노회를 앞에 두고 시무목사 시무연장 청원서를 내야할 때입니다. 기한이 3년이 되었기 때문입니다. 이때 대리당회장의 이름으로 노회에 시무목사 시무연장 청원서를 제출하는데 대리당회장이 시무목사가 담임하는 교회에 가서 공동의회를 해야 합니까? 안 해도 되는 것입니까

아님 대리당회장이 시무목사가 시무연장 서류를 가져오면 도장을 찍어서 노회에 제출하면 되는 것입니까?

헌법제4장4조2항 미조직 시무목사 시무기간은 3년이요, 연기를 청원할 때에는 당회장이 노회에 더 청원 할 수 있다로 되어있습니다. 애매합니다.

## 답변]

시무목사 시무연기 청원은 3년 마치기 직전 대리 당회장이 교회 가서 공동의회를 하지 않으므로 시무목사와 만나 시무연기청원 양식에 대리당회장이 도장을 찍어 시찰회를 경유 노회에 제출하면 됩니다.

유효기간인 3년의 경과 만기가 지나면 무임목사가 되므로 그때는 노회 파송당회장으로 공동의회를 실시한 후 시무연장 청원을 해야 한다.

* 시무목사님들은 기간만료에 유의해야 한다.(95회총회결의,105회확인 결의)

## 질의329] 당회재판 무엇을 검사할 것인가?

당회재판 무엇을 검사할 것인가?

## 답변]

1. 고소장은 적법 한가?(권징5장)
2. 당회가 치리회로 변격하여 재판을 하였는가?(당회록)
3. 피고소환 절차에 따라했는가?
4. 이유 없이 소환 불응 했는가?(권징34조)
5. 소환장을 문서로 발송했는가?
6. 재판절차대로 했는가?(권징20조)
7. 원 피고의 진술을 듣고 재판 했는가?
8. 출석 재판을 했는가? 궐석 재판했는가?(권징22조)

9. 권징24조에 근거 재판 했는가?

10. 재판회록은 누락하지 않고 정확히 기록되었는가?(권징25~26)

11. 변호인 선임은 있었는가? 혹 왜 거절 했는가?

12. 재판국원 중 누가 투표권이 없는가?

13. 당회 주문판결은 7가지 중 한 가지만 선택하여 판결한다.(권징35조)

14. 시벌의 공포는 적법한가?(권징36조)

　　상회는 하회 재판을 이렇게 살펴보아야 한다.

## 질의330] 노회재판 무엇을 검사 할 것인가?

### 답변]

1. 재판국원을 투표로 선출 했는가?

2. 7인 이상 선출했는가? 목사가 과반수인가?

3. 소송사건이 들어와 행정치리회에서 권징치리회로 변격하여 직할심리하여 당석 재판 하였는가?

4. 재판국을 설치 조직하여 재판국에 위탁하여 재판 하였는가?(권징117조)

5. 교회헌법과 노회에서 적용하는 규칙에 맞도록 재판하고 법(法)적용은 적법하게 했는가?(권징118조)

6. 목사에 대한 고소장을 헌법에 맞도록 작성 하였는가?(권징7조)

7. 죄증과 죄상에 의한 재판을 했는가?

8. 판결주문은 권징41조에 의하여 5가지 중 하나만 택하여 했는가?

9. 목사면직은 권징조례42조에 합당한가?

10. 변호인 신청 기회는 주었는가? 증인심문을 진행 했는가?(권징62~63).

11. 재심청구하여 허락했는가? 거절했는가?(권징69~70조)

　　노회 재판은 법 절차에 맞게 재판 하고 총회 재판국은 헌법 권징조례대로 재판 했는가 철저히 검사하여 판결해야 한다.

## 질의331] 총회재판 유의할 점

답변]

1. 총회재판국 구성은 적법한가?(권징134조)
2. 재판국 성수는 잘 지켰는지
3. 치리회 간의 소원건이 있는가?(권징14장)
4. 하회가 위법한 사건은 변경할 수 있고 복사하여 선전 하거나 교회법 절차를 밟지 않고 세상법에 고소한자는 상소를 기각 할 수 있다.(권징76조)
5. 위탁판결 절차는 갖추었는가?
6. 합법적으로 소원 장작성이 되었는가?
7. 상고심은 법률심으로 판결해야 한다.
8. 합의된 사건은 기각이 아니라 종결로 결정한다.

## 질의332] 노회 합병절차요건은 무엇인가?

답변]

　노회 합병하는 것은 총회권한으로 총회허락이 있어야 한다.(헌법정치12장5조2항)

1. 합병하는 양측노회가 합병결의를 하고 총회에 청원서를 제출해야 한다.
2. 총회가 합당하다고 인정되면 총회가 결의하고 합병 위원을 선정하여 실사 후 이상 없으면 합병 예배를 드린 후 총회에 보고하여 총회 승인을 받으므로 합병이 된다.

## 질의333] 은퇴목사 처리절차에 대해서 알고 싶어서요.

본 노회(정기노회, 임시노회)에 서류를 내서 정치부를 통해 처리하는 것이 원칙인지 아니면 노회 임원 정치부를 통해서 목사은퇴가 진행되는지에 대해서 알고 싶어서 문의합니다. 총회 헌법이나 타 노회는 어떻게 하는지 문의하는 것입니다.

### 답변]

1. 노회가 가까이 왔을 때는 정기노회에서 처리하는 것이 원칙이고요,
2. 노회가 지난 후 한참 있다가 은퇴하게 되면 노회임원 정치부에서 처리 하고, 노회 후생부에서 은퇴 예배를 들여 줄 수 있습니다.
3. 행정적으로는 은퇴직전 시무사면을 시찰회 경유하여 노회서기에게 접수하고 노회나 임사부에서 사면처리하고 당회장 파송을 하고 당회장은 은퇴목사님에 대한 퇴직금 등 예우에 대해 교회에서 의논하여 결정하여 실행하고 후임자 인선 절차를 밟아야 되겠지요.

## 질의334] 총회 재판국 판결용어 상식

### 답변]

1. 용어의 뜻
   1) 환송: 도로 돌려보냄  반송: 하회로 환송
      예: 총회재판국의 판결문 주문용어로 하회로 환송 - 총회재판국 환송은 노회, 노회재판국의 환송은 당회이다.
   2) 환부-총회재판국 판결문 보고시에 환부는 총회재판국으로 환부이다.(권징 141조) 권징조례 141조의 유권해석은 총회105회 결의에서 총회재판국이 총회에 보고할 때  환부는 총회재판국으로 보내는 것이다고 유권 해석하였다.

3) 반려: 상급기관에 제출한 서류를 처리하지 않고 제출한 사람에게 돌려 줌.

4) 기각: 민사소송법상 법원이 심리한 결과 적법하지 않을 때, 이유 없다고 판단할 때 기각한다. 해당청구가 합당 하지 않을 때 내리는 판결이다.

총회재판국의 판결의 기각은 하회재판 판결이 합법적으로 잘되고 인정 할 때 상소나 소원이 심리결과 적법하지 않을 때 기각 한다.(권징99조) 그리하면 노회나 당회가 승소하게 된다.

5) 각하: 민사소송에서 소송 신청을 해도 재판할 가치가 없이 적법하지 않을 때 물리치는 것이다.

## 질의335] 원심주문 판결은?

### 답변]

당회, 노회, 재판국 판결 주문은 하나만을 선택하여 판결해야 한다.

노회재판국의 목사에 대한 시벌은 권징41조를 적용해야 한다. 권계, 견책, 정직, 면직, 출교 중 한 가지만 선택하여 시벌해야 한다. 단, 정직이나 면직은 수찬정지와 함께 할 수 있다.

당회 재판회의 평신도책벌은 권징35조를 적용하여 시벌해야한다.

권계, 견책, 정직, 면직, 수찬정지, 제명 출교 중 하나만 선택하여 판결해야 한다. 정직과 면직만 수찬정지와 함께 할 수 있다.(권징41조)

## 질의336] 노회목사님이 재판을 통해서 제명되는데 목사는 제명이라는 이름이 없네요.

### 답변]

41조에는 제명이 없고, 권징54조에는 관할배척 할 때 제명할 수 있다고 되어 있습니다. 법조항이 맞는 적용을 하지 않으면 불법재판이 됩니다. 헌법권징조례

의해서 판결을 개인이나 교회에 헌법 따라 공포하면 됩니다. 그 외에 공고는 삼가 해야 되겠지요.

## 질의337] 화해진술서를 첨부해서 고소해야 하나요?

권징제3장 제18조에 손해를 당한 사건에 피해자가 직접 고소하고자 하면 그 소장과 (화해)진술서를 제출할 것이다라고 하였습니다. 그렇다면 소장에 화해진술서가 첨부되지 않으면 소장을 접수하지 않아야 된다는 뜻인가요?

## 답변]

접수하지 않고 화해 해봤다는 진술서 첨부 하도록 할 수 있고, 모르고 접수했다 할지라라도 재판국에서 절차위반으로 취급하여 화해 진술서를 요구할 수 있습니다. 화해 진술서가 없어도 재판前 서류에 하자가 있는 것입니다.

## 질의338] 판결문 작성 어떻게 하는가?

## 답변]

국장은 재판국원들에게 투표용지를 배부하고 기각 취소 변경 갱심(파기환송) 중 한 가지만 기록하여 종다수로 결정 한다.

결정된 내용을 판결문으로 작성 한다.

총회재판국 서기는 판결문이 총회에서 채택 되면 판결문을 등본 날인하여 상소인과 피상소인에게 총회 원서기에게 1통씩 교부한다.(권징 139조)

## 질의339] 임시 당회장과 당회장 구분은 어떻게 됩니까?

당회장이 공석이어서 노회에서 해 시찰장을 당회장으로 파송했을 때 이 목사님의 칭호는 임시 당회장입니까? 아님 당회장입니까?

## 답변]

담임목사가 공석인 경우 노회에서 해 시찰장을 파송했으면 당회장입니다. 대리당회장은 당회장이 있는데 특별한 경우 본 교회목사가 노회안 에 속해있는 목사 1인을 청한 경우입니다. 노회 파송이 없는 경우 당회결의로 회집할 때마다 임시 당회장 청할 수 있습니다. 그 안건 처리되면 임시당회장도 종료가 됩니다. 대리당회장이나 임시당회장은 1회용으로 보면 되고, 공석 중에 노회가 파송한 당회장은 담임목사가 부임하여 당회장권을 노회가 허락한 때까지 당회장입니다. 헌법정치9장3조4조를 인용을 잘 해주셨습니다.

## 질의340] 권고사직을 당회 재판 없이 가능한지요?

## 답변]

1. 당회결의로 가능 합니다.
2. 권고휴직과 사직은
    1) 장로나 집사가 범죄는 없을지라도 교회 교인 태반이 시무를 원치 않으면, (정치13장5조) 교회에 덕을 세우지 못하면, 당회가 협의 결정하여 권고휴직 혹은 권고사직 시킬 수 있다. 그 사실을 당회 회록에 기록하여야 한다.
    2) 권고사직은 행정치리권이 아닌 치리회의 행정결정에 해당되고 행정결정은 당회 직무에 속한다.(정문531) 당회가 본인에게 알려 주어야한다.
    3) 본인이 권고사직을 받아들일 수 없다면 상회에 소원 할 수 있다.(정치13장6조)

## 질의341] 권징 100조를 해석해 주세요?

제100조 상소를 제기한다 할 때에는 하회에서 결정한 것이 권계나 견책이면 잠시 정지할 것이요, 그밖에 시벌은 상회 판결나기까지 결정대로 한다. 권징조례 제100에 시벌 중 권계를 받고 항소 할 경우 "잠시 정지 할 것이요."에서

1) "잠시 정지 할 것이요" 시벌이 잠시 정지하여 해벌 상태 즉 무흠 상태가 되는 것입니까? 아니면 벌은 받은 상태에서 상소를 했기 때문에 벌에 대한 조항을 잠시 정지하는 것입니까?

2) 만약 지 교회 장로가 노회의 재판에서 견책을 받고 총회에 항소를 했을 시, 지 교회 당회가 항소한 장로를 무흠으로 인정하여 천서 할 수 있는지, 또 노회는 견책의 벌을 내린 지 교회 장로가 총회에 상소한 상태를 "잠시 정지할 것이요" 라는 조항에 의해 무흠으로 인정하여 총대로 받을 수 있는지 답변해 주시면 감사하겠습니다.

3) 만약 노회재판에서 견책의 시벌을 받은 장로가 총회에 항소를 한 상태에서 노회에서 총회 총대로 뽑히게 되었을 시, 총회는 총회에 상소한 장로를 무흠 으로 인정하여 총회총대로 받아 주는지 까지 답변해 주시면 감사하겠습니다.

### 답변]

1. 견책은 권징35조 책벌 중에 하나이다. 공무원법으로도 징계처분중의 하나이다.

2. 권징100조는 견책의 책벌을 받은 자가 상소를 제기할 경우 하회 (노회)결정이 "잠시 정지" 된다는 것이지 취소 및 무효 된다는 말이 아니고 무흠이 된다는 말이 아니다

3, 하회인 당회가 상회 판결 전까지 무흠으로 인정하여 당회가 총대로 추천 할 수 없고 노회가 재판으로 "흠결"있는 자를 총대로 받을 수 없다. 총회총대 역 시 받을 수가 없다.

   총회규칙1장3조는 총대는 "헌법과 총회규칙에 흠결이 없어야 한다."고 되어 있다. 총대로 인정하는 것은 헌법 위반이 된다.

4. 하회는 총회헌법과 규칙에 어긋나는 불법 결정을 하면 안 된다. 징계감이 된다.

**답변]**

공동의회 소집 요건은? 정치21장1조2항에 근거

1. 당회가 필요로 인정할 때

2. 제직회의 청원이나

3. 무흠 입교인 3분의 1이상 청원이 있을 때

4. 상회에 명령 있는 때에

당회의 결의로 소집한다.(헌법 정치21장1조2항)

당회결의 없이 당회장이 독단, 직권으로 소집하면 위헌이요, 불법이 되므로 무효가 됩니다.

1. 고소장을 정기노회 기간 중 긴급 동의안건으로 접수 할 수 있는지요?

2. 동의자는 몇 명이 연서 날인해야 하는지요?


**답변]**

노회에 헌법규정에는 긴급동의 안건으로 정하여 놓은 헌법 조항이 없습니다.

**답변]**

1. 교회는 하나님의 교회이다.(정치2장1조)

2. 교회의 머리는 예수 그리스도 이시다.(정치1장8조)

3. 어떤 경우이든 교회건물이나 대지의 소유권을 개인 명의로 할 수 없다.

4. 교회를 개척할 때, 설립할 때에 헌금을 했어도 지신의 것이 아니고 하나님의 것이다.

5. 교회 등기는 "OO교회"로 해야 되고 혹은 유지 재단으로 해야 한다.

6. 어느 지 교회이든 토지가옥사건에 대하여 변론이 나면 노회가 바르게 지도해야 한다.(헌법정치10장6조8항) 국가대법원의 판례도 "교회가 교인들의 총유" 라고 되어있다.

7. 교회에 속한 토지, 가옥에 관한 일도 당회가 정리한다. 즉 당회가 재산에 대한 행정사무를 지휘 조정한다.(정치9장6조)

## 질의345] 교회합병에 대하여 질의합니다.

### 답변]

1. 절차

   1) 노회에 양 교회가 합병청원을 노회 제출

2. 준비해야 할 서류

   1) 양 교회 합병청원서

   2) 당회합병 결의 당회록

   3) 양 교회 합병결의 공동회의록

3. 공동의회 - 3분의 2이상

4. 총회헌법정치10장6조5항 지 교회 합병은 노회 직무이다.

   1) 노회합병 노회 허락과 합병예배가 합병공포 노회주관이 되어야 한다.

   2) 합병위원 선정위원을 선정하여 진행하고 합병예배까지 마무리 할 수 있다.

## 질의346] 교회 치리권은 무엇인가?

### 답변]

헌법정치7조의 치리권은 교회의 신성한 질서를 유지하기 위한 교회의 행정권과 재판권으로 볼 수 있다. 교회의 부패와 이단을 방지하고 신성유지를 위해 재판을 통하여 징계 하도록 성경에 입각하여 헌법을 제정한 것이다.

교회사건은 국가의 법원이나 사법 당국에 맡기지 않고 교회의 문제나 신앙 에 관한 문제는 교회헌법으로 해결해야 한다. 장로회 정치는 삼심제가 있다. 당회 노회 총회가 있다.(정치총론5)

교회법절차를 밟지 않고 사회법 소송 제기자는 불이익을 받도록 총회는 여러번 결의하였다.(정치21문 22문)

치리회 상소, 소원 재판의 계류중인 건에 대해 사회 소송을 제기할 경우 그 상소를 기각 할 수 있다.(제104회총회결의)

## 질의347] 시무목사는 부목사 청빙청원 할 수 없는지요?

### 답변]

1년에 한 번씩 부목사는 당회장이 노회에 계속 청원해야 합니다. 청원 하지 않으면 회원권도 없고 부목사가 아닙니다. 무임이 됩니다. 시무목사는 부목사를 둘 수 없습니다. 부목사는 위임목사 보좌의 신분이기 때문입니다.(헌법4장4조3항)

## 질의348] 노회가 개회 후 임원을 선출하는데 총회총대를 같이 투표할 수 있는지요.

아직 신 임원이 교체되지도 않았는데 총회총대는 노회기간 중 어느 시점에서 하는 것이 가장 좋은가요?

답변]

임원선거 먼저 해야 합니다.

임원 교체 후, 헌의부, 공천부, 정치부 보고, 지난 회기사업보고 후 하는 것이 좋습니다.

**질의349]** 부목사님은 위임 목사가 년 1회 청빙 청원을 하지 않을시 어떻게 처리 되어야 하나요?

답변]

매년 계속시무 하려면 당회장이 노회에 당회결의로 노회에 청원하여 승낙을 받아야 합니다. 청원하지 않으면 무임목사 신분이 되어 사표내고 나가야 합니다.(헌법4장4조3항)